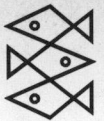

Über dieses Buch In einer großen Anstrengung hat der Psychologe David Rapaport die Literatur der experimentellen und klinischen Psychologie über die Wechselbeziehungen zwischen Verstandestätigkeit und Gefühlsleben gesichtet, geordnet, kritisiert und neu interpretiert. Das Ergebnis ist ein bereits klassisches Werk, das eine Generation von Forschern im angelsächsischen Raum beeinflußt hat. »Mit fabelhafter Energie und einem ungewöhnlichen Gespür für Grundfragen hat David Rapaport die Literatur aus den Gebieten der Psychologie, der Psychopathologie und der Psychoanalyse interpretiert und miteinander in Zusammenhang gebracht. Er hat nicht nur zum besseren Verständnis der Rolle einen Beitrag geleistet, die Gefühle beim Sich-Erinnern und Vergessen spielen, sondern er hat auch den Grundstein für die Entwicklung einer neuen und anspruchsvollen Theorie von der Funktion des Gedächtnisses gelegt« (Frank Fremont-Smith, M. D.).

Der Autor David Rapaport, ein aus Ungarn gebürtiger Analytiker, gilt als einer der kreativsten und einflußreichsten Theoretiker der Psychoanalyse.

DAVID RAPAPORT

Gefühl und Erinnerung

Aus dem Amerikanischen von
Gudrun Theusner-Stampa

FISCHER TASCHENBUCH VERLAG

Geist und Psyche
Herausgegeben von Willi Köhler
Begründet von Nina Kindler 1964

Ungekürzte Ausgabe
Veröffentlicht im Fischer Taschenbuch Verlag GmbH,
Frankfurt am Main, März 1994

Lizenzausgabe mit freundlicher Genehmigung des
Klett-Cotta Verlags, Stuttgart
Die amerikanische Originalausgabe
erschien unter dem Titel ›Emotions and Memory‹
bei International University Press, Inc., New York
© The Menninger Clinic, Topeka, Kansas 1971
Für die deutsche Ausgabe
© J. G. Cotta'sche Buchhandlung Nachfolger GmbH,
gegr. 1659, Stuttgart 1977
Umschlaggestaltung: Buchholz / Hinsch / Hensinger
Druck und Bindung: Clausen & Bosse, Leck
Printed in Germany
ISBN 3-596-11817-4

Gedruckt auf chlor- und säurefreiem Papier

Editorische Vorbemerkung

In der abendländischen Geistesgeschichte ist der Einfluß von Gefühlen auf die Denk- und Erinnerungstätigkeit des Menschen lange Zeit unterschätzt und zum Teil geleugnet worden. Gefühle galten als »geistfeindlich«, vernunftwidrig; sie mußten zwecks klarer Gedankenarbeit »ausgeschaltet«, zumindest aber zeitweilig hintangestellt werden. Diese Trennung zwischen Gefühl und Denken, zu dem auch das Erinnern gezählt wurde, ist nicht nur künstlich, sondern auch lebensfeindlich, wie uns die jüngere Vergangenheit lehrt. Spätestens seit Sigmund Freuds epochalen Entdeckungen ist das »gefühlsfreie« Denken und Erinnern obsolet geworden. Der amerikanische Psychologe David Rapaport bemüht sich in seinem bereits als »klassisch« bezeichneten monumentalen Werk um eine umfassende Darstellung der Wechselbziehungen zwischen Gefühlsleben und Verstandestätigkeit im weiteren Sinne. Seine auf riesigen Mengen experimentellen und klinischen Materials beruhende Arbeit hat den Grundstein für weitere, folgenreiche Forschungen gelegt. Wer sich gründlicher mit der »Organisation des Denkens« beschäftigen will, dürfte um Rapaports Monographie nicht herumkommen. *wk*

INHALT

EINFÜHRUNG ZUR FÜNFTEN AUFLAGE

Wenn ich an dieses Buch denke, kommt mir eine Erinnerung in den Sinn, die immer mit starker freudiger Bewegung verbunden ist — David Rapaport hat es mir anläßlich einer Weihnachtsfeier der Menninger Foundation geschenkt, kurz nachdem ich 1947 in seiner Forschungsabteilung zu arbeiten begonnen hatte. Darum — ich glaube wirklich, daß es »darum« so ist — empfinde ich es als angenehm, mir diese Erinnerung zu bewahren und sie mir wieder ins Gedächtnis zurückzurufen. Die Leserschaft dieses Buches zu vermehren ist auch eine Möglichkeit, diese angenehme Empfindung aufs neue zu wecken. Es ist in meiner Arbeit eine »fortwirkende Kraft« geblieben (Rapaport hätte diese Eigenschaft mit einem seiner Lieblingsausdrücke »seminal« genannt), und ich glaube, daß es sich auch für andere, die im Bereich der Gefühle und des Gedächtnisses arbeiten, als eine solche erweisen wird. Sein Wunsch, durch die Vereinigung der beiden Bereiche Bahnbrechendes zu leisten, trieb ihn während der Zeit voran, in der er sich der mühsamen Aufgabe unterzog, die umfangreiche, weit verstreute Literatur der experimentellen und der klinischen Überlieferung zu sichten. Er lieferte nicht nur eine Zusammenfassung dessen, was er für wichtig befunden hatte — er brachte die umfangreiche Literatur in ein Gefüge, kritisierte und interpretierte sie aufs neue, und in einem kurzen Schlußkapitel brachte er kühne Verallgemeinerungen aus beiden Bereichen. Dieses Kapitel ist zur wiederholten Lektüre besonders zu empfehlen.

Die Arbeit Rapaports — »Gefühl und Erinnerung« ist eines ihrer frühesten Ergebnisse — hat eine ganze Generation von Forschern und Klinikern beeinflußt, die sich mit diesem Thema beschäftigt haben. Es ist wohl angebracht, einige von ihnen anzuführen, da man auch auf diese Weise einen Eindruck davon vermitteln kann, wie weit sich sein Einfluß erstreckt: George S. Klein, Robert R. Holt, Erik H. Erikson, Merton M. Gill, Margaret Brenman, Herbert J. Schlesinger, Philip S. Holzman, Roy Schafer, Lester Luborsky, Jean Schimek, Fred Schwartz, Peter Schiller, Richard Rouse, Phebe Cramer, Howard Shevrin, Martin Mayman, Donald Spence, Peter Wolff, Richard Siegal, Hartvig Dahl, David Wolitzky, Leo Goldberger, Sydney J. Segal und viele andere. Die meisten der Genannten treffen sich alljährlich im Austen Riggs Center in Stockbridge, Massachusetts, in der Rapaport-Studiengruppe, die 1963, einige Jahre nach Rapaports vorzeitigem Tod, gegründet wurde.

Wenn Rapaport sich heute einen Überblick über das Gebiet der Gefühle und des Gedächtnisses verschaffen könnte, würde er die Folgerungen, die er in seinem Schlußkapitel zieht, revidieren oder würde er sie aufrechterhalten? Wie würde er das zusammenfassen, was sich in den 30 Jahren seit der Entstehung seiner Übersicht auf diesem Gebiet ereignet hat? (Diese Übersicht strebt nicht Vollständigkeit an, sondern eine Erläuterung der verschiedenen Strömungen durch Beispiele.)

Vielleicht würde er bemerken, daß die Art von Gedächtnisexperimenten stark abgenommen hat, die auf einem Mißverständnis der psychoanalytischen Theorie vom Vergessen und Verdrängen beruht — dem »Vergessen des Unlustvollen«. Die wenigen Versuche, die heute auf diesem Gebiet angestellt werden, basieren häufiger auf einem besseren Verständnis der wirklichen Theorie — der »Vermeidung des Weckens von Unlust durch Erinnerung«. Diese Formulierung ermöglicht die Einbeziehung der Vielfalt anderer Arten des Vermeidens, die es außer dem Vergessen gibt.

Rapaport hatte in einer seiner Folgerungen die Meinung geäußert, die Betrachtung der Gefühle vom physiologischen Standpunkt aus habe viele Forscher daran gehindert, Beziehungen zwischen Gefühlen und Gedächtnis zu erkennen. Er meinte, ein solches »Physiologisieren« sei verfrüht, aber er erwartete, in einem späteren Stadium würde es vielleicht mit einer entsprechenden physiologischen Theorie des Gedächtnisses verschmelzen, und es werde dann eine Verknüpfung der beiden physiologischen Theorien auf psychologischer Ebene möglich werden. Vorstöße in dieser Richtung sind durch die Arbeiten von Karl Pribram (16) und Howard Shevrin (20) bereits gemacht worden.

Schließlich hatte sich Rapaport vorgenommen, die klinische und die experimentelle Literatur in einem Bezugssystem zu vereinigen und eine einheitliche Theorie des Gedächtnisses aufzustellen. Er meinte tatsächlich damals, im Jahre 1942, eine solche Revolution der Theorie des Gedächtnisses sei im Entstehen. Wenn er sich heute, nach 30 Jahren, umsähe, würde Rapaport feststellen, daß klinische und experimentelle Literatur sich meistens immer noch voneinander fernhalten, wenn es auch viele Ausnahmen gibt — es sind meistens forschende Kliniker, die von ihm beeinflußt wurden. Eine Verbindung von experimenteller und klinischer Arbeit (womit ich hauptsächlich die Psychoanalyse meine) ist immer noch schwierig. Die Arbeit des verstorbenen George Klein (9) und die Bildung seiner Theorie haben besonders viel zur Einführung einer Theorie beigetragen, die insofern zu der »neuen Revolution in der Theorie des Gedächtnisses« paßt, als sie die »emotionale Organisation« von Gedächtnisinhalten in den Mittelpunkt stellt, wie Rapaport es vorausgeahnt hatte. Ein Hauptgrund für die weiterhin aufrechterhaltene Trennung der beiden Arten von Literatur ist die Schwierigkeit, unter Laboratoriumsbedingungen emotionale Faktoren zu erkennen, die einen Bezug zur Organisation des Gedächtnisses haben könnten. Man hat versucht (10, 11, 12, 13), Aufzeichnungen der Daten jener psychoanalytischen Situation zu verwenden, aus der die Konzepte der klinischen psychoanalytischen Theorie ursprünglich hergeleitet worden waren, die psychoanalytischen Daten aber dann mit angemessenen Kontrollvorrichtungen zu behandeln. Mit dieser Methode ließ sich nachweisen, daß emotionale Organisationsfaktoren eine Form des spontanen Vergessens beeinflussen — das momentane Vergessen dessen, was der Patient gerade sagen wollte.

Im großen ganzen ist jedoch die besondere Revolution, die Rapaport kommen sah, nicht eingetreten — nicht einmal in Gegenstand und Ziel seiner späteren Forschung. Er stellte hauptsächlich autonome Ich-Funktionen in den Mittelpunkt, und nicht die ordnende Rolle von Triebabkömmlingen in der Erinnerung, wie er es in »Gefühl und Erinnerung« tut. Seine Theorie von der Aufmerksamkeitsbesetzung und seine Skizze einer Theorie des Bewußtseins (17) sind keine dynamischen, sondern strukturell-ökonomische Theorien. Die Arbeit der Mitarbeiter Rapaports ging in die gleiche Richtung (18, 19). Sie beschäftigten sich mit Fragen der Kodierung, der Kapazität und der Verzögerung — mit Konzepten, die für die heutige akademische psychologische Gedächtnisforschung kennzeichnend sind. Bei solcher Arbeit geht es um die Regeln, die die Gedächtnis-Organisation beherrschen, von einfachen Reiz-Reaktion-Regeln bis hin zu komplizierten kognitiven Regeln und Fragen der Informationsladung und -kapazität. Im Grunde hatte Rapaport entschieden, zunächst werde eine Gedächtnis- und Lerntheorie gebraucht, die in den Rahmen der Psychoanalyse passe — dann könne man die Beziehung zwischen Gefühlen und Gedächtnis erneut untersuchen. In der Arbeit einer Mitarbeiterin Rapaports, Phebe Cramer, finden wir dieses Programm wieder, und zwar in der Absicht, zu zeigen, daß ein Modell des psychischen Funktionierens, das auf der Annahme der Existenz deterministischer Assoziationsprozesse beruht, zur Vorhersage des Phänomens der Erinnerung und zur Vorhersage von Erinnerungsfehlern taugt (1, 2, 3, 4, 5). Seit dem Erscheinen von »Gefühl und Erinnerung« haben sich außerdem — hauptsächlich infolge des Anstoßes, den George Klein der Erforschung »kognitiver Stile« (6) gegeben hat — die Versuche auf den »Stil der Gedächtnisorganisation« konzentriert. Dies ist etwas anderes als die *Wirkung,* die Gefühle als Spalter, Förderer oder ordnende Kräfte auf das Gedächtnis ausüben können. Motive werden vielmehr als gleichsam stabile Dispositionen betrachtet, die bestimmen, auf welche Weise die Erinnerungen im »Speicher« organisiert werden (7, 8, 14, 15).

Im allgemeinen sind an die Stelle umfassender Gedächtnistheorien — wie der Assoziationstheorie oder der Gestalt-Theorie — Untersuchungen der Besonderheiten des Erinnerungsvorgangs in Form von Konzepten wie Aufname (*intake*), Speicherung (über lange und kurze Zeit), Wiederfinden und Reproduktion getreten, und die neueren Arbeiten sind meist empirischer und eklektischer. Gefühle und Motivation werden in Theorien der Erinnerungsvorgänge immer noch zu wenig betont, besonders in der akademischen Psychologie. Die im Entstehen begriffene Revolution muß erst noch kommen, so daß Rapaports Buch ein modernes Werk bleibt. Für jeden, der auf diesem Gebiet arbeitet und ein Interesse daran hat, zwischen der klinischen und der experimentellen Literatur, die um Gefühle und Gedächtnis kreist, eine Brücke zu schlagen, ist der Rückblick auf die erste Brücke, die Rapaport gebaut hat, ein unerläßlicher Beginn.

Lester Luborsky

Während der neun Jahre, die seit dem ersten Erscheinen dieses Buches vergangen sind, ist viel über den Einfluß selegierender Faktoren auf verschiedene Aspekte der Organisation des Denkens veröffentlicht worden. Man hätte dieses neue Material als Ergänzung dieser Neuauflage von *Gefühle und Gedächtnis* zusammenfassen können, insbesondere deshalb, weil ich in diesem Werk versucht habe, zu zeigen, daß das, was gewöhnlich als »Gefühl« (*emotion*) bezeichnet wird, unmerklich in den »selegierenden Faktor« übergeht, und daß das, was man gewöhnlich »Gedächtnis« (*memory*) nennt, nur ein Aspekt der »Organisation des Denkens« ist und sich mit anderen Aspekten verbindet.

Ich habe dennoch beschlossen, dieses Buch unverändert wieder erscheinen zu lassen. Die Hauptgründe dafür sind:

1. In der neueren Literatur steht der Gedächtnis-Aspekt der Organisation des Denkens nicht mehr im Mittelpunkt des Interesses. Statt dessen spielen das Lernen (z. B. Tolman), senso-motorische Wirkungen (z. B. Werner) und besonders die Wahrnehmung (z. B. Bruner, Klein) eine immer wichtigere Rolle. Eine Zusammenfassung dieser Beiträge kann daher in einer Monographie über das Gedächtnis nicht mehr als Frage von nebensächlicher Bedeutung behandelt werden.

2. In dem Material, das ich für die erste Auflage dieses Buches durchgesehen habe, spielten *Mißverständnisse* des »Lustprinzips« der psychoanalytischen Theorie eine hervorragende Rolle bei der Anregung zu Untersuchungen; ich setzte mir daher das Ziel, die psychoanalytische Es-Psychologie klar herauszuarbeiten und aufzuzeigen, welche der veröffentlichten experimentellen, klinischen und theoretischen Studien nicht zur Sache gehörten, überzeugend oder neuartig waren. Obwohl ich in meiner Übersicht den Gedanken sehr nahelegte, daß wir es mit einer großen Menge selegierender und ordnender Faktoren zu tun haben, ebenso mit einer großen Vielfalt von Formen, in denen sie zur Wirkung kommen, und daß diese Faktoren und ihre Wirkungen hierarchisch geordnet sind, war mir damals der Bezug, den dies alles zur psychoanalytischen Ich-Psychologie hat, noch nicht klar. Ich glaube, daß das, was ich inzwischen in dieser Hinsicht dazugelernt habe, die damals kritisch gewürdigten Daten nicht ungültig macht, ebensowenig jene meiner Ansichten, die in der Anordnung des Materials, zwischen den Zeilen und in einigen zu-

sammenfassenden Formulierungen zutage getreten sind. Was neu und wichtig ist, läßt jedoch diese Ansichten ungenügend erscheinen. Durch kein Hinzufügen neuen Materials hätte ich diesen Mangel beheben können, ohne den Rahmen der Monographie zu sprengen und sie zu überladen.

Wodurch ist also ein Neudruck dieser Monographie gerechtfertigt?

1. Das Interesse an den Beziehungen zwischen experimentellen und psychoanalytischen Forschungsergebnissen und an der experimentellen Validierung psychoanalytischer Lehren ist größer denn je. Diese Monographie ist ein Überblick über das Gelingen und Scheitern derartiger Bestrebungen. Sie gibt sowohl Warnungen als auch Hinweise. Daß sie immer noch notwendig sind, wird z. B. durch die Diskussion über Emotionen deutlich, die auf Leepers Abhandlung *A Motivational Theory of Emotion (The Psychological Review,* 1948) folgte; man kann es ebenfalls an der Art ablesen, wie Mowrer und Kluckhohn (in Hunts *Personality and the Behavior Disorders*) das Lernen abhandeln.

2. Die Abschnitte dieses Buches, in denen von der Theorie der Gefühle, von der psychoanalytischen Theorie des Gedächtnisses und der Psychopathologie des Gedächtnisses die Rede ist, sind trotz mancher Einschränkungen immer noch die einzige systematische Abhandlung dieser Gebiete.

Die weitere Bearbeitung des Konzepts von der *Hierarchie der ordnenden Faktoren,* das ich in dieser Monographie entwickelt habe, hat in dem Werk *Organization and Pathology of Thought* zu etwas geführt, von dem ich hoffe, daß es einen Beitrag zum Verstehen der Beziehung zwischen der Es- und der Ich-Psychologie der Denkprozesse leisten kann. Die Abschnitte über die *rationale Grundlage von Tests* in *Diagnostic Psychological Testing* (von Rapaport, Schafer und Gill, 1945) sind auch Versuche, die in »Gefühl und Erinnerung« begonnene Arbeit fortzusetzen. Auch dort geht es um eine Klärung des Wesens von Gedächtnis und Denkorganisation.

Stockbridge, August 1950   *David Rapaport*

VORWORT

In der medizinischen Praxis ist schon immer ein genauer Bericht über die Abfolge der Ereignisse, die zum Einsetzen der Symptome geführt haben, das Fundament gewesen, auf das sich Diagnose, Prognose und Behandlung gestützt haben. Jede Störung der Erinnerung des Patienten an diese Ereignisse verschafft dem Arzt einen falschen Eindruck und kann zu einer falschen Diagnose führen.

Bei der großen Gruppe von Krankheiten, von denen man weiß, daß emotionale Faktoren sie stark beeinflussen, kann man mit Hilfe der üblichen Frage-und-Antwort-Technik selten eine angemessene Anamnese erheben, weil die entscheidenden Informationen der Erinnerung des Patienten fast immer unzugänglich sind. Außerdem ist der Arzt, der allzuoft nicht merkt, daß die gefühlsträchtigen Erinnerungen verdrängt worden sind und daß gerade diese Verdrängung, Entstellung oder Verschiebung ihnen die Kraft verleiht, die somatische Störung auszulösen, zu verlängern oder zu verstärken, zu leicht geneigt, die mögliche Rolle affektiver Faktoren zu verneinen, sobald der Patient ihr Vorhandensein leugnet.

Anzeichen und Symptome körperlicher Funktionsstörungen erwecken im Betroffenen meist Befürchtungen. Das Vorgefühl der ärztlichen Untersuchung erhöht diese Ängste. Solchen verängstigten Menschen — die Elton Mayo so passend »verschreckte Menschen« genannt hat* — muß der Arzt Daten entlocken, die wegen ihrer beunruhigenden Art aus dem Gedächtnis des Patienten ausgestoßen worden sind.

Das unvermeidliche Versagen der Technik direkter Fragen und Antworten bei der Aufnahme einer Anamnese, bei der der Arzt Beweismaterial sucht, das der Patient vergessen hat, läßt deutlich werden, daß in der Medizin neue Methoden der Unterweisung notwendig sind, die dem Studenten klarmachen, welche Rolle Gefühle im Bereich der Krankheit spielen, ebenso neue Methoden der Anamnese-Erhebung, die für eine Atmosphäre der Beruhigung und Ermutigung sorgen, in der der Patient seine Angst verliert und sich so leichter beunruhigende Erinnerungen ins Gedächtnis zurückrufen kann.

Aufgrund dieser Überlegungen fanden die ersten Besprechungen des Plans

---

* Mayo, Elton: *Frightened People*. Harvard Medical Alumni Bulletin, Januar 1939, Bd. 13, Nr. 2, S. 36—41.

für eine Sichtung der Literatur über die Beziehungen zwischen Gefühlen und Gedächtnis mit David Rapaport statt. Er bemerkte sofort, daß eine Beschränkung der Untersuchung auf die für den Arzt wichtigen Aspekte den umfassenderen Gesichtspunkten, unter denen das Problem zu sehen ist, nicht gerecht werden würde; diese machen eine neue Deutung der Vorgänge des Fühlens und des Erinnerns und ihrer dynamischen Beziehung untereinander und zu anderen Aspekten geistig-seelischer Funktionen notwendig.

Mit fabelhafter Energie und einem ungewöhnlichen Gespür für Grundfragen hat David Rapaport die Literatur aus den Gebieten der Psychologie, der Psychopathologie und der Psychoanalyse interpretiert und miteinander in Zusammenhang gebracht. Er hat nicht nur zum besseren Verständnis der Rolle einen Beitrag geleistet, die Gefühle beim Sich-Erinnern und Vergessen spielen, sondern er hat auch den Grundstein für die Entwicklung einer neuen und anspruchsvollen Theorie von der Funktion des Gedächtnisses gelegt.

Die *Josiah Macy Jr. Foundation* heißt diese Monographie aus der Monographien-Reihe der Menninger Clinic als einen Beitrag zum Konzept der psychosomatischen Einheit willkommen und schätzt sich glücklich, eine Gelegenheit gehabt zu haben, sich bei der Förderung dieser Studie der Menninger Clinic anzuschließen.

New York, N. Y., Oktober 1942 　　　　　　 *Frank Fremont-Smith, M. D.*
　　　　　　　　　　　　　　　　　　　 Medical Director
　　　　　　　　　　　　　　　　　　　 Josiah Macy Jr. Foundation

VORREDE

Der Sprachgebrauch, der gesunde Menschenverstand und die große Überlieferung der abendländischen Philosophie stimmen darin überein, daß *Gedanken* und *Gefühle* etwas voneinander Unabhängiges sind, etwas, das völlig gegensätzlich ist. Die Evolutionstheorie, die in ihrem bewegten Kielwasser die Philosophie von James und Dewey nach sich zog, hat uns, in Auflehnung gegen das Althergebrachte, wieder eine Periode der Bemühung beschert, im Denken und Fühlen zwei eng verknüpfte, vielleicht nur bedingt unterscheidbare Aspekte eines fortwährenden Bestrebens zu sehen, sich an die Umwelt anzupassen. Die Psychoanalyse spricht zwar eine andere Sprache, aber sie sagt das Gleiche: Sie läßt manch einen zweifeln, ob der »reine« oder »kühle« Verstandesprozeß überhaupt existiert; Erinnerung, Urteil und logische Analyse drücken letzten Endes die gleiche Dynamik aus, die in unserer Sehnsucht, in unseren Aggressionen und in unseren Selbstverteidigungsakten erscheint.

In einem halben Jahrhundert der Experimentalpsychologie und der Psychoanalyse hat sich eine umfangreiche Literatur über die Wechselbeziehungen zwischen dem Verstandesleben und dem Gefühlsleben angesammelt — eine Literatur, die auf den vielfältigsten theoretischen Systemen beruht und dringlich der Überarbeitung und Interpretation bedarf. Eine derartige Sichtung könnte sowohl das ins Blickfeld rücken, was wir über die Beziehung zwischen kognitiven und affektiven Prozessen wissen, als auch zeigen, wo gründlichere Erforschung nötig ist.

David Rapaport hat hier einen großen und wichtigen Vorstoß unternommen. Er hat sich zwar überwiegend auf die Beziehung zwischen Gefühl und Gedächtnis beschränkt, hat dabei aber auch viele verwandte dynamische Probleme berührt. Es ist ernstlich zu hoffen, daß er uns eines Tages ein entsprechendes Werk über die Beziehung der Gefühle (und der gesamten Affektivität) zur Wahrnehmung in all ihren Aspekten schenkt, sowie ein weiteres über die Affektivität in ihrem Bezug zum schöpferischen Denken. Aber der vorliegende Band mit seiner reichhaltigen Bibliographie, seinem sorgfältigen und einfühlsamen Vergleich ungeheurer Mengen experimentellen und klinischen Materials ist der Anfang einer wirklich großen Leistung, und Psychologen und Psychoanalytiker auf der ganzen Welt sind David Rapaport Dank schuldig. Er hat sich die Mühe gemacht, jene zu verstehen, die nicht nur verschiedene Sprachen sprechen, sondern auch von verschiedenen kulturellen Bezugssystemen ausgehen, und er hat stets sein eigenes Bezugssystem bescheiden, aber überzeugend ins Spiel gebracht, wo dies sachlich erforderlich war. Dies ist ein Buch von der Art, wie es derjenige, der sich ernsthaft mit der Humanpsychologie befaßt, nicht nur liest, sondern in greifbarer Nähe behält, um es dankbar immer wieder zur Hand zu nehmen.

Gardner Murphy
Vorstand der Abteilung Psychologie
College der Stadt New York

DANKSAGUNG

Historisch gesehen, schulde ich zunächst meinem Lehrer Paul von Schiller Dank, weil er mein Interesse an der Wechselhaftigkeit der Gedächtnisfunktionen gefördert hat; unter seiner Leitung habe ich meine beiden früheren historischen Studien der Gedächtnistheorie unternommen (1, 2). Samu Rapaport und Tibor Rajka habe ich viel zu verdanken, da sie durch ihre Anregungen zur Ausbildung meines Standpunkts beigetragen haben.

Amerika hat mir eine neue Heimat und Sicherheit geboten, man hat mir großzügig Arbeitsmöglichkeiten gewährt; meinen Dank dafür kann ich nicht angemessen ausdrücken. L. S. Kubie, F. Fremont-Smith, David Levy, R. M. Fellows und K. A. Menninger haben es mir durch Anleitung, Hilfe und Ermutigung möglich gemacht, drei Jahre der Anpassung mit konzentrierter Arbeit zu verbinden.

Die Vorbereitung dieser Monographie wurde durch ein großzügiges Stipendium der Josiah Macy Jr. Foundation ermöglicht. Ich bin F. Fremont-Smith zu Dank verpflichtet, dem Leiter der medizinischen Abteilung der Foundation; durch sein besonderes Interesse an dem Problem und sein Verständnis der Notwendigkeit, dieses Problem zu klären, wurde diese Untersuchung möglich, und sein persönlicher Beistand durch Vorschläge und Erörterungen hat sehr dazu beigetragen, die Fragestellungen zu klären und die Reichweite dieser Monographie zu bestimmen.

Die Veröffentlichung dieser Arbeit wurde durch Stipendien der Josiah Macy Jr. Foundation und der Menninger Foundation ermöglicht. K. A. Menninger, dem Leiter der Menninger Clinic, schulde ich Dank für seine Ermutigung und seine weiterzige Gewährung von Zeit, Hilfe und finanziellen Mitteln für die Fertigstellung dieser Studie. Mein Dank geht auch an die Klinik als solche, an die Mitarbeiter der Menninger Foundation und besonders an den Sekretär, W. C. Menninger, der zugleich der Herausgeber dieser Monographienreihe ist.

Meinen herzlichen Dank spreche ich G. Murphy, K. Lewin, B. Mittelmann, J. B. Massermann, R. P. Knight, G. Katona, M. H. Erickson, J. F. Brown und P. T. Young dafür aus, daß sie das Manuskript gelesen und hilfreiche Ratschläge beigesteuert haben. Die vorliegende Form dieser Monographie ist zum Teil den Bemühungen meiner Freunde Margaret Brenman, Will Gibson und Merton Gill zu verdanken, die eingehend an ihr gearbeitet haben. Margaret Brenman hat für ihre Kontinuität und Klarheit gesorgt; Will Gibson hat die Ausdrucksweise insgesamt bearbeitet, und Merton Gill hat viele Zusätze, Formulierungen und Verbesserungen von Mängeln beigetragen. Ich schulde ihnen mehr als Anerkennung.

Den Sekretärinnen Helen Henderson und Katherine Laughlin danke ich für ihre sorgfältige Arbeit an der Vorbereitung des Manuskripts und der Erstellung des Registers.

Schließlich bin ich meiner Frau zu Dank verpflichtet, deren Anteilnahme während jeder Phase der dreijährigen Arbeit an dieser Studie sie zu einem stillschweigenden Mitautor gemacht hat.

1

Man kann von einer Monographie erwarten, daß sie mit einer Definition des Themas beginnt, von dem in ihrem Titel die Rede ist. Wir sind jedoch nicht in der Lage, »Gefühle« (*emotions*) oder »Gedächtnis« zu definieren, und wir können noch weniger über den Einfluß der Gefühle auf das Gedächtnis aussagen. Die Literatur liefert uns jedoch eine Menge von Beweisen dafür, daß eine Wechselbeziehung allgemein angenommen wird. In der psychiatrischen Literatur wird der größte Teil der Erinnerungsverluste als Folge emotionaler Störungen erklärt. In der psychoanalytischen Literatur werden Vergessen und falsches Sich-Erinnern als etwas angesehen, das durch gefühlsbeladene Gedankenkomplexe hervorgerufen wird. Die allgemeine psychologische Theorie legt nahe, daß Erinnerungen an die Persönlichkeit und ihre Strebungen angeglichen und in sie integriert werden. Die Hypnose-Literatur fügt Daten hinzu, die Ähnliches bedeuten. Wir haben uns hier zum Ziel gesetzt, die wichtigsten Beiträge zu diesem Thema zu sichten, damit wir klären können, was mit dem »Einfluß von Gefühlen auf das Gedächtnis« gemeint ist, und um weiteren Untersuchungen den Boden zu bereiten, die zu einem besseren Verständnis dieses Einflusses führen.

Im ersten Kapitel wollen wir den allgemeinpsychologischen Hintergrund unseres Problems umreißen. Im zweiten Kapitel folgt ein Überblick über die Literatur, die sich mit den Gefühlen befaßt; es soll versucht werden, zu klären, was dieser Begriff bedeutet, wenn von »Gefühlen und Gedächtnis« die Rede ist. Im dritten Kapitel werden einschlägige Versuche besprochen, von denen die Literatur der allgemeinen Psychologie berichtet. Im vierten Kapitel geht es um die theoretischen Beiträge der Allgemeinen Psychologie zu den Beziehungen zwischen Gefühlen und Gedächtnis. Im fünften Kapitel werden wir versuchen, die Tragweite der psychoanalytischen Theorie und psychoanalytischer Beobachtungen für unser Problem darzulegen. Im sechsten Kapitel wollen wir die einschlägige Literatur über Hypnotische Gedächtnisphänomene besprechen, im siebten die Literatur über Amnesie. Im achten Kapitel sollen einige Versuche, Tests und Techniken beschrieben werden, die wir für ungewöhnlich klare Beweise der Wirkung von Gefühlen auf das Gedächtnis halten, und die bei richtiger Anwendung eine weitere Erhellung der Frage zu versprechen scheinen. Im neunten Kapitel werden wir schließlich versuchen, unsere Feststellungen zusammenzufassen, wobei wir eine vorläufige Interpretation unseres Problems geben wollen, soweit es der heutige Stand der Dinge erlaubt.

2

Mehrere Faktoren haben uns veranlaßt, die emotionalen Einflüsse zu analysieren, die am Funktionieren des Gedächtnisses abzulesen sind. Im Lauf der letzten Jahrzehnte hat die Wissenschaft emotionalen Faktoren immer mehr Aufmerksamkeit geschenkt. In seinem Überblick *Emotion and the Educative Process* (3) versuchte Prescott, die Folgerungen aus dieser neuen Entwicklung für den Erziehungsbereich zusammenzufassen. Dunbar hat in seiner Übersicht *Emotions and Bodily Changes* (4) das entsprechende Material der psychosomatischen Medizin gesammelt. In der allgemeinen Psychologie hat man sich jedoch immer noch vor allem dafür interessiert, die Probleme des Gefühlsausdrucks, die Physiologie der Gefühle im allgemeinen und die Lokalisierung der Nervenerregung bei Gefühle im besonderen zu systematisieren. Das ist bedauerlich, denn keine der oben erwähnten Übersichten war darauf abgestellt, die verwendeten Begriffe zu klären und die im Umgang mit diesem neuen Gebiet stillschweigend vorausgesetzten Hypothesen zu überprüfen. Diese Aufgabe blieb dem Psychologen vorbehalten. Es ist auch deshalb zu bedauern, weil in der psychologischen Literatur viele Berichte über einschlägige Versuche und Erörterungen zu finden sind, in denen Begriffe benützt werden, deren Inhalt unbekannt bleibt.
Die psychoanalytische Literatur mit ihrer Betonung der Bedeutsamkeit von Versprechern, Vergessen und Verdrängung hat in der Literatur der allgemeinen Psychologie viel Widerhall in Form von Versuchen gefunden, die Freudschen Theorien zu beweisen oder zu widerlegen. Es wurden viele Versuche durchgeführt; aber weder die Versuchsberichte noch die systematisierenden Übersichten haben jemals den in den Versuchen verwendeten Gefühlsbegriff geklärt, ebensowenig das Problem, ob die Versuche für die psychoanalytische Theorie, die mit ihnen bewiesen oder widerlegt werden sollte, relevant waren. (Meltzer [5], Beebe-Center [6], Cason [7], Gilbert [8] usw.) Es hat nur wenige und unklare Versuche gegeben, Feststellungen aus dem Bereich der Gedächtnis-Pathologie — die so häufig mit dem störenden Einfluß von Gefühlen zu tun hat — mit der Gedächtnistheorie der allgemeinen Psychologie in Übereinstimmung zu bringen (Ray [9], Lundholm [10], Sears [11], Gillespie [12]). Außerdem hat der Begriff »Gedächtnis« in den letzten zwei bis drei Jahrzehnten die größten Wandlungen seit Platon und Aristoteles durchgemacht. Diese Revolution des Begriffs ist noch im

Gang, und es scheint, als sei für einen neuen Aufbau des Begriffs die Klärung der Rolle emotionaler Einflüsse unerläßlich. Wir hoffen, daß diese Sichtung der Literatur zur Klärung der in Frage stehenden Begriffe beitragen, zu Versuchen anregen und zur Kristallisierung einer neuen Gedächtnis-Theorie beitragen wird.

Unsere Kenntnis der »Einflüsse von Gefühlen auf das Gedächtnis« hat eine lange Vergangenheit, aber ihre Geschichte ist kurz und verschwommen. Wer sich als Forscher in diese Vergangenheit hineinbegibt, muß häufig den Begriff »Gedächtnis« durch »Gedankenassoziation« ersetzen; statt »Gefühle« muß er unbestimmte »irrationale Determinanten« und »Leidenschaften« setzen.

An anderer Stelle hat der Verfasser die Geschichte des Assoziationsbegriffs analysiert und eine Fülle von Hinweisen darauf gefunden, daß die »philosophischen Psychologen« der ersten Jahrhunderte der Neuzeit sich der Rolle bewußt waren, die »affektive Faktoren« in der Erinnerung spielen. Wir wollen hier nur einen Hinweis auf die Art und Weise geben, wie einige dieser Philosophen dieses Wissen zum Ausdruck brachten.

Bacon wies bei seiner Beschreibung der vier berühmten »Idole«, die den dem menschlichen Denken zugrundeliegenden Assoziationsprozeß stören, darauf hin, diese Idole seien persönliche Faktoren (2, 41—66). Mit starken Gefühlen verbundene Tatsachen — Beschämung, Furcht, Bewunderung — würden leichter behalten als gleichgültige Tatsachen (2, II, 26).

Descartes führte den Assoziationsmechanismus auf die Regungen der »Lebensgeister« (3, 21) zurück, die für ihn auch das Wesen der Leidenschaften darstellten (3, 51). Er spricht häufig vom Auftauchen von Erinnerungen als von etwas, das durch Leidenschaften zustandekommt (3, 36).

Hobbes teilte die Assoziationsfunktion (Gedächtnisfunktion) in zwei Bereiche (4, III, 1). Im ersten Bereich herrschen die mechanischen Assoziationsgesetze vor; im anderen fehlt die »Ordnung«, und die Gegenpole von Anziehung und Abstoßung setzen sich durch — oder, modern ausgedrückt, das Auftauchen von Gedanken wird nicht durch mechanische Assoziationsgesetze, sondern durch Triebkräfte bestimmt.

Spinoza betonte besonders, daß Gefühle oft das Bindeglied zwischen *miteinander verknüpften Gedanken* sind (5, Teil III, Satz 45—46). Er empfahl auch, der Mensch solle den Haß vermeiden, denn dieser bestimme den Lauf seiner Assoziationen und verhindere objektive Beobachtung und objektives Verstehen (6, S. 60).

Locke, der den Begriff »Gedankenverbindung« (*association of ideas*) geprägt hat (7, II, 74), war sich der Tatsache bewußt, daß Schmerz und Lust — Leidenschaften, Unbehagen — bei der Bestimmung von Assoziationen eine bedeutsame Rolle spielen (7, II, S. 542—543, I, S. 329—335). Er erörterte die Rolle derartiger Faktoren in der »Pathologie der Assoziationen« — d. h. der geistigen Funktionen.

Leibniz ging so weit, zu sagen, daß »Appetenz« uns von einer Wahrnehmung zur anderen führe (8, 15, 9, XX, 6), und er verwendete Lockes Begriff vom »Unbehagen« (*uneasiness*), um die Antriebsspannung zu bezeichnen (10, 289), die unsere Gedächtnis- und Denkfunktionen in Gang setzt.

Hume sah trotz seiner im übrigen mechanistischen Psychologie die Leidenschaften als Triebkraft unserer Assoziationen an, ja, sogar als Grundlage unserer Vernunftgründe (11, IV, 7, V, 6).

Kant behauptete, Lust und Schmerz seien die Grundlage der Urteilskraft, das Erkenntnisvermögen sei die Grundlage der Erkenntnis, und das Begehrungsvermögen bestimme die Vernunft; er schrieb also dem Begehren in den Funktionen des Denkens, zu denen die Gedächtnisfunktion gehört, eine überragende Rolle zu (12, S. 556—557; 13).

Selbst diese wenigen und notwendigerweise unvollständigen historischen Hinweise mögen zeigen, daß während der gesamten Aufklärung, die so energisch bemüht war, die mechanischen Gesetze der Menschenseele zu »entdecken«, eine Einsicht in die Rolle »affektiver« Faktoren beim Funktionieren des Gedächtnisses vorhanden war. Wir müssen jedoch zugeben, daß dieser Demonstration ein auffallender Mangel eigen ist: anstatt nur einfach ihre Feststellung zu treffen, zeigt sie dem kritischen Leser deutlich, daß die Begriffe »Gedächtnis« und »affektive Faktoren« noch so verschwommen sind, daß das Problem ihrer Wechselbeziehung ganz nebensächlich wird. Daran sollten wir merken, daß wir uns hier in einen Bereich hineinbegeben, in dem das Wissen über den begrifflichen Rahmen hinausgewachsen ist. Offensichtlich können wir unserem Thema nicht mehr mit schlichtem gesundem Menschenverstand zu Leibe rücken und den Worten »Gedächtnis« und »Gefühl« unzulänglich definierte, aber allgemein akzeptierte Bedeutungen zuschreiben.

Es wäre bequem, auf frühe, einfache Definitionen zurückzugreifen wie z. B. »Gedächtnis ist unsere Fähigkeit, einmal wahrgenommene Eindrücke zu behalten und zu reproduzieren« oder »Gefühle sind Rückwirkungen von Veränderungen an der Körperoberfläche auf die Hirnrinde, Veränderungen, die auf die Wahrnehmung des erregenden Ereignisses folgen«. Aber diese Definitionen sind unbrauchbar. Die Zeiten sind lange vorbei, in denen man das Gedächtnis als die Fähigkeit der Hirnrinde definieren konnte, Reizungen festzuhalten und ihre Spuren wieder aufleben zu lassen. Man hat es in seine drei Aspekte, Lernen, Behalten und Wiederhervorholen differenziert; die Erforschung jedes Aspekts hat sich als spezifisches

Problem erwiesen. Es hat sich herausgestellt, daß das Lernen ein vielschichtiger Vorgang ist, bei dem eine Wechselwirkung zwischen Material, Methode, persönlicher Motivation, individuellen psychischen Gegebenheiten und augenblicklichem Zustand stattfindet. Man kann das Behaltende nicht mehr als Wachsplatte ansehen, die getreu und zuverlässig alles aufbewahrt. Wir haben erfahren, daß beim Behalten »autonome« Veränderungen eintreten; wir haben auch gelernt, daß das behaltene Material ohne unsere bewußte Mithilfe geordnet oder zu anderem behaltenem Material in Beziehung gebracht wird. Das Wiederhervorholen hängt, wie wir wissen, sowohl vom aktuellen Zustand des Subjekts als auch von dem Zusammenhang ab, in dem eine Reproduktion erforderlich ist; wir wissen auch, daß die Reproduktion nicht immer stattfindet, wenn sie erforderlich wäre, und daß der Ausfall der Reproduktion nicht bedeutet, daß sie unmöglich ist. Man hat vor kurzem nachdrücklich darauf hingewiesen, daß das Sich-Erinnern nicht einfach eine Wiederbelebung von Spuren ist, die uns irgendwo eingeprägt sind, und das Vergessen ist nicht nur ein Verblassen des Eingeprägten. Die Reproduktion ist vielmehr eine aktive Produktion, und auch das Vergessen setzt im Grunde ein aktives Prinzip voraus.

Schließlich — und das ist höchst wichtig — sind Lernen, Behalten und Wiederhervorholen untrennbar miteinander verwoben; sie sind in jedem Augenblick unseres Lebens gleichzeitig wirksam. Die klassischen Gedächtnisexperimente, bei denen versucht wird, diese Funktionen zu isolieren und zu messen, zeigen nur, wie das Gedächtnis unter bestimmten Bedingungen im Laboratorium funktionieren kann, und nicht, wie es im Alltagsleben funktioniert.

Ähnliches läßt sich über die Untersuchung der Gefühle sagen. Man sieht sie nicht länger als phylogenetische Spuren von instinktiven Tätigkeiten (Darwin) an, als seelische Elemente (Wundt) oder Rückwirkungen körperlicher Veränderungen (James). Wir haben stattdessen eine vielfältige Reihe von Begriffen, die manchmal als »Gefühle« (Emotionen) bezeichnet werden. Eine Auswahl umfaßt z. B. Instinkt, Trieb, Affekt, Empfindung, Lusttonus, Stimmung, Leidenschaft, Temperament, Sentiment, Einstellung, Komplex, Motiv, bestimmende Neigung, Wunsch, Spannung, Bedürfnis, Scheinbedürfnis, Interesse, Absicht, Vorliebe. Man hat die Wörter »Gefühl« (*emotion*) und »Affekt« angewandt, ohne sie zu unterscheiden; man hat sie und die von ihnen gebildeten Adjektive auf fast alles angewandt, was nicht offenkundig rational oder rechtmäßig ist, auf jede Erscheinung, die ganz allgemein durch den ganzen Organismus bestimmt zu sein scheint, ja, selbst auf pathologische körperliche Symptome und Verhaltensweisen psychogenen Ursprungs. Durch diesen ungenauen Gebrauch sind die Ausdrücke umfassende Begriffe des gesunden Menschenverstandes geworden; man hat sie auf diese Weise der Eindeutigkeit beraubt, die für jeden wissenschaftlichen Begriff unerläßlich ist.

Wenn wir versuchen, Gedächtnis und Gefühl zu definieren, begegnet uns eine weitere Schwierigkeit. Die neuen Begriffe, die man in dem Bestreben entwickelt, die neuentdeckte Problematik des Gedächtnisses und die zunehmende Wandelbarkeit des Begriffes »Gefühl« zu berücksichtigen, können so weit gefaßt sein, daß sie keine spezifische Bedeutung mehr haben. Solange das Gedächtnis nur die in den klassischen Gedächtnisexperimenten untersuchte Fähigkeit war, hatte der Begriff eine einfache Bedeutung. Aber als man erkannte, daß diese Experimente nur zeigten, wie das Gedächtnis *unter bestimmten Bedingungen funktionieren kann*, wurde es notwendig, die Rolle zu untersuchen, die es in der *Organisation* unserer Denkvorgänge spielt. Der Begriff »Gedächtnis« für sich ist zwar nützlich gewesen; er ist aber eine reine Abstraktion; »Gedächtnis« ist lediglich *ein* Aspekt der Organisation von Denkvorgängen. Wirkliche Gedächtnis-Erscheinungen kommen nur im Zusammenhang mit Denkvorgängen vor; die klassischen Gedächtnisversuche mit sinnlosen Silben konnten sich bestenfalls über diese Tatsache hinwegsetzen und uns über sie hinwegtäuschen, aber außerhalb dieses Zusammenhangs konnten sie keine Gedächtniserscheinungen hervorbringen. Im Folgenden werden wir häufig gezwungen sein, Beweismaterial heranzuziehen, das — besonders dem Psychologen mit einer klassischen Ausbildung — auf den ersten Blick so erscheinen wird, als sei es unangebracht, wenn man sich mit dem Gedächtnis befaßt. Wir werden das Gedächtnis als einen Aspekt von Denkvorgängen erörtern. Diesen Gesichtspunkt sollte man im Auge behalten, wenn man die Gültigkeit der Beweise beurteilen will; wir werden allerdings nicht den Versuch machen, das Gedächtnis oder seine Rolle, die es als ein solcher Aspekt spielt, angemessen zu definieren.

Ähnlichen Schwierigkeiten begegnen wir im Bereich der Gefühle, wenn wir uns klarmachen, wie vielfältig und bedeutungsschwer die mit dem Begriff implizierten Faktoren sind. Diese Faktoren sind so verschiedenartig, daß man von keiner Funktion des Menschen behaupten kann, sie sei nicht von »Gefühlen« bestimmt, motiviert, energetisch aufgeladen oder gefärbt oder auch in sie eingebettet. Der Versuch, verwandte Begriffe einem Hauptbegriff unterzuordnen, ist nur dann von Nutzen, wenn die Verknüpfung der spezifischen Begriffe untereinander klar ist. Bei unserer Frage versteht es sich jedoch weder von selbst, daß es angemessen ist, die Faktoren einem Begriff unterzuordnen, noch ist ihre Verknüpfung untereinander selbstverständlich; in einem solchen Fall ist eine begriffliche Vereinheitlichung irreführend. Es scheint, als schließe jede Funktion des Menschen »Gefühlsfaktoren« ein; diese Feststellung ist erst dann begrifflich brauchbar, wenn die Verknüpfung dieser Faktoren untereinander geklärt ist. Diese Aussage läßt sich auch auf die Rolle von Gefühlsfaktoren im Funktionieren des Gedächtnisses anwenden. Wir wollen nicht versuchen, eine neue Terminologie zu schaffen; da verschiedene Autoren Ausdrücke wie »Gefühl«, »Affekt« und »Lusttonus« in der gleichen Bedeutung verwendet haben, werden wir jeden Beitrag gemäß seiner ursprünglichen Terminologie erörtern. Wir hoffen, daß der Begriff »Gefühl« (*emotion*) im Lauf dieser Erörterung sich *von selbst strukturiert.*

Diese allgemeinen Formulierungen der Begriffe »Gedächtnis« und »Gefühl« sind in gewisser Weise gerechtfertigt. Es ist jedoch zu bezweifeln, ob sie in ihrer allumfassenden Allgemeinheit brauchbarer sind als die ersten Definitionen in ihrer unzulänglichen Einfachheit; wir halten es lediglich für nützlich, die beiden Arten von Definitionen einander gegenüberzustellen. Sie stellen den historischen Rahmen unseres Problems dar und sind als Hintergrund dieser Betrachtung anzusehen. Die gegenwärtige Problemlage in unserem Bereich ist kompliziert; die verwendeten Begriffe sind nicht oder bestenfalls schlecht definiert. Wir haben nicht im Sinn, eine Theorie aufzustellen, die alle Experimente, Mutmaßungen und Meinungen auf einen Nenner bringt. Wir meinen, der Versuch, eine solche endgültige Theorie aufzustellen, die jeden Forscher befriedigen würde, wäre angesichts des aktuellen Standes der Forschung in unserem Bereich nicht gerechtfertigt. Die herrschende Verwirrung in bezug auf unser Problem ist nicht nur wahllos durchgeführten Untersuchungen zuzuschreiben, sondern zum Teil der Art und Weise, wie sich die moderne Psychologie entwickelt hat, und z. T. verschiedenen Arten des Vorgehens, die in der Persönlichkeit der Forscher begründet waren. Der Leser wird, wenn er der historischen Abfolge der auf unser Problem bezogenen Beiträge folgt, bemerken, daß man sich im Lauf der letzten Jahrzehnte immer mehr auf die Ansicht geeinigt hat, die Gedächtnisfunktion werde durch tiefe Schichten der Persönlichkeit bestimmt, und daß dies von verschiedenen Forschern verschieden ausgelegt worden ist. Forscher, die stärker den Intellekt in den Vordergrund stellten, fanden auf der Suche nach dem Wesen der »Bedeutung« (*meaning*) Determinanten der Gedächtnisfunktionen, die sich in Begriffen der Logik beschreiben ließen; Forscher mit einer stärker soziologisch oder utilitaristisch geprägten Einstellung bezeichneten die gleiche Erscheinung mit Begriffen des »Interesses«; die frühe Allgemeine Psychologie neigte dazu, sie mit Begriffen wie »Lust« und »Unlust« zu bezeichnen, die sie von der Sinnespsychologie übernommen hatte; in jüngerer Zeit hat man sie in der Experimentalpsychologie mit Begriffen wie »Kontext« und »Set« zu erfassen versucht, die für die experimentelle Untersuchung zugänglicher sind. Psychologen, denen es um die Erforschung von Handlungen und Beweggründen geht, drücken die gleichen Funktionen meistens in ihrem Bezug auf Bedürfnisse aus; in der Physiologischen Psychologie sind sie meßbare physiologische Begleiterscheinungen von Gefühlen; bei den klinischen Psychologen und Psychiatern heißen sie Affekte, und bei den Psychoanalytikern sind sie triebbestimmt. Diese verschiedenen Einstellungen von Individuen und Gruppen haben zu verschiedenartigen Theorien und Methodologien geführt, die ihrerseits wieder verschiedenartige experimentelle Ansätze hervorgebracht haben. Wir haben die Absicht, diese unterschiedlichen Ansätze zu besprechen und aufzuzeigen, in welcher Beziehung sie zueinander stehen. Wir werden versuchen, die Kontinuität aufzuzeigen, mit der sie ineinander übergehen oder auseinander hervorgehen. Demgemäß ist es unser Hauptziel, einen erschöpfenden und sachlichen Überblick über die einschlägigen Veröffentlichungen vorzulegen, wobei sowohl ihre Unzulänglichkeiten als auch jene Züge hervorgehoben werden sollen, die Interesse verdienen und Anregung bieten. Der sorgfältige Leser wird feststellen, daß sich der Standpunkt des Autors in der Anordnung des Materials ausdrückt; dieser Standpunkt wird im Schlußkapitel der Monographie erläutert. Wir halten es für unsere Aufgabe, die Kontinuität des Materials und die in ihm vorhandenen Wechselbeziehungen zu zeigen, wobei es dem Leser freigestellt ist, seine eigenen Schlüsse zu ziehen; wir möchten ihm als Grundlage dafür soviel Tatsachenmaterial bieten, wie es der zur Verfügung stehende Raum und die Anordnung unserer Daten erlauben. Wir müssen jedoch zugeben, daß der Standpunkt eines Autors die Anordnung seines Materials beeinflußt; außerdem haben wir das Material zusammengefaßt und kommentiert.

Es mag nützlich sein, hier unser Problem noch einmal zu formulieren: Da die Motivation menschlichen Verhaltens zu einem Kernproblem der psychologischen Forschung geworden ist, erhebt sich die Frage, ob die Erinnerung ein *photographischer* oder ein *motivierter* Vorgang ist. Wir haben die Antwort oben schon vorweggenommen; man kann wahrscheinlich ruhig sagen, daß in dieser Hinsicht unter Psychologen nur geringe Meinungsverschiedenheiten herrschen dürften. Wir geben zu verstehen, daß das Sich-Erinnern ein *motiviertes Verhaltensphänomen* ist, und daß Gefühle *motivierende Faktoren* sind. Wir haben versucht, das Material zu sammeln, das die Wirkungsweise der »Gefühle« genannten motivierenden Faktoren zeigt, und zwar insofern, als sie an jenem Aspekt der Organisation unserer Denkvorgängen abzulesen ist, den man »Gedächtnis« oder »Erinnerung« nennt.

II. DAS PROBLEM DER GEFÜHLE[1]

Was sind Gefühle? Dies ist die erste Frage, deren Beantwortung der Leser erwarten wird. Es ist wichtig für unser Problem, zu klären, was Gefühle sind; ohne eine solche Klärung kann die Suche nach den Beziehungen zwischen Gedächtnis und Gefühl schwerlich sinnvoll werden. Wir haben zwar im ersten Kapitel zu zeigen versucht, daß sowohl der Begriff als auch die Theorie bei Gedächtnis und Gefühlen in einer Umbildung begriffen sind, aber sie scheinen nicht den gleichen Status innezuhaben. Der Begriff »Gedächtnis« wird allgemeiner als selbstverständlich angesehen als der Begriff »Gefühle«: »Gedächtnis« wird gegenwärtig in einem allzu engen Sinn gebraucht, in einem Sinn, der die wechselseitige Aufhellung und die einheitliche Ordnung von Bereichen wie Erinnerungswahrnehmung, Traum, Phantasie und Denken verhindert, der aber wenigstens eine klare Bedeutung schafft. Der Begriff »Gefühl« jedoch wird so umfassend gebraucht, daß es schwierig ist, seine genaue Bedeutung herauszuschälen. Es ist unser Ziel, diese Bedeutung zu klären. Zunächst wollen wir einige neuere Versuche, Gefühle zu definieren, aufzählen und besprechen; zweitens wollen wir einen Überblick über die Literatur von der Physiologie der Gefühle geben; drittens wollen wir die Literatur über die Psychologie der Gefühle zusammenfassen; viertens wollen wir die Folgerungen aus einer Reihe neuerer Untersuchungen erörtern, die sich mit der Rolle befassen, die Gefühle bei anderen Vorgängen im Menschen wie Lernen, Erziehung und körperlichen Veränderungen spielen.

Bevor wir diese Erörterung ihren Lauf nehmen lassen, ist es angezeigt, die Komplexität des Problems kurz darzustellen. Was geben wir zu verstehen, wenn wir eine Vielfalt von Erscheinungen wie Psychosen, Neurosen, gewisse somatische Erkrankungen — erhöhten Blutdruck, Magen-Darmgeschwüre — sowie Verhaltensstörungen und Erziehungsschwierigkeiten als »emotionale Störungen« bezeichnen? Bedeutet der Begriff »emotional« hier das gleiche wie in der Wendung »emotionale Einflüsse auf das Gedächtnis«? Warum sprechen wir ohne Zögern vom »emotionalen« Charakter und

[1] Ich bin Frank Fremont-Smith, dem Leiter der medizinischen Abteilung der Josiah Macy Jr. Foundation, zu Dank verpflichtet; auf seinen Rat hin habe ich dieses Kapitel, in dem das Problem der Gefühle erörtert wird, einbezogen. Er hat mir durch viele anregende Diskussionen bei der Formulierung geholfen.

Ursprung dieser Schwierigkeiten, obwohl Untersuchungen und Erörterungen selten klarstellen, in welchem Sinn sie »emotional« sind? Warum befaßt man sich bei der systematischen Behandlung des Gefühlsproblems hauptsächlich mit Ausdrucksbewegungen, der Physiologie und der Lokalisierung nervöser Vorgänge bei Gefühlen? Im Rahmen der vorliegenden Arbeit ist es nicht möglich, eine erschöpfende Antwort zu geben. Eine sorgfältige historische Untersuchung dieser Probleme ist dringend erforderlich, wenn sie nicht noch weiter kompliziert werden sollen. Wir müssen uns hier auf eine kurze Erörterung beschränken, die zugleich zeigt, welche Richtung unser Überblick über die Literatur, die die Gefühle betrifft, einschlagen wird.

Die Hauptschwierigkeit in der Literatur über die Gefühle scheint zu sein, daß das Wort »Gefühl« (Emotion) einmal benützt wird, um ein *Phänomen* zu bezeichnen, ein andermal, um die einer Erscheinung oder einer Gruppe von Erscheinungen zugrundeliegende *Dynamik* zu benennen. Z. B. bezieht sich bei der Beschreibung irgendeines einzelnen Gefühls wie Furcht oder Wut der Ausdruck »Gefühl« auf eine Erscheinung; bei einer psychosomatischen Erkrankung jedoch bezieht sich der Ausdruck »Emotion« auf die Dynamik und die Ätiologie der Störung.[2] Außerdem sind mit dem Ausdruck »Gefühl«, wenn er für Erscheinungen gebraucht wird, manchmal physiologische und motorische Phänomene wie ein Gesichtsausdruck gemeint, manchmal aber auch Erscheinungen des bewußten Erlebens wie »Empfindungen«. Ähnlich ist mit dem Ausdruck »Gefühl«, wenn er zur Bezeichnung einer Erscheinungen zugrundeliegenden Dynamik benützt wird, manchmal physiologische Dynamik gemeint, wie im Fall der Cannonschen Theorie, manchmal aber auch psychische Dynamik, wie im Fall der psychoanalytischen Theorie.

Es wäre eine Möglichkeit, mit diesen Schwierigkeiten fertigzuwerden, wenn man sagen würde, die Ausdrücke »Gefühl« (Emotion) und »gefühlsmäßig« (emotional) und Äquivalente wie »Affekt« und »affektiv« seien ungerechtfertigterweise für Vorgänge und Erscheinungen benützt worden,

---

[2] Ein gutes Beispiel für dies Letztere findet sich in dem folgenden Zitat aus einer unveröffentlichten Abhandlung von M. Gill (1): »Der Mensch mit erhöhtem Blutdruck aufgrund chronisch verdrängter Wut — diese Formel scheint zur Zeit den psychischen Mechanismus der Fälle von essentiellem erhöhtem Blutdruck, die intensiv psychologisch untersucht worden sind, am besten zu erfassen — geht nicht umher und zeigt eine chronische, massive selbständige Entladung, wie wir sie bei dem Tier mit einem gereizten Hypothalamus gesehen haben. Im Gegenteil, sein offenkundiges Verhalten ist von äußerster Liebenswürdigkeit und scheinbarer Gelassenheit gekennzeichnet.«

die wenig gemeinsam haben; das Vertreten dieser Ansicht ließe einen Versuch vermuten, die ungerechtfertigte alte Terminologie zu reinigen und eine neue, unzweideutige Terminologie aufzustellen. Eine andere Möglichkeit der Bewältigung dieser Schwierigkeiten wäre die Annahme, »Gefühl« sei ein Vorgang, der sich auf vielerlei Weisen manifestiere. Man müßte dann den Vorgang »Gefühl« psychosomatisch auffassen und behaupten, einmal seien seine physiologischen, ein andermal seine psychischen Manifestationen so offenkundig, daß die andere Seite völlig zu fehlen scheine. Man würde diesen Gefühlsvorgang auch als einen Prozeß auffassen, der sich direkt und sofort auf physiologischer Ebene manifestieren kann, wie man es im Gefühlsausdruck sieht, oder auf psychischer Ebene, wie man es im Fall von Empfindungen beobachtet, oder auf beiden Ebenen; es kann ihm aber auch versagt sein, sich so unmittelbar zu entladen, so daß er in eine chronische Veränderung der physiologischen Prozesse mündet, wie sie sich in psychosomatischen Störungen äußern, oder es kann eine Veränderung psychischer Prozesse eintreten, wie sie in Neurosen, Psychosen und Charakterstörungen zutage treten. Dieser Versuch, das Problem der »Gefühle« zu klären, würde auch terminologische Veränderungen erfordern, um den Unterschied zwischen der Erscheinung und dem zugrundeliegenden Prozeß greifbar zu machen. Dieser zweite Ansatz erscheint uns vielversprechender, und wir werden in unserem Überblick zu zeigen versuchen, wieweit er in den Beobachtungen von Gefühlen und der theoretischen Gefühlsbetrachtung eine Grundlage hat; allerdings scheint die Zeit noch nicht für einen problemlosen Übergang zu einer neuen Terminologie reif zu sein. Der Einfluß von Gefühlen auf das Gedächtnis ließe sich in eine nach diesem zweiten Ansatz aufgestellte Theorie der Gefühle ohne Schwierigkeiten einfügen. Man könnte ihn auf die gleiche Ebene stellen wie die anderen Manifestationen der Gefühle. Auch hier müßte man wieder augenblickliche Wirkungen von Gefühlen von chronischen unterscheiden. Wirkungen wie Sich-Versprechen und vorübergehendes Vergessen würden als zeitlich begrenzte, funktionelle Amnesien, Zwangsvorstellungen und Wahnerscheinungen würden als chronische Wirkungen angesehen werden. Eine andere Überlegung fordert unsere Aufmerksamkeit: Wo hat der dynamische Vorgang seinen Ursprung, dessen chronische und zeitlich begrenzte Manifestationen die »emotionalen Phänomene« sind? Existiert er selbständig als isolierter Faktor im Seelenleben, im Aufbau der Persönlichkeit? Oder ist er nur eine spezifische Konstellation der allgemeinen Dynamik, die dem Seelenleben zugrundeliegt? Im letzteren Fall bedeutet die Annahme einer Kontinuität des psychischen Geschehens, daß man sich keinen psychischen Vorgang als frei von emotionaler Beteiligung vorstellen darf. Das Material, das wir zu besprechen haben, wird uns die Antwort auf diese Fragen geben müssen; aber wir dürfen annehmen, daß die letzte-re Möglichkeit mehr nach dem Geschmack der zeitgenössischen wissenschaftlichen Psychologie sein wird.

1. Definitionen von Gefühlen

Wir können hier keinen vollständigen und sachgerechten Bericht über die Entwicklung des Begriffs »Gefühl« (Emotion) geben; es gibt gründliche Werke, an die man sich in dieser Hinsicht halten kann. Die Geschichte der Begriffe wird in dem Werk *Feeling and Emotion; A History of Theories* von Gardiner, Metcalf und Beebe-Center (2) zusammengefaßt. Das Problem des »Empfindens« wird, besonders in seinem experimentellen Aspekt, in Beebe-Centers *The Psychology of Pleasantness and Unpleasantness* (3) systematisch abgehandelt. Ebenso erschöpfend und sachgemäß ist der Bericht, den Lund in seinem Werk *Emotions* (4) gibt. Eine systematische Behandlung des ganzen Bereichs findet sich in dem Lehrbuch *Psychology of Feeling and Emotion* von Ruckmick (5)[3].

Die Frage, was eine Theorie der Gefühle zu klären habe, ist verschieden beantwortet worden. Ich möchte hier einige der neueren Antworten zitieren, die sich durch ihre Reichhaltigkeit auszeichnen. Harlow und Stagner schreiben (6):

»Jeder Entwurf einer Theorie der gefühlsbestimmten Reaktion muß folgende Gruppen von Daten und die durch sie gesetzten Forderungen umfassen: 1. verhaltensorientierte: Fakten über gefühlsbestimmtes Verhalten, emotionalen Ausdruck, geschmeidige Muskeltätigkeit usw.; 2. introspektive: die bewußten Kennzeichen des Gefühls, sein *quale* und seine Begleiterscheinungen; 3. psychopathologische: Fälle von abnormem Verhalten und Gefühlserleben und 4. physiologische: die Daten über physiologische und neurologische Funktionen, die mit der Gefühlsreaktion einhergehen« (S. 570).

»Unkonditionierte affektive Reaktionen bilden eine Grundlage für die Gefühle (wobei man in diesen affektiven Mustern bewußte Gefühle sehen kann, die durch sensorische Projektionszentren im Thalamus und durch Reaktionsmuster induziert werden, die durch motorische Kerne im Zwischenhirn gesteuert werden), und die Gefühle selbst sind in der Folge ausgebildete bedingte Reaktionen. Die Konditionierungsprozesse, durch die alle Gefühle erworben werden, modifizieren das unkonditionierte affektive Muster, indem sie den Bereich der Reize, die es auslösen, enorm erweitern und gewöhnlich die Heftigkeit der unkonditionierten affektiven Reaktion ›dämpfen‹« (S. 189 f.).

---

[3] Siehe auch *Feelings and Emotions, The Wittenberg Symposium* (7), und Washburn (8).

»1. Die fundamentalen bewußten Gefühlszustände sind Empfindungen ...

2. Empfindungen sind im Thalamus lokalisiert, während die Sinneseindrücke ... in der Hirnrinde lokalisiert sind.

3. ... bezüglich angeborener Gefühle ... gibt es nach unserer Theorie ... *eine Reihe unkonditionierter Reaktionen als Grundlage, auf der sich Gefühle entwickeln können*« (S. 190).

Lund (4) erörtert Emotion folgendermaßen:

»Es muß klar sein, daß wir nicht irgendein Segment des inneren oder äußeren Verhaltens auswählen und es als *das* Gefühl betrachten können. Gefühle sind nicht einfach etwas Seiendes. Sie sind Formen der Aktivität, die durch eine bestimmte Menge von Gefühlstönung, von affektiver Qualität, gekennzeichnet sind. Diese Aktivität schließt, wie wir gesehen haben, sowohl psychische und abgekürzte als auch somatische und viszerale Anpassungsvorgänge in sich. Eine vollständige Beschreibung eines Gefühls — oder vielmehr, *gefühlsbetonten Verhaltens* — müßte alle diese Variablen einbeziehen, die *psychische*, die *somatische* und die *viszerale*, ebenso die *Reizsituation*. Es würde nicht genügen, sich mit weniger zufriedenzugeben, da einige dieser Faktoren bei verschiedenen Arten des emotionalen Verhaltens identisch sein können, und da alle sowohl unter emotionalen als auch unter nicht emotionalen Bedingungen vorkommen können« (S. 13).

»Wenn man dies im Sinn hat, könnte man Gefühl als einen *stark affektiven Zustand* definieren, *der diffuse somatische Reaktionen und ziemlich ausgedehnte, zentral gesteuerte, viszerale Veränderungen* mit sich bringt. In dieser Definition macht der Ausdruck ›zentral gesteuert‹ auf den Umstand aufmerksam, daß viszerale Veränderungen, wenn sie unter gefühlsbestimmten Bedingungen auftreten, vom Zentralnervensystem ausgehen, während sie unter anderen Bedingungen gewöhnlich lokal erregt werden« (S. 14).

P. T. Young (9)[4] hat seine Anschauung folgendermaßen zusammengefaßt:

»1. Eine Emotion ist definiert worden als *organisches Reaktionsmuster*. Diese Formel ist im Laboratorium nützlich, obwohl noch niemand gezeigt hat, wie sich ein Gefühlsmuster *von einem nicht gefühlsbestimmten unterscheiden läßt*.

2. Eine zweite Definition hat behauptet, *Emotion sei eine Störung* (Unterbrechung, Erschütterung), *die an einem diffusen, übertriebenen, ziellosen Verhalten zu erkennen sei.* Diese Art der Definition ist angemessen, wenn sie durch zwei Kriterien näher bestimmt wird. a. Gefühlsstörungen bringen *deutliche körperliche Veränderungen der glatten Muskulatur und der Drüsen* mit sich. Diese körperlichen Veränderungen unterscheiden gefühlsbestimmte Erschütterungen von nicht gefühlsbestimmten Zuständen wie Verirrtsein, Über-

---

[4] P. T. Young, *By what Criteria Can Emotion Be Defined?* Vortrag, gehalten anläßlich der Zusammenkünfte der Midwestern Psychological Association im Jahr 1941. Das obige Zitat stammt aus einer vom Autor freundlicherweise zur Verfügung gestellten Kurzfassung.

raschung, Desorientiertheit. b. Gefühlsstörungen haben *eine äußere Ursache*. Dieses Kriterium unterscheidet Gefühlsstörungen von den Trieben und von verschiedenartigen Beschwerden und Schmerzen, die eine innere oder körperliche Ursache haben.«

Diese Aussagen werden hier nicht als letzte Ergebnisse der Forschung über diesen Gegenstand zitiert, sondern vielmehr als Versuch, widerspiegelnd den auseinanderstrebenden Behauptungen Gerechtigkeit widerfahren zu lassen.

Harlow und Stagner beziehen wie Lund den Verhaltensaspekt, den introspektiven Aspekt und den physiologischen Aspekt des Gefühls in ihre Beschreibung ein. Lund erwähnt außerdem die zentrale Steuerung von viszeralen Veränderungen, die mit Gefühlen einhergehen. Harlow und Stagner erwähnen die emotionalen Probleme der Psychopathologie und betonen den im Grunde *bewußten* Charakter der Gefühle. Young geht es um die Unterscheidung zwischen emotionalen und nicht emotionalen physiologischen Mustern.

Auf der Grundlage dieser Beschreibungen wollen wir die Tatsachen und Probleme, die eine Theorie der Gefühle erklären muß, in zwei Gruppen aufteilen: eine physiologische und eine psychologische. Eine derartige Einteilung muß notwendigerweise willkürlich sein, denn die beiden Erscheinungsbereiche sind nicht durch eine scharfe Linie getrennt. Für jeden psychischen Vorgang *muß* es einen entsprechenden physiologischen Vorgang geben, und *wahrscheinlich* ist jeder physiologische Vorgang Teil eines vielschichtigen Musters von ähnlichen Vorgängen, das bei der Vorbereitung der sogenannten psychischen Prozesse eine Rolle spielt. Die Trennung von »psychisch« und »physiologisch« ist künstlich. Man darf jedoch die wissenschaftliche, methodologische Nützlichkeit der Unterscheidung nicht bagatellisieren; die Ausdrücke weisen auf das Bezugssystem hin, in dessen Rahmen eine Erscheinung betrachtet wird. Wenn ein Prozeß im Gewebe im Bezug zu Gewebeprozessen untersucht wird oder wenn man das Erinnerungsvermögen im Bezug zur experimentellen Zerstörung eines Teils des Gehirns untersucht, ist das Bezugssystem physiologischer Art; jedoch kommt das zweite Beispiel schon dem nahe, was man in jüngster Zeit als das »psychosomatische« Bezugssystem bezeichnet hat. Wenn man die Wahnvorstellungen eines Schizophrenen in ihrem Bezug zur Struktur seiner Assoziationen untersucht, oder wenn ein Fall von erhöhtem Blutdruck psychoanalytisch untersucht wird, ist das Bezugssystem psychologischer Art, aber der zweite Fall ist ein typisches psychosomatisches Problem. Diese Einschränkungen gelten, wenn in der folgenden Diskussion die Zweiteilung in »physiologisch« und »psychologisch« oder »psychisch« gemacht wird.

2. Die Physiologie der Gefühle

Der Umstand, daß »emotionale Zustände« mit physiologischen Veränderungen einhergehen, wurde schon früh erkannt; der erste Versuch, ihre Rolle systematisch zu erklären, war die James-Lange-Theorie (43)[5]. Eine der Hauptfolgerungen aus der Wechselbeziehung zwischen Gefühlen und physiologischen Veränderungen wurde später von Sherrington (10) erheblich verdeutlicht. Er zählte drei theoretische Möglichkeiten auf:

»1. daß der psychische Teil des Gefühls zuerst aufsteigt, und daß sein neutrales Korrelat dann die Eingeweide erregt, 2. daß der gleiche Reiz zugleich die Seele und die Nervenzentren erregt, die die Eingeweide steuern, 3. daß der Gefühlsreiz zuerst auf die Nervenzentren einwirkt, die die Eingeweide steuern, deren Reaktion, wie wir sie wahrnehmen, das Gefühl ist« (S. 255).

Die James-Lange-Theorie hatte die dritte Ansicht vertreten. Die historische Bedeutung dieser Ansicht lag in der Tatsache, daß sie in einer rein mentalistischen Periode der Psychologie den Einfluß physiologischer Vorgänge auf psychische Prozesse betonte[6]. James' (11) Definition der Gefühle lautete: »*... die körperlichen Veränderungen folgen unmittelbar auf die Wahrnehmung des erregenden Faktums, und ... unser Empfinden der gleichen Veränderungen, während sie stattfinden, ist das Gefühl*« (Bd. 2, S. 449); bei dieser Definition ging man von der Vorstellung aus, das »empfundene Gefühl« sei der »Widerhall« dieser körperlichen Veränderungen in der Hirnrinde. Sherrington (10), Cannon (12) und andere wiesen nach, daß die zur Erklärung dieser Theorie erforderlichen physiologischen Mechanismen fragwürdig sind[7]. Die Ähnlichkeit der mit verschiedenen Gefühlen einhergehenden physiologischen Muster untereinander und mit jenen nicht gefühlsbestimmter Zustände machte es schwierig zu erklären, wie der Widerhall gleichartiger physiologischer Muster in der Hirnrinde zu verschie-

---

[5] Die lange Reihe der Vorgänger von James und Lange wird von Ruckmick (5, S. 149—156) ausführlich besprochen.
Siehe A. O. Weber und D. Rapaport (13).
[7] Cannons Einwände gegen die James-Lange-Theorie wurden von Ruckmick (5) folgendermaßen zusammengefaßt:
»1. Eine totale Trennung der Eingeweide vom ZNS verändert das emotionale Verhalten nicht; 2. die gleichen viszeralen Veränderungen finden bei sehr verschiedenen Gefühlszuständen und bei nicht gefühlsbestimmten Zuständen statt; 3. die Eingeweide sind relativ insensitive Strukturen; 4. viszerale Veränderungen gehen zu langsam vor sich, als daß sie die Quelle von Gefühlsempfindungen sein könnten, und 5. die künstliche Induktion der viszeralen Veränderungen, die für starke Gefühle typisch sind, ruft diese nicht hervor« (S. 185).

denen Gefühlen führen sollte[8]. Diese Nicht-Spezifität organischer Reaktionsmuster veranlaßte Young, weitere Kriterien hinzuzufügen, durch die Gefühle definiert werden sollten[9]. Der Umstand, daß es nicht gelang, durch Adrenalin-Injektionen beim Menschen eindeutige Gefühlsreaktionen hervorzurufen[10], enttäuschte Erwartungen, die auf der Feststellung beruhten, daß der Adrenalingehalt des Blutes bei Gefühlserregung erhöht ist, und Massermanns Versuche aus jüngster Zeit (16) haben gezeigt, daß eine Reizung des Hypothalamus bei Katzen fast alle körperlichen Veränderungen hervorruft, die für Emotionen bei Katzen charakteristisch sind, ohne daß die Katze — nach Verhaltenskriterien zu schließen — irgendeine Emotion empfindet. Die James-Lange-Theorie ist also durch Experimente nicht bestätigt worden.

Zur Zeit ist die allgemein anerkannte Theorie der Gefühle die von Cannon formulierte (12)[11]. Er hat mit seinen Mitarbeitern zusammen vor allem Tierversuche durchgeführt und seine Beobachtungen sind daher auf den Bereich der Verhaltensmuster und der physiologischen Veränderungen beschränkt. Er und seine Mitarbeiter stellten fest, daß nur so lange der Hypothalamus intakt ist, bestimmte Gefühle zum Ausdruck gebracht werden und entsprechende physiologische Veränderungen stattfinden, daß beide aber nicht mehr auftreten, wenn man den Hypothalamus chirurgisch entfernt hat. Es wurde also nachgewiesen, daß der Hypothalamus für die Vermittlung von Ausdrucksbewegungen bestimmter Gefühle und die sie begleitenden physiologischen Veränderungen eine wichtige Rolle spielt. Cannon (12, S. 361—368) und Bard (17) ergänzten ihre Versuchsdaten durch die klinischen Beobachtungen von Head (18), Head und Holmes (19), Wilson (20) und anderen. Auf der Grundlage von Schlußfolgerungen aus seinen Versuchsdaten und aus klinischen Introspektions- und Beobachtungsdaten von Patienten mit Thalamus- oder Hypothalamus-Läsionen ersetzte Cannon die James-Lange-Theorie durch seine »Hypothalamus-Theorie«. Er faßte die James-Lange-Theorie folgendermaßen zusammen:

»Objekt — Sinnesorgan — kortikale Erregung — Wahrnehmung — Reflexe an Muskeln, Haut und Eingeweide — Störungen an ihnen — kortikale Erregung durch diese Störungen — die Wahrnehmung dieser zu den ursprünglichen Wahrnehmungen hinzugefügt; dies sind die Ereignisse, die zu dem ›emotional empfundenen Objekt‹ führen« (S. 360).

[8] Angell (14, S. 200) behauptete, geringe Unterschiede zwischen diesen physiologischen Mustern seien immer noch zu entdecken.

[9] Siehe ebd. S. 13 f.

[10] Siehe Cantril und Hunt (15).

[11] Dana (21) hatte schon früher eine ähnliche Theorie befürwortet. Vor kurzem hat Papez (22, 23) sie ausgearbeitet.

Seine eigene Theorie formulierte er folgendermaßen:

»Innerhalb des Thalamus und in seiner Nähe liegen die an einem Gefühlsausdruck beteiligten Neuronen nahe dem Relais in der sensorischen Bahn von der Peripherie zur Hirnrinde. Wir dürfen annehmen, daß diese Neuronen, wenn sie sich in einer bestimmten Kombination entladen, nicht nur Muskeln und Eingeweide innervieren, sondern auch — durch direkte Verbindung oder durch Strahlung — afferente Bahnen zur Hirnrinde erregen. Die Theorie, die sich von selbst anbietet, lautet, daß *die eigentümliche Qualität des Gefühls zum einfachen Empfinden hinzutritt, wenn die Thalamus-Prozesse erregt werden*« (S. 369).

Diese Schlußfolgerungen wurden weithin akzeptiert. Der wahrscheinliche Grund hierfür läßt sich aus Hunts (24) Besprechung der neueren Entwicklungen auf dem Gebiet der Gefühle entnehmen:

»Man scheint in der Psychologie bereit zu sein, die subjektiven Aspekte des Gefühls zu akzeptieren und zu diskutieren, aber man ist anscheinend nicht bereit zu dem Versuch, sie wissenschaftlich zu untersuchen.
Die amüsante Folge davon ist, daß Psychologen, Physiologen wie Neurologen gleichermaßen eine Vorliebe für die objektive Art des Vorgehens, also eine Untersuchung des Verhaltens, der neurohumoralen Regelung oder der Thalamus-Läsion zeigen; aber sobald sie in ihrem Material irgendeinen einzigartigen Aspekt finden, bieten sie ihn stolz als die mögliche Grundlage für das Erleben von Gefühlen an, ein Erleben, dessen Vorhandensein, Einzigartigkeit und Merkmale immer noch weitgehend Gegenstand von Mutmaßungen sind« (S. 264).

Die Übernahme der Cannonschen Theorie war insofern unkritisch, als die Vorstellung von einem Zentrum für eine so komplizierte Funktion wie das Gefühl der heutigen Auffassung vom menschlichen Organismus nicht entspricht; sie widerspricht der gängigen Ansicht, daß Funktionen auf verschiedenen neuralen Ebenen vertreten sind und nicht von einem Zentrum, sondern von einer Zentralachse abhängig sind. Die Hypothalamus-Theorie steht in auffallendem Gegensatz zu der üblichen Anschauung, daß man Funktionen nicht als Prozesse auffassen kann, die vom Gesamtorganismus isoliert sind[12].

Die Annahme dieser Theorie ging bis zum Äußersten; sie wurde zur Grundlage weit verbreiteter Spekulationen über die Rolle des Hypothalamus bei emotionalen Störungen beim Menschen. Spekulationen, bei denen die Hypothalamus-Theorie mit der Freudschen Trieb- und Gefühlstheorie verknüpft wurde[13], hatten es mit zwei Gruppen von Annahmen zu tun — eine unsichere Sache. Der folgende Ausschnitt aus dem Werk von Grinker (27) ist ein Beispiel für eine derartige Spekulation:

---

[12] Siehe dazu: E. B. Newman, F. T. Perkins und R. H. Wheeler (25).
[13] Siehe Ratliff (26, S. 700 f.).

»Als Vertreter des autonomen Nervensystems im Kopf hat der Hypothalamus mit Kräften viszeralen Ursprungs zu tun, die Triebenergien sind. Im Stoffwechsel steuert er Aktivitäten der Peripherie, hält konstruktive und destruktive Tendenzen im Gleichgewicht und treibt die Hirnrinde zur Aktivität. Er repräsentiert Spannungen oder ›Verlangen‹ im autonomen System (triebhaft), die nicht einzeln und unkoordiniert geäußert, sondern im Hypothalamus ausgelöst und koordiniert werden ... Im Verlauf der Encephalisation hat die evolutionäre Entwicklung dem Hypothalamus seine beherrschende Rolle beim Ausdrücken des Gefühls genommen. Triebwünsche werden in einer langsamer funktionierenden, der Anpassung förderlichen Struktur synthetisiert und geformt, in der die Prozesse der Konditionierung oder des Lernens durch Erfahrung die rasche Reflexhandlung beherrschen. Damit diese langsameren, angepaßteren Reaktionen zustandekamen, wurde der Hypothalamus höheren und neueren kortikalen Zentren untergeordnet, und zwar durch Hemmungsvorgänge, die von diesen ausgingen. Die Hippocampus/Cingulus-Formation, die dem bewußten Empfinden von Gefühlen dient, neu bewertet im Bezug zu anderen kortikalen Funktionen, dämpft ebenfalls übermäßige Hypothalamusreaktionen und sorgt dafür, daß nur ökonomisch abgestufte geringfügige periphere Handlungen ausgeführt werden, so daß Übersteigerungen vermieden werden. Der Hypothalamus beeinflußt jedoch wiederum die Aktivität in der Hirnrinde oder im Ich. Seine Triebe stimmen mit seinen Forderungen oder Triebnotwendigkeiten überein. Dies tritt in den Einflüssen des Hypothalamus auf die Hirnrinde im Schlaf, im Wachen und bei Bewußtsein deutlich zutage, die Modulationen von Trieben darstellen, die man emotional nennt« (S. 44 f.).

Wenn man von Spekulationen dieser Art absieht, zeigt eine sorgfältige Sichtung der verfügbaren klinisch-pathologischen Daten, daß die von Cannon und Bard angeführten klinischen Beweise keineswegs schlüssig sind. So kommt Alpers (28) zu dem Schluß:

»Aus den angesammelten Daten könnte man schließen ..., daß der Hypothalamus heute nachdrücklich als Sitz der Gefühle, des Verstandes und der Persönlichkeit hingestellt wird. Folgerungen dieser Art sind aber nicht möglich. Man kann den Hypothalamus als ein Gebiet ansehen, das mit dem Ausdruck emotionaler Reaktionen zu tun hat, die gewöhnlich von der Hirnrinde gesiebt und abgewogen werden ... Wenn man geneigt wäre, der Phantasie die Zügel schießen zu lassen, könnte man sogar behaupten, der Ausdruck von Wut, schlechter Laune und Grobheit des Verhaltens seien hypothalamischen Ursprungs. Zwar mag eine solche Behauptung wahr sein, aber die Annahme ist nicht durch die Tatsachen gerechtfertigt« (S. 748)[14].

Hunt (24) schreibt in seinem Überblick:

»Es ist kaum zu bezweifeln, daß der Hypothalamus eine von einer Reihe von Stationen ist, und zwar eine wichtige, die mit dem Ausdruck von Gefühlen zu-

---

[14] Im gleichen Sinn äußert sich Alpers auch an anderer Stelle (29).

sammenhängen. Ob er *ihr Zentrum* ist, wird jedoch noch bezweifelt, und die Komplexität des Problems des emotionalen Verhaltens läßt ernsthaft an der Hoffnung zweifeln, eine Erklärung dieses Verhaltens als Folge der Funktion eines einzigen Zentrums werde möglich sein« (S. 267).

Ähnlich wie Hunt argumentiert M. Gill (1):

»Da man sich heutzutage einigermaßen sicher ist, daß bei funktionellen Psychosen und bei psychosomatischen Erkrankungen zwischen der prämorbiden Persönlichkeit und dem Krankheitsbild rationale Beziehungen bestehen, scheint es, als könne man Läsionen des Hypothalamus nicht als die Ursache derartiger Störungen ansehen«[15].

Er gibt auch Folgendes zu bedenken:

»... Vergleichen wir einmal das viszerale und das somatische Nervensystem unter dem hier zur Debatte stehenden Blickwinkel. Wenn der Hypothalamus elektrisch stimuliert wird, erscheinen bestimmte viszerale und somatische Phänomene in einer scheinbar integrierten Gestalt. Wenn das motorische Zentrum der Hirnrinde elektrisch stimuliert wird, bewege ich meine Hand. Wollte man sagen, der Hypothalamus ist beim normalen Tier der Ursprung einer gestalthaften Reaktion, so wäre es gleichbedeutend mit der Aussage, das motorische Zentrum der Hirnrinde sei der Ursprung der Handlung, in einer bedeutsamen Situation etwas mit der Hand aufzuheben. Das ist natürlich nicht der Fall. Das motorische Zentrum der Hirnrinde ist die Stelle, wo der effektorische Mechanismus angeregt werden kann. Im intakten Tier laufen viel komplexere zentrale Prozesse einer viel höheren Ordnung ab, deren Ergebnis ein Impuls ist, der vom motorischen Zentrum der Hirnrinde weitergegeben wird. Ebenso ist der Hypothalamus eine Stelle, an der die effektorischen Mechanismen angeregt werden können, und zu der Reaktion der Wut oder Angst gehören viel komplexere zentrale Prozesse höherer Ordnung, deren Resultante als Impuls durch den Hypothalamus geht. Wir werden sehen ..., daß der Hypothalamus auch in anderer Hinsicht in dem Sinn als dem motorischen Zentrum der Hirnrinde entsprechend angesehen werden kann, daß beide effektorische Mechanismen sind«.

Gegen die Theorie, nach der der Hypothalamus der Sitz der Gefühle ist, hat man auch Versuchsergebnisse angeführt. Massermann (16) hat die Ergebnisse seiner Versuche folgendermaßen zusammengefaßt:

»Die Arbeit in diesem Laboratorium hat Beweise erbracht, daß eine direkte somatopsychische Beziehung zwischen der Hypothalamusfunktion und dem affektiven Erleben wahrscheinlich nicht besteht, und zwar insofern als a. die durch eine Stimulierung des Hypothalamus herbeigeführten Reaktionen innerhalb gewisser Grenzen das emotionale Verhalten nicht stark modifizieren, b. Tiere mit ausgedehnten Hypothalamus-Läsionen auf emotionale Belastungen reagieren und anscheinend echte Affektzustände erleben können, c. Tiere, die länger andauern-

---

[15] Aus einer unveröffentlichten Abhandlung von M. Gill (1).

den Konditionierungsverfahren unterworfen werden, bei denen sensorische Signale der unmittelbaren Hypothalamus-Stimulierung vorangehen, nicht lernen, entweder auf die sensorischen Reize oder auf die Hypothalamus-Stimulierung auf eine Weise zu reagieren, die ihrer spontanen oder experimentellen Anpassung an Situationen gleichwertiger emotionaler Bedeutsamkeit entspricht« (S. 20).

Außer diesen wohlbekannten physiologischen Emotionstheorien wurden noch viele andere aufgestellt: Die Theorie vom vorderen Hirnlappen[16], die endokrine[17] und die Gehirnwellentheorie[18] sind nur einige Beispiele.
Ein weiterer Punkt von historischem Interesse ist noch zu erörtern. Schon vor dem kühnen, aber erfolglosen Versuch Cannons, das »empfundene Gefühl« und den »Gefühlsausdruck« zu lokalisieren, hatten die physiologischen Mechanismen des »Fühlens« großes Interesse geweckt und viele Spekulationen hervorgerufen. Man formulierte das Problem häufig so, als gehe es darum, das nervöse Korrelat von »Lustempfindung — Unlustempfindung« zu entdecken. Die Theorie M. Meyers (33) war eine der ersten:

»Das nervöse Korrelat von Lust- und Unlustempfindung muß *irgendeine Form von Aktivität in den höheren Nervenzentren sein.*« Es ist »... *das Anwachsen oder Abnehmen der Intensität eines vorher konstanten Stromes, wenn die Zu- oder Abnahme durch eine Kraft verursacht wird, die an einem anderen Punkt als dem der Stimulierung wirksam wird*« (Bd. III, S. 54).

F. Allports (35) Theorie lautete:

»Der kraniosakrale Teil des autonomen Nervensystems, unter bestimmten Bedingungen ergänzt durch das cerebrospinale System, innerviert jene Reaktionen, deren (rückfließende) afferente Impulse mit der bewußten Qualität des Angenehmen verknüpft sind. Der Sympathicus-Teil ruft viszerale Reaktionen hervor, die im Bewußtsein als Empfindung des Unangenehmen auftreten. ... Wir nehmen an, daß der differenzierende Faktor von der Stimulierung der Propriozeptoren in den Muskeln, Sehnen und Gelenken des somatischen Teils des Organismus herrührt, und daß afferente Impulse diese charakteristischen sensorischen Komplexe bilden, durch die sich innerhalb ein und derselben Klasse von Affekten ein Gefühl vom anderen unterscheidet« (S. 90—92).

Troland (34), der die Intensität eines Affekts auf eine Veränderung der Leitfähigkeit an den Synapsen zurückführte, schrieb:

»Diese Hypothese läßt sich sehr genau ausdrücken mit Hilfe der Gleichung

$$a = kdC/dt$$

welche aussagt, daß die Affektstärke a in jedem Augenblick (durch eine Konstante

---

[16] Siehe Calkins (30).
[17] Siehe Gray (31).
[18] Siehe Hoagland et al. (32).

k) dem Maß der Veränderung der Leitfähigkeit *C* im gleichen Augenblick proportional ist. Die Gleichung bedeutet offensichtlich, daß positive Werte von *dC/dt* positive Werte von *a* ergeben, also eine Empfindung des Angenehmen, deren Intensität der Größe des Differentialkoeffizienten der Zeit proportional ist, während negative Werte des Letzteren von einer entsprechend regulierten Empfindung des Unangenehmen begleitet sind. Falls *dC/dt* gleich Null ist, ist die Affektivität indifferent. Die Gleichung gilt daher automatisch für alle logischen Möglichkeiten der psychophysischen Situation« (Bd. III, S. 257).

Diese Theorien wurden nicht durch direkte experimentelle Beweise gestützt.

Die Theorie Nafes (36) hingegen beruhte auf Experimenten. Er verschaffte sich introspektive Berichte über Drucksituationen und Empfindungen des Angenehmen und Unangenehmen. Nafe zögerte nicht, auf der Grundlage der statistischen Korrelation dieser Werte einen weitreichenden psychologischen Schluß zu ziehen:

»Die Empfindung des Angenehmen ist ein glänzender Druck, und die Empfindung des Unangenehmen ist ein stumpfer Druck.«

Mit anderen Worten, beide sind lediglich sensorische Phänomene. Die Ergebnisse Youngs (37) standen in direktem Widerspruch zu denen Nafes, und Young behauptete, die Ergebnisse Nafes seien darauf zurückzuführen, daß Nafes Versuchspersonen gelernt hätten, bestimmte Arten von Berichten zu geben. Hunt (38) meinte, er habe Nafes Ergebnisse erhärtet; seine Schlüsse waren jedoch vorsichtiger in der Deutung der erhaltenen Korrelation. Er nahm nicht an, daß die Empfindungen des Angenehmen und des Unangenehmen mit glänzendem und stumpfem Druck identisch seien, sondern meinte, Letztere seien Begleiterscheinungen des Ersteren.

Wir haben durch unseren Überblick wohl geklärt, auf welchem Stand sich die physiologische Forschung befand; nun wollen wir versuchen, einen Blickwinkel anzubieten, unter dem man die besprochenen Theorien aus psychologischer Sicht beurteilen kann. Diesem Blickwinkel können wir uns nähern, indem wir die erste der Definitionen von Harlow und Stagner ins Gedächtnis zurückrufen: »Empfindungen sind fundamentale bewußte Gefühlszustände«. Abgesehen von den Behavioristen, die das Bewußtsein für ein Epiphänomen hielten, unternahm es kein Forscher, sich über die neuralen Korrelate des Bewußtseins oder der Inhalte des Bewußtseins Gewißheit zu verschaffen, außer bei dem, das man als »Gefühl« oder »Emotion« bezeichnet[19]. Die neuralen Korrelate oder physiologischen Mechanismen

---

[19] Diese Aussage muß man insofern einschränken, als die neuralen Korrelate des Gedächtnisses der Gegenstand vieler Spekulationen waren. Erst vor kurzem ist

des Denkens liegen außerhalb der Reichweite unseres heutigen Wissens. Nur die gestalttheoretischen Annahmen vom »Isomorphismus« und von der Dynamik des »Spurenfeldes« versprechen, die physiologischen Mechanismen des Denkens zu erhellen. Diese Theorie geht die Frage jedoch nicht vom physiologischen Standpunkt her an; sie nimmt an, die psychischen und die ihnen zugrundeliegenden physiologischen (elektrochemischen) Vorgänge seien isomorph; sie versucht, aus den Merkmalen der psychischen Ereignisse die Art der zugrundeliegenden physiologischen Vorgänge zu erschließen, wobei sie die bekannten Eigenheiten elektrochemischer Vorgänge im allgemeinen berücksichtigt[20].

Die Bedeutung der bei Gefühlszuständen vorhandenen physiologischen Vorgänge wird also durch den Nebel verhüllt, der alle psychosomatischen Wechselbeziehungen verbirgt. Die experimentelle Anhäufung von physiologischen Tatsachen ist zwar wertvoll, hat aber noch nicht erklärt, wie »emotionales Erleben« zustandekommt. Um zu verstehen, was ein »empfundenes Gefühl« ist, müssen wir uns an die Literatur über die Psychologie der Gefühle halten.

Zusammenfassung

a. Auf der Grundlage des besprochenen Materials läßt sich über die Beziehung zwischen »empfundenem Gefühl« und physiologischen Vorgängen nichts Endgültiges aussagen. Es ist noch kein Beweis dafür geliefert worden, daß die gewöhnlich beschriebenen physiologischen Prozesse *immer* ablaufen, wenn Gefühle empfunden werden.

b. Über die physiologischen Vorgänge, die dem emotionalen Erleben *zugrundeliegen*, ist nichts bekannt. Es sind jedoch genug Beweise dafür erbracht worden, daß weder die James-Lange-Theorie noch die Hypothalamus-Theorie den Ursprung »empfundener Gefühle« erklärt.

c. Die Untersuchung der Physiologie und der neuralen Korrelate des Gefühlsausdrucks ist von Belang; ihre Beziehung zu dem psychischen Vorgang, den man als »empfundenes Gefühl« bezeichnet, ist der kritische Punkt jeder Theorie der Gefühle. Unser Wissen über diese Beziehung ist

---

die Forschung in gestaltpsychologischen Versuchen in ein Stadium jenseits der Spekulation gelangt. Die Tierversuche, die eine Beziehung zwischen der Menge des entfernten Hirngewebes und dem Behalten und Lernen zeigten, kann man nicht als eine Erforschung der neuralen Mechanismen des Lernens und des Gedächtnisses ansehen.

[20] Siehe Köhler (39) und Koffka (40).

jedoch so dürftig, daß Untersuchungen über den Einfluß von Gefühlen auf andere psychische Vorgänge sich eher auf das gründen müssen, was man über die Psychologie der Gefühle weiß.

3. Die Psychologie der Gefühle

Der psychologische Aspekt des Begriffes »Gefühl« (Emotion) schließt die Anerkennung des Umstands in sich, daß dieser Begriff ursprünglich auf ein bewußtes Erleben gemünzt war. Das Widerstreben der Psychologie, diese Ansicht zu teilen, tritt in Dunlaps (41) Beitrag zum »Wittenberg Symposium« klar zutage:

»Ich habe Objekte und Ereignisse als beweisbar bezeichnet. Damit meine ich, daß sie der Beobachtung auf verschiedene Art und Weise zugänglich sind, insbesondere mit Hilfe jener Methoden, die man physikalische und chemische nennt, wenn sie auch indirekt sein mögen. Wir wären nicht von der Realität eines Apfels überzeugt, den man nur sehen, aber nicht berühren könnte, es sei denn, man könnte die von ihm ausgehende Lichtwelle photographisch aufzeichnen. Wir wären nicht von der Realität eines Geruchs überzeugt, es sei denn, chemische Tests zeigten das Vorhandensein eines Reizes. Wir wären nicht von der Realität der Bewegung eines Objektes überzeugt, also von einem Ereignis, es sei denn, die Bewegung ließe sich aufzeichnen. Gleichermaßen sollten wir nicht von irgendeinem Gegenstand der Erfahrung (des Erlebens) überzeugt sein, falls er sich nicht physikalisch oder chemisch aufzeichnen, registrieren läßt. Die ›Gefühle‹, von denen allzuviele Psychologen und die meisten Physiologen reden, sind keine Fakten dieser Art. Daher bin ich an ihnen in keiner Weise interessiert. Die *viszeralen Abläufe* sind beweisbar. Deshalb meine ich diese Dinge, wenn ich den Begriff Gefühl verwende. Dies ist die endgültige *Demonstration*« (S. 153).

Hier ist ein Widerstreben zu spüren, die Existenz psychischer Tatsachen, des Materials der Introspektion, als unabhängige Realität anzuerkennen. Dunlap hat hier eine extreme Position eingenommen, aber eine Einstellung dieser Art liegt der Denkart recht vieler Psychologen zugrunde. Wir sind überzeugt, daß die Lösung des Problems der Gefühle nur von Psychologen zu finden ist, die das subjektive Erleben als Realität anerkennen, und die resolut genug sind, die Dynamik psychischer Prozesse zu erforschen, ohne am Anfang auf die Physiologie zurückzugreifen. Gibt es überhaupt Psychologen dieser Art? Gibt es eine derartige Theorie der Gefühle? Um diese Frage zu beantworten, werden wir versuchen, einen Überblick über die psychologischen Gefühlstheorien zu geben.

Die erste Frage sollte lauten: Was sind »Gefühle«? Einige frühe Psychologen nahmen an, sie seien elementare, nicht weiter reduzierbare »seelische« Vorgänge; einige nahmen an, sie seien Empfindungen; einige, sie seien Attribute anderer seelischer Vorgänge. Diese Annahmen gehen offensichtlich am Wesentlichen vorbei: Keine erklärt die Genese der »Gefühle« und keine nimmt die Tatsache zur Kenntnis, daß Gefühle bewußte Erlebnisse sind, die sich von allen anderen bewußten Erlebnissen unterscheiden und andere seelische Funktionen und Inhalte begleiten oder aber selbständig erscheinen können[21]. Als sich die Widersprüche dieser Theorien als unvereinbar erwiesen und keine von ihnen durch soviel experimentelle Beweise gestützt wurde, daß sie die anderen hätte aus dem Felde schlagen können, wandten die Psychologen ihre Aufmerksamkeit den genetischen Theorien zu, die bereits entwickelt worden waren. Man ließ die überholten Theorien jedoch nicht ganz und gar fallen; in manchen Lehrbüchern werden sie immer noch vertreten.

Die genetischen Theorien erhielten ihren wesentlichen Anstoß von Darwins (42) Theorie des Gefühlsausdrucks, in der drei Grundsätze aufgestellt wurden: der Grundsatz von den »zweckdienlichen miteinander verknüpften Gewohnheiten«, der Grundsatz von der »Antithese« und der Grundsatz vom »unmittelbaren Wirken des Nervensystems«. Im ersten wird die Hypothese aufgestellt, nach der Gefühlsausdruck jeweils ein phylogenetisches Rudiment ist; die beiden anderen sind nur erklärende Zusätze. Aus diesen Hypothesen wurde die Theorie entwickelt, Gefühle seien angeborene, mit den Instinkten verknüpfte Verhaltensmuster. James (43) erkannte als erster die Notwendigkeit, den »Empfindungsaspekt« der Gefühle zu erklären, wenn er auch den Verhaltensaspekt immer noch als »instinktiv« bezeichnete. Als er seine Ansichten gegen Angriffe verteidigte (44) — insbesondere gegen die Angriffe Worcesters —, gab er implizit die Theorie vom Instinkt-Charakter des emotionalen Verhaltens auf. In Beantwortung der Frage Worcesters, warum der Bär im Wald Angst erregt, während das beim Bären im Käfig nicht unbedingt der Fall ist, mußte James zugeben, daß nicht der einzelne Reiz, sondern die *ganze Situation* darüber entscheidet, ob emotionales Verhalten ausgelöst wird. Er erkannte also, daß dieses eine der Anpassung dienende Reaktion ist, und gab indirekt die Theorie vom — nicht der Anpassung dienenden — Charakter der emotionalen Reaktion auf. Die Anerkennung der anpassungsfördernden

---

[21] Vorläufig lassen wir unbewußte Faktoren außer acht; ihre Rolle wird S. 53 ff. erörtert.

Züge der Gefühle — die James andeutet und die später durch Cannons Behauptung gestützt wird, die bei Gefühlszuständen anzutreffenden physiologischen Vorgänge hätten den Charakter einer Vorbereitung des Handelns — führte zu einer Betonung des teleologischen Aspekts der Gefühle[22]. Trotzdem hat die stillschweigende Annahme, Gefühle und Instinkte seien irgendwie miteinander verknüpft, ihren Einfluß nicht verloren; sie kommt in McDougalls (46) Theorie zum Ausdruck:

»Wir haben alle Ursache zu glauben, daß sogar die allerreinsten Instinkthandlungen die Folge eines deutlich seelischen Vorganges sind, der unmöglich in nur mechanischen Ausdrücken beschrieben werden kann, weil er ein psycho-physischer Prozeß ist, der sowohl psychische als auch physische Veränderungen mit sich bringt, und der, wie alle anderen seelischen Vorgänge, drei verschiedene Seiten hat, die des Erkennens, des Fühlens und des Strebens« (S. 22).

»Jeder einzelne Hauptinstinkt bedingt also eine gewisse Art von emotionaler Erregung, deren Qualität für ihn spezifisch ist; und die emotionale Erregung von spezifischer Qualität, welche die Affektkomponente beim Wirken eines der Hauptinstinkte ist, soll eine primäre Emotion genannt werden« (S. 39—40).

Durch diese Theorie wurde auch die alte Theorie wiederbelebt, nach der Gefühle Attribute anderer psychischer Vorgänge sind. Ihr Vorteil gegenüber den älteren Theorien lag darin, daß sie Gefühle als Begleiterscheinungen von Trieben und nicht als Attribute von intellektuellen Prozessen oder sensorischen Vorgängen auffaßte. Ihr Nachteil war, daß sie keine Triebtheorie und keine Theorie von den Mechanismen der Beziehung zwischen Trieb und Gefühl anbot. Die übrigen Schwierigkeiten und Widersprüche der McDougallschen Theorie brauchen wir hier nicht zu erörtern; wir möchten aber darauf hinweisen, daß McDougall nur die sogenannten »primären Gefühle« als Aspekte von Trieben bezeichnen konnte, und daß er die vielschichtigen Gefühle als Ausdruck einander widerstreitender Gefühle erklärte. Hier begegnet uns zum erstenmal in unserer Erörterung ein weiteres Element der neueren Gefühlstheorien: das Element des »Konflikts«, aber bevor wir in eine Diskussion hierüber eintreten, müssen wir noch einen weiteren wichtigen Aspekt der Theorie McDougalls betrachten.

---

[22] Siehe die Abhandlung von Nahm (45), in der eine teleologische Theorie befürwortet wird, und die kritische Besprechung dieser Abhandlung von Weber und Rapaport (13), in der eine anti-teleologische Anschauung vertreten wird.

McDougall ist der Urheber der Ansicht, die eine Verknüpfung zwischen den Gefühlen und den »Strebungen« oder dem Willen *(conation)* herstellt, welche zu der engen Verknüpfung von Gefühlen und Motivation in der Psychologie der Gegenwart geführt hat. Ähnliche, wenn auch extremere und ausgeprägtere Ansichten vertrat auch M. Prince (47); er setzte Gefühle mit geistiger Energie gleich, der Antriebskraft geistig-seelischen Lebens:

»Wenn es (das Gefühl) z. B. Energie ist, ... dann bedarf es offenkundig keines Beweises, um zu zeigen, daß es nicht, wie es die James-Lange-Theorie behauptet, die Rolle der ›passiv-sensorischen Rezeption‹ viszeraler Funktionen spielt, sondern daß die Energie-Entladung an sich schon ein Verhalten *irgendeiner* Art bestimmen muß.

Desgleichen kann man das Gefühl, falls es Energie ist, bei der Deutung des Verhaltens als Reaktion auf einen Reiz nicht als ein mit neuralen Reflexen verknüpftes Epiphänomen ansehen, wie es uns die Behavioristen glauben machen möchten, sondern es muß ein an den neuralen Entladungen beteiligter Faktor sein, die motorische und andere Reaktionen beeinflussen, ob es nun diese Entladungen auslöst oder die Energie für sie liefert. Das Gefühl kann, falls es Energie ist, auch bei den Reaktionen jener angeborenen Mechanismen, die durch Gefühlszustände gekennzeichnet sind — man nenne sie nach Belieben Triebe oder nicht —, nicht die passive Rolle eines Epiphänomens spielen; es muß etwas *tun*, und die Folgerung ist logisch, daß es als Energie-Entladung den Antrieb für die Reaktion des Mechanismus auf den Reiz liefert« (S. 161—162).

»Ich brauche nicht aufzuzeigen, auf welche Weise diese Auffassung mit McDougalls Triebtheorie übereinstimmt, insoweit die Triebe bei ihm ›Haupttriebkräfte menschlicher Aktivität‹ sind. Falls Gefühle und Empfindungen nicht Energie sind, ist seine Theorie nach meiner Ansicht von geringem Wert« (S. 168).

Ein Beispiel für den Einfluß dieser Art von Theorien auf den Laien sind die volkstümlichen Darstellungen Carrolls (48):

»Die Gefühle sind die mächtigsten, weitreichendsten Triebkräfte des menschlichen Verhaltens. Wir glauben gern, wir würden von reiner, kalter Logik beherrscht, aber nur wenig von dem, was wir tun, ist nicht von einem Gefühl oder einer Empfindung gefärbt« (Vorwort).

Der Tenor von Lunds (49) volkstümlich geschriebenem Buch ist der gleiche. Dieser Versuch, Gefühl mit psychischer Energie gleichzusetzen, fand keine Anhänger; aber wir werden später sehen, daß er einen gewissen Einfluß auf die weitere Entwicklung von Theorien des Gefühls ausgeübt hat.

McDougall leitete das, was er als »sekundäre Gefühle« bezeichnete, von Triebkonflikten ab. Die erste klar umrissene Konflikt-Theorie der Gefühle in der allgemeinpsychologischen Literatur wurde von Dewey (50) vorgelegt und von Angier (51) befürwortet. Dewey schrieb:

»Konfrontiert mit einer Situation, der sie ganz angemessen ist, geht die Haltung sofort in eine der Anpassung dienende Aktivität über; wenn die Haltung mit einer Situation konfrontiert wird, der sie nicht völlig angemessen ist, bleibt sie in der Schwebe und tritt als Haltung hervor.

... während einige Merkmale der Situation passende Reaktionen hervorrufen, tun es andere nicht; die Gesamthaltung kann daher nicht restlos in Handlungen übergehen, die nützlich sind, sondern ist zumindest teilweise fruchtlos. Infolgedessen besteht innerhalb der Haltung eine Spannung oder ein Konflikt oder, wenn man so will, ein Widerstreit zwischen den verschiedenartigen Reaktionen, die aus ihr entstehen wollen oder offen aus ihr hervorgehen.

... Wenn dem so ist, dann ist ungehemmte Aktivität, so kraftvoll sie auch sein mag, leidenschaftslos (unemotional). ... Das Tier oder unser Vorfahr hatte, so weit er ohne Rückhalt der vollen Aktivität hingegeben war, zweifellos ein Gefühl der Aktivität; aber gerade weil die Aktivität ungeteilt war, war es keine ›Emotion‹« (II, S. 26 ff.).

Ähnliche Theorien wie Dewey entwickelten auch J. R. Kantor (52) und Drever (53); unter ihrem Einfluß schrieb Bernard (54):

»Gefühle sind nicht die festgelegten oder ererbten Korrelate der Triebe, wie McDougall annahm. Sie sind zum Teil bewußte Korrelate der modifizierten Prozesse, die ... aus einer *Unterbrechung oder Hemmung dominanter neuraler Prozesse und dominanter Aktivitätsprozesse* folgen. ... Wir sehen also das Gefühl als etwas an, das nicht der ererbten, sondern der erworbenen neuropsychischen Organisation angehört ... Gefühle ... weisen auf eine *Hemmung oder Verzögerung oder Modifikation des Handelns* hin und sind nicht Korrelate ununterbrochener Aktivität. Gefühl ist nicht die Ursache von Aktivität, wie so häufig angenommen wird, sondern eine Methode, um die aufgeschobene oder gehemmte Aktivität für den Organismus oder für die Gesellschaft zu würdigen« (S. 505 ff.).

Der Einfluß der Konflikt-Theorie tritt darin ans Licht, daß in so vielen neueren Beschreibungen von Gefühlen der sprengende Charakter von Zuständen der Gefühlserregung so stark betont wird. Wir zitieren Beispiele solcher Beschreibungen. In Borings (55) Handbuch lesen wir:

»Es scheint also, als lasse sich Emotion am besten als eine *Beziehung zwischen vielen verschiedenartigen Elementen der Erfahrung und der Reaktion* charakterisieren. Diese Beziehung ist nicht im einzelnen bekannt; sie ist, allgemein gesprochen, durch Angenehmes oder Unangenehmes und durch das Auseinanderfallen gewöhnlich integrierter Verhaltensmuster gekennzeichnet. Eine Emotion ist das Gesamterleben eines Individuums während eines bestimmten Zeitraums, in dem ausgeprägte körperliche Veränderungen des Empfindens, der Überraschung oder der Verstörung auftreten« (S. 184).

Murphy (56) schreibt:

»Gefühle können, soweit man sie überhaupt von Motiven unterscheiden kann, wahrscheinlich als heftige Veränderungen differenziert werden ...« (65).

Darrow (57) gibt zu verstehen:

»... eine derartige Bedrohung von Grundmustern des Denkens oder Verhaltens — sei sie zum Guten oder zum Bösen — erregt mit Sicherheit Aufmerksamkeit und fordert Handlungen, weil sie für das Individuum das wichtigste Ereignis der Welt ist. Sie muß nach unserer Ansicht ein Augenblick des aktiven oder *dynamischen* intra-kortikalen Konflikts sein ... Mit anderen Worten, die Gefühlserregung entsteht möglicherweise aus einem partiellen oder relativen *funktionellen Ausfall der Hirnrindenleistung*, die durch einen dynamischen kortikalen Konflikt herbeigeführt wird« (S. 571 ff.).

Whitehorn (58) definiert Gefühle folgendermaßen:

»In erster Linie steht im Mittelpunkt der gegenwärtigen Erörterung des Gefühls das ›akute Gefühlserleben‹, womit ich einen biologischen Zustand bezeichnen möchte, der subjektiv als ein Gefühl der Erregung und Gespanntheit mit erheblicher Neigung zum Handeln charakterisiert wird, aber mit einer gewissen Unsicherheit in bezug auf das, was zu tun ist; objektiv ist er gekennzeichnet durch motorische Unruhe oder Aktivität, die kein gleichförmiges Muster aufweist, mit Anzeichen übermäßiger Anstrengung, die in der Gesichts- und Atemmuskulatur zutage treten, durch ein Zittern der Stimme, Zuckungen der Skelettmuskulatur und gleichzeitig auftretende plötzliche Veränderungen der viszeralen Aktivität. Gewiß wird diese Definition nicht jedermann befriedigen. Aber sie beschreibt ein Phänomen, das wir alle an uns selber und an anderen erkennen können, und diese Erscheinung wird hier als akutes Gefühlserleben bezeichnet.
Dieses Erleben wird im allgemeinen als unangenehm empfunden, und wer es intensiv erfährt, mag sich wohl fragen, wozu so etwas gut sein soll. Es ist verwirrend, desorientierend, unterbricht die gleichförmigen, gewohnten, integrativen Verhaltensweisen — scheinbar auf höchst unphysiologische Weise. Wenn man jedoch derartige Erlebnisse aus größerem zeitlichem Abstand betrachtet, wird man nicht selten feststellen, daß auf sie eine wesentliche Verbesserung in der Anpassung ans Leben gefolgt ist.
Aus diesem und anderen Gründen möchte ich behaupten, daß die biologische Funktion des akuten Gefühlserlebens die Auslösung einer inneren Krise ist, durch die das Gewohnheitsmäßige unterbrochen wird und durch die die roheren oder primitiven Fähigkeiten zur biologischen Anpassung aufgerufen werden — nicht bloß Zucker für die Energieproduktion und beschleunigter Kreislauf für die ge-

steigerte Aufnahme von Sauerstoff, sondern auch die neuralen Kapazitäten des Organismus für die Bildung neuer Verbindungen zwischen Reaktion und Situation und für eine Neuordnung des Verhaltens. Diese letzteren sind die Hilfsmittel, die wir als Intelligenz erkennen — die Fähigkeit, die Reaktion durch Erfahrung abzuwandeln —, eine Fähigkeit, die latent und ungebraucht bleiben könnte, falls sie nicht durch ein Gefühlserlebnis aktiviert würde« (S. 260).

Aber Whitehorn versäumt auch nicht, auf die teleologischen, der Anpassung dienenden Züge der Gefühle hinzuweisen:

»Der Ärztestand neigt dazu, Gefühle als krankhaft anzusehen. ... Das Gefühl hat eine unermeßliche physiologische Kraft — aber es ist eine Kraft zum Guten ebenso wie zum Bösen« (S. 256).

Eine Definition, die auf der Konflikt-Theorie und auf einer etwas vorsichtigeren Energie-Theorie fußt, als sie Prince vertreten hat, ist die von einem anderen Psychiater, McKinney, formulierte (59). Diese Definition folgt dem Ansatz Spinozas:

»Unter Gefühl (affectus) verstehe ich die Modifikation der Energie (Unterschied des Potentials) des Körpers, durch welche die Handlungskraft des Körpers gefördert oder gehemmt, vermehrt oder vermindert wird, und daß dieser Unterschied des Potentials sich sowohl psychisch als auch physiologisch ausdrücke, und daß die so geäußerte Energie von gleicher Art sei, wenn sie sich auch in ihrer Organisation von der Energie unterscheidet, die anderswo im Weltall anzutreffen ist« (S. 64).

Von den drei Definitionen, die im ersten Abschnitt dieses Kapitels zitiert werden, hat nur die von Harlow und Stagner die Konflikt-Theorie zur Kenntnis genommen.

D. Kritische Zusammenfassung

Die meisten der hier besprochenen Theorien waren das Ergebnis von Mutmaßungen, die darauf abzielten, die zum System gehörigen Bedürfnisse bestimmter Strömungen des psychologischen Denkens zu erfüllen oder darauf, bestimmte Eindrücke in ein vorher festgelegtes theoretisches System einzugliedern. Wir fassen hier die allgemeinen Ideen zusammen, deren theoretische Kristallisation in diesen Theorien versucht wurde:

a) Eine adäquate Theorie der Gefühle sollte die physiologischen Erscheinungen erklären können, die mit Gefühlen einhergehen.

b) Gefühle hängen insofern eng mit Trieben (Instinkten) zusammen, als sie den Charakter eines ererbten Musters haben; selbst das »empfundene Gefühl« wurde als der bewußte affektive Aspekt eines Triebes angesehen.

c) Gefühle sind »Vorbereitungen für einen Notfall«; die mit ihnen einhergehenden physiologischen Veränderungen scheinen den Organismus auf eine größere Kraftanstrengung vorzubereiten, und sowohl »empfundenes Gefühl« als auch »emotionales Verhalten« sind nicht starr, sondern anpassungsfähig.

d) Gefühle sind gleichbedeutend mit psychischer Energie oder mit den Kräften, die der Motivation zugrundeliegen.

e) Der desorganisierende Charakter heftiger Gefühlszustände hängt mit Konflikten zusammen und kann sie ausdrücken.

Diese Abfolge von Hypothesen zeigt eine Tendenz zu stärker dynamischen Theorien; diese Tendenz wird besonders deutlich, wenn man die frühen statischen Theorien betrachtet, so die sensorische, die vom geistig-seelischen Element und die vom Attribut, die den hier zusammengefaßten vorausgingen. Das Grundschema aller Dynamik wurde mit zunehmender Konsequenz für die Erklärung der Gefühlsfunktion verwendet. Dieses Schema läßt sich folgendermaßen beschreiben: Eine Energieverteilung findet ihren Ausdruck in Form von Kräften, die entweder im Gleichgewicht sind oder Veränderungen zur Folge haben, die für die betreffende Energieverteilung kennzeichnend sind; die Hemmung dieser Kräfte führt zu anderen Wirkungen als diesen charakteristischen Veränderungen; diese kann man »Modifikationen« nennen. Trotz dieser Entwicklung ist man jedoch noch nicht zu einer dynamischen Lösung des Problems der Gefühle gekommen. Ein Grund dafür mag sein, daß die psychischen Kräfte noch unbekannte Größen sind: Faktoren wie motivierende Kräfte und Begierden werden oft noch teleologisch aufgefaßt, anstatt daß man sie kausal analysiert. Welcher Art die Schwierigkeiten bei der Entwicklung einer Theorie der Gefühle sind, die mit der dem Seelenleben zugrundeliegenden Dynamik verknüpft ist, wird vielleicht klarer, wenn wir uns eine andere Art ansehen, sich dem Problem zu nähern, einen Weg, der die zugrundeliegende Dynamik völlig außer Acht läßt. Ein Beispiel dafür ist Youngs Definition der Gefühle[23], nach der Gefühlszustände im Unterschied zu Appetenztrieben und Schmerzen, die im Inneren entstehen, ihren Ursprung außerhalb des Menschen haben. Ähnlich argumentiert Woodworth (60), der wie Young das »empfundene Gefühl« beiseiteläßt:

»Warum nennen wir heute, da die Physiologie bei Furcht und Wut einen eigentümlichen organischen Zustand nachgewiesen hat, diese immer noch Gefühle, enthalten diese Bezeichnung aber der Müdigkeit oder Schläfrigkeit vor? Eine gültige Unterscheidung ist schwer zu finden, es sei denn, das typische Gefühl würde durch äußere Reize geweckt und richtete sich gegen die Umwelt, während ein Zustand des Organismus wie Hunger oder Müdigkeit seinen Ursprung in innerorganischen Prozessen hat und nicht in direktem Bezug zur Umwelt steht« (S. 234).

[23] Siehe S. 34 f.

Aber trifft es zu, daß »Gefühle« äußeren Ursprungs sind und sich »gegen die Umwelt richten«? Haben nicht die Gefühle und ihr zentrales Phänomen, das »empfundene Gefühl« ihren Ursprung innen und nicht außen? Tatsächlich sind die Ausdrücke »innerlich« und »äußerlich« in diesem Zusammenhang zweideutig. Wenn »äußerlich« bedeutet, daß die Gefühle ausnahmslos durch einen äußeren Reiz hervorgerufen werden, dann wird ihr Ursprung mit Recht »äußerlich« genannt, aber das gleiche trifft für den Hunger zu, denn der Mangel an Nahrung ist ebenso ein äußerer Reiz wie die Reize, die ein Gefühle hervorrufen. Umgekehrt sind sowohl Hunger als auch Gefühle insofern inneren Ursprungs, als beide bewußte Manifestationen psychischer Dynamik sind. Die Annahme, die in Formulierungen wie der Woodworths zum Ausdruck kommt — der spezifische Unterschied zwischen organischen Zuständen und Gefühlen liege darin, daß die Gefühle durch äußere Reize hervorgerufen werden —, beruht wahrscheinlich auf der Tatsache, daß die dem Hunger zugrundeliegende Dynamik in der fehlenden Nahrungsaufnahme offensichtlich erscheint, während die den Gefühlen zugrundeliegende Dynamik unbewußt ist. Diese Tatsache der unbewußten Dynamik ist von den Experimentalpsychologen meistens außer acht gelassen worden; dies ist wahrscheinlich ein Hauptgrund dafür, daß die dynamische Gefühlstheorie widersprüchlich geblieben ist.

E. Die psychoanalytische Theorie der Gefühle

Diese unbewußte Determiniertheit der Affekte wurde von der Psychoanalyse erforscht. Die Freudsche Auffassung von den Affekten ist nicht unzweideutig. In Freuds frühen Schriften[24] und in der frühen psychoanalytischen Literatur im allgemeinen[25] ist das Konzept vom Affekt dem ähnlich, das Prince vertritt: Affekte werden als *eine* oder als *die* Form der psychischen Energie betrachtet. Man wäre jedoch im Irrtum, wollte man dies als die definitive freudianische Auffassung von den Affekten ansehen. Da die Begriffe in den frühen psychoanalytischen Schriften erst unvollkommen geklärt waren, sprach man häufig von der »Affektbetonung«[26]; als nähme man an, der Affekt sei lediglich ein Attribut anderer psychischer Inhalte. In Freuds früher Äußerung, »Affektzustände sind ... Niederschläge uralter traumatischer Erlebnisse«[27], scheint auch eine Tendenz an-

---

[24] Siehe 61, S. 30 und 62, S. 64.
[25] Siehe K. Landauer (63).
[26] Siehe 61, Bd. I, S. 31.
[27] In »Hemmung, Symptom und Angst«, S. 120, G. W. Bd. XIV: »Ich meine, ich

gedeutet zu sein, sich eine Konflikt-Theorie zu eigen zu machen, und zwar insofern, als hier Affektzustände mit hysterischen Anfällen gleichgesetzt werden, die die Folge von Konflikten sind, und deren Ausdruck einer unbewußten Vorstellung durch den Körper dem Gefühlsausdruck auffallend ähnlich ist. Das hier implizierte neue Element ist, daß der sowohl hysterischen Anfällen als auch Gefühlen zugrundeliegende Konflikt *unbewußt* ist. Dieser Gedanke wurde in der »Traumdeutung« weiter ausgearbeitet (65):

»Eine ganz bestimmte Annahme über die Natur der Affektentwicklung ist hier zugrunde gelegt. Dieselbe wird als eine motorische oder sekretorische Leistung angesehen, zu welcher der Innervationsschlüssel in den Vorstellungen des Ubw. gelegen ist« (G. W. Bd. II/III, S. 588).

In der späteren Abhandlung über »Das Unbewußte« (66) lesen wir:

»Der ganze Unterschied rührt daher, daß Vorstellungen Besetzungen — im Grunde von Erinnerungsspuren — sind, während die Affekte und Gefühle Abfuhrvorgängen entsprechen, deren letzte Äußerungen als Empfindungen wahrgenommen werden. Im gegenwärtigen Zustand unserer Kenntnis von den Affekten und Gefühlen können wir diesen Unterschied nicht klarer ausdrücken« (G. W. Bd. X, S. 277).

Aus dem Unbewußten gesteuerte Affekte werden also als Vorgänge der Abfuhr von Energien definiert, die triebhaften Ursprungs sind.

An dieser Stelle lohnt sich eine Betrachtung der Unterschiede zwischen der Anschauung, nach der Affekte Energien sind, und jener, nach der sie Vorgänge der Entladung von Energien sind. Nehmen wir ein physikalisches Beispiel: Die kinetische Energie eines Gases manifestiert sich in einem Druck, der die Ausdehnung eines elastischen Behälters oder die Entladung eines Teils des Gases durch ein Ventil zur Folge haben kann, oder der nur in einer Anzeige auf einem Manometer erscheinen mag. Physiker sehen diese Manifestationen oder Entladungsvorgänge ebensowenig als kinetische Energie an, wie sie einen fallenden Stein als Schwerkraft betrachten. Anscheinend ist dieses Stadium der Begriffsentwicklung in der Psychologie noch nicht erreicht. Sherrington und viele spätere Forscher sahen das Problem der Gefühle als eines der Abfolge: d. h. sie fragten, ob die Gefühls*empfindung* oder der Gefühls*ausdruck*[28] zeitlich früher lag, oder ob sie gleichzeitig auftraten. Man meinte, die Antwort werde das Problem der Verursachung lösen. Wenn die physiologischen Prozesse den psychischen

----

hatte nicht Unrecht, sie den spät und individuell erworbenen hysterischen Anfällen gleichzusetzen und als deren Normalvorbilder zu betrachten.«

[28] »Ausdruck« bedeutet hier sowohl motorische als auch physiologische Veränderungen.

vorangehen, dann ist das »empfundene Gefühl« nur ihr »kortikaler Widerhall«; wenn das »empfundene Gefühl« vorangeht, dann löst das Gefühl die körperlichen Veränderungen aus. Dieser theoretische Ansatz hat die Möglichkeit nicht genügend untersucht, daß sowohl das »empfundene Gefühl« als auch mit Gefühlen einhergehende physiologische Veränderungen Manifestationen einer gemeinsamen Variablen sein könnten. Dieser Mangel kann wahrscheinlich auch darauf zurückgeführt werden, daß die Dynamik psychischer Vorgänge letzten Endes *unbewußt* ist und nicht dadurch gefunden werden kann, daß man Wechselbeziehungen zwischen physiologischen Daten und Daten des Bewußtseins untersucht.

Die Freudsche Theorie der Gefühle sagt ausdrücklich, daß der »Innervationsschlüssel ... zur Affektentwicklung ... in den Vorstellungen des Unbewußten gelegen ist«. Ob Gefühle psychische Kräfte oder Vorgänge der Entladung solcher Kräfte sind, ist nicht mit gleicher Unzweideutigkeit festgestellt worden. Im Lauf der Entwicklung der Freudschen Theorie wurde klar, daß die »Libido« oder »Interesse« genannten psychischen Energien triebhaften Ursprungs sind:

»... einer Triebrepräsentanz und verstanden unter einer solchen eine Vorstellung oder Vorstellungsgruppe, welche vom Trieb her mit einem bestimmten Betrag von psychischer Energie (Libido, Interesse) besetzt ist« (G. W. Bd. X, S. 254 f.).

Es wurde auch deutlich, daß Affekte nur *eine* Repräsentanz dieser Energien sind, und eine weitere die (unbewußten) Vorstellungen:

»Für dieses andere Element der psychischen Repräsentanz hat sich der Name *Affektbetrag* eingebürgert; es entspricht dem Triebe, insofern er sich von der Vorstellung abgelöst hat und einen seiner Quantität gemäßen Ausdruck in Vorgängen findet, welche als Affekte der Empfindung bemerkbar werden« (G. W. Bd. X, S. 255).

Der Psychoanalytiker Kulovesi (68) betonte in seiner Besprechung der James-Lange-Theorie die Rolle des Unbewußten im emotionalen Prozeß:

»James sagt, zwischen der Wahrnehmung und dem Gefühl liege der körperliche Ausdruck; dagegen müssen wir einen Einwand erheben, denn zwischen der Wahrnehmung und dem körperlichen Ausdruck werden unbewußte psychische Komplexe wirksam. Diese psychischen Komplexe werden mobilisiert, wenn die Wahrnehmung ein Objekt berührt, das in assoziativer Verbindung mit dem Komplex steht« (S. 393).

Die psychoanalytische Theorie der Gefühle braucht nicht anzunehmen, daß die Abfolge der Ereignisse in der Entwicklung eines Gefühls folgendermaßen abläuft: Wahrnehmung — unbewußter Vorgang — körperlicher Vorgang — »empfundenes Gefühl«. In einer psychoanalytischen Theorie der Gefühle kann der durch das Wahrgenommene ausgelöste unbewußte Vorgang in beliebiger Reihenfolge entweder den körperlichen Vorgang oder das »empfundene Gefühl« nach sich ziehen — oder auch nur eines von beiden oder beide nicht, denn beide werden als Manifestationen ein und desselben psychischen Vorgangs aufgefaßt.[29]

Der Mangel an Übereinstimmung darüber, ob Gefühle Entladungsvorgänge oder Energien sind, kommt zum Beispiel in Brierlys (69) neuerer Arbeit zum Ausdruck. Die Autorin kommt zu Folgerungen, die denen Freuds entgegengesetzt sind; sie behauptet, ihre Feststellungen widersprächen »der Vorstellung, daß der Affekt selbst eine Entladung ist, und unterstützten die Ansicht, er sei ein Spannungsphänomen, das zur Entladung entweder in der inneren oder in der äußeren Welt treibt« (S. 259). Die Frage, was denn die Entladungsvorgänge der Spannungsphänomene seien, mit denen sie die Affekte identifiziert, wird nicht beantwortet; in der gleichen Abhandlung lesen wir jedoch eine Definition der »Affekte«, die mit Freuds Anschauung, wie wir sie auf diesen Seiten dargestellt haben, übereinstimmt, und die Affekte als einen »Hinweis auf das Schicksal des Triebes« bezeichnet:

»Affekte können, wie man aus Affektausdruck und Affektverhalten schließen kann, durch innere Bedingungen oder durch äußere Geschehnisse verursacht werden. Sie werden sowohl durch innere Bedürfnisse beeinflußt als auch durch die Art der Reaktion, mit der die Außenwelt diesen Bedürfnissen begegnet. Der zutage tretende Affekt ist tatsächlich der Hinweis auf das Schicksal des Triebes und auf die Art der beginnenden psychischen Objektbildung« (S. 262).

Diese Ansicht M. Brierleys deckt sich mit Freuds Auffassung von der Natur von Lust und Unlust. Lust wird von Freud (70) und G. Jelgersma (71) als das Erlebnis abnehmender Spannung dargestellt, und Unlust als das Erlebnis zunehmender Spannung. Freud wie Jelgersma widerstanden der Versuchung, sich physiologischen Spekulationen über die Art dieser Spannungen hinzugeben — einer Versuchung, der die Vertreter der Allgemeinen Psychologie häufig erlegen sind. Lust-Unlust wird also von ihnen als bewußte Manifestation — Entladung ins Bewußtsein — von abnehmender oder zunehmender Spannung bezeichnet.[30]

---

[29] Das Verhältnis zwischen »emotionalem Verhalten« und »empfundenem Gefühl« wird deutlicher, wenn wir uns an eine Theorie erinnern, die Freud in den »Formulierungen über zwei Prinzipien des psychischen Geschehens« (72) aufgestellt hat. Er behauptet dort, Denken sei Probehandeln mit kleinen Energiemengen; das gleiche trifft für bewußte Vorgänge im allgemeinen zu, ebenso für »empfundene Gefühle«.

[30] Es ist wichtig, dies zu betonen, denn sowohl die allgemeinpsychologische als

In der neueren Entwicklung der psychoanalytischen Gefühlstheorie ist die Konflikttheorie nur implizit enthalten; lediglich in Federns (73, 74) Theorie der Affekte kommt sie direkt zum Ausdruck. Über den Ursprung der Affekte sagt Federn:

»... Es ist bei den Affekten wie bei dem Objektinteresse: sie treten auf in der Beziehung des Ichs zu einem erregenden Etwas; bei den Objektinteressen tritt das Ich mit einem libidobesetzten[31] Objekt in Beziehung, bei den Affekten mit einem libidobesetzten Vorgang des Ichs selber ... Affekte entstehen stets zwischen zwei aufeinander wirkenden Ichgrenzen[32] und sind verschieden je nach der Art der Triebbesetztheit an diesen Grenzen ... Der Affekt der Scham z. B. entsteht, wenn auf eine mit Angst besetzte Ichgrenze eine sexuell, besonders eine exhibitionistisch besetzte Ichgrenze einwirkt. Die Trauer entsteht, wenn auf eine mit Objektlibido besetzte Ichgrenze eine mit Mortido (sive Destrudo) besetzte wirkt« (74, S. 13 bis 15).

So kommen also nach Federn Affekte zustande, wenn zwei verschiedene Triebbesetzungen einander gegenüberstehen, mit anderen Worten: miteinander in Konflikt treten.

Wir haben bisher gesehen, daß nach der psychoanalytischen Theorie die den Gefühlen zugrundeliegenden psychischen Vorgänge unbewußt sind, daß die Affekte früher von dieser Theorie als psychische Energien betrachtet, später aber als Vorgänge der Entladung psychischer Energien angesehen wurden, und schließlich, daß Affekte als Ausdruck von Triebkonflikten verstanden wurden.

Man mag sich fragen, warum die Herkunft der Affekte aus Konflikten und ihr Entladungscharakter nicht allgemein anerkannt werden, scheinen sie doch mit den allgemeinen dynamischen Auffassungen unserer Wissenschaft und mit der Mehrzahl der Beobachtungen übereinzustimmen. Einen der Gründe dafür — nämlich den unbewußten Charakter des Konflikts — haben wir schon besprochen; ein weiterer Grund mag in der sozialen Überformung oder Konventionalisierung der Gefühle liegen. In bezug auf dieses Problem schrieb Whitehorn (58):

»Seit ziemlich vielen Jahren habe ich mir voll Interesse angehört, was Patienten

auch die psychoanalytische Theorie lassen »Lustgefühle« außer acht und befassen sich gewöhnlich nur mit der Unlust.

[31] In der psychoanalytischen Theorie bedeutet der Ausdruck »Besetzung«, »besetzt«, daß die Vorstellungen eines Menschen mit einer bestimmten Menge psychischer Energie verbunden sind.

[32] »Ichgrenzen« ist ein von Federn geprägter Ausdruck (73), mit dem er eine Teilung der psychischen Inhalte bezeichnet: in jene, die das »Ich« repräsentieren, und in jene, die für die übrige Welt stehen. Diese Auffassung vom Ich ist nicht die gebräuchliche, aber wir können sie hier nicht ausführlicher besprechen.

mir über ihre Gefühle erzählt haben. Früher einmal habe ich ganz naiv geglaubt, ich würde dadurch erfahren, wie sich der Patient fühlt; ich würde vielleicht sogar fähig sein, die ›Gefühle‹, die er empfindet, zu benennen. Ich höre mir immer noch interessiert an, was mir Patienten in dieser Hinsicht sagen, aber nicht mehr mit der Erwartung, ich würde entdecken, was für ein ›Gefühl‹ er oder sie wirklich empfindet — vielmehr mit der Hoffnung, in gewissem Maß das konventionalisierte Symbolschema zu verstehen, vermittels dessen der Patient versucht, sich anderen und sich selbst darzustellen. Nicht nur die Worte sind konventionelle Symbole, auch die motorischen Verhaltensmuster sind konventionell festgelegt. Manchmal werden derartige konventionelle Verhaltensmuster und die entsprechenden Verbalisierungen mit der Absicht benützt, andere hinters Licht zu führen, aber das ist nicht die Erscheinung, von der ich hier spreche. Ich spreche von dem Grad der Konventionalität, die der Gestaltung des Verhaltens eigen ist, mit dem man bei einem Gefühlserlebnis offenkundig reagiert. Meine eigenen Beobachtungen lassen mich vermuten, daß diese allgemein als ›die Gefühle‹ bezeichneten Verhaltensweisen im gewöhnlichen Leben die Reaktionsweisen sind, durch die man die wesentliche Emotionalität des Erlebnisses *auflöst* und sich ihr tatsächlich *entzieht*. D. h., ›die Emotionen‹, wie wir sie empirisch aus der Klinik und aus dem gewöhnlichen Leben kennen, sind der Ausdruck von Gefühlen, bei deren Entwicklung ein hohes Maß an kultureller oder konventioneller Einübung wirksam war« (S. 263).

Nach Whitehorns Beobachtungen werden Gefühlsmanifestationen offenbar unter dem Druck von Konventionen gesteuert und geformt. Hier wird Brierleys (69) Ansicht verständlicher, Gefühle seien nicht »Entladungsphänomene«, sondern »Spannungsphänomene«, denn eine Konventionalisierung der Gefühle tendiert dazu, ihre Entladung nicht zu gestatten, sie vielmehr aufzutauen. Landauers (75) auf psychoanalytischen Beobachtungen fußende Folgerung kann vielleicht zum Verständnis dieses Mechanismus beitragen: Nach seiner Ansicht werden Affekte, die ursprünglich zeitlich beschränkt und anfallähnlich sind, kontinuierlich, weil ihre Auslösung durch die ständige Reizung des Über-Ichs bewirkt wird[33]. Er kam zu die-

---

[33] Er schreibt: »... sind die Affekte wirklich Reaktionen? Beim Kinde sehen wir sie noch als solche. Aber später fließt beim Ängstlichen — scheinbar — kontinuierlich die Angst, der Pessimist ist dauernd traurig und der Heitere beständig fröhlich. Wie wird aus dem Einmaligen ein Kontinuum? Dies Problem der Affektlehre hat Freud gelöst, indem er die Funktion des Über-Ichs bei der Auslösung von Affekten, hauptsächlich am Beispiel der Angst, darlegte« (S. 276).
»In seinen neueren Schriften hat er (Freud) seiner allgemeinen Affekttheorie nur zwei weitere Grundvorstellungen hinzugefügt. Erstens sagt er, Stimmungen und Gefühle seien ständig wiederholte Reaktionen auf die Reize, die fortwährend vom Über-Ich ausgehen. Daher wird der affektive Vorgang, der ursprünglich zeitlich begrenzt war, mehr oder weniger kontinuierlich. Seine zweite wichtige These besagt, ein Affektanfall sei ein ererbter hysterischer Anfall ...«

sem Schluß aufgrund seiner Studien über Angst[34], und er behauptete, diese konventionelle »Überformung« oder »sekundäre Auslösung durch das Über-Ich« der Affekte schaffe eine Hierarchie der Affekte, angefangen mit dem freien und ungezähmten bis hin zum intellektualisierten und »geformten«. Es scheint, als sei jede psychische Regung von einer Gefühlsentladung begleitet, die in verschiedenem Maß konventionalisiert ist.

F. MacCurdys Theorie

Die Hauptlehren der frühen psychoanalytischen Theorie der Gefühle wurden durch den Psychiater MacCurdy (77) selbständig erweitert. Er schrieb:

»Ein gegebener Reiz ruft, wenn er eine Emotion bewirken soll, nicht nur bewußte Wahrnehmungen und offenkundiges Verhalten hervor, sondern setzt auch unbewußte seelische Prozesse in Gang« (S. 86).

MacCurdy erkannte die enge Beziehung zwischen Trieben und Gefühlen und das Vorhandensein sowohl physiologischer Veränderungen als auch emotionaler Tönung bei Gefühlen; er bezeichnete die letzteren als *Affekt*. Er betonte, die Affekte hätten unweigerlich bewußten Charakter und seien nur der Introspektion zugänglich. Seine Theorie, in der diese Lehren enthalten sind, wird in der folgenden Feststellung zusammengefaßt:

»Wenn der Organismus auf einen Reiz unmittelbar und angemessen mit instinktivem Verhalten reagiert, wird überhaupt keine Emotion erzeugt. Wenn die Instinktreaktion aufgehalten wird, tritt emotionaler Ausdruck auf, und falls der Betroffene seiner selbst bewußt ist, auch ein Affekt. Der letztere stellt die Aktivität dar, die in keiner Weise offen ausgedrückt wird. Deshalb wird, wenn man die innere Tendenz zur Aktivität als Konstante betrachtet, die Dringlichkeit des Affekts nicht nur durch instinktives Verhalten reduziert, sondern auch durch emotionalen Ausdruck. Das dritte Stadium ist dann jenes, in dem der Affekt allein auftritt, welches ebenso heftig ist, da die Emotion rein subjektiv ist« (S. 87 f.).

Diese fortgeschrittene Theorie der Gefühle, die auf einer Fülle psychiatrischer Beobachtungen fußt, ist in der einschlägigen Literatur übersehen worden. Ihre Terminologie, in der für das bewußte Erleben »Affekt« und für die objektiven Manifestationen »Emotion« benützt wird, könnte sehr wohl als Grundlage für eine neue Terminologie dienen.

---

[34] Siehe auch S. Freud (64) und (76).

G. Die Arbeit von Dembo

Dembo (78), eine Schülerin von Lewin, widmete sich der experimentellen Arbeit. Sie war nicht daran interessiert, die Art der Entstehung von Gefühlen oder ihrer Beziehung zu den Trieben oder der Beziehung zwischen empfundenen Gefühlen und dem Gefühlsausdruck festzustellen. Ihr Ziel war es, die »Feldbedingungen« zu untersuchen, unter denen Gefühle auftreten, und die Veränderungen der »Feldbedingungen«, die durch das Auftreten von Gefühlen bewirkt werden. In der Versuchssituation wurde der Proband mit einem unlösbaren Problem konfrontiert; die daraus entstehenden Frustrationen und Konflikte führten zu Gemütsbewegungen (Emotionen), die beobachtet und introspektiv berichtet wurden. Nach Dembo hatte die experimentell erzeugte Gemütsbewegung »Ärger« eine Desorganisation des Lebensraums zur Folge, die in einer Flucht des Probanden aus der Situation gipfelte oder in beliebigen Handlungen oder in einer phänomenalen Regression auf ein niedrigeres Aktivitätsniveau.[35]

Diese Versuche scheinen die Konflikt-Theorie der Gefühle zu unterstützen, und man kann sie dahingehend deuten, daß Konflikte, die Gemütsbewegung erregen, zu einer Desorganisation des Lebensraums und des Verhaltens führen.

H. Zusammenfassung

a) Das hier besprochene Material legt die Vermutung nahe, das *Phänomen* »Emotion« sei in erster Linie ein bewußtes Erleben, und es sei nur durch die Entwicklung einer selbständigen Theorie der psychischen Dynamik, nicht aber durch die Untersuchung seiner Physiologie zu verstehen.

b) Es hat sich herausgestellt, daß weder die mechanistischen Theorien noch die Energie-, Instinkt- oder die Konflikt-Theorien die *den Gefühlen zugrundeliegende Dynamik* gefunden haben, da sie die Annahme unterließen, diese Dynamik sei unbewußt.

c) Auf der Grundlage der psychoanalytischen Theorie, die die den Gefühlen zugrundeliegende unbewußte Dynamik berücksichtigt, ist die Jamessche Theorie in dreierlei Hinsicht modifiziert worden: 1. Man nimmt an, daß zwischen der Wahrnehmung des Reizes, der das Gefühl hervorruft, und dem peripheren physiologischen Prozeß ein unbewußter Prozeß abläuft. 2. Man nimmt an, daß der periphere physiologische Prozeß und das »empfundene Gefühl« Abfuhrvorgänge der gleichen triebhaften Energiequelle sind; sie können also aufeinander folgen, gleichzeitig auftreten oder

---

[35] Siehe auch Dembo, Barker und Lewin (79).

jeweils eine der beiden Erscheinungen kann fehlen. 3. Die Gefühle werden als Ausdruck von Triebkonflikten angesehen.

d) Eine neue Terminologie ließe sich auf den Vorschlag MacCurdys gründen, das subjektive Gefühlserleben »Affekt« und die objektiven Manifestationen »Emotionen« zu nennen.

4. Die Rolle der Gefühle

Den Hintergrund für unsere Untersuchung der Rolle der Gefühle in den Funktionen der Erinnerung können wir andeuten, indem wir drei neuere Untersuchungen über die Rolle der Gefühle bei anderen Vorgängen besprechen. Die drei Untersuchungen sind die von Dunbar (80) über »Emotionen und körperliche Veränderungen«, von Prescott (81) über »Emotionen und der Erziehungsprozeß« und von Zachry (82) über »Emotion und Verhalten im Jugendalter«. Von diesen hat nur Prescott versucht, seine Auffassung von den Emotionen zu der allgemeinpsychologischen Gefühlstheorie in Beziehung zu setzen. Prescott ist zu den gleichen Schlüssen gelangt wie unser Überblick über die Literatur über Gefühle, nämlich, daß das Problem des Gefühlseinflusses beim gegenwärtigen Stand unseres Wissens nicht dadurch gelöst werden kann, daß man die gleichzeitig ablaufenden physiologischen Vorgänge untersucht. Er stellt die klassischen Gefühlstheorien vor und bemerkt dazu:

»Man weiß so wenig Endgültiges, daß man über die physiologischen Beziehungen zwischen Lernen und Gefühl nur wenig zu sagen braucht. Als Grundlage für Verhaltensänderungen gibt Lashley etwas an, das der Erzeugung von kritischen physiologischen Gefällen in Bereichen des Gehirns auffallend gleicht. Im dritten Kapitel dieses Berichts wird die Hypothese aufgestellt, daß emotionales Verhalten auftritt, wenn derartige Gefälle bestimmte kritische Neigungswinkel übersteigen. Daraus ist zu folgern, daß die Beziehung zwischen Gefühl und Lernen sehr direkt sein kann, weil beide Erscheinungen sein können, bei denen die Veränderung von Gefällen oder von ›Intensitätsgraden‹, wie Lashley sich ausdrückt, eine Rolle spielt. Aber auch nach der Verarbeitung aller Forschungsstudien wissen wir immer noch extrem wenig über die wirkliche Rolle affektiver Faktoren bei verschiedenen Arten des Lernens« (S. 161).

Wichtig ist auch der Schluß, den Prescott aus der Durchsicht des Materials über die Psychologie der Gefühle zieht:

»Das Wichtigste ist vielleicht, daß *es ein Kontinuum des affektiven Erlebens gibt, beginnend bei unbestimmten Empfindungen der Lust oder Unlust, bis hin zu tiefgreifenden Erlebnissen, die sowohl seelische als auch körperliche Funktionen stark erschüttern.* An verschiedenen kritischen Punkten dieses Kontinuums finden Anpassungsmodifikationen der Körperökonomie statt, die je nach den funktionellen Erfordernissen der Situation verschieden sind. Bei der Erörterung der für den Zustand kennzeichnenden reaktiven Phänomene oder der Affekteinflüsse auf das Lernen, auf die höheren geistig-seelischen Prozesse oder auf das Verhalten ist es unerläßlich, sich klarzumachen, welche Stufe des affektiven Erlebens beteiligt ist« (S. 30).

Die Bedeutung dieser Folgerung für unseren Überblick liegt in dem Umstand, daß wir bei jedem Schritt in unserem Material den verschiedenen »Stufen« des »Kontinuums des affektiven Erlebens«, von dem Prescott spricht, begegnen werden, ebenso Gedächtnisphänomenen, die für jede dieser Stufen charakteristisch sind. Aber Prescott stellt nicht klar, was er mit Emotionen meint, und er läßt es zu, daß der Begriff unmerklich in die Bedeutung von »Persönlichkeitsbedürfnisse« und »Motivation« übergeht; sein Überblick wird zu einer Betrachtung des Einflusses dieser Faktoren im Erziehungswesen. Zachry teilt diese Ansicht und spricht sie deutlich aus:

»... Die Emotion, wie sie in diesem Buch aufgefaßt wird, wohnt jedem Erleben inne, ist ein Faktor jeglichen Verhaltens. Wenn man den Begriff so weit faßt, ist Emotion beim gesunden, seiner Sinne mächtigen Individuum — meist auf harmonische Weise — mit dem Denken verschmolzen« (S. 5).

»Trotzdem hat man früher selbstverständlich angenommen — und tut es weitgehend auch heute noch —, daß man den Geist für sich allein ausbilden kann und muß, ohne großen Bezug zu den *Motiven* oder *Absichten*[36] des Schülers. Man glaubte, wenn man ihn richtig ausbildete, würde der Geist nicht nur das Individuum zu intellektueller Tätigkeit befähigen, sondern ihn auch als einen brauchbaren Bürger durchs Leben steuern ... Diesem Teil der Aufgabe der Schule hat man (abgesehen von einem gewissen Maß an körperlicher Ausbildung) die Hauptaufmerksamkeit geschenkt. Man glaubte, die Schule erfülle durch solche Mittel fast allein schon ihre Pflicht, die soziale Entwicklung zu fördern, und man war der Ansicht, das Achten auf emotionale Anpassung sei von zweitrangiger Bedeutung« (S. 4).

Diese Auffassungen von »Emotion« sind äußerst weit gefaßt; das gleiche gilt für die Auffassung Dunbars. Sie formuliert zwar nicht ausdrücklich eine Theorie des Gefühls, aber beim sorgfältigen Lesen ihres Werkes stellt sich heraus, daß sie alle psychogenen oder funktionellen körperlichen Störungen auf einen emotionalen Ursprung zurückführt.

In unserem Überblick wollen wir uns keiner spezifischen Gefühlstheorie anschließen, aber die dynamische Theorie, deren allmähliche Entwicklung wir in diesem Kapitel nachgezeichnet haben, wird dem Überblick zugrundeliegen. Wir werden alle Gedächtnisphänomene untersuchen, von denen behauptet worden ist oder behauptet werden könnte, sie seien emotionalen

---

[36] Hervorhebungen vom Referenten.

Ursprungs. Wir glauben, daß eine derartige Systematisierung nicht nur die Beziehungen zwischen Gefühl und Gedächtnis, sondern auch einige der Fragen klären könnte, die das Gefühl betreffen.

5. Folgerungen

a) Der Begriff Emotion (Gefühl) wird heute verwendet, um — abgesehen von »Gefühlen im eigentlichen Sinn« — körperliche Veränderungen psychischen Ursprungs, Verhaltensstörungen, Erziehungsprobleme nicht-intellektueller Art usw. zu bezeichnen. Wir haben vorgeschlagen, anstatt viele verschiedenartige Erscheinungen unter der Überschrift »Emotionen« zusammenzuwerfen, emotionale *Phänomene* und die ihnen zugrundeliegende Dynamik sorgfältig auseinanderzuhalten und vorübergehende Manifestationen von Gefühlen von chronischen zu unterscheiden.

b) Die mit Gemütsbewegungen einhergehenden physiologischen Veränderungen sind in der Literatur ausführlich behandelt worden, aber das Problem der »empfundenen Gefühle« blieb etwas vernachlässigt. Wir haben festgestellt, daß man beim heutigen Stand unseres Wissens die Probleme der Emotion nicht allein durch einen physiologischen Ansatz lösen kann, und daß die Wechselbeziehungen zwischen »empfundenen Gefühlen« und den sie begleitenden physiologischen Veränderungen keineswegs geklärt ist. Die Bedeutung der Hypothalamus-Theorie für dieses Problem ist voreilig postuliert und überschätzt worden.

c) Wir haben die Theorien besprochen, die postulieren, das »empfundene Gefühl« sei entweder ein Attribut anderer psychischer Vorgänge, ein sensorisches Erlebnis, psychische Energie, der bewußte Aspekte der Triebe oder das Ergebnis eines Triebkonflikts. Wir haben gesagt, eine Synthese dieser Anschauungen sei möglich, vorausgesetzt, daß man den Konflikt, der Emotionen entstehen läßt, als einen triebbedingten und unbewußten Konflikt ansieht.

d) Aus den verschiedenen Theorien hebt sich die folgende vom Mechanismus der Gefühle als eine heraus, die nicht zu bekannten Tatsachen im Widerspruch steht: Eine aufgenommene Wahrnehmung setzt einen unbewußten Prozeß in Gang, der unbewußte Triebenergien mobilisiert; wenn diesen Energien kein Weg zur Umsetzung in Handlungen offensteht — und dies ist der Fall, wenn Triebforderungen einander widersprechen, — finden sie ihre Abfuhr durch andere Kanäle als die der willentlichen Motilität; diese Entladungsvorgänge — »Gefühlsausdruck« und »empfundenes Gefühl« — können zugleich auftreten oder aufeinander folgen oder jeder kann allein auftreten; da in unserer Kultur Möglichkeiten der ungehemmten Triebabfuhr selten sind, finden fortwährend emotionale Entladungen verschiedener Stärke statt; infolgedessen gibt es in unserem Seelenleben außer den im Lehrbuch beschriebenen »echten« Gefühlen — Zorn, Angst usw. — eine ganze Hierarchie von Gefühlen, angefangen von den allerstärksten bis hin zu sanften, konventionalisierten, intellektualisierten Emotionen.

III. DIE EXPERIMENTELLEN BEITRÄGE
DER ALLGEMEINEN PSYCHOLOGIE

1. Experimentelle Methoden und Theorien

Die Versuche sollen in unserem Überblick nach den verwendeten experimentellen Methoden angeordnet werden. Einzelversuche werden wir vor dem Hintergrund der theoretischen Einflüsse betrachten, von denen sie herzuleiten sind. Wir müssen also die verwendeten Haupt-Versuchsmethoden und die sich heraushebenden theoretischen Einflüsse besprechen, die diese Versuche begünstigt haben.

Gegen Ende des vergangenen Jahrhunderts, als die Psychologie noch eine junge Wissenschaft war, bediente sie sich nur weniger und einfacher Versuchstechniken. Die Gedächtnisforschung verwendete zwei Hauptmethoden: die Lernmethode und die Assoziationsmethode. Mit den Lernversuchen wollte man die abstrakte Fähigkeit »Gedächtnis« messen, und sie sollte zur Erforschung der Merkmale dieser Fähigkeit dienen, wie z. B. der Anzahl von Wiederholungen, die nötig sind, um ganz neues Material einzuprägen oder der Geschwindigkeit des Vergessens. Man benützte sinnlose Silben in dem Glauben, diese hätten keine vorgegebenen Assoziationen; man nahm daher an, die Einprägung sinnloser Silben sei jeweils gleich schwierig. Man führte Untersuchungen durch, um festzustellen, welche Unterschiede zwischen der Einprägung von sinnlosen Silben, Reihen einzelner Wörter, sinnvoller Texte und rhythmisch gestalteter Texte oder Verse bestanden. Die bemerkenswertesten dieser Versuche waren die von Ebbinghaus (1) durchgeführten. Später wollen wir einige der Folgerungen besprechen, zu denen man mit Hilfe dieser Methode gelangte. Die andere Methode untersuchte die Assoziationen, von denen man glaubte, sie seien die unmittelbare Grundlage des Gedächtnisses. Man ging von der Annahme aus, daß, falls auf das Aufsteigen des Gedankens A das Aufsteigen des Gedankens B folgt, zwischen A und B eine assoziative Verbindung besteht, kraft deren das Aufsteigen von A das Aufsteigen von B »verursacht«. Bei den Lernversuchen nahm man an, die Wiederholung sei dazu da, die assoziativen Verbindungen zu schaffen und zu verstärken. Das Ziel der ersten Assoziationsversuche (Galton, 2, 3, und Wundt, 4) bestand darin, die Anordnung dieser assoziativen Verbindungen im menschlichen Gedächtnis zu erforschen, das als eine Art Speicher aufgefaßt wurde. Man nahm an, die Anordnung der Verbindungen könne dadurch ermittelt werden, daß man den Probanden aufforderte, auf ein gesprochenes Wort mit dem nächsten Wort zu reagieren, das ihm in den Sinn kam. Das Interesse konzentrierte sich auf die logischen und grammatikalischen Beziehungen zwischen Reiz- und Reaktionswort, z. B. auf die Art der Reaktion auf Verben, Substantive und Adjektive oder darauf, ob die Beziehung eine Unterordnung oder eine Überordnung ist usw. Die Reaktionszeiten wurden gemessen, um die Leichtigkeit der Reaktion auf verschiedene Wortkategorien zu bestimmen, und man versuchte, normale und ungewöhnliche Reaktionswörter festzustellen. Außer diesen beiden Versuchsmethoden wurde in der Psychologie die Fragebogenmethode verwendet, die heute in den jüngeren Wissenschaften der experimentellen Soziologie und der Sozialpsychologie häufig benützt wird. Die Vorstellung, man könne psychologische Probleme lösen, indem man viele Menschen nach ihrer Meinung fragt, erscheint uns zwar heute ungeschickt, war aber damals allgemein üblich. Die für unser Thema interessanten Versuche bedienten sich hauptsächlich dieser drei Methoden, allerdings oft mit Abwandlungen und Neuerungen.

Diese Versuche wurden von drei Faktoren beeinflußt. Erstens übten die Fin-de-siècle-Stimmung und die pessimistische Philosophie Schopenhauers einen starken Einfluß auf die Humanwissenschaften aus; die Frage, ob der Mensch im Wesentlichen optimistisch oder pessimistisch sei, war wieder einmal akut, und sie trug das Problem, ob angenehme oder unangenehme Erfahrungen besser behalten werden, in den Bereich der Gedächtnisforschung. Ein zweiter einflußreicher Faktor war die Veröffentlichung der ersten Arbeiten Freuds. In der »Psychopathologie des Alltagslebens« (5) analysierte Freud gewisse Erscheinungen des Vergessens und der Substituierung anderen Materials für die vergessenen Erinnerungen und Handlungen; er zeigte, daß von ihm analysiertes vergessenes Material in Beziehung zu Vorstellungen stand, die für den Betroffenen wichtig und peinlich waren. Obwohl er sich sehr vorsichtig ausdrückte, ließen seine Formulierungen dennoch Mißverständnisse zu. So setzten viele Forscher das Freudsche *unbewußte* Motiv des Vergessens mit *bewußter* Unlust insgesamt gleich. Viele meinten, die Freudsche Theorie besage, jede »unlustvolle« Vorstellung oder Begebenheit falle der Verdrängung anheim; das Freudsche »Lustprinzip« wurde als etwas gedeutet, das die erleichterte Erinnerung an »Lusterlebnisse« lehre. Ein dritter Einfluß war der der »Lust-Unlust-Theorie des Lernens«[1].

Diese Theorie wurde von Spencer (6) aufgestellt und von Bain (7) ausgearbeitet. Spencer definierte Lust als »ein Gefühl, das wir ins Bewußt-

---

[1] Siehe Cason (10).

sein bringen möchten«, und Unlust als »ein Gefühl, das wir aus dem Bewußtsein drängen möchten«, und lehrte infolgedessen, Lusterlebnisse würden häufig erinnert und Unlusterlebnisse würden vergessen. Diese Auffassung hat die Erziehungspsychologie stark beeinflußt und Thorndike (8, 9) zu seinem »Gesetz der Wirkung« *(law of effect)* angeregt, nach dem ein Erlebnis, auf .das ein befriedigender Zustand folgt, »eingeprägt«, ein anderes, auf das ein unbefriedigender Zustand folgt, jedoch »ausradiert« wird. Diese Theorien wurden oft mit Freuds Theorie des Vergessens gleichgesetzt und trugen dazu bei, daß sie weithin mißverstanden wurde.

Die oberflächliche Ähnlichkeit dieser Theorien ist zum größten Teil dafür verantwortlich, daß die Versuche insgesamt ergebnislos blieben, ferner für die Vielzahl übereilter ungerechtfertigter Folgerungen aus vielen Versuchen. In Wirklichkeit sind die drei Theorien grundsätzlich verschieden: Bei der ersten geht es um Pessimismus und Optimismus, daher also um die Wirkung eines allgemeinen »Persönlichkeitsmerkmals« auf das Gedächtnis; die zweite betrifft die Wirkung eines Mechanismus, der in seiner Wirkungsweise persönlich, spezifisch und unbewußt ist, und die dritte betrifft die Wirkung einer »Gefühlstönung«, über deren Vorhandensein, Fehlen, Eigenart und Stärke man sich, so nimmt man an, bei einer jeweils gegebenen Personengruppe allgemein einigen kann.

2. Fragebogenstudien

Bei der Besprechung der Literatur wollen wir chronologisch verfahren. Die ersten Untersuchungen unseres Problems waren zwei Fragebogenstudien. Colgrove (11, 12) und Kowalewski (13) fragten ihre Versuchspersonen in Fragebogen, ob sie sich besser an die angenehmen (A) oder unangenehmen (U) Erfahrungen ihres Lebens erinnerten. Colgrove arbeitete mir Gruppen verschiedenen Alters und verschiedener Rassen; seine Ergebnisse, die je nach Rasse und Alter erheblich schwankten, waren unbefriedigend. Kowalewski, der mit Kindern (10 bis 13 Jahre alt) arbeitete, benützte einen improvisierten Fragebogen; er stellte fest, daß die Gruppe, die sich an A-Erlebnisse besser erinnerte als an U-Erlebnisse, größer war. Um den Unterschied zwischen der Gruppe, die Lustbetontes vorzog, und der Gruppe, die Unlustbetontes vorzog, zu bezeichnen, prägte er die Begriffe *Erinnerungsoptimismus* und *Erinnerungspessimismus*. Drei Jahrzehnte später benützte Susukita (14, 15) die Methode noch einmal, mit einem ausgearbeiteten Fragebogen und mit Kindern als Versuchspersonen. Er fragte nicht nur, ob sie sich A- oder U-Erlebnisse besser merken konnten, sondern ob mit »besser« mehr oder deutlichere Erinnerungen gemeint waren; außerdem stellte er eine Reihe von konkreten Fragen wie: »An was erinnerst du dich besser: Lob oder Tadel, Spiel oder Verletzung?« Er stellte fest, daß der Gedächtnistyp (Pessmismus — Optimismus) von der Deutlichkeit und nicht von der Menge an Erinnerung abhängig war; daß der Gedächtnispessimismus mit dem Alter zunahm; daß unter schlechten soziokulturellen Bedingungen der Gedächtnisoptimismus vorherrschte, daß aber bei besseren soziokulturellen Bedingungen der Gedächtnispessimismus überwog.

Diese Fragebogenstudien erfragten die *Meinung* von Menschen über ihre Erinnerungen an A- oder U-Erlebnisse; nicht das Erinnern selbst. Külpes Bemerkung (16), sogar er sei nicht in der Lage, Kowalewskis Fragebogen zu beantworten, ist eine sehr aufschlußreiche Kritik. Trotz der Unzulänglichkeit der Methode hatten diese Studien das Verdienst, die Frage nach von der Person, vom Alter und von der Kultur abhängigen Unterschieden gestellt zu haben, die in den weiteren Versuchen zu unserem Problem eine Rolle gespielt haben. Die Untersuchungen von Washburn, die wir später besprechen werden, wandten sich der Frage persönlicher Unterschiede zu; die erste dieser Studien (Baxter, Yamada und Washburn, 17) zeigt besonders den Einfluß Kowalewskis.

3. Assoziationsversuche

Herkunft und Problem der Assoziationsversuche haben wir schon beschrieben. Man erkannte schon früh, daß Empfindung und Gefühl im Assoziationsmechanismus eine wichtige Rolle spielen. Diese Erkenntnis kann man zum Teil dem Umstand zuschreiben, daß die einschlägigen Theorien der philosophischen Psychologen nicht vergessen waren, zum Teil der unmittelbaren Evidenz, die durch die damals weithin gebräuchliche Introspektion offenkundig wurde. Ein weiterer Faktor war Kraepelins Versuch, die Methoden der jungen psychologischen Wissenschaft auf die Psychopathologie anzuwenden. Beim Umgang mit Psychiatrie-Patienten, die abnorm gesteigerte oder stumpfe Gefühlsreaktionen zeigten, begannen Kraepelin (18), Aschaffenburg (19) und andere, sich für die Beziehung dieser Reaktionen zu den Eigentümlichkeiten der Gedächtnis- und Assoziationsphänomene zu interessieren. In diesem Abschnitt wollen wir vier Arten von Assoziationsversuchen besprechen: zunächst allgemeine, dann diagnostische, drittens auf die Gefühlstönung gerichtete und viertens auf Erlebnisse bezogene Assoziationsexperimente.

A. Allgemeine Assoziationsexperimente

Bei den allgemeinen Assoziationsversuchen lenkten die introspektiven Berichte der Versuchspersonen die Aufmerksamkeit auf die Rolle von »Gefühlen«; dies wird von Wundt und anderen Forschern beiläufig erwähnt. Cordes (20) analysierte die psychischen Prozesse in dem Intervall zwischen dem Reiz- und dem Reaktionswort. Er fand, daß jedes der beiden Wörter von Gefühlen begleitet sein kann oder daß Gefühle ein Bindeglied zwischen den beiden sein können; in jedem Fall kann dadurch die Reaktionszeit verlängert werden. Ziehen (21) stellte fest, daß individuelle Reaktionen mit »relativ starker Gefühlsbetonung« die Reaktionszeit ebenfalls verlängern. Aufgrund der introspektiven Berichte der Versuchspersonen bestimmten Wreschner (22) und Menzerath (23) jene Assoziationen, die eine angenehme oder unangenehme Gefühlsbetonung hatten. Diese wiesen meist längere Assoziationszeiten auf als gleichgültige, und unlustbetonte Assoziationen zeigten meist längere Assoziationszeiten als lustbetonte. Ähnliche Ergebnisse berichteten Mayer und Orth (24). Wreschner betont, daß bei seinem Versuch die Gefühle von den Versuchspersonen berichtet wurden, daß die Reaktion gewöhnlich stark beeinflußt sei, und daß das Gefühlsmotiv nur selten eine Nebenerscheinung sei (S. 97). Menzerath unterstreicht, es sei unmöglich, von vornherein zu sagen, eine bestimmte Empfindung oder Darstellung sei angenehm, denn einerseits verändere sich das Gefühl mit den gegebenen Bedingungen, und andererseits seien die Individualitäten zu verschieden, um in bezug auf Gefühlstönungen übereinzustimmen; der gleiche Mensch könne zu verschiedenen Zeiten auf verschiedene Weise erregt werden (S. 63). Leider wurden diese wertvollen Warnungen nicht gelesen oder nicht beachtet; ihre Richtigkeit wurde erst nach vielen unzulänglichen Versuchen erkannt.

B. Diagnostische Assoziationsversuche

Wenn auch Kraepelin und seine Schüler sich bemühten, die Assoziationen von Psychiatrie-Patienten zu erforschen, waren Jung und Riklin (25) die ersten, die die diagnostischen Möglichkeiten von Assoziationsversuchen systematisch untersuchten. Sie verglichen die Assoziationen von Normalen mit denen von Patienten verschiedenartiger diagnostischer Gruppen. Einerseits konzentrierte sich ihr Interesse auf Unterschiede zwischen den formalen Beziehungen[2] — d. h. den grammatikalischen und den logischen

---

[2] Der Begriff »formale Beziehung« steht im Gegensatz zu der inhaltlichen Beziehung der Assoziationen, wie sie die Psychoanalyse untersucht.

Beziehungen von Reiz- und Reaktionswort[3]. Mit Ausnahme einiger Kategorien waren die von ihnen gefundenen Unterschiede folgenlos; die Beziehung logischer und grammatikalischer Funktionen zu Gefühlen ist ein höchst unklares Problem[4]. Andererseits weckten ihre Feststellungen über Reaktionszeiten, Schwierigkeiten der Reproduktion usw. — die sogenannten »Komplex-Indikatoren« — großes Interesse. Diese Feststellungen haben deshalb direkt mit unserem Problem zu tun, weil das wachsende Interesse an Komplex-Indikatoren von einer Verschiebung des Diagnoseziels begleitet war — man bemühte sich nicht mehr, psychiatrische Kategorien zu diagnostizieren, sondern *individuelle* emotionale Probleme oder »Komplexe«.

Jung verwendete in seinem Assoziationsversuch eine Standardliste von 100 Reizwörtern; der Proband wurde angewiesen, auf das Reizwort mit dem ersten Einfall zu reagieren, und die Reaktionszeit wurde gemessen. Dann folgte ein Reproduktionsversuch, bei dem die gleiche Liste von Reizwörtern vorgelegt wurde; der Proband wurde angewiesen, mit den gleichen Reaktionswörtern zu reagieren, die er beim erstenmal genannt hatte. Jung fand mehrere Komplex-Indikatoren. In bezug auf einen von ihnen, die Reaktionszeit, sagte er:

»1. Die Assoziation, in welcher der Komplex angeregt wird, hat eine zu lange Reaktionszeit.

2. Die unmittelbar der komplexerregenden folgende Assoziation hat eine verlängerte Reaktionszeit infolge der Nachdauer des Gefühlstons.« (S. 246)

Über die anderen Komplexindikatoren wollen wir später sprechen.

Die Reproduktionsversuche sind, so schloß Jung, eine nützliche Hilfe bei der Aufdeckung der »Komplexe« des Probanden. Falsche Reproduktionen sind insbesondere dann, wenn sie nach einer verlängerten Reaktionszeit erscheinen, ein Hinweis auf ein mit einem »Komplex« verbundenes Reizwort, das gleiche gilt auch dann, wenn überhaupt keine Reproduktion gelingt. Solche Ausfälle kommen manchmal nicht bei dem mit dem Komplex verknüpften Reizwort (kritischer Reiz) zustande, sondern bei dem

---

[3] Jung schlug folgende Kategorien vor: I. *Innere Assoziation:* 1. Koordination. 2. Prädikatbeziehung. 3. Kausalabhängigkeit. II. *Äußere Assoziation:* 1. Koexistenz. 2. Identität. 3. Sprachlich-motorische Formen. III. *Klang-Reaktion:* 1. Wort-Ergänzung. 2. Klang. 3. Reim. IV. *Restgruppe:* 1. Mittelbare Reaktionen. 2. Sinnlose Reaktionen. 3. Fehler. 4. Wiederholung des Reizwortes. (A) *Egozentrische Reaktion.* (B) *Perseveration.* (C) *Wiederholung.* (D) *Wortverknüpfung:* 1. Gleiche grammatische Form. 2. Gleiche Silbenzahl. 3. Alliteration. 4. Konsonanz. 5. Gleiche Endung.

[4] Siehe Schilder (26, 27); Vigotsky (28); Massermann und Balken (29).

darauffolgenden Wort (post-kritischer Reiz). Manchmal setzt sich eine Reproduktionsstörung, die bei der kritischen oder der post-kritischen Reaktion beginnt, auch danach weiter fort. Diese Ergebnisse waren um so bedeutsamer, als mit dem Reproduktionsversuch das zufällige Sich-Erinnern untersucht wurde, der Typus, der in Situationen des wirklichen Lebens vorkommt.

Die Relevanz dieser Versuche für unser Problem zeigt sich an Jungs Definition der Komplexe. Ein Komplex wird definiert als Reihe von Vorstellungen, die sich um ein starkes Gefühl gruppieren. Ihr Einfluß auf das Gedächtnis wird folgendermaßen erklärt:

»... die gefühlsbetonten Vorstellungskomplexe führen bei dem Versuch zu charakteristischen Störungen; ihr Vorhandensein und ihre wahrscheinliche Natur läßt sich an den Störungen selbst erkennen. Der Hintergrund unseres Bewußtseins (oder das Unbewußte) besteht aus Komplexen dieser Art. Das gesamte Material des Gedächtnisses gruppiert sich um sie. ... Sie konstellieren all unser Denken und Tun, daher auch die Assoziationen« (S. 299).

Jung stellte fest, die rationale Grundlage seiner Versuche beruhe auf der psychoanalytischen Theorie, insbesondere auf dem Konzept der Verdrängung, das in bezug auf den »Komplex« folgendermaßen interpretiert wird:

»Verdrängung kommt daher, daß die kritischen Vorstellungen so unlustbetont sind, daß das bewußte Selbst sie nicht ertragen kann« (S. 297).

»Das Hauptmerkmal des Komplexes ist auf alle Fälle seine relative Autonomie, die sich in zwei Richtungen ausdrücken kann: durch gesteigerte Betonung und Stabilität im Bewußtsein und durch Verdrängung — d. h. Widerstand gegen die Reproduktion im *Unbewußten.* Daher fehlt es den Assoziationen, die zum Komplex gehören, an der ›Flexibilität‹ des übrigen und indifferenteren psychischen Materials« (S. 397)[5].

»Die im Assoziationsversuch zutage tretenden Komplexe sind gewöhnlich unlustbetont, so daß die Ausnahmebedingung, unter der der Komplex während des Versuchs steht, wohl als ›Verdrängung‹ bezeichnet werden kann« (S. 397).

Es mag zwar überraschen, aber diese allgemeinen Äußerungen sind alles, was Jung zur Erklärung der rationalen Grundlage des Assoziationsversuchs zu sagen hat. Die Gültigkeit der Komplex-Indikatoren des Assoziationsversuchs wird aus der psychoanalytischen Praxis hergeleitet:

»Ich habe die Komplex-Indikatoren empirisch in der Analyse entdeckt[6]. Ich erkannte, daß sich bei den Assoziationen, die sich durch bestimmte Anzeichen her-

---

[5] Ein Ausdruck in diesem Zitat scheint der Erklärung zu bedürfen, da die Übersetzung (ins Englische) irreführend sein könnte. »Widerstand gegen die Reproduktion im *Unbewußten*« soll heißen, daß der Widerstand unbewußt ist.

[6] Gemeint ist die Psychoanalysye.

aushoben, in der Regel ein Komplex mit besonderer Stärke konstellierte und manchmal zu einer ›beunruhigenden‹ Störung geführt hatte« (S. 396).

Die Validität der Komplex-Indikatoren des Reproduktionsversuchs wird durch einen Vergleich mit den Komplex-Indikatoren des Assoziationsversuchs etabliert:

»Wenn diese Indikatoren wirklich charakteristisch sind, d. h. wenn die analytische Methode zu einem richtigen Ergebnis geführt hat, das stichhaltig ist, müssen die Indikatoren in engem Zusammenhang untereinander stehen. Sie werden vorzugsweise bei bestimmten Assoziationen wiederkehren — z. B. bei Reproduktionsversagen und bei verzögerten Reaktionen« (S. 396 f.).

Diese Art der Aufstellung von Indikatoren wurde von Experimentalpsychologen scharf kritisiert. Bezeichnend für die Einstellung dieser Kritiker ist J. G. Schnitzlers (30) Bemerkung:

»Man hat Merkmale benutzt, die in ihrem Wert als solche äußerst zweifelhaft waren; weil man aber nicht in Wirklichkeit, sondern nur scheinbar die richtige Diagnose hierauf gründete, umgekehrt aber aus der Richtigkeit der Diagnosen Schlüsse auf die Brauchbarkeit der Kriterien zog, konnten in zahllosen Publikationen diese Komplexkriterien immer wieder von neuem zur Erklärung herangezogen werden, ohne daß ihre psychologische Bedeutung auch nur im mindesten fundamental aufgeklärt wurde.« (S. 53 f.)

Die Rechtfertigung dieser Kritik wird durch den Umstand eingeschränkt, daß die Komplex-Indikatoren auslösenden Reizwörter *tatsächlich*, wie man feststellte, mit Gemütszuständen oder Komplexen in Verbindung standen, die in der Psychoanalyse des Probanden aufgedeckt wurden; aber die Vorhersagbarkeit von Komplexen auf Grund von Komplex-Indikatoren war zweifelhaft und abhängig von der Intuition des Versuchsleiters. Jung erkannte dies und behauptete, nur das Vorhandensein von mehreren Komplex-Indikatoren berechtige zu der Annahme der Existenz eines Komplexes und zur Beschreibung seiner Qualität. Er wandte sogar den psychogalvanischen Reflex zur Ergänzung des Verfahrens an (31). Er sagte, der Assoziationsversuch sei zwar nicht standardisiert, werde aber von vielen als Kunstgriff angesehen, und so sei jedes neue Mittel nützlich, um den Komplex und seine Gefühlsbetonung zu umschreiben.

Die Arbeit Jungs regte zu unzähligen Versuchen und zu einer unaufhörlichen Suche nach neuen Komplex-Indikatoren an. Der Raummangel gestattet uns keine ausführliche Besprechung dieser Versuche, aber statt dessen mag ein Hinweis auf den ausgezeichneten Überblick angezeigt sein, den Kohs (32) über diesen Bereich gibt[7]. Er zählt dreißig qualitative, einen

---

[7] Kohs' Überblick enthält eine erschöpfende Bibliographie.

quantitativen und fünfzehn physiologische Komplex-Indikatoren auf, die von verschiedenen Forschern vorgeschlagen wurden[8]. Erst 1921 versuchten Hull und Lugoff (33) in die Vielfalt der angenommenen Komplex-Indikatoren etwas Ordnung zu bringen. Unter Verwendung von Jungs Wörterliste untersuchten sie 10 000 Assoziationen von 100 Probanden (Jung und Riklin berichteten über 12 400 Assoziationen von 34 normalen Versuchspersonen). Sie gingen von der Annahme aus, daß

»... unter im übrigen gleichen Bedingungen zwei Variable, die mit der gleichen Variablen positiv verbunden sind, auch untereinander positiv zusammenhängen ... so daß man annehmen kann, die Assoziationsstärke, deren Existenz man letzten Endes zwischen einem bestimmten Zeichen und allen anderen insgesamt feststellt, könnte einen brauchbaren Hinweis auf die Enge der Assoziation zwischen dem betreffenden Zeichen und emotionalen Komplexen, also auf seine diagnostische Verläßlichkeit geben« (S. 123 f.).

Sie untersuchten neun Komplex-Indikatoren[9] und schlossen:

---

[8] I. Qualitative: 1. Inhalt. 2. Geflüsterte Antwort. 3. Nichtverstehen. 4. Falsche Wiedergabe. 5. Falsche Erinnerung. 6. Perseveration, a) Reaktion, b) Reiz, c) Affekt. 7. Hemmung. 8. Ausfall der Reaktion. 9. Zitate. 10. Titel. 11. Sätze. 12. Symbolik. 13. Allgemeine Begriffe, die die Bedeutung verbergen. 14. Hinzufügung des Artikels. 15. Nennen eines Gegenstands im Zimmer des Versuchsleiters. 16. Eigenartige Form der Reaktion. 17. Ungewöhnliche Reaktion. 18. Fehler bei der Reaktion. 19. Assimilationen. 20. Vakuum. 21. Bedeutungslose Reaktionen. 22. Unsinn. 23. Unvollständige Reaktionen. 24. Ergänzungen des Reizwortes. 25. Asymmetrische Reaktionen. 26. Post-kritische Reaktionen. 27. Versprechen, Verhören (Verlesen). 28. Komplexvertreter. 29. Übersetzungen. 30. Interjektionen oder einzelne Buchstaben (S. 573—579).
II. Quantitative: Zeit (S. 579).
III. Physiologische: 1. Psychogalvanische Reflexe. 2. Elektromotorische Herztätigkeit. 3. Puls. 4. Atmung. 5. Blutdruck. 6. Unwillkürliche Bewegungen oder Zittern der Hände oder der Glieder. 7. Ataxiagraphie (Unwillkürliches Schwingen des Körpers). 8. Zucken des Knies. 9. Fähigkeit zum Fingerheben (Ergographie). 10. Prüfung des Kniesehnenreflexes. 11. Stärke des Händedrucks. 12. Gesichtsausdruck (Erröten usw.). 13. Ton der Stimme bei der Reaktion. 14. Konzentrationsfähigkeit. 15. Allgemeines Benehmen und Verhalten (Husten, Räuspern usw.) (S. 580).
[9] »1. Lange Reaktionszeit (über 13/5 Sekunden). 2. Unfähigkeit zu jeglicher Reaktion. 3. Extrem kurze Reaktionszeit. 4. Wiederholung des Reizwortes selbst. 5. Assimilation (scheinbares Mißverstehen) des Reizwortes. 6. Mangelhafte Reproduktion der ursprünglichen Reaktion bei der zweiten Darbietung des Reizwortes. 7. Beantwortung von zwei oder mehr verschiedenen Reizwörtern mit dem gleichen Reaktionswort. 8. Seltsame oder scheinbar sinnlose Reaktionen. 9. Perseveration« (S. 144).

»1. Die Wiederholung des Reizwortes ist entschieden das zuverlässigste diagnostische Zeichen von den fünf untersuchten Indikatoren[10]. 2. Die ersten vier sind höchstwahrscheinlich wirkliche Komplexzeichen. 3. Wiederholte Verwendung des gleichen Reaktionswortes ist ein Komplexzeichen von sehr zweifelhaftem diagnostischem Wert, zumindest in dem Sinn, in dem die anderen Zeichen diagnostisch sind« (S. 127).

»Die Auswertung zeigt, daß zwei gegebene Indikatoren 64,8% wahrscheinlicher einen gegebenen dritten Indikator anziehen als einer von ihnen allein. Dies legt die Vermutung nahe, daß zwar zwei Indikatoren deutlich signifikanter sind als nur einer, daß aber der zweite Indikator keineswegs soviel diagnostische Potenz hinzufügt wie der erste, ganz zu schweigen von mehr« (S. 136).

ZUSAMMENFASSUNG

a. Die diagnostischen Assoziationsversuche zeigten, daß »Komplexe« die assoziative Reaktion auf ein mit einem Komplex zusammenhängendes Reizwort und die Reproduktion von Reaktionswörtern auf derartige Reizwörter hemmen. Die Symptome dieser Hemmung nannte man »Komplex-Indikatoren«.
b. Der Einfluß von Komplexen auf die Gedächtnisfunktion scheint erwiesen zu sein; für die Validität der Komplex-Indikatoren sind jedoch nur vorläufige Beweise geliefert worden, und ihr diagnostischer Wert hat sich als ungewiß herausgestellt.
c. Die Definition von »Komplex« setzt voraus, daß ein vielfältiger »emotionaler Faktor« wirksam ist, der einfach als »Emotion« oder »Gefühlsbetonung« nicht ausreichend beschrieben werden kann.

C. »Gefühlsbetonung« und Assoziationsversuch

Mit Hilfe des diagnostischen Assoziationsversuchs wurde der Einfluß von Komplexen untersucht, nicht der der »Gefühlsbetonung« als solcher. Birnbaum (34) hat über einen Versuch berichtet, in dem der Einfluß der Gefühlsbetonung auf Assoziationen untersucht wurde. Bei seinen Versuchen mit normalen Versuchspersonen fand er keine Unterschiede der Reaktionszeit bei Reizwörtern, die allgemein als gefühlsbetont angesehen werden, und anderen, die allgemein als indifferent gelten. Es kam zu dem Schluß, daß

»... das Hören bloßer vereinzelter Worte, mögen diese sich auf Inhalte von

---

[10] Wiederholung, Assimilation, Reaktionszeit, mangelhafte Reproduktion, wiederholte Verwendung des Reaktionswortes.

starkem Gefühlswert beziehen ..., nichts von den Gefühlen auszulösen braucht, die sie, wenn sie in sinnvollem Zusammenhange dargeboten werden, hervorrufen können« (S. 108).

Bei dem Versuch, eine Situation zu schaffen, in der die Versuchsperson bereitwilliger gefühlsmäßig reagiert, benützte Birnbaum Psychiatrie-Patienten mit »gesteigerter Affektivität«, »stark von Gefühlen gefärbter Phantasie«, »abnormer Gefühlsdisposition«; er wählte Reizwörter aus, die für die Versuchsperson individuelle Bedeutung haben sollten und bemühte sich, den Patienten durch ein Gespräch vor dem Versuch emotionell anzuregen. Dieser Ansatz ist für unser Problem von Bedeutung und kann für zukünftige Versuche nützlich sein, obwohl Birnbaums Ergebnisse ziemlich mager und belanglos waren. Sie wiesen darauf hin, daß die Gefühlsbetonung, wenn sie zustandekommt, die Reaktionszeit verlängern kann, daß aber die Bedingungen, unter denen sich eine Gefühlsbetonung hervorrufen läßt, je nach der psychiatrischen Kategorie der Versuchsperson verschieden sind[11].

Birnbaums Feststellungen zeigen, daß die Gefühlsbetonung des Reizwortes nur auf Menschen mit stark ausgeprägter Affektivität einen Einfluß ausübt oder aber im Zusammenhang mit einer erregenden Diskussion; Tolman und Johnson (35) kamen jedoch zu anderen Ergebnissen. Sie wählten willkürlich Wörter mit angenehmer, unangenehmer und indifferenter Gefühlsbetonung aus und verwendeten sie als Reizwörter in einem Assoziationsversuch. Die durchschnittlichen Reaktionszeiten zeigten eine Abfolge von A über U nach I (angenehm, unangenehm, indifferent), wobei U die längste Reaktionszeit aufwies. Um die Möglichkeit auszuschließen, daß diese Ergebnisse auf Komplexe zurückzuführen sein könnten, die mit diesen Reizwörtern zusammenhingen, unternahmen Tolman und Johnson einen zweiten Versuch, in dem die Reize A- und U-Wörter waren; manche bezogen sich auf Sinnesqualitäten, andere — wie »Erfolg«, »Mißerfolg« — auf mögliche Komplexe. Ihre Hypothese lautete:

---

[11] Hysteriker reagierten nicht auf Reize, die allgemein als gefühlsbetont angesehen werden, reagierten aber auf andere, die angeblich indifferent sind; durch ein anfängliches Gespräch wurden sie nur angeregt, wenn »besonders individuell gefärbte Gedankenbereiche« berührt wurden. Wahnkranke Psychotiker zeigten eine gewisse Reaktion auf Reize, die allgemein als gefühlsbetont gelten. Depressive des zirkulären Typs wurden durch allgemein als gefühlsbetont angesehene Reize stimuliert, also *nicht* durch individuell gefärbte Reize oder durch Vorgespräche. Hysterische Depressive reagierten stärker auf spezifische Reize und wurden durch ein Anfangsgespräch angeregt. Beide Gruppen reagierten auf eine Weise, die für depressive Patienten typisch ist, und hatten signifikant längere Reaktionszeiten.

»Wenn sich herausstellen sollte, daß die einfachen unlustvollen Sinnesqualitäten im gleichen Maße lange Reaktionszeiten hervorrufen wie die Wörter, die Komplexe wie Mißerfolg, Tod und ekelhafte Dinge betreffen, würden wir folgern, daß in Wirklichkeit Unlust *als solche* die Assoziationszeiten verlängert« (S. 190).

Sie interpretierten ihre Ergebnisse folgendermaßen:

»Die ... Ergebnisse ... weisen ganz entschieden auf längere Zeiten bei den unangenehmen Wörtern hin ... bei Sinnesqualität gilt das gleiche wie bei allen Wörtern ... es beweist, daß einfache Unlust als solche die Reaktionszeit verlängert« (S. 193).

Carter (36) gelangte zu ähnlichen Ergebnissen.

Auch W. W. Smith (37, 38) berichtet über einen Versuch, bei dem der Einfluß von »Affektbetonung« *(affective tone)* auf Assoziationen untersucht wurde. Er setzte »Affektbetonung« mit »Emotionen« gleich und bezeichnete letztere, wie McDougall, als *»den affektiven Aspekt des Wirkens eines Triebes«* (38, S. 24). Er maß die Affektbetonung mit einem Gerät zur Messung der psychogalvanischen Hautreaktion (PGR), dessen Gebrauch schon Jung in den Assoziationsversuch eingeführt und den Binswanger weiterentwickelt hatte. Er verwendete die von Eder revidierte Jungsche Wörterliste und registrierte die stärksten Ausschläge des Geräts bei den Reizwörtern[12], die die stärkste Gefühlsbetonung haben sollten. Aus seinen Assoziations- und Reproduktionsversuchen zog er folgende Schlüsse:

»Erstens, daß das Gedächtnis für Wörter von der affektiven Betonung beeinflußt wird; zweitens, daß dieser Einfluß, soweit er die mit Hilfe der psychogalvanischen Reaktion nachgewiesene Affektbetonung betrifft, in diametral entgegengesetzten Richtungen wirken kann; der Umstand, daß ein bestimmtes Wort eine gut ausgeprägte Affektbetonung auslöst, kann dazu führen, daß man sich besser an es erinnert als an ein weniger stark affektbetontes Wort, aber auch dazu, daß es rascher vergessen wird. Affektbetonung, wie sie der Ausschlag des Galvanometers zeigt, ist daher als etwas zu betrachten, von dem es zwei Arten gibt, von denen die eine das Behalten der Wörter, mit denen sie einhergeht, erleichtert, die andere aber das Behalten verhindert. Andererseits geht die Art der Affektbetonung, die durch Jungs Reproduktionsversuch gezeigt wird, in ihrer Wirkung nur in *eine* Richtung und verhindert meist das Sich-Erinnern an die betreffenden Wörter« (37, S. 250).

Diese Verwendung der psychogalvanischen Reaktion beeinflußte spätere Forscher, die sich nicht mehr um die Bedeutung der »Affektbetonung«

---

[12] Küssen, Liebe, froh, Scheidung, Name, Frau, Wunde, Tanz, ängstlich, stolz, Geld, Schrecken, Kind, Gewohnheit, Zustand, verachten, Krieg, Familie, glücklich, Beute.

kümmerten, sondern sorglos diesen Begriff mit »Lust« und »Unlust« gleichsetzen — diesen Fehler hat Smith vermieden[13]. Carter, Jones und Shock (39) erhielten Resultate, die denen Smiths auffallend ähnlich sind. Burtt und Tuttle (40) benützten den Patellarsehnenreflex und Cason (41) benützte die gesamte Körperbewegung, um die Gefühlsbetonung von Wörtern bei Assoziationsversuchen zu messen: beide erhielten positive Korrelationen.

ZUSAMMENFASSUNG

a. Während die diagnostischen Assoziationsversuche zur Untersuchung der Komplexsysteme in der assoziativen Reaktion benützt wurden, wollte man mit den in diesem Abschnitt besprochenen Versuchen den Einfluß der »Gefühlsbetonung« (Affektbetonung) auf Assoziationen zeigen.

b. Diesen Versuchen lag keine einheitliche Auffassung von »Gefühlsbetonung« zugrunde. Sie wurde einmal willkürlich angenommen (Birnbaum) oder mit sensorischer Dualität (Tolman, Johnson) oder mit Gefühlen (Smith) gleichgesetzt, ein andermal als der durch die psychogalvanische Reaktion gemessene Faktor (Smith) oder als die Menge der gesamten Körperbewegung (Cason) angesehen.

c. Die Ergebnisse weisen zwar auf einen gewissen Einfluß der Gefühlsbetonung auf die Reaktionszeit hin, sind aber im übrigen nicht von Belang.

D. Erinnerungs-Assoziations-Versuche

Galton (2) beobachtete, daß beim Assoziationsversuch oft nicht einzelne Reaktionswörter auftauchten, sondern Erinnerungen an Erlebnisse. Peters (42, 43 und 44)[14] berichtete über Versuche, bei denen die Versuchspersonen angewiesen wurden, auf Reizwörter jeweils mit dem ersten Erlebnis zu reagieren, das ihnen in den Sinn kam; er nannte diese Methode »Erinnerungs-Assoziation«. Dieser von Freud und Jung beeinflußte Versuch sollte untersuchen, welche Rolle die Gefühlsbetonung beim Sich-Erinnern an Er-

---

[13] »Ich möchte hier die Beziehung der beiden oben erwähnten Arten der Affektbetonung zu den gewöhnlich als ›lustbetont‹ und ›unlustbetont‹ bezeichneten Varianten nicht näher betrachten. Dies ist eine Frage, die uns sehr weit ab führen würde, und ich halte es für klüger, mich streng an die notwendigen Folgerungen aus Versuchsergebnissen zu halten« (S. 250).
[14] Ein Massenversuch von Peters und Nemecek.

lebnisse spielt. Die Probanden wurden aufgefordert, sieben Fragen über die Gefühlsbetontheit der Erlebnisse zu beantworten[15]. Peters stellte fest, daß 80 % der Erlebnisse gefühlsbetont waren; daß 65 % von ihnen A, 30 % U und 5 % gemischt (G) waren[16]; daß der Prozentsatz der Erlebnisse, an die man sich wiederholt erinnerte, bei den U-Erlebnissen am höchsten war, und daß bei den mehrfach erinnerten Erlebnissen der Prozentsatz der U-Erlebnisse am höchsten war; daß die Vermeidung des Sich-Erinnerns an U-Erlebnisse mit dem Alter der Probanden zunahm und daß dies eine Tendenz ist, die erst relativ spät in der psychischen Entwicklung zutage tritt, und daß bei den mit Komplexen verbundenen Erlebnissen der U-Prozentsatz höher und der A-Prozentsatz jeweils niedriger war als bei den Erlebnissen, die nicht mit Komplexen zusammenhingen. Zur Erklärung seiner Feststellungen stellte Peters die Hypothese auf, daß eine mit dem Alter zunehmende allgemeine Tendenz besteht, »die Unlust im Bewußtsein zu vermindern« und:

»daß ... die erinnerten Unlusterlebnisse größere Bedeutung haben als die erinnerten lustbetonten Erlebnisse, hat seinen Grund offenbar darin, daß die unlustbetonten Erlebnisse von geringer Bedeutung weniger Chancen haben, erinnert zu werden, als die lustbetonten Erlebnisse von der gleichen Bedeutung« (43, S. 218).

Die zweite Hypothese, die besagt, daß in der Erinnerung die »persönliche Bedeutung« eines Erlebnisses mindestens ebenso wichtig ist wie seine Gefühlsbetontheit, ist für unser Problem von Belang. Das Wesen der »persönlichen Bedeutung« und ihr Bezug zur »Gefühlsbetontheit« hat Peters nicht erörtert. Die Wirkungsweise der »Tendenz, die Unlust im Bewußtsein zu verringern« wurde folgendermaßen beschrieben:

»... die Tatsache, daß mehr lustbetonte als unlustbetonte Erlebnisse erinnert werden, (besagt) nichts anderes, als daß unlustbetonte Erlebnisse leichter und rascher dem Vergessen anheimfallen als lustbetonte. Der Wille, unangenehme Erlebnisse nicht zu erinnern, bewirkt, daß diese Erlebnisse seltener reproduziert werden. ... Je seltener aber die Erinnerung an ein Erlebnis wiederholt wird, desto geringer wird nach dem allgemeinen Gesetz von der Beziehung zwischen der Wiederholungszahl und dem Vergessen seine Chance, reproduziert zu werden.

---

[15] 1) War das Erlebnis beim Erleben gefühlsbetont? 2) Welchen Gefühlston hatte das reproduzierte Erlebnis beim Erlebenden? 3) Welchen Gefühlston hatte die Reproduktion des Erlebnisses? 4) Welcher Art ist dieser Gefühlston? 5) Wie lange liegt dieses Erlebnis zurück? 6) Wie oft wurde das gleiche Erlebnis erlebt? 7) Wie oft wurde das Erlebnis erinnert?
[16] Es ist bemerkenswert, daß die meisten späteren Forscher die Möglichkeit von G vernachlässigt haben; nur Lanier (45) sah ein besonderes Problem darin.

Der Einfluß der Unlust auf die Erinnerung erklärt sich so letzten Endes zwanglos aus einer der sichersten Erfahrungen der Gedächtnispsychologie, und es ist deshalb überflüssig, einen eigenartigen Mechanismus der Verdrängung oder Absperrung von unlustbetonten Erlebnissen aus dem Bewußtsein anzunehmen, wie dies Freud tut« (43, S. 245).

Es ist unbegreiflich, welchen Vorteil dieser unerklärte »Wille zu vergessen« gegenüber Freuds Verdrängungsmechanismus haben soll. Außerdem sind die Gedächtnisgesetze, die hier als die »am besten gesicherten Regeln« der Psychologie angeführt werden, Gesetze, die die Phänomene der Erinnerung und des Vergessens ganz geläufiger Tatsachen nicht erklären. Diese Haltung gegenüber der Freudschen Theorie ist für viele experimentelle Studien kennzeichnend.

Peters hat als erster die Meinung geäußert, die Wirkung der »Gefühlsbetonung« auf das unmittelbare Gedächtnis sei gering; er war sich auch darüber im klaren, daß eine »direkte Antwort« in bezug auf den Unterschied in der Erinnerung an Lust- und Unlusterlebnisse nur dann zu erlangen ist, wenn uns das Erlebnis selbst und nicht nur die Erinnerung daran bekannt ist (43, S. 223). Der Unterschied zwischen der Fragebogenmethode und der Methode der Erinnerungsassoziation ist nur oberflächlich. Bei der letzteren ist die Befragung systematischer, und die Erlebnisse werden ins Gedächtnis zurückgerufen, aber im Grunde ist das Verfahren das gleiche: Die Versuchsperson wird nach ihrer Meinung in bezug auf die Gefühlsbetonung gefragt. Washburn und ihre Schüler veröffentlichten eine Reihe von Versuchen über Erlebnisassoziationen (17, 46, 47, 48), bei denen das Prinzip der Erlebnis-Assoziation mit Kowalewskis Vorstellung von Gedächtnis-Typen gekoppelt wurde (Gedächtnis-Optimisten, Gedächtnis-Pessimisten). Das Ziel dieser Reihe von Versuchen war, zwischen pessimistischen und optimistischen, fröhlichen und depressiven, gefühlsbetonten und trägen und stärker oder schwächer egoistischen Typen zu unterscheiden. Bei jedem dieser Versuche wurden die Probanden auf Grund ihrer Selbstbeurteilung und der Beurteilung durch drei Freunde einem dieser Gegensatzpaare zugeordnet. Der Proband wurde aufgefordert, auf Reizwörter mit einem Zeichen zu reagieren, sobald ihm das erste Erlebnis einfiel, und zu sagen, ob es sich um ein Lust- oder Unlusterlebnis handelte. Es stellte sich heraus, daß sich durch die Korrelierung von Reaktionszeit und Typen-Zuordnung eine Möglichkeit ergab, mit Hilfe der Reaktionszeit zwischen diesen Persönlichkeitstypen zu unterscheiden. Griffitts (49) bestätigte diese Feststellungen; bei einem gleichzeitig durchgeführten Reproduktionsversuch fand er, daß jede Art der Gefühlsbetonung die Reproduktion fördert.

a. Die Versuche mit Erlebnis-Assoziationen unterscheiden sich nur scheinbar von den Fragebogen-Studien: Beide ermitteln Urteile über frühere Erlebnisse.

b. Das Vorhandensein einer »Tendenz, die Unlust im Bewußtsein zu verringern« und einer größeren Wahrscheinlichkeit der Erinnerung an »persönlich bedeutsame« Erlebnisse wurde aus den Urteilen der Versuchspersonen erschlossen.

c. Washburn wies darauf hin, daß die Reaktionszeiten für Lust- und Unlusterlebnisse bei Probanden mit überwiegend optimistischen Tendenzen und Probanden mit überwiegend pessimistischen Tendenzen meistens verschieden sind.

E. Der tatbestandsdiagnostische Versuch

Das Ziel der Versuche zur Tatbestandsdiagnostik bestand darin, aus dem Assoziationsversuch ein zuverlässiges Werkzeug der Aufklärung von Verbrechen zu entwickeln. Die vor der kriminologischen Anwendung durchgeführten Laboratoriumsversuche sollten bestimmen helfen, auf welche Art und Weise der Versuchsperson bekannte Tatsachen ihre Assoziationen beeinflussen. Der diagnostische Assoziationsversuch wurde im Bereich der Psychopathologie entwickelt und berief sich, wie wir gesehen haben, auf die Theorie der Psychoanalyse; die Tatbestandsdiagnose beruhte auf den Prinzipien der Allgemeinen Psychologie, wenn sie auch durch die Versuche Jungs angeregt wurde. Die Allgemeine Psychologie interessierte sich damals für kognitive Prozesse und erklärte psychische Erscheinungen kognitiv; sie hatte also kein Verständnis für die Psychoanalyse und betrachtete sie mit einem Mißtrauen, das sich auch auf die diagnostischen Assoziationsversuche Jungs ausdehnte. Experimentalpsychologen, die die Versuche zur Tatbestandsdiagnostik mit einem forensischen Ziel entwickelten, teilten diese Einstellung. Infolgedessen drückten sie das Problem des »Gefühlseinflusses« kognitiv aus.

Räumliche Begrenzung erlaubt uns keine Besprechung der umfangreichen Literatur über die Versuche zur Tatbestandsdiagnostik; wir wollen daher nur den vorzüglichen Überblick erörtern, den Lipmann (50) über diesen Bereich gibt[17]. Schon der Titel dieser Arbeit zeigt den kognitiven Ansatz:

---

[17] In Lipmanns Bericht findet sich eine umfangreiche Bibliographie. Sie befaßt sich jedoch hauptsächlich mit der Arbeit Wertheimers (51, 52) und Lipmanns eigenen Ergebnissen (53).

»Die Spuren interessebetonter Erlebnisse und ihre Symptome«. Lipmann erklärt die kognitive Sichtweise wie folgt:

»Es scheint mir zweifellos, daß bei den in Frage stehenden Erlebnissen überhaupt meist nicht emotionelle, sondern intellektuelle Vorgänge die ausschlaggebende Rolle spielen. Ich kann daher auch die Ansicht Jungs nicht teilen, daß es ›keine anderen Vorstellungskomplexe als gefühlsbetonte‹ gäbe« (S. 6).

Lipmanns Ansicht von der Gedächtnisfunktion zeigt die Beziehung des Assoziationsversuchs zum Gedächtnisproblem. Jung hat nirgends seine Ansicht über diese Beziehung deutlich zum Ausdruck gebracht, und er hat nirgends deutlich zu erkennen gegeben, daß er »Spuren und Symptome« von Vorstellungen untersucht hat, die mit Komplexen verknüpft sind. Lipmann formuliert den Sachverhalt mit klassischer Deutlichkeit:

»Die ganze Lehre von den Gedächtnisvorstellungen und vom Gedächtnis beschäftigt sich mit den Symptomen dieser Spuren, und zwar sind es schon hier zwei Gruppen von Problemen, die behandelt werden: 1. Welche seelischen Vorgänge sind geeignet, derartige Spuren aus dem Zustand der Latenz oder Potentialität in die Aktualität ... überzuführen? 2. In welcher Form treten die aktualisierten Spuren ... auf; ... welches sind ihre Symptome; woran ist zu erkennen, daß in solchen Äußerungen sich eben aktualisierte Spuren verraten?« (S. 2).

Das kriminologische Problem, dessen Lösung mit den tatbestandsdiagnostischen Versuchen angestrebt wurde, war die Ermittlung des wirklichen Verbrechers unter einer Reihe Verdächtiger. Dies forderte vom Psychologen, herauszubekommen, welcher Proband die Verbrechenssituation erlebt hatte. Die zugrundeliegende Theorie wurde von Lipmann folgendermaßen formuliert:

»... wir dürfen nämlich annehmen, daß ›Erlebnisse‹, d. h. interessebetonte Wahrnehmungskomplexe besonders intensive Spuren zurücklassen. Die größere Intensität nun äußert sich: 1. darin, daß die Spuren weniger rasch verschwinden; 2. darin, daß sie leichter aktualisiert werden können; 3. darin, daß sie meist nicht als bloße Gedächtnis-, sondern als Erinnerungsvorstellungen[18] aktualisiert werden, d. h., daß bei ihrem Aktuellwerden eine bewußte Erinnerung an den ganzen interessebetonten Wahrnehmungskomplex reproduziert wird« (S. 2).

Lipmann hat eine intellektualistische Auffassung von den Antriebskräften des Gedächtnisapparats; nach seiner Vorstellung vom Gedächtnis ist das Vergessen ein »Verschwinden von Spuren«, und die Lebendigkeit des Gedächtnisses ist eine Frage der »Stärke der Spuren«. Nach Durchsicht der Literatur kommt Lipmann zu dem Schluß, daß der tatbestandsdiagnosti-

---

[18] Erinnerungsbilder unterscheiden sich nach Lipmann dadurch von Gedächtnisbildern, daß sie örtliche und zeitliche Merkmale tragen.

sche Assoziationsversuch nur dann zuverlässig ist, wenn erstens die mit der Verbrechenssituation verknüpften Reizwörter unter *zweifelsfrei »neutrale«* Wörter gemischt sind; zweitens, wenn eine ausreichende Zahl *zweifelsfrei unschuldiger* Personen zur Kontrolle zur Verfügung steht; und drittens, wenn der Versuchsleiter von vornherein bestimmt, welche Reaktionen als Hinweis auf das Verbrechen anzusehen sind. Lipmann behauptet, Jungs Verfahren sei dem diametral entgegengesetzt: Jung sei in erster Linie an Symptomen interessiert gewesen und nicht an dem ursprünglichen Erlebnis, ferner daran, die Reaktionen des Probanden zu analysieren und nicht daran, *zweifelsfrei zuverlässige* Kontrollwörter und Kontrollpersonen einzuführen. Im Mittelpunkt der Kontroverse stand die Vorhersagbarkeit von Reaktionen, die auf ein Verbrechen hinweisen: Wird der Untersuchende, da die kritischen Reaktionen eine Sache vorherbestimmter Erwartung sind, beim Kriminellen eine Reaktion vorfinden, deren Symptome genau den vorherbestimmten Reizen entsprechen? Birnbaum und viele andere machten die Erfahrung, daß man häufig von einer Gefühlsbetonung dort zu hören bekommt, wo nach der vorherbestimmten Erwartung gar nicht damit zu rechnen war. Bei dem Jungschen Versuch geht es in erster Linie um Symptome, wo immer sie auftreten mögen, und man bemüht sich, ihre Entstehung und Bedeutung zu verstehen. Verstehbarkeit und Vorhersagbarkeit sind aber nicht das gleiche. In der psychischen Dynamik geht es nicht um Beziehungen unter jeweils zwei gleich gewichtigen Elementen: Wie in der Meteorologie können Vorhersagen nur allgemeiner Art sein, aber spezifische Ereignisse sind leicht zu verstehen. Ein psychisches Ereignis, das man vernünftigerweise erwarten oder vorhersehen kann, kann jederzeit verspätet eintreten oder durch ein gleichwertiges psychisches Ereignis oder sogar durch einen physiologischen Vorgang ersetzt werden. Trotzdem betrachtet die kognitive Psychologie die Vorhersagbarkeit als eine Bedingung, ohne die keine exakten Versuche möglich sind. Dies ist wahrscheinlich der Grund, warum sie keine adäquate Psychologie der Gefühle und Gemütsbewegungen entwickelt hat, denn hier sind die vielfältige Determiniertheit psychischer Ereignisse und die daraus folgende Variabilität der Reaktionen am auffallendsten. In der Praxis der Tatbestandsdiagnostik nimmt das Problem folgende Form an: Es ist wahrscheinlich, daß ein Krimineller, falls er weder ein Kind noch das Opfer einer auf die Tat folgenden hysterischen Amnesie ist, den Tatbestand des Verbrechens nicht vergessen wird; es ist ebenfalls wahrscheinlich, daß er vorsichtig genug ist, um sich ängstlich vor jeder Form des Selbstverrats zu hüten. Das Lipmann-Wertheimer-Verfahren ist anscheinend bestrebt, einen solchen Selbstverrat herbeizuführen. Das Jungsche Verfahren hingegen ist bestrebt, die Symptome der Ängstlichkeit hervorzulocken, mit der der Kriminelle sich vor dem Selbstverrat hütet, sowie die Symptome der Schuld, die er fühlt, wenn er an das Verbrechen erinnert wird. Ein in kognitiver Psychologie und Logik Geschulter wird sich mehr für die Wertheimersche Methode interessieren als für die Methode Jungs; Menschen, die gewisse Erfahrungen mit den Wechselfällen des Unbewußten gemacht haben, werden dazu neigen, sich mehr für die Methode Jungs zu interessieren. Es ist bedauerlich, daß keine der beiden Methoden einem brauchbaren Test unterzogen worden ist, der genügt hätte, um ein allgemeines praktisches Einverständnis (wenn auch kein theoretisches) über die Methoden herbeizuführen.

Auf Grund seines Überblicks[19] schloß Lipmann, man könne das Wesen der Gedächtnisspuren von interessebetonten Erlebnissen folgendermaßen erklären:

»I. Die Spuren interessebetonter Erlebnisse ... werden leichter aktualisiert als andere. Dies äußert sich bei folgenden Gelegenheiten: 1. Empfindungen werden vorzüglich unter Benutzung der Erlebnisspuren[20] zu Wahrnehmungen verarbeitet, apperzipiert. 2. Die Spuren des Erlebnisses können leicht auch assoziativ aktualisiert ... werden.

---

[19] Zusammen mit dem »tatbestandsdiagnostischen Assoziationsversuch« besprach Lipmann eine Reihe anderer tatbestandsdiagnostischer Versuche. Viele davon waren nicht in der Literatur berichtete Versuche, sondern Pläne für mögliche Versuche. Einige von ihnen sind der Besprechung an dieser Stelle wert, da Lipmann in ihnen einige der Versuchsmethoden vorwegnahm, die wir im 8. Kapitel besprechen werden, da sie weitere Beiträge zu den Kenntnissen auf unserem Gebiet beizusteuern versprechen. So schlug Lipmann z. B. vor, man solle sich eine freie Nacherzählung der Beschreibung des Tatbestands (der kriminellen Handlung) beschaffen, da selbst eine derartige Schilderung das Wissen eines Befragten von dem Geschehen offenbaren kann, wenn man sie mit der Schilderung anderer zweifelsfrei Nichtbeteiligter vergleicht. Die Ähnlichkeit dieses Verfahrens mit dem Thematischen Apperzeptionstest (TAT) und mit Verfahren des Sich-Erinnerns an Geschichten (siehe 8. Kapitel) ist offensichtlich. Ähnlich ist auch Lipmanns Vorschlag, dem Probanden eine Erzählung des Ereignisses zu geben, über das er befragt wird; die Erzählung hat Lücken, die der Proband ausfüllen soll. Eine größere Ähnlichkeit mit den Versuchen über die affektive Organisation optisch wahrgenommenen Materials (8. Kapitel) sind die Versuche, bei denen Wörter tachistoskopisch oder akustisch dargeboten werden; die dargebotenen Wörter sind Wörtern ähnlich, die in der Geschichte von dem fraglichen Ereignis bedeutsam sind, und man erwartet, daß der Beteiligte das dargebotene Wort beim Hören oder Lesen fälschlich für das Wort hält, das eine entscheidende Bedeutung hat (S. 47—60).

[20] Mit diesem Ausdruck meint Lipmann die Erlebnisspur von interessebetonten Ereignissen.

II. Eine weitere Eigenschaft der Erlebnisspuren ist die, daß mit ihrer Aktualisation eine Erinnerung an das Erlebnis selbst verbunden ist. ... Außerdem: 1. Da interessebetonte Wahrnehmungen durch besonders zahlreiche Reproduktionstendenzen charakterisiert sind, und verschieden gerichtete Reproduktionstendenzen einander hemmen, so erfolgt auf Reize, die Erlebnisspuren aktualisieren, eine Reaktion nur relativ langsam, und die Reaktion wird vielleicht auch relativ leicht vergessen. 2. Aktualisierte Erlebnisspuren und damit auch die Reize, welche die Aktualisation bewirkt haben, ziehen die Aufmerksamkeit besonders stark auf sich. a) Solche Reize wirken stärker ablenkend auf die Aufmerksamkeit. b) Die Tatsache, daß ein Reiz, der Erlebnisspuren aktualisiert, die Aufmerksamkeit auf sich lenkt, ... äußert sich vielleicht auch direkt in gewissen physiologischen Veränderungen des Pulses, der Atmung, ... des psychogalvanischen Reflexes ... usw. 3. Erlebnisspuren, Teilvorstellungen des Erlebnisses, haften fester im Gedächtnis als andere Vorstellungen.

III. Die Partialvorstellungen des Erlebnisses sind besonders fest miteinander assoziiert. 1. Wenn also eine Erlebnisspur aktualisiert wurde, so aktualisiert diese Partialvorstellung ihrerseits wieder weitere Erlebnisspuren« (S. 17 f.).

Sogar noch wichtiger erscheinen Lipmanns Folgerungen, in denen er die Begriffe »Amalgamierung« und »Verdeckung« einführt:

»... interessebetonte Erlebnisse und ihre Elemente werden in Gedächtnis und Erinnerung haften als indifferente; die Vorstellungen von einem gleichgültigen Erlebnis werden rascher lückenhaft und verblassen schneller als die von einem interessebetonten Erlebnis. Ähneln sich die beiden Erlebnisse, so werden ihre Spuren amalgamiert, und zwar auf Kosten des gleichgültigen Erlebnisses. Die Spuren dieses indifferenten Erlebnisses erleiden Ergänzungen und Veränderungen, die den Vorstellungen von dem interessebetonten Erlebnis entnommen sind; die Erinnerung an das indifferente Erlebnis wird durch die an das interessebetonte ›verdeckt‹. Die Richtigkeit dieser Theorie ist ... durch Köppen und Kutzinski nachgewiesen worden. Die symptomatologischen Methoden, die sich dieses Amalgamierungs- und Verdeckungsvorgangs bedienen ... (setzen) zunächst die Versuchsperson ... einem diesem ähnlichen, indifferenten Erlebnis aus; die Versuchsperson liest eine Geschichte ... deren Inhalt in gewissen Einzelheiten mit dem des interessebetonten Erlebnisses übereinstimmt, aber auch manche Änderungen aufweist und manche Punkte gar nicht berührt. Es wird angenommen, daß die Erinnerung an diese ›Versuchsgeschichte‹ bei einem Beteiligten sich mit der Erinnerung an das Erlebnis ›amalgamiert‹: die identischen Teile werden sich verstärken; unter den nichtidentischen werden Elemente der indifferenten Geschichte durch entsprechende des Erlebnisses ersetzt und ergänzt werden« (S. 47 f.).

Hier wird angenommen, daß die Spuren der interessebetonten Erlebnisse die Spuren genügend ähnlicher gleichgültiger Erlebnisse beeinflussen. Um einen Ausdruck von Koffka und Köhler zu benützen: Es findet eine »Aggregation« statt. Diese »Aggregation« nimmt entweder die Form einer Ersetzung der gleichgültigen Erlebnisspur durch die interessebetonte

Erlebnisspur an, ein Vorgang, der hier als »Verdeckung« bezeichnet wird, oder die Form der Verschmelzung von Teilen der beiden Erinnerungsspuren, hier »Amalgamierung« genannt.

Diese Funktion der »Verdeckung« ähnelt in ihrer formalen Struktur der Substitution, die Psychoanalytiker bei Versprechern und anderen Fehlleistungen vorfinden. Ebenso ähnelt die formale Struktur der »Amalgamierung« der bei Fehlleistungen wirksamen »Verdichtung«. Es ist jedoch offenkundig, daß nach Lipmanns Ansicht Amalgamierung und Verdeckung auf Interessen zurückzuführen sind; die psychoanalytischen Konzepte der Verdichtung und der Substitution hängen dagegen nicht mit der intellektuellen, sondern mit fundamentalerer Trieb- und Affektdynamik zusammen. Obwohl man zur Zeit die Beziehung der beiden begrifflichen Systeme untereinander noch nicht erklären kann, scheinen sie ähnliche Funktionen auf verschiedenen Ebenen der psychischen Hierarchie zu sein, die sich von den Triebfunktionen bis hin zu den intellektualisierten Funktionen erstreckt.

ZUSAMMENFASSUNG

a. Die tatbestandsdiagnostischen Versuche beruhten auf einer kognitiven Theorie und setzten an die Stelle der »Gefühlsbetonung« die »Interessenbetonung«.

b. Lipmanns Auffassung vom Gedächtnis ist zwar immer noch assoziationistisch, aber sie stellt insofern doch einen definitiven Beitrag zur Gedächtnistheorie dar, als sie das Gedächtnis als Spuren und deren Symptome betrachtet, die nicht notwendigerweise eine unmittelbare Erinnerung sein müssen.

c. Bei den Versuchen zur Tatbestandsdiagnostik hielt man daran fest, daß die Voraussetzung der Zuverlässigkeit die volle Vorhersagbarkeit jener Reizwörter sei, die Reaktionen hervorrufen würden, durch die sich der Kriminelle verraten würde. Es wurde gezeigt, daß diese Erwartung im Hinblick auf die vielfältigen Möglichkeiten der Verzögerung, Verkleidung und Verschiebung der psychischen Reaktion ungerechtfertigt war.

d. Die Konzepte von der »Amalgamierung« und »Verdeckung« gleichgültiger Erlebnisse durch »interessebetonte Erlebnisse« scheinen den Freudschen Konzepten von der »Verdichtung« und »Substitution« ähnlich zu sein; die ersteren scheinen jedoch auf einer intellektuellen Ebene der psychischen Hierarchie angesiedelt zu sein — sie sind interessenbestimmt —, während die letzteren auf einer »tieferen« Ebene vorkommen und affektbestimmt oder triebbestimmt sind.

F. Folgerungen

a. Die Assoziationsversuche der Allgemeinen Psychologie, der diagnostische Assoziationsversuch, der Assoziationsversuch mit dem der Einfluß der Gefühlsbetonung untersucht werden sollte, der Erlebnis-Assoziationsversuch und der Versuch zur Tatbestandsdiagnostik — sie alle hatten die Tendenz, den Einfluß irgendeines Gefühlsfaktors auf den Erinnerungsvorgang zu zeigen.

b. Dieser Gefühlsfaktor wurde in den Assoziationsversuchen der Allgemeinen Psychologie und in Erlebnis-Assoziationsversuchen als »Gefühlsbetonung«, im diagnostischen Versuch als »Komplex« und im Versuch zur Tatbestandsdiagnostik als »Interesse« bezeichnet. Gewöhnlich verwandten die Forscher diese Begriffe, ohne sie recht zu definieren.

c. All diese Versuche, ebenso die häufig mit ihnen verbundenen Reproduktionsversuche, zeigten meistens einen gewissen Einfluß eines »Gefühlsfaktors« auf die Reaktionszeit und den Inhalt der Reaktion. Die Beziehung des Gefühlsfaktors zu seinen »Symptomen« bei der Reproduktion war jedoch verschiedenartig, je nach der Art des untersuchten »Gefühlsfaktors«.

d. Bei der Untersuchung des Einflusses eines »Gefühlsfaktors«, von dem man annahm, er hänge aufs engste mit dem »triebhaften Kern« der Persönlichkeit zusammen (wie z. B. den »Komplexen« Jungs), versuchte der Forscher nicht, das Symptom des Vorhandenseins eines bestimmten Gefühls im Assoziationsversuch vorherzusagen; er versuchte vielmehr, aus der Assoziationsstörung (dem Symptom) das Wesen des vorhandenen Gefühls zu erschließen. Bei der Erforschung des Einflusses eines Gefühlsfaktors, von dem man annahm, er liege weit entfernt vom »triebhaften Kern« und sei willkürlich vorherzubestimmen (wie z. B. die »Gefühlsbetonung« oder der »Verbrechens-Indikator«), konnten die Forscher diesen hypothetischen Faktor nur als Tendenz und nur mit statistischen Verfahren nachweisen.

e. Den meisten Forschern war klar, daß der Einfluß dieser »Gefühlsfaktoren« große individuelle Unterschiede aufwies; diese waren so deutlich, daß manche Forscher sich ermutigt fühlten, sie zur Untersuchung von Unterschieden des Persönlichkeitstypus heranzuziehen. Manche Forscher wiesen darauf hin, daß die Wirksamkeit dieser Faktoren bei Patienten mit einem pathologisch gesteigerten Gefühlsleben oder in Situationen, die darauf angelegt sind, Gemütsbewegung zu erzeugen, deutlicher zutage treten.

4. Reproduktionsversuche

Bei den Versuchen, über die in diesem Abschnitt berichtet werden soll, werden die üblichen Methoden der Gedächtnisversuche verwendet (Erinnern, Wiedererkennen, Wiederlernen[21]), um den Einfluß der Gefühle auf das Gedächtnis zu prüfen. Bei diesen Versuchen wird sehr vielfältiges Material benützt, angefangen von Sinneseindrücken bis zu geordneten verbalen Strukturen, und von sinnlosen Silben bis hin zu persönlich bedeutsamen Materialien. Soweit die Vielfalt der untersuchten »Gefühlsfaktoren« in der Vielfalt der verwendeten Materialien wurzelt, haben wir die Besprechung nach der Art dieser Materialien angeordnet. Zunächst wollen wir Versuche besprechen, bei denen versucht wird, die »affektive Betonung« dadurch zu bestimmen, daß man sinnliche Erlebnisse der Lust und der Unlust mit indifferentem Material verknüpft oder sie einführt, während die Probanden derartiges Material auswendig lernen. Danach wollen wir Versuche besprechen, bei denen die Affektbetonung durch ein Sich-Erinnern an Lust- und Unlusterlebnisse persönlicher Art untersucht wird. Zuletzt wollen wir Versuche besprechen, bei denen das Sich-Erinnern an gelerntes verbales Material gefordert wird, welches als angenehm, unangenehm und indifferent (gemischt) beurteilt worden ist.

Mit den Versuchen über auswendig gelerntes Material beschäftigen wir uns hier zuletzt, weil sie trotz ihrer begrenzten persönlichen Relevanz mit den besten Versuchstechniken durchgeführt wurden und daher zu relativ endgültigen Folgerungen führten; den Erlebnisversuchen, die mit dem anscheinend relevantesten Material arbeiteten, fehlte es aufgrund methodologischer Schwierigkeiten an Beweiskraft.

Vor unserer Besprechung dieser Versuche erscheint eine kurze Erörterung des Problems der Lust und Unlust wünschenswert. Einen umfassenden Überblick über die einschlägige Literatur gibt Beebe-Center (55), der Lust und Unlust (»P-ness« und »U-ness«) als »Attribute von Empfindungen« ansieht. Er bringt seine Meinung zum Ausdruck, indem er Warren (56) zitiert: »Ein Gefühl ist eine Erfahrung, deren Hauptelemente den Körper allgemein betreffende Empfindungen sind« (S. 203 f.). Seine allgemeine Ansicht wurde auch von der Meinung Trolands (57, 58) beeinflußt, nach der

»die Affektintensität jedes individuellen Bewußtseins dem durchschnittlichen Tempo des Wechsels der Leitfähigkeit in den Synapsen entspricht, deren Aktivität für dieses Bewußtsein verantwortlich ist« (57, S. 377).

---

[21] Siehe Davis und Moore (54).

Außerdem wurde er von Nafe (59, S. 507) und Hunt (60, S. 87) beeinflußt, die behaupteten, Lust- und Unlustempfindungen seien Phänomene organischen Druckes. Im allgemeinen neigt Beebe-Center jedoch dazu, zwischen Lust- und Unlustempfindungen einerseits und Gefühlen andererseits keine scharfe Unterscheidung zu treffen. Er stellt nicht klar, ob diese beiden Konzepte gleich sind, oder worin sie sich unterscheiden. Tatsächlich genügt das, was die Literatur an schlüssigen Beweisen liefert, nicht für eine Klärung dieser Beziehungen vermittels einer einfachen Überschau.

Einige von anderen aufgestellte Theorien sollten noch erwähnt werden. James sah in »Gefühlen« (man könnte Lust und Unlust diesem Begriff subsumieren) den »mentalen« Aspekt der Gemütsbewegung, die »Rückwirkung peripherer körperlicher Veränderungen auf die Hirnrinde«. Nach dieser Ansicht besteht zwischen Lust- und Unlustempfindung und Gefühlen nur eine indirekte Verbindung. McDougall (61)[22] behauptete, Lust- und Unlust seien von »Strebungstendenzen« *(conative tendencies)* abhängig; Troland (58)[23] sah hier eine Abhängigkeit von der »Motivation«. Krüger (62, 63) sah Gefühle als die »Ganzheitsqualität des Erlebens« an, in die *jede* Erfahrung eingebettet ist. Carr (64) und Peters (65, 66) stellten eine »Urteilstheorie« der Lust und Unlust auf, die besondere Beachtung verdient. H. N. Peters formulierte sie folgendermaßen:

»1. Lust und Unlust sind indirekt von Reaktionen und Determinanten von Reaktionen abhängig; 2. Lust und Unlust sind Urteile; 3. Es gibt keine bewußten Inhalte, die der Lust und der Unlust eigentümlich sind« (S. 384).

Was mit dieser Formulierung impliziert wird, läßt sich etwa folgendermaßen ausdrücken: Die dritte Aussage betont, es gebe keine spezifischen *bewußten Inhalte,* die der Lust und der Unlust eigentümlich sind; sie läßt aber den Schluß zu, daß es *Qualitäten des Erlebens* gibt, die bestimmte Beurteilungen ermöglichen, und diese Beurteilungen sind — nach der zweiten Aussage — das Wesen von Lust und Unlust. Dies kommt in der ersten Aussage sogar noch deutlicher zum Ausdruck, nach der die motivierenden Faktoren von Reaktionen die Determinanten der Urteile über Lust und

---

[22] »... Lust und Unlust sind Folgen der Konation, werden durch das Streben bestimmt; Lust tritt ein, wenn das Streben sein natürliches Ziel erreicht oder in Richtung auf dieses Ziel Fortschritte macht; Unlust entsteht, wenn das Streben vereitelt oder behindert wird und sein Ziel nicht erreicht oder keine Fortschritte in der angestrebten Richtung bringt ...« (S. 269).

[23] »Ohne uns im Augenblick einer eindeutig *hedonistischen* Motivationstheorie zu überlassen, müssen wir doch ... die Tatsache anerkennen, daß Gefühle (Lust, Unlust) mit dem Wirken von Wünschen und Absichten eng verknüpft sind« (S. 13).

Unlust sind. Diese Urteile sind insofern keine rein kognitiven Funktionen, als sie von Faktoren abhängig sind, die mehr oder weniger indirekt mit der tieferen Persönlichkeitsdynamik zusammenhängen, durch die Aktion und Reaktion motiviert werden. Diese Aussage über den intellektuellen, beurteilenden Charakter von Lust und Unlust besagt also nicht, daß sie keinen Bezug zu ihrer ursprünglichen »affektiven« Quelle haben, wenn dieser Bezug auch indirekt bleibt[24]. Lust- und Unlustempfindung werden also zu einem Abkömmling eines allgemeinen »Gefühlsfaktors« auf der Ebene der Beurteilung gemacht; diese Formulierung erklärt viele der widersprüchlichen Feststellungen über Lust und Unlust und bringt ein wenig Licht in die Ursache der häufigen Gleichsetzung von Lust und Unlust mit »Gefühlen«, einer Tendenz, der wir von nun an oft begegnen werden.

A. Versuche, bei denen angenehmes und unangenehmes sensorisches Material verwendet wird

Man kann die Versuche, die sich sensorischen Materials bedienen, um den Einfluß eines »Gefühlsfaktors« auf das Gedächtnis zu untersuchen, in vier Gruppen einteilen. In der ersten Gruppe wurde den Versuchspersonen angenehmes und unangenehmes sensorisches Material dargeboten und sie wurden gebeten, sich an dieses wieder zu erinnern; in der zweiten Gruppe wurden angenehme und unangenehme sensorische Erlebnisse mit neutralem Material verknüpft; in der dritten Gruppe wurden angenehme und unangenehme sensorische Erlebnisse in neutrales Material eingeschoben, und die Wirkung der Einschiebung wurde untersucht; in der vierten Gruppe wurde, wie bei einem Konditionierungsversuch, ein elektrischer Schlag eingeschaltet. Außer diesen Versuchen wollen wir noch zwei weitere besprechen, bei denen die Erinnerung an bedeutsame Bilder geprüft wurde, die vorher aufgrund ihres Aufforderungscharakters beurteilt worden waren. Diesen Versuchen lag die Vorstellung zugrunde, daß *sensorische* Lust- und Unlustempfindungen Lust und Unlust im allgemeinen vertreten; diese Vorstellung war bei amerikanischen Psychologen in den ersten Jahrzehnten dieses Jahrhunderts sehr beliebt. Wie wir schon gesehen haben, versuchte Nafe noch 1924, Gefühle auf Druckempfindungen zurückzuführen, und Beebe-Center vertrat noch 1932 eine ähnliche Auffassung. Man glaubte, die Einführung sensorischer Lust- und Unlustqualitäten werde entscheiden, ob Lust und Unlust das Gedächtnis beeinflussen.

---

[24] Eine ähnliche Ansicht findet sich bei Freud (67, G. W. Bd. VIII, S. 232 f.).

a. Das Sich-Erinnern an lust- und unlusterzeugendes sensorisches Material

Gordon (68) benützte einfache Zeichnungen und Kombinationen von neun farbigen Quadraten: diese wurden von den Probanden als A, U und I (vgl. Anm. 25) beurteilt; eine Erinnerungsprüfung wurde unmittelbar danach durchgeführt, eine weitere nach drei Wochen. Tait (69) benützte eine Reihe von Farben, über die er A-, U- und I-Urteile erbat, und nahm sofort eine Prüfung des Wiedererkennens vor. Gordon fand keinen Unterschied im Sich-Erinnern an A-, U- und I-Material; aber Tait stellte fest, daß 63,4 % der A-Farben, 47,2 % der U-Farben und 27,3 % der I-Farben wiedererkannt wurden. Die Nebenergebnisse von Croslands (70) Versuchen zur qualitativen Analyse des Vergessens bestätigten Gordons Feststellungen. Es läßt sich nicht entscheiden, ob die Ungleichheit dieser Ergebnisse auf den Unterschied der Untersuchungsverfahren zurückzuführen ist, und ob Taits positive Ergebnisse der Verwendung der Wiedererkennungsprobe zuzuschreiben sind, die als höchst empfindlich gilt. Diese Versuche sind deshalb wertvoll, weil die »Lustbetontheit« *(hedonic tone[25])* des Materials von den Probanden selbst beurteilt wurde, aber ihre Gültigkeit wird durch den Umstand eingeschränkt, daß wir im Alltagsleben Farben und unwichtige Figuren gewöhnlich nicht als lustvoll oder unlustvoll erleben; Menschen, die sie so erleben, gelten allgemein als »ästhetisch begabt« oder als krankhaft empfindsam. Es ist also nicht überraschend, daß Frau Gordon in ihrem Bericht und Külpe (16) in seinen »Bemerkungen« zu dem Bericht behaupteten, wegen der Emanzipation des Verstandes und des Willens von den Gefühlen der Lust und Unlust sei die Wirkung der Gefühle auf das Gedächtnis indirekter Art und komme durch eine Beeinflussung der Aufmerksamkeit zustande.

b. Das Sich-Erinnern an Material, das mit lustbetonten und unlustbetonten Sinneseindrücken verknüpft ist

Bei allen Versuchen dieser Gruppe wurden Gerüche als lust- und unlustbetontes sensorisches Material benützt, das mit den Gegenständen verbunden wurde, an die man sich erinnern sollte; bei zwei Versuchen wurden auch optische, akustische und taktile Reize benützt. Die Verwendung von Gerüchen gründete sich auf die in der Literatur häufig vorkommende Behauptung, Gerüche hätten eine besonders große assoziative Kraft. Bei den Versuchen ging es zum Teil um die Frage, ob diese besondere Assoziations-

---

[25] *Hedonic tone* ist Beebe-Centers (55) Ausdruck für angenehm (A), unangenehm (U) und indifferent (I) (S. 5).

kraft den Gerüchen innewohnt oder ob sie ihrem »affektiven Wert« zuzuschreiben ist.

Heywood und Vortriede (71) kombinierten Illustriertenbilder mit Gerüchen und stellten die Affektbetonung auf der Grundlage retrospektiver Berichte fest; in Kontrollversuchen kombinierten sie Bilder und sinnlose Silben. Harris (72) verband zweistellige Zahlen mit Gerüchen und ließ sich retrospektive Berichte geben. Gordon (73) benützte die Namen und die Rangordnung von Gerüchen als deren »Partner«, an die man sich erinnern sollte, und wies ihre Probanden an, die Gerüche nach ihrer Lustqualität anzuordnen; in ihren Kontrollversuchen benützte sie geruchlose Flüssigkeiten. Ratliff (74) verband Zahlen mit Gerüchen, und seine Probanden nahmen die Bewertung nach Lust und Unlust vor. Heywood und Vortriede und Harris benützten sofort auf die Darbietung folgende Erinnerungsprüfungen; sie stellten fest, daß Gerüche keine besondere assoziative Kraft besaßen, daß aber jede Art von nebenbei auftretender Affektbetonung, die aufgrund von Introspektion berichtet wurde, das Sich-Erinnern zu erleichtern schien. Es gab zwei weitere ähnliche Studien; die von Bolger und Titchener (75) durchgeführte erbrachte keine schlüssigen Ergebnisse; der Versuch von Kenneth (76) zeigte, daß olfaktorische Reize — aber nicht die Affektbetonung — in vielen Fällen vergessene Erlebnisse wieder ins Gedächtnis rufen können. Gordon, die eine unmittelbar anschließende Gedächtnisprüfung verwendete, fand keinen Vorrang von A gegenüber U und kam zu dem Schluß, wenn irgendein Unterschied vorliege, sei es ein Unterschied zugunsten des Unangenehmen, aber sie neige dazu, die Gültigkeit dieses Unterschieds zu bezweifeln. Ratliff, der die Gedächtnisprüfung nach fünf oder zehn Minuten vornahm, stellte fest, daß in bezug auf Lerngeschwindigkeit, Menge und Geschwindigkeit des Erinnerns und in bezug auf Irrtümer die mit U verbundenen Items die mit A verbundenen übertrafen.

Für diese Versuche spricht der Umstand, daß hier die Lust-Unlust-Qualität von den Probanden selbst bestimmt wurde. Obwohl die Untersuchungen, bei denen die Lust-Unlust-Qualität durch Gruppenbewertungen bestimmt wurde, sorgfältig kontrolliert wurden und ihre Ergebnisse statistisch untermauert wurden (Gordon, Ratliff), erbrachten sie bei den untersuchten Items keinen Vorrang der Lustbetonung gegenüber der Unlustbetonung. Die Studien, bei denen Lust-Unlust-Betonung einbezogen wurde, aber zufällig aufgetreten war, zeigten meistens eine erleichternde Wirkung jeder Betonung, gleichgültig, ob sie den Charakter von A oder U hatte. All diese Versuche erbrachten übereinstimmend, daß Gerüchen keine besondere Assoziationskraft innewohnte. Die Mängel der Versuche lagen in der Verwendung weniger Versuchspersonen (mit Ausnahme der

200 Gordons und der 69 Ratliffs) und der Verwendung der unmittelbar auf die Darbietung folgenden — oder nach sehr kurzer Zeit vorgenommenen — Gedächtnisprüfung, wobei nach späteren Untersuchungen der Einfluß von »Gefühlsfaktoren« unbedeutend ist.

Ratliff (74) und Würdemann (77) waren die einzigen Forscher, die das Wesen des untersuchten Gefühlsfaktors erörterten. Sie benützten außerdem neben dem olfaktorischen Material noch andere sensorische Mittel. Ratliff wiederholte seinen Versuch und ersetzte die Gerüche durch Tonhöhen und Farben; im Gegensatz zu seinen vorherigen Ergebnissen stellte er fest, daß das Sich-Erinnern an Zahlen, die mit einer angenehmen Tonhöhe und einer angenehmen Farbe verbunden waren, bessere Ergebnisse erbrachte als das Erinnern von Zahlen, die mit unangenehmen Tonhöhen und Farben verbunden waren. Er versuchte diesen Unterschied durch Bezugnahme auf Cannons (78) Thalamus-Theorie der Gefühle zu erklären[26]. Seine theoretische Erklärung verdient unser Interesse, da er einer der wenigen Forscher ist, die versuchten, eine Theorie der Gefühle mit ihren Feststellungen über die Wirkung eines »Gefühlsfaktors« auf das Gedächtnis zu verbinden. Ratliffs Auffassung von der Thalamus-Theorie besagt, »... die neuralen Mechanismen, die für den Gefühlsausdruck verantwortlich sind, liegen an der Basis des Thalamus-Bereichs« und »die Hirnrinde übt auf diese Äußerungen einen hemmenden Einfluß aus; ... Lashley ... meldet Zweifel an in bezug auf die Ursache der Hemmung« (S. 700). Aufgrund der Zweifel Lashleys lokalisiert Ratliff den Verdrängungsmechanismus für U-Reize im Thalamus und erklärt, die Diskrepanz zwischen den bei Verwendung olfaktorischer Reize erzielten Resultaten und den bei Verwendung optischer und akustischer Reize erzielten sei auf die Lage der entsprechenden niederen Zentren zurückzuführen, bei denen die Funktionen der akustischen und der optischen Zentren vom Thalamus aus verdrängt werden könnten, nicht aber die des olfaktorischen Zentrums[27]. Diese Beweisführung birgt mehrere Schwierigkeiten. Erstens klärt

---

[26] Siehe auch Bards (79) Besprechung dieser Theorie.

[27] Ratliff schreibt: »... Ergebnisse des vorliegenden Versuchs könnten dahingehend interpretiert werden, daß der Verdrängungsmechanismus für U-Reize, wie es die Freudianer behaupten, im Thalamus repräsentiert wird und daher beim Hören und Sehen, aber nicht beim Riechen, wirksam wird. Diese Stellung wird bezogen, weil Neurologen die niederen Zentren des Hörens und Sehens im Zwischenhirn lokalisieren, jene für das Riechen dagegen im Riechhirn. Wenn sich jedoch herausstellt, daß die Hirnrinde das Verdrängungszentrum ist, und wenn sie größeren und unmittelbareren Einfluß auf den Thalamus als auf Uncus und Hippocampus ausübt, könnte der Unterschied zwischen den audio-visuellen Hemmungen und denen des Riechens erklärt sein« (S. 700).

sie nicht die Beziehung von Gefühlen zu den Beurteilungen der optischen, akustischen und olfaktorischen Reize durch die Probanden als A, U und I. Zweitens geht es in dem Versuch bestenfalls um »Gefühlsempfindung«, aber Ratliff bringt es dennoch mit der Thalamus-Theorie in Verbindung, von der hier gesagt wird, sie erkläre den Mechanismus des »Gefühlsausdrucks«[28]; »Gefühlsempfindung« als psychisches Phänomen muß natürlich vom »Gefühlsausdruck« sorgfältig unterschieden werden; der letztere besteht womöglich nur aus somatischen Erscheinungen. Drittens wird nicht versucht, die Beziehung dieser Theorie zur Gedächtnisfunktion zu erklären. Diese voreilige Hypothese offenbart die Lücke zwischen der gängigen Theorie des Gefühls und all dem, was von akademischen Psychologen, Erziehungspsychologen und klinischen Psychologen häufig als »emotional« bezeichnet wird. Sie zeigt auch, daß der Versuch, den »Einfluß des Gefühls auf das Gedächtnis« auf physiologischer Basis zu erklären[29], zu einer irrtümlichen Gleichsetzung des Ursprungs der »Gefühlsempfindung« mit dem Ursprung des »Gefühlsausdrucks« führt. Wollte man behaupten, nicht nur »Gefühlsausdruck«, sondern auch »Gefühlsempfindung« sei im Thalamus lokalisiert, wäre diese Theorie dem experimentellen Beweis oder der experimentellen Widerlegung unterworfen[30]. Wenn man jedoch diese Gleichheit stillschweigend voraussetzt, entzieht sie sich der wissenschaftlichen Nachprüfung.

Würdemann (77), ein Vertreter der Krügerschen Schule der Ganzheitspsychologie, hat einen Überblick über frühere Versuche zusammengestellt. Er erklärt: a. die bei diesen Versuchen angewendeten Verfahren seien im Vergleich zu dem gewöhnlichen Vorgang des Erinnerns im Alltagsleben viel zu einfach gewesen; b. die geweckten Gefühle seien relativ schwach und oberflächlich gewesen; c. die Annahme, jedes Gefühl sei letzten Endes entweder A oder U, sei dogmatisch aufrechterhalten worden. Würdemann benützte bei seinen Versuchen stereometrische Figuren verschiedener Farben und taktiler Oberflächen und kombinierte die Darbietung mit der von Gerüchen. Die Probanden wurden aufgefordert, das Erlebnis passiv über sich ergehen zu lassen; so wurde beim Sich-Erinnern — nach 24 Stunden,

---

[28] Man kann einwenden, die klinischen Forschungsergebnisse Heads (80) und Wilsons (81, 82) hätten bewiesen, auch die »Gefühlsempfindung« sei im Thalamus lokalisiert. Die Anhaltspunkte dafür sind jedoch begrenzt; und man kann kaum leugnen, daß Gefühl ein bewußtes Erlebnis ist.

[29] In diesem Zusammenhang siehe Hunter (83, S. 331 f.).

[30] Im zweiten Kapitel haben wir die Beziehung zwischen »Gefühlsempfindung« und »Gefühlsausdruck« schon besprochen, im fünften Kapitel soll noch ausführlicher die Rede davon sein.

zwei Wochen und sechs Wochen — das Zufallsgedächtnis geprüft, die Art von Gedächtnis, die im Alltagsleben vorkommt[31]. Außerdem bestand das Erlebnis wie im wirklichen Leben aus einem ganzen Komplex verschiedener Qualitäten, was den Erinnerungsvorgang zu einer »Reintegration« machte[32]. Das Maß für das Behalten war infolgedessen nicht die Menge des Erinnerten, sondern die Sicherheit und Angemessenheit der Reintegration[33]. Die Gefühlsbetonung, ihre Stärke und Tiefe, wurden auf Grund introspektiver Berichte festgestellt. Es wurden viele verschiedenartige Gefühle berichtet, man machte aber nicht den Versuch, sie als A oder U zu klassifizieren. Würdemann übernimmt Krügers Theorie der Gefühle, nach der das Gefühl eine »Ganzheitsqualität« des Erlebens ist[34]. So wird der Einfluß von Gefühlen auf das Gedächtnis insofern zur Tautologie, als eine stärkere »Ganzheitsqualität«, ein stärkeres »Gefühl« — das wir als »Gedächtnis-Zusammenhang« bezeichnen würden — ein besseres Behalten bedingt. Würdemann faßt die Ergebnisse seiner Versuche folgendermaßen zusammen:

»1. Erlebnisse, die durch große Gefühlsintensität oder durch besondere Gefühlstiefe ausgezeichnet sind, bleiben länger in Erinnerung als gefühlsschwache und flache Erlebnisse. 2. Eine besonders charakteristische Gefühlsqualität bedingt ebenfalls besseres und längeres Behalten. 3. Seine Erklärung findet der fördernde Einfluß des Gefühls auf das Behalten darin, daß Erinnerungen an Einzel- oder

---

[31] Von den bisher besprochenen Versuchen diente nur das Reproduktionsexperiment beim diagnostischen Assoziationsversuch zur Prüfung des Zufallsgedächtnisses.

[32] Einen Versuch von Stagner (84), bei dem er sich auch der Reintegrationsmethode bediente, werden wir später besprechen.

[33] »1. Vollständige richtige Zuordnung der beiden Teilkomplexe, begleitet von dem Gefühl völliger Sicherheit über die Richtigkeit des Angegebenen wurde mit 1 bezeichnet. 2. ... das vollkommene Entschwundensein des nicht wieder dargebotenen Teilkomplexes oder auch eine vollkommen falsche Zuordnung, trotz des Gefühls relativer Sicherheit wurde als 0 gewertet. 3. Als $3/4$ behalten bezeichneten wir die Erlebnisse, bei denen zwar die Zuordnung durchaus richtig war, aber das Gefühl absoluter Sicherheit fehlte, statt dessen jedoch von größter Wahrscheinlichkeit oder ›fast‹ völliger Sicherheit gesprochen wurde. 4. In die Rubrik $1/2$ richtig wurden die Fälle gestellt, wo die Vp, nachdem der richtige Körper angegeben war, äußerte: Ziemlich sicher, aber nicht ganz sicher, oder wo sie sich erst nach anfänglichem Schwanken für einen bestimmten entschied. 5. Wo von ziemlicher Unsicherheit, von geringer Wahrscheinlichkeit oder nur von einer Möglichkeit betreffs der Richtigkeit gesprochen wurde, wurde die Leistung bei objektiver Richtigkeit der Angaben mit $1/4$ bewertet« (S. 535 f.).

[34] »Das Gefühl ist eben das regelmäßige Erleben, in das das übrige mehr oder weniger scharf umrissen eingebettet ist« (S. 555).

Teilerlebnisse vielfach nur durch Anklingen von Erinnerungen an Gesamthaltungen oder diffuse Gesamtsituationen, die wir als gefühlsartig erkannt haben, möglich sind. 4. Besonders deutlich zeigt sich das Anklingen solcher gefühlsartiger diffuser Gesamtsituationen bei Geruchseindrücken, die im allgemeinen durch eine starke emotionale Kraft ausgezeichnet sind. 5. Die sogenannte assoziative Kraft von Geruchseindrücken ist als Wirkung der besonderen Emotionalität dieser Eindrücke zu erklären« (S. 567 f.).

Von den in diesem Abschnitt betrachteten Versuchen zeigten jene, die die Gefühlsbetonung nach introspektiven Berichten bestimmten, die im Lauf des Versuches gegeben wurden, meistens eine Abhängigkeit des Erinnerns von der Stärke des Gefühls, unabhängig von der Lust- oder Unlust-Qualität. Jene, bei denen die Lust-Unlust-Qualität des Materials durch Beurteilungen der Versuchspersonen vor dem eigentlichen Versuch bestimmt wurde, brachten im allgemeinen keine Bevorzugung der Erinnerung an mit Lust verbundene Inhalte gegenüber der Erinnerung an mit Unlust verbundene. Diese Diskrepanz läuft derjenigen parallel, die häufig zwischen den Ergebnissen klinischer Beobachtung und den Resultaten experimentell-statistischer Behandlung besteht. Wir haben mehrere Versuche besprochen, das Wesen der Affektbetonung aufgrund üblicher Theorien des Gefühls zu erklären. Diese Versuche haben sich als verfrüht erwiesen. Wenn es auch an ausreichender theoretischer Fundierung mangelte, hat doch der Versuch Ratliffs darauf gezielt, die Freudsche Theorie vom »Vergessen des Unlustvollen« zu beweisen, während der Versuch Gordons darauf gerichtet war, sie zu widerlegen.

c. Sich-Erinnern an Material mit eingeschobenen lust- und unlusterzeugenden Sinneseindrücken

Bei den folgenden Versuchen wurden im Verlauf des Erlernens neutralen Wortmaterials verschiedene angeblich störende oder anregende Eindrücke vermittelt. Man wollte mit Hilfe dieser von Tait (69) erfundenen Einschübe ein experimentelles Miniatur-Äquivalent jener Erschütterungen herstellen, die Amnesie hervorrufen[35]. Der Umstand, daß der Einschub jedes Materials, sei es emotionaler Art oder nicht, den Gesetzen der rückwirkenden Hemmung folgt[36], wurde offenbar übersehen. Die Versuche, für retrograde Amnesie und rückwirkende Hemmung einen gemein-

---

[35] Siehe Tait (69, S. 10 f.).
[36] Siehe Britts (85) Überblick; dort finden sich die Theorien der rückwirkenden Hemmung.

samen Nenner zu finden[37], erbrachten keine Rechtfertigung für die Idee Taits, denn sie ließen den Gefühlshintergrund der Amnesie außer acht.

Tait (69) benützte als Einschübe Gerüche, den Ton einer Glocke, das Geräusch eines Pistolenschusses und experimentell erzeugte Schwindelgefühle, mit denen er den Verlauf des Lernens oder die Pause zwischen Lernen und Wiedererinnern unterbrach. Robinson verwendete die Darbietung von Fotografien nackter Menschen als Einschub. Stone (87) legte Bilder von Opfern der russischen Hungersnot und von Jesuiten vor, die von Indianern gefoltert wurden; er verwendete als Einschub auch Blitzlichter und forderte seine Probanden sogar auf, sich vorzustellen, ihre Eltern seien gestorben, und den körperlichen Ausdruck von Kummer nachzuahmen (nach James eine höchst wirksame Methode, um Gemütsbewegungen hervorzurufen). Harden benützte als Einschub starke Gerüche, das Gefühl, der körperliche Halt gehe verloren, das Krachen zu Boden fallender Gegenstände, einen hellen Lichtblitz und elektrische Schläge, um »Gefühlsinteraktion« herbeizuführen. White (89) benützte elektrische Schläge. Bei diesen Versuchen wurden Listen von Wörtern als »neutrales Material« verwendet. Stone maß die Gemütsbewegungen am Blutdruck, White mit Hilfe der psychogalvanischen Reaktion. Tait stellt fest, daß zwar Pistolenschüsse auf das Erinnerungsvermögen eine ausgeprägte negative Wirkung ausüben, daß aber die Wirkung anderer Einschübe unbedeutend ist, und daß die Wirkung größer ist, wenn das »Ereignis« nach dem Lernen eintritt. Die Ergebnisse der Versuche von Robinson und Harden waren unbestimmt und zeigten nur eine leichte Tendenz zu einer schädlichen Wirkung auf das Erinnerungsvermögen. Stone und White stellten beide fest, daß ein Einschub manchmal das Erinnerungsvermögen fördert, es manchmal aber auch hemmt.

Mehrere von diesen Forschern führen eine Theorie an, auf deren Grundlage man ihre Feststellungen erklären oder ihre Methode rechtfertigen kann. Tait konstruiert den Begriff der »psychophysischen« Einstellung: der physische Aspekt ist die Erregung eines Triebes; der psychische ist die entsprechende Emotion; diese Einstellungen sollten die Orientierung des Organismus bestimmen. Stone, der sich nach der Jamesschen Gefühlstheorie richtet, scheint zu glauben, die Nachahmung von Ausdrucksbewegungen des Gefühls oder das Ansehen von Bildern, deren Inhalt, falls man ihn miterlebt, Gefühle wecken würde, könnten genügend starke Gefühle erzeugen, um eine meßbare Wirkung auf das Gedächtnis auszuüben. White versucht seine Ergebnisse, die denen W. W. Smiths (36) gleichen, mit Hilfe der Hypothese Dashiels (90) zu erklären, nach der mäßige Gefühle die

---

[37] Siehe z. B. Sears (86).

Effizienz fördern, starke Gefühle sie jedoch einschränken. Frank und Ludwigh (91) waren die einzigen Forscher, die merkten, daß sie eine rückwirkende Hemmung maßen, und die ihre Probanden aufforderten, Urteile (absolute und relative) vom Gesichtspunkt der Lust aus über die eingeschobenen Gerüche abzugeben. Als neutrales Material benützten sie sinnlose Silben. Sie stellten fest, daß eingeschobene A-Gerüche die Reproduktion erleichterten, U-Gerüche sie jedoch hemmten. Ob diese Wirkung aber der Lust-Unlustbetonung der Gerüche oder den Gerüchen selbst zuzuschreiben ist, blieb eine offene Frage. Frank (92) untersuchte dieses Problem. Er wiederholte das ursprüngliche Experiment und führte dann neue Gerüche ein, die dem relativen Lust-Unlust-Wert der vorher benützten Gerüche nicht entsprachen. Frank erwartete, eine Veränderung des hedonischen Wertes dieser Gerüche werde eine Veränderung ihrer Wirkung auf das Gedächtnis zur Folge haben. Da die erwartete Veränderung nicht eintrat, schloß Frank, die Gerüche selbst seien für die Ergebnisse verantwortlich.

Obwohl bei diesen Versuchen ähnliche Methoden angewandt wurden, hatten sie doch verschiedenartige Ziele (z. B. die Freudsche Verdrängungstheorie zu beweisen oder zu widerlegen, oder die Wirkung von Lust und Unlust auf das Gedächtnis zu erforschen), und ihre Ergebnisse waren widersprüchlich. Die meisten scheinen einen gewissen Einfluß der Affektbetonung auf das Gedächtnis nachzuweisen, aber das Problem wird durch die ungenügende Zahl von Versuchspersonen und das Wirken der rückwirkenden Hemmung etwas unklar.

d. Durch elektrische Schläge hervorgerufene »Verdrängung«

In diese Kategorie fallen zwei Versuche; bei beiden wird behauptet, man habe durch elektrische Schläge experimentell »Verdrängung« hervorgerufen. Divens (93) sorgfältiger und anregender Versuch, bei dem eine Konditionierungsmethode verwendet wurde, soll im 8. Kapitel besprochen werden. McGranahans (94) Absicht war, die Freudsche Verdrängungstheorie experimentell nachzuprüfen. Bei einem Assoziationsversuch wurden die Probanden aufgefordert, auf Substantive, die ausgewählt worden waren, um Farb-Assoziationen hervorzurufen, mit Adjektiven zu reagieren, und man sagte ihnen, Farb-Reaktionen würden mit einem elektrischen Schlag bestraft werden. Einer Kontrollgruppe wurden keine Beschränkungen in bezug auf Farben oder einen elektrischen Schlag auferlegt. Die Ergebnisse wurden den Leistungen der gleichen Versuchspersonen in einem »Pursuit-meter«-Test* zugeordnet, um »die Fähigkeit der Probanden zu

---

* Anm. d. Übers.: Pursuit-meter ist ein Gerät zur Messung der Koordination von

geordnetem Handeln unter einer Aufgaben-Motivation« und ihre Fähigkeit, »von Bedingungen wie Furcht unbeeinflußt zu bleiben« (S. 22) zu vergleichen. McGranahan formulierte die Ergebnisse folgendermaßen:

»Es zeigte sich also eine Tendenz, nach der die während der motorischen Leistung von Furcht am meisten durcheinandergebrachten und überwältigten Versuchspersonen am wenigsten zur kognitiven Verdrängung in der Lage waren, die am wenigsten gestörten waren dazu am besten fähig« (S. 222).

Er besprach die Freudsche Verdrängungstheorie ausführlich und brachte eine wohlbegründete Kritik der Versuche anderer Forscher über die Verdrängung:

»Freud sagt immer wieder, besonders in seinen frühen Schriften, die Verdrängung betreffe ›peinliche Gedanken‹, ›unliebsame‹ Vorstellungen oder ›Vorstellungen, die Unlust erwecken könnten‹. Eine Reihe amerikanischer Psychologen hat dies so aufgefaßt, als bedeute es unangenehme Erfahrungen aller Art, und machte sich daran, ›Freuds Theorie der Verdrängung zu überprüfen‹, indem man herauszubekommen versuchte, ob in der Versuchssituation lustbetonte Erlebnisse besser behalten werden als unlustbetonte« (S. 213).

Aber McGranahans Deutung, die Verdrängung sei »eng verknüpft« mit »Selbstachtung und Scham« (S. 218), ist auch fragwürdig; anstatt zu beweisen, daß er ein Verdrängungsphänomen — im Freudschen Sinn — untersucht hatte, stellte McGranahan auf der Grundlage seines Versuchs eine eigene Verdrängungstheorie auf[38]. Er maß nicht die Verdrängung, wie sie in der psychoanalytischen Literatur aufgefaßt wird. Nach Freud (G. W. Bd. IV, S. 283) ist die Verdrängung ein *unbewußter* Vorgang; in McGranahans Versuch war das Vermeiden von Farbreaktionen das Ergeb-

---

Augen und Hand bei der Durchführung einer Aufgabe wie Halten oder Führen eines Gegenstandes (z. B. auf einer vorgezeichneten Linie).

[38] »1. Die Verdrängung wird aufgefaßt als *direkte Einwirkung und direkter Zwang auf die Bewußtseinstätigkeit* und nicht auf unbewußtes Material, von dem man annimmt, es wolle in die ›Kammer des Bewußtseins‹ eindringen. 2. Das bei der Verdrängung gemiedene Material kann jegliches Material sein, das, würde es berichtet, für bestimmte Motivationsbedingungen peinlich und frustrierend wäre — im typischen Fall für das Motiv der Selbstachtung —, die in erster Linie daran beteiligt sind, daß man eine Art von Inhalten bewußt hat, eine andere Art aber meidet. Die Verdrängung beschränkt sich also nicht auf das Bemerken unsozialer Motive, sondern wird als etwas angesehen, das sich auf jegliches Material erstreckt, von dem man die Erfüllung der genannten Bedingungen erwarten kann. 3. Verdrängung wird als unmittelbare Funktion der Erkenntnisorganisation angesehen, nicht als Folge von Furcht oder Angst« (S. 224).

nis *bewußter* Absicht. Nicht die vermiedenen Farbreaktionen, sondern die von manchen Probanden gegebenen Farbantworten sind für unser Problem von Belang: Sie zeigen, daß unbewußte Motive, trotz der bewußten Vermeidungsabsicht, Farbreaktionen erzwingen. McGranahan hat nicht Vergessen (Nicht-Leistung), sondern affektbestimmtes Erinnern (Leistung) demonstriert. Diese Betonung der individuellen Unterschiede ist Mc-Granahans Beitrag.

e. Zusammenfassung

a. Bei den in diesem Abschnitt besprochenen Versuchen reichte die Herkunft des »Gefühlsfaktors« von der Lust-Unlust-Betontheit sensorischen Materials bis zu elektrischen Schlägen. Bei letzteren waren echte emotionale Wirkungen zu erkennen; die ersteren wurden als Urteilskategorien erkannt. Das Vorhandensein eines Gefühlsfaktors wurde oft willkürlich vom Versuchsleiter beurteilt, manchmal von den Probanden introspektiv festgestellt, aber selten vor dem Versuch.

b. Bei den meisten Versuchen wurde eine kleine Zahl von Probanden verwendet und die Kontrollen waren ungenügend; das verbale Material beschränkte sich auf sinnlose Silben und isolierte Wörter. Bei einer Gruppe von Versuchen machte der Faktor der rückwirkenden Hemmung die Ergebnisse zweifelhaft.

c. Es wurde nur selten versucht, die Experimente mit einer Theorie des Gefühls zu verknüpfen. Selbst wenn es versucht wurde, zeigte sich nur die Spaltung zwischen den Theorien, bei denen es um die körperlichen Begleiterscheinungen von Gemütsbewegungen geht, und jenen, die die psychischen Vorgänge von Gefühlen betreffen, welche das Gedächtnis beeinflussen. Die Versuche, mit denen die Freudsche Theorie des Vergessens bewiesen oder widerlegt werden sollte, brachten entweder keine Rechtfertigung ihrer Behauptung oder ungenügende Beweise. Nur Divens Experiment ist frei von den meisten dieser Mängel.

d. Obwohl sich die Ergebnisse in bezug auf die Qualität des durch den »Gefühlsfaktor« ausgeübten Einflusses widersprechen, darf man wohl behaupten, sie hätten das Vorhandensein eines derartigen Einflusses auf das Gedächtnis erwiesen. Es wurde jedoch kein ausreichender Beweis für die Abhängigkeit dieser Wirkung von der Lust- oder Unlustbetontheit des Gefühlsfaktors gefunden. Dieser Einfluß macht sich auf verschiedenen Ebenen und in verschiedenen Formen bemerkbar und weist signifikante individuelle Unterschiede auf.

Bei den Versuchen, von denen in diesem Abschnitt die Rede sein soll,
wurde die Methode verwendet, Erlebnisse des realen Lebens ins Gedächtnis zurückzurufen. Im Vergleich zu den Gedächtnisversuchen, bei denen
sensorisches Material verwendet wurde, um einen Gefühlsfaktor einzuführen (die im vorigen Abschnitt besprochen wurden), und zu jenen, bei
denen A-U-I-Wörter zum gleichen Zweck verwendet wurden (die im
folgenden Abschnitt besprochen werden sollen), wurden die Versuche, die
sich der Erinnerung an angenehme, unangenehme und indifferente Erlebnisse bedienten, als lebensechter angesehen. Meltzer (95), der den ersten
umfassenden Überblick über die Versuche gab, bei denen es um die »Beziehung des Gefühls zum Gedächtnis« ging, war ein Verfechter dieser
Ansicht. Er betonte, das Gedächtnis sei eine Funktion der Gesamtpersönlichkeit, und künstliche Laboratoriumsversuche, bei denen ein Material
verwendet werde, das keinen Bezug zu den Interessen der Versuchsperson
habe, seien »nicht auf die Untersuchung von Gefühlsreaktionen im Alltagsleben anwendbar« (S. 133). Er unterstrich, daß allein jene Versuche,
die wirkliche Erlebnisse verwenden, für die Freudsche Theorie des Vergessens relevant sind. Wir zitieren die Ansicht Meltzers, da sie uns
Gelegenheit bietet, die angeblichen Vorteile der Verwendung von realen
Erlebnissen zu prüfen. Obwohl Erlebnisse eine viel größere persönliche
Relevanz haben als willkürlich ausgewählte lust- und unlustbetonte Wörter oder entsprechendes sensorisches Material, erscheint doch Skepsis im
Hinblick auf den Optimismus von Meltzer und anderen Forschern gegenüber ihrer Verwendung angebracht. Erstens ist fraglich, ob die Probanden
dem Versuchsleiter wirklich relevante Gefühlserlebnisse mitteilen; es ist
auch fraglich, ob der durchschnittliche Proband fähig ist, die Erlebnisse
von echter Gefühlsrelevanz angemessen in Worte zu fassen[39]. Zweitens

---

[39] In dieser Hinsicht sind Whitehorns (96) Bemerkungen aufschlußreich: »Seit
ziemlich vielen Jahren habe ich mir voll Interesse angehört, was Patienten mir
über ihre Gefühle erzählt haben. Früher einmal habe ich ganz naiv geglaubt, ich
würde dadurch erfahren, wie sich der Patient fühlt; ich würde vielleicht sogar
fähig sein, die ›Gefühle‹, die er empfindet, zu benennen. Ich höre mir immer noch
interessiert an, was mir Patienten in dieser Hinsicht sagen, aber nicht mehr mit
der Erwartung, ich würde entdecken, was für ein ›Gefühl‹ er oder sie wirklich
empfindet — vielmehr mit der Hoffnung, in gewissem Maß das konventionalisierte Symbolschema zu verstehen, vermittels dessen der Patient versucht, sich
anderen und sich selbst darzustellen. Nicht nur die Worte sind konventionelle
Symbole, auch die motorischen Verhaltensmuster sind konventionell festgelegt.

wird, selbst wenn man annimmt, daß die berichteten Erlebnisse gefühlsmäßig relevant sind, ihre Klassifizierung als A, U oder I — im Sinn von Carr und Peters — nur ein Urteil sein, ebenso, wie die A-U-I-Bewertung von Wörtern und sensorischem Material. Die Erinnerung an die Gefühlsbetonung des Erlebnisses und seine gegenwärtige Beurteilung unter dem Aspekt der Lust sind so hoffnungslos miteinander vermischt, daß die Bewertung eine »Meinung« wird, wodurch die Methode der Fragebogenmethode ähnlich wird. Drittens kann man nicht erwarten, daß die U-Beurteilungen auf jene Erlebnisse angewandt werden, die einer Verdrängung im Freudschen Sinn verfallen sind. Außerdem wird die Relevanz dieser Versuche für die Verdrängung durch einen Hauptmangel eingeschränkt: Hier wurde, wie bei den klassischen Gedächtnisversuchen, ein quantitativer Ansatz verwendet; eine Untersuchung der Verdrängung erfordert aber, da sie nicht eine Untersuchung von Verlusten, sondern eine Untersuchung von Verdrängungen ist, einen qualitativen Ansatz[40]. Vergessen als Folge von Verdrängung ist der Extremfall von Erinnerungsveränderung, die durch den Verdrängungsvorgang zustandekommt[41].

Die ersten Studien, in denen über die Erinnerung an Erlebnisse berichtet wurde, haben Kowalewski (97) und Henderson (98) veröffentlicht. Kowalewski forderte Schulkinder auf, am Tag nach einem Feiertag (und noch einmal, 10 Tage später), über ihre angenehmen und unangenehmen Erlebnisse zu berichten. Bei der ersten Probe berichteten 62% der Kinder, bei der zweiten 61,4% mehr angenehme als unangenehme Erlebnisse; Kowalewski nannte diese Gruppe »Gedächtnis-Optimisten«. Henderson forderte seine Probanden auf, hundert Erlebnisse zu berichten. Er war sich darüber klar, daß die Gefühlsbetonung zur Zeit des Erlebens anders gewesen sein konnte als zur Zeit des Berichtens; daher bat er, die Gefühlsbetonung zur Zeit des Erlebens zu bewerten. Es wurden mehr angenehme als unangenehme, mehr unangenehme als indifferente und mehr starke als oberflächliche Gefühle berichtet[42].

Kowalewski zog den Schluß, die meisten Menschen seien »Gedächtnis-Optimisten«; er analysierte jedoch nicht, ob das Überwiegen der berich-

---

Manchmal werden derartige konventionelle Verhaltensmuster und die entsprechenden Verbalisierungen mit der Absicht benützt, andere hinters Licht zu führen, aber das ist nicht die Erscheinung, von der ich hier spreche. Ich spreche von dem Grad der Konventionalität, die der Gestaltung des Verhaltens eigen ist, mit dem man bei einem Gefühlserlebnis offenkundig reagiert.« (S. 263)

[40] Siehe C. G. Crosland (70).
[41] Siehe 5. Kapitel.
[42] Henderson war der erste Versuchsleiter, der um eine Bewertung der Intensität ersuchte.

teten A-Erlebnisse ihrem Überwiegen im täglichen Leben entsprach, oder ob die berichtete Gefühlsbetonung lediglich eine rückblickende Bewertung war. Henderson meldete Zweifel an, ob die Probanden alle unangenehmen Erlebnisse so erzählten, wie sie ihnen wieder einfielen, ob ihre lust-orientierten Beurteilungen angemessen seien, und ob das Überwiegen von A-Erlebnissen in den Berichten durch ein Überwiegen der A-Erlebnisse im Alltagsleben zu erklären sei. Nach diesen Erwägungen folgerte er, seine Daten wiesen zwar im großen und ganzen auf ein Überwiegen der A-Erlebnisse in der Erinnerung hin, rechtfertigten aber keinen Schluß wie den Kowalewskis. Darüber hinaus behauptete Henderson, es gebe einen Unterschied zwischen dem Vergessen unangenehmer Erlebnisse und dem Fallenlassen unangenehmer Erinnerungen; d. h., die Gefühlsbetonung eines Erlebnisses und die Gefühlsbetonung einer Erinnerung sind etwas Verschiedenes. Seine allgemeine Ansicht vom Problem des Vergessens hätte, wenn sie mehr Beachtung gefunden hätte, vielleicht viele fruchtlose Versuche verhindern können. Er schrieb:

»... wenn die Situation sich durch Nachdenken nicht bessern läßt, ändern wir tatsächlich den Gedanken, indem wir ihn vergessen. Wir vergessen nicht so sehr unangenehme Vorstellungen als vielmehr nutzlose Vorstellungen, Vorstellungen, deren Widerwärtigkeit uns anregt, Kunstgriffe zu erfinden, die ihr Objekt modifizieren ... das Unangenehme zu vergessen würde bedeuten, daß wir einer der Hauptursachen des Denkens beraubt würden«.

Die subjektiv-empirische Wahrheit dieser Feststellung verdient wissenschaftliche Beachtung, und es ist bedauerlich, daß statt dessen der Gemeinplatz vom »Vergessen des Unangenehmen« betont wurde.

Bei den darauffolgenden Versuchen wurde zunächst die Frage des Verhältnisses zwischen den Qualitäten A, U und I der wirklichen Erlebnisse angepackt. Fluegel (99, 100) berichtete über eine Analyse der Tagebücher von neun Versuchspersonen, die in der Introspektion sehr geübt waren. Die Tagebuchaufzeichnungen wurden einen Monat lang durchgeführt; in Abständen von einer Stunde wurde aufgeschrieben, welche Stärke, Dauer und Qualität die Erlebnisse gehabt hatten. Fluegel stellte fest, daß *»Lust einen erheblich größeren Teil des menschlichen Lebens ausfüllt als Unlust«* (100, S. 328 f.).

In bezug auf diese interessanten Ergebnisse sind mehrere Vorbehalte anzumelden. Erstens ist die Wirkung der konzentrierten Beachtung der Gefühlsbetonung des Erlebnisses zum Zweck der Aufzeichnung problematisch. Zweitens beziehen sich Fluegels Daten nicht auf die Menge, sondern auf die Dauer der Erlebnisse. Drittens gab Fluegel zu:

»Leider gibt es keine Möglichkeit, das Ausmaß dieser Fehler zu schätzen oder zu messen, (die) ... in einer ständigen Tendenz bestimmter Probanden bestehen, der affektiven Intensität ihrer Erlebnisse relativ hohe oder relativ niedrige Bewertungen zuzuteilen oder zugunsten von Plus- oder Minuswerten voreingenommen zu sein« (S. 327).

Cason (101)[43] konnte jedoch nachweisen, daß

»eine Tendenz bestand, sowohl bei A- als auch bei U-Bewertungen die Anzahl, die Dauer und die Stärke zu übertreiben; jedoch eine stärkere Tendenz, Zahl, Dauer und Stärke der A-Erlebnisse zu übertreiben« (S. 70).

Viertens hat Fluegel nicht versucht, seine Feststellungen zu den Persönlichkeiten der einzelnen Probanden in Beziehung zu setzen.

Seine Feststellungen, die später durch mehrere Untersuchungen bestätigt wurden, besagen offenbar, daß Versuchspersonen dazu neigen, Erlebnisse so zu berichten und zu beurteilen, daß die meisten als A bewertet werden. Wohlgemuth (102) hat Kowalewskis Versuch wiederholt und Kowalewskis Daten neu interpretiert, wobei er Fluegels Ergebnisse berücksichtigte. Er fand kein Überwiegen der A-Erlebnisse in der Erinnerung und meinte, er habe die Freudsche Theorie des Vergessens widerlegt; er folgerte, die Gültigkeit dieser psychoanalytischen Theorie lasse sich nur durch eine experimentalpsychologische Untersuchung erweisen[44]. Es ist kaum zu leugnen, daß die Bestätigung durch einen experimentellen Beweis für jede Theorie wertvoll ist, wenn auch viele unzweifelhaft brauchbare Theorien niemals experimentell validiert worden sind (z. B. die Evolutionstheorie). Eine experimentelle Entscheidung über eine Theorie setzt jedoch voraus, daß die Relevanz des Versuchs für die fragliche Theorie bewiesen ist. Weder Wohlgemuth, der es darauf anlegte, die Freudsche Theorie des Vergessens zu widerlegen, noch die meisten anderen Forscher, die versuchten, sie zu beweisen, versuchten oder waren fähig, diese Relevanz nachzuweisen. Gordon (103) z. B. forderte ihre Probanden auf, sich an ihre frühesten Kindheitserlebnisse zu erinnern; als sie feststellte, daß die meisten der berichteten Erlebnisse unangenehmer Art waren, sagte sie, dieses Ergebnis widerlege wohl die Annahme, es gebe eine allgemeine Tendenz,

---

[43] Versuch Nr. V.

[44] »Die Behauptung, unangenehme Erlebnisse würden leichter vergessen als angenehme, ist in der psychoanalytischen Literatur oft zu finden. Ob dies zutrifft oder nicht, läßt sich nach meiner Ansicht nur durch experimentalpsychologische Untersuchungen feststellen; die Psychoanalyse liefert keinen wissenschaftlichen Beweis dafür oder dagegen, und sie kann es auch nicht. Trotzdem wird die obige Äußerung als Tatsache hingestellt, und mir ist sogar die Behauptung begegnet: ›Die Tatsache selbst ist unumstritten und ist von niemandem in Frage gestellt worden, der diese Erscheinung entweder klinisch oder experimentell ernsthaft untersucht hat‹« (S. 405).

das Unangenehme zu vergessen (S. 129). Der Psychoanalytiker würde jedoch die berichteten Erinnerungen als »Deckerinnerungen« bezeichnen, die dazu dienen, sogar noch quälendere und daher verdrängte Kindheitserlebnisse zu ersetzen; diese Erklärung würde Gordons Ergebnisse benützen, um das zu beweisen, was sie zu widerlegen versuchte[45].

1930 veröffentlichte Meltzer den ersten kritischen Überblick (95) über alle einschlägigen Versuche[46], und Meltzer und Koch veröffentlichten beide Berichte über sorgfältig durchgeführte Versuche, deren Ergebnisse ziemlich vorsichtig interpretiert wurden. Meltzer kritisierte in seinem Überblick den Mangel an »Lebensechtheit« der früheren Versuche und betonte, schlüssige Resultate könne man nur mit »lebensechtem« Material erreichen, z. B. mit der Erinnerung an Erlebnisse. Er wies auf die ungenügende Zahl von Versuchspersonen hin, die man früher verwendet hatte, auf die ungerechtfertigten Annahmen, die man gemacht hatte und auf die gewaltsamen Interpretationen, die in den meisten Studien vorgenommen worden waren.

Meltzer baute seinen Versuch auf den Folgerungen aus seinem Überblick auf. Er ließ College-Studenten — 77 Männer und 55 Frauen — ihre Erlebnisse in den Weihnachtsferien am Tag nach den Ferien und noch einmal nach sechs Wochen beschreiben, ließ sie als A, B und I beurteilen und sie an Hand einer Fünf-Punkte-Skala in bezug auf ihre Lebhaftigkeit bewerten. Meltzer analysierte die Daten zunächst im Hinblick auf individuelle Unterschiede (104), zweitens bezüglich der Beziehung zwischen den Ergebnissen und den Intelligenzquotienten sowie den Schulleistungen (105), und drittens im Hinblick auf die Geschlechtunterschiede der Probanden (106). Koch (107) forderte ihre Studenten der Pädagogischen Psychologie auf, zehn Benotungen mündlicher Leistungen an Hand einer Fünf-Punkte-Skala von Gefühlsreaktionen unmittelbar nach der Benotung zu bewerten. Fünf Wochen nach der letzten Benotung sollten sie sich an die zehn Benotungen erinnern; die Ergebnisse wurden mit den Intelligenzquotienten und einem Persönlichkeitsfragebogen verglichen. Diese Versuche hatten gegenüber den früheren mehrere Vorzüge. Meltzer konnte die Veränderungen feststellen, die zwischen der unmittelbaren und der nach einiger Zeit geforderten Erinnerung an das Erlebnis zu erkennen waren, während Koch die Gefühlsbetonung zur Zeit des Erlebens erfaßte. So vermieden beide den Trugschluß, eine gleichmäßige Verteilung von A- und U-Erlebnissen im Alltagsleben anzunehmen. Koch und Meltzer stell-

---

45 Siehe 5. Kapitel, Abschnitt über kindliche Amnesie (S. 192 f.).
46 In Meltzers Überblick finden sich alle Arten von Versuchen, mit denen wir uns in diesem Kapitel befassen.

ten beide ein Überwiegen der Erinnerung an A-Erlebnisse gegenüber der an U-Erlebnisse fest, ebenso ein Überwiegen von A- und U-Erlebnissen gegenüber indifferenten. Sie fanden große individuelle Unterschiede bei diesen Tendenzen; Meltzer fand Individuen, die A-Erlebnisse stärker vergaßen als U-Erlebnisse, aber sie waren in der Minderheit[47]. Weder Koch noch Meltzer fanden eine signifikante Korrelation zwischen Intelligenz und »Einfluß der Gefühlsbetonung auf das Gedächtnis«. Meltzers Ergebnisse deuteten einige geschlechtsgebundene Unterschiede nur an[48].

Die Berichte sowohl von Meltzer als auch von Koch zeichnen sich dadurch aus, daß hier wie dort das Wesen des »affektiven Faktors« erörtert wird. Sie nehmen auch beide Stellung zur psychoanalytischen Theorie des Vergessens. Meltzer stellt klar, daß wir zur Zeit noch keinen Beweis für eine Konditionierung des Gedächtnisses durch Affektbetonung haben; er folgert, es sei falsch, von einer Kausalbeziehung zwischen beiden zu sprechen; nach seiner Ansicht wäre die Annahme begründeter, sowohl Gedächtnis als auch Gefühl würden durch die gleichen Faktoren bedingt (104, S. 401). Koch beschreibt eine große Vielfalt von Ansichten über das Unangenehme[49], über sich mischende Theorien von Emotion und Gefühl und ihre physiologischen und introspektiven Aspekte. Sie weist jedoch auf die Vorzüge einer »Urteilstheorie« hin, wobei sie behauptet, die Wirkung des »affektiven Faktors« auf das Gedächtnis sei wahrscheinlich indirekt, und sie schließt:

»Die Frage wird zweifellos befriedigender beantwortet werden, nachdem wir tief in das Problem der Entstehung und Entwicklung unserer Wertvorstellungen eingedrungen sind und ihre Beziehung zu äußeren Einflüssen wie sozialen, moralischen und philosophischen Überlieferungen erforscht haben« (S. 186).

Trotz ihres fortgeschrittenen methodologischen Denkens haben weder Meltzer noch Koch voreilige Schlüsse in bezug auf die Beziehung ihrer Versuchsergebnisse zur psychologischen Theorie vermieden. Meltzer glaub-

---

[47] Meltzer fand 56,4% Optimisten, 35,87% Pessimisten und 7,64% Indifferente.
[48] Das Problem der geschlechtsspezifischen Unterschiede wurde auch von Colegrove (11), Gordon (73) und Tolman u. Johnson (35) erörtert.
[49] »... unter den verschiedenen Ansichten über das Unangenehme, die vertreten wurden, sind: a) daß es ein psychisches Element sei, b) ein Ausdruck der Herrschaft des sympathischen Nervensystems über das ZNS, c) ein Muster, das durch irgendeine Tätigkeit des Thalamus hervorgebracht wird, d) eine instinktive Reaktion auf Frustration, e) eine Begleiterscheinung eines Energiemangels, f) eine Rückzugsreaktion, g) ein Werturteil über Reize in bezug darauf, ob sie normalerweise Reaktionen negativer Anpassung hervorrufen — das letztere scheint der Autorin am besten mit den Tatsachen übereinzustimmen ...« (S. 185).

te, er habe ein Phänomen untersucht, das ebenso lebensecht und persönlich, wenn auch weniger verblüffend, sei wie das Verdrängungsphänomen des Psychoanalytikers; er war der Ansicht, seine Ergebnisse stünden im Einklang mit der psychoanalytischen Theorie. Koch kam auf Grund des Überwiegens von A- und U-Erlebnissen gegenüber I-Erlebnissen zu dem Schluß: »Es wäre schwierig, unsere Ergebnisse lediglich durch einen innerseelischen Zensor zu erklären« (S. 185).

Diese Versuche wurden von mehreren Forschern wiederholt. Jersild (108) ließ sich Berichte über A- und U-Erlebnisse geben, die in den unmittelbar vor dem Versuch vergangenen drei Wochen vorgekommen waren. Die Zeit für den Bericht war begrenzt; nach drei Wochen wurde ein Wiedererinnerungstest gegeben. Cason (101) ließ sich über typische Alltagsvorfälle berichten, und seine Probanden bewerteten die Stärke der Lust-Unlustqualität sowie die Vollständigkeit der Erinnerung; das Verfahren wurde drei Wochen später wiederholt. Thomson (109) forderte die Probanden auf, fünf Tage lang Tagebuch zu führen und Bewertungen nach A, U und I vorzunehmen; nach zwei und vier Wochen führte er Erinnerungsprüfungen durch. Menzies (110, 111) fragte nach A-, U- und I-Erlebnissen vom Tag vor dem Versuch und nahm nach einer und drei Wochen Erinnerungsprüfungen vor. Susukita (15) ließ Kinder über ihre Sommerferien Tagebuch führen und forderte sie am ersten Schultag und nach vier Wochen auf, sich an den Inhalt zu erinnern. Später wiederholten Waters und Leeper (112) Meltzers Versuch mit der Absicht, das Schicksal der Erlebnisse und ihrer Gefühlsbetonung bei einem späteren Sich-Erinnern nachzuprüfen; sie begrenzten die für das Berichten verfügbare Zeit und erbaten Intensitätsbewertungen; sie benützten acht Gruppen von Versuchspersonen und Erinnerungsprüfungen im Abstand von zwei bis 140 Tagen. O'Kelley und Steckle (113) wiederholten ebenfalls Meltzers Versuch, wobei die Erinnerungsprüfung nach zehn Wochen vorgenommen wurde.

Jersild stellte fest, daß mehr A- als U-Erlebnisse berichtet wurden, und daß beim späteren Sich-Erinnern das Gedächtnis für angenehme Erlebnisse sowohl absolut als auch relativ besser war als für unangenehme Erlebnisse; er schloß, daß wir U-Erlebnisse entweder vergessen, weil sie ihre Qualität ändern und nicht mehr unangenehm sind, oder weil man sich an sie weniger häufig erinnert als an A-Erlebnisse. Cason stellte fest, daß beim späteren Erinnern sowohl A- als auch U-Erlebnisse meistens I, also indifferent werden, wenn dies auch bei U-Erlebnissen ausgeprägter ist. In höchstem Maß angenehme und unangenehme Erlebnisse werden gleich gut behalten, etwas besser als mäßig angenehme, mäßig unangenehme oder indifferente Erlebnisse. Er folgerte, die Intensität und nicht die Qualität der Gefühlsbetonung beeinflusse das Gedächtnis. Thomson fand ein Überwiegen der A-Erlebnisse gegenüber den U-Erlebnissen in der Erinnerung, aber dieses Überwiegen war statistisch nicht zuverlässig. Menzies stellte wie Cason fest, daß die Erinnerung durch die Intensität der Gefühlsbetonung, aber nicht durch ihre Qualität beeinflußt wird, und daß die Stärke der Affektbetonung mit der Zeit abnimmt. Susukitas Ergebnisse bestätigten Fluegels (100) Folgerung, daß A-Erlebnisse einen größeren Teil des Alltagslebens ausmachen als U-Erlebnisse; er bekam ferner heraus, daß zwar die absolute Zahl der behaltenen A-Erlebnisse größer war als die der U-Erlebnisse, daß aber beim späteren Sich-Erinnern mehr A-Erlebnisse vergessen wurden als U-Erlebnisse. Er griff auf die Klassifikationen »Gedächtnis-Optimist« und »Gedächtnis-Pessimist« zurück. Die Ergebnisse von Waters und Leeper bestätigten die von Cason und von Menzies und widerlegten Jersilds Behauptung, der Unterschied zwischen erinnerten A- und U-Erlebnissen sei auf die Häufigkeit des Memorierens zurückzuführen. O'Kelley und Steckle verglichen ihre Ergebnisse mit denen von drei anderen Forschern, die verschiedene Zeitspannen bis zur Erinnerungsprüfung verstreichen ließen[50]. Sie folgerten aus einem sehr anfechtbaren Vergleich von Material, das sie aus diesen verschiedenen Quellen zusammengestellt hatten, daß angenehme Ereignisse zwar immer zahlreicher vorhanden seien, meistens aber rascher vergessen würden als unangenehme Ereignisse. Sie betonten das Ausmaß der individuellen Unterschiede und stellten fest, daß zwar Gedächtnis-Optimisten die Neigung zeigen, A- und U-Erlebnisse gleich rasch zu vergessen, daß aber Gedächtnis-Pessimisten A-Ereignisse rascher vergessen.

Außer gelegentlichen flüchtigen Bezugnahmen auf das »Erfolgsgesetz« und auf die Freudsche Theorie des Vergessens fehlt es in diesen Versuchsberichten gewöhnlich an jeglicher Erklärung des Wesens des beteiligten »emotionalen Faktors«. Waters und Leeper beleuchten in gewissem Maß die Beziehung des »Erfolgsgesetzes« zu dieser Art der Versuche. Diese Beziehung war selbst für so scharfsinnige Forscher wie Henderson und Meltzer unklar: Henderson hatte das Vergessen von U-Erlebnissen und Meltzer hatte die Freudsche Theorie des Vergessens mit dem Erfolgsgesetz gleichgesetzt. Waters und Leeper schreiben:

»Das Erfolgsgesetz besagt einfach, daß die Versuchsperson dazu neigen wird, die Handlung nicht noch einmal *auszuführen,* auf die früher Unlust gefolgt ist; es sagt nichts darüber, ob sie sich an ihr früheres Erlebnis und die mit ihm verbundene Unlust *erinnert.* Tatsächlich würden wir aus der üblichen Beobachtung

---

[50] Offenbar waren ihnen die vielen anderen Versuche unbekannt, bei denen die Frage dieser Frist untersucht worden war.

schließen, daß im allgemeinen der Grund, warum eine Versuchsperson ihre früheren unklugen Handlungen nicht wiederholt, gerade darin liegt, daß sie sich an sie und ihre Folgen erinnert« (S. 214).

In diesem Zusammenhang soll noch ein Versuch erwähnt werden, obwohl die verwendete Methode sich stark von der der anderen unterscheidet und eher dem Versuch Würdemanns ähnlich ist[51]. Stagner forderte seine Probanden auf, ein neueres A-Erlebnis und ein neueres U-Erlebnis mit allen mit ihm verbundenen Nebensächlichkeiten aufzuschreiben. Bei der Erinnerungsprüfung nach einiger Zeit wurde gefordert, sich an die Nebensächlichkeiten zu erinnern. Dieses Sich-Erinnern wurde zu Recht als »Reintegration« bezeichnet und in bezug auf Genauigkeit und Vollständigkeit gemessen. Das Überwiegen der »Reintegration« von A-Erlebnissen wurde mit statistischer Zuverlässigkeit erwiesen. Die Anzahl von Begleitumständen, die bei A-Erlebnissen angeführt wurden, war größer als bei U-Erlebnissen, aber der Unterschied kam der Zuverlässigkeit nur nahe; das durchschnittliche Alter der A-Erlebnisse war zuverlässig größer als das der U-Erlebnisse. Stagner folgerte, diese Daten »weisen auf eine Tendenz zum Vorhandensein eines aktiven Verdrängungsvorgangs hin« (S. 466).

Stagners Versuch hat den Vorzug, daß hier nicht das Vergessen eines Erlebnisses untersucht wird, sondern vielmehr einige der Veränderungen, denen das Erlebnis im Lauf der Zeit unterworfen ist. Stagner teilt in seiner Studie Meltzers Ansicht, die Beziehung zwischen dem Behalten und der Gefühlsbetonung weise nicht auf einen kausalen Zusammenhang hin. Er versucht, den beiden zugrundeliegenden gemeinsamen Faktor zu erklären: »Ein solcher Faktor könnte möglicherweise im Wesen einer Anpassungsreaktion zu finden sein« (S. 467). Die U-Ereignisse bauen nach seiner Meinung eine Spannung auf, »hinsichtlich deren etwas getan werden muß«, während in bezug auf die A-Ereignisse »nichts getan werden muß«. Anpassung ist eine Spannungsabfuhr, und da Spannungen von Veränderungen in Gehirnfigurationen begleitet sind, »müssen sie notwendigerweise zu Veränderungen der Gedächtnisspuren des entsprechenden Erlebnisses führen« (S. 467). Ein derartiger Erklärungsversuch würde gewiß von der Lewinschen Psychologie und der Gestaltpsychologie unterstützt[52], wenn nicht von der psychoanalytischen Theorie, auf die Stagner sich bezieht.

---

[51] Siehe S. 92 f.
[52] Siehe 4. Kapitel, S. 168 f., und allgemein die Spurentheorie von Koffka.

a. Aus der Tatsache, daß die meisten berichteten Erlebnisse angenehm waren, schloß man bei den Versuchen, in denen Erlebnisse als Material benützt wurden, angenehme Erlebnisse würden besser behalten. Dies stellte sich als methodologisch falsch heraus, da nachgewiesen wurde, daß der größere Teil unserer Erlebnisse als angenehm beurteilt wird. Bei späteren Versuchen vermied man diesen Fehler, und man gründete seine Folgerungen auf den Vergleich von Bericht und späterer Erinnerung oder von experimentell gesteuerten sofort beurteilten Erlebnissen und späterer Erinnerung.

b. Es zeigt sich, daß diese Versuche den Einfluß einer als solche beurteilten Lust- und Unlustqualität maßen und nicht den von »Gefühlen«, und daß sie eine Verwechslung der *Erinnerung* an die Gefühlsbetonung, wie sie erlebt wurde, mit der *Beurteilung* des Erlebnisses als angenehm oder unangenehm zur Zeit der Berichterstattung impliziert hatten. Außerdem wurde eine Tendenz festgestellt, die Lust-Unlust-Qualität von Erlebnissen zu überschätzen.

c. Die Versuche zeigten meist, daß Erlebnisse von starker Lust- oder Unlustbetonung besser behalten wurden als Erlebnisse mit mäßiger Gefühlsbetonung, und nur eine Minderheit der Versuche wies auf ein besseres Behalten von A-Erlebnissen gegenüber U-Erlebnissen. Es stellte sich heraus, daß im Lauf der Zeit die Intensität der Gefühlsbetonung nachließ. Die meisten Forscher waren sich darüber einig, daß trotz der häufigen statistischen Verläßlichkeit der Ergebnisse die individuellen Unterschiede groß sind.

d. Die signifikanten theoretischen Aussagen waren: 1. Die Beziehung von Lust- und Unlustqualität zu Vorteilen des Behaltens kann nicht als kausale Beziehung angesehen werden; vielmehr sind beide von einem gemeinsamen Faktor abhängig. 2. Es wurde eine Beurteilungs-, nicht eine Gefühlstheorie der Lust- und Unlustqualität vorgebracht. Trotzdem fand sich eine Fülle von Bezugnahmen auf das »Erfolgsgesetz«, und man versuchte, die psychoanalytische Theorie des Vergessens mit Hilfe von Versuchen zu beweisen oder zu widerlegen, deren Relevanz für die Theorie ungeklärt blieb.

e. Diese Versuche bewiesen also, obwohl bei ihnen bedeutsameres und lebensechteres Material verwendet wurde als bei den im vorigen Abschnitt beschriebenen Versuchen, immer noch nicht mehr als einen mittelbaren Einfluß des Gefühlsfaktors über als solche beurteilte Lust- und Unlustqualitäten. Ihr Wert sollte aber nicht unterschätzt werden, wenn man auch anmerken muß, daß bei diesen Versuchen behauptet wird, sie

bewiesen oder widerlegten Theorien, für die ihre Relevanz nicht nachgewiesen worden ist, und daß ihre häufige theoretische Unzulänglichkeit
und die ihnen anhaftenden methodologischen Mängel ihre Überzeugungs-
kraft herabsetzen.

C. Versuche über das Sich-Erinnern an gelerntes Material

Die scheinbar einfachste Methode, experimentell den Einfluß des Gefühls
auf das Gedächtnis zu untersuchen, wurde durch das klassische Verfahren
der Gedächtnisversuche nahegelegt, das von der Annahme ausging, die
Eigenschaften der Gedächtnisfunktionen könnten dadurch festgestellt werden, daß man die Erinnerung an sinnlose Silben, Wörter und Texte maß,
die die Versuchspersonen auswendig gelernt hatten. Es war einfach, als
nächstes anzunehmen, wenn man A-, U- und I-Wörter zum Auswendiglernen auswählte und sich der gleichen Methode bediente, würde das Behaltene den Einfluß dieser verschiedenen »Gefühlsbetonungen« auf die
Gedächtnisfunktion widerspiegeln. Bei den meisten in diesem Abschnitt
besprochenen Versuchen wurde diese Methode verwendet. Die Art, wie
die »Gefühlsbetonung« der Wörter festgestellt wurde, war sehr verschieden. Zunächst wurde die Gefühlsbetonung willkürlich vom Versuchsleiter
bestimmt, bei neueren Versuchen durch Beurteiler und in neuester Zeit
durch die einzelne Versuchsperson oder durch den Versuchsleiter aufgrund
seiner Kenntnis des einzelnen Probanden. In manchen Fällen wurden emotional labile Probanden verwendet, um die Wirkung der Gefühlsbetonung
auf das Gedächtnis zu demonstrieren; bei anderen Studien wurde die Lern-
situation so aufgebaut, daß die Gefühlsbetonung der Wörter bekräftigt
wurde.

Kritik, die an den klassischen Gedächtnisversuchen geübt wird, gilt ebenfalls für die in diesem Abschnitt erörterten Versuche. Die Gestaltpsychologie (Köhler, 114, 9. Kapitel) behauptet, die Methode des Auswendiglernens von Wörterlisten lasse den wesentlichen Faktor des seelischen
Funktionierens, besonders aber des Lernens, außer acht: den Faktor der
»Bedeutung«. Die Anwendung dieser Lernmethode auf unser Problem
wurde von Meltzer (95) kritisiert, der sie als leblos und damit ungeeignet
bezeichnete, einen »Gefühlseinfluß« zu messen. Im Gegensatz zu Meltzers
Beweisführung bringt Barret (115) folgende Ansicht vor:

»Es wird zu bedenken gegeben, daß es leichter sein könnte, die Lust-Unlust-
Betonung und ihre verschiedenen Grade in einem Versuch zu steuern und zu
messen, bei dem nicht Erlebnisse, sondern Wörter verwendet werden. ... Wegen

der Schwierigkeiten, die mit der Verwendung lustbetonter und unlustbetonter Erlebnisse bei der Untersuchung des Problems verbunden waren, haben viele Forscher Listen von Wörtern verwendet ... Die erste Schwierigkeit bei der Verwendung von Wortlisten scheint zu sein, daß man im Fall von negativen Ergebnissen nicht sicher wäre, ob sie auf die relativ unschädliche Art des verwendeten Materials zurückgehen oder ob wirklich keine Unterschiede vorhanden waren, die mit qualitativen Unterschieden der hedonischen Bedeutung zusammenhängen könnten, die an jedem Punkt der Skala zu finden sind. Wenn man jedoch mit einfachen, gut kontrollierten Methoden Unterschiede feststellen könnte, würde man zu den Ergebnissen Vertrauen haben. Außerdem könnte es bei der einfachen Versuchssituation möglich sein, den Versuch in gewisser Weise zu verändern, um weitere Informationen zu erhalten, die bei der Interpretation der Ergebnisse helfen könnten« (S. 16).

Barret war in der Lage, ihre Versuche über die Erinnerung an Wörter, die von den Probanden als A, U und I beurteilt worden waren, streng zu kontrollieren, und den Versuch so abzuwandeln, daß sie weitere für die Interpretation ihrer Ergebnisse nützliche Informationen bekam. Aber eine Lenkung und Abwandlung allein der Versuchssituation genügt nicht um zu erklären, wie die Unterschiede im Behalten der als A, U oder I beurteilten Wörter mit den Wirkungen von Gefühlen auf das Gedächtnis zusammenhängen, oder wie die Ergebnisse, die man unter künstlichen Bedingungen und mit bedeutungslosem Material gewonnen hat, mit der selektiven Erinnerung zusammenhängen, wie man sie im realen Leben beobachtet. Weder Barret noch die anderen Forscher, die sich dieser Methode bedient haben, haben diese Zusammenhänge geklärt. Sie haben lediglich nachgewiesen, daß selbst bei persönlich irrelevantem und »leblosem« Material, das als A, U und I beurteilt wird, individulle Unterschiede im Behalten auftreten. Die Situation gemahnt einen an die Besprechung der Pawlowschen Reflexlehre durch Straus (116): Er wollte zeigen, daß der bedingte Reflex Pawlows, weit davon entfernt, der Urtypus und das Grundelement psychischen Funktionierens zu sein, die Reaktion eines Tieres ist, das man seiner Bewegungsfreiheit beraubt und in eine Umgebung versetzt hat, der es an allen Bedingungen mangelt, die das Tier in seiner alltäglichen Umwelt vorfindet[53]. Straus gibt zu, daß

---

[53] »Wir dürfen nicht vergessen, die Versuchshunde befinden sich während der Dauer der Versuche in einer Umgebung, die von der natürlichen Umwelt der Tiere völlig verschieden ist. Das Laboratorium ist von der Außenwelt hermetisch abgeschlossen. Da hinein fällt von außen kein Licht, dringt kein Geräusch, weht kein Duft; nichts ereignet sich hier. Das Tier ist eingefangen in einer Atmosphäre gleichmäßiger, unveränderlicher Stille. Nach einigen Tagen der Gewöhnung werden die Versuche begonnen. Die Tiere werden auf einem Tisch in ein Gestell ein-

Pawlows Beschreibung der Reaktionen der Versuchstiere in dieser Situation angemessen ist; aber er zeigt auch, daß es ungerechtfertigt ist, Folgerungen über allgemeine Gesetze des psychischen Funktionierens auf diese Beobachtungen zu gründen, und daß Pawlow diese Schlüsse willkürlich gezogen hat. Ebenso werden die Ergebnisse der nächsten Gruppe von Versuchen nur für das relativ bedeutungslose Lernmaterial Gültigkeit haben, das verwendet wurde, ebenso für A-, U- und I-Qualitäten, die durch Beurteilung festgelegt wurden.

Wenn wir den psychischen Apparat als eine Hierarchie ansehen, an deren Basis Triebkräfte die bestimmenden Faktoren sind, in deren Überbau das logische Denken regiert und wo dazwischen verschiedene Abkömmlinge der Triebe wirken, können wir unsere Erwartungen in bezug auf die Ergebnisse der Versuche, die jetzt besprochen werden sollen, konkreter formulieren. Jeder Versuch, der sich der durch irgendeine Methode festgestellten »Gefühlsbetonung« bedient und sich auf irgendeine Stufe dieser Hierarchie bezieht, kann Informationen über den Einfluß der »Gefühlsbetonung« auf das Gedächtnis erbringen. Wenn zwischen der im Versuch untersuchten »Gefühlsbetonung« und den Triebkräften in der Hierarchie ein großer Abstand besteht, und wo ihre Abhängigkeit von den Trieben unbestimmt ist, werden die Versuche nur quantitative Unterschiede im Behalten aufweisen, und je größer dieser Abstand ist, desto weniger Information über die Dynamik des Einflusses der Gefühle auf das Gedächtnis wird bei den Versuchen herauskommen. Es ist eine Tatsache, daß die Methode des klassischen Gedächtnisversuchs von vornherein entworfen wurde, um nur den quantitativen Aspekt des Gedächtnisses zu messen, ohne dessen Dynamik widerzuspiegeln. Durch Beurteilung etablierte Qualitäten des Angenehmen, Unangenehmen oder Indifferenten haben zwar ihren Ursprung gewiß in grundlegenden affektiven Einstellungen, sind jedoch nur höchst intellektualisierte Abkömmlinge. Wir haben die Reichweite der Information abgesteckt, die von den zur Diskussion stehenden Versuchen zu erwarten ist. Sie brachten jedoch ihrerseits mehrere Versuche hervor, deren Ergebnisse diese Erwartungen übertrafen.

---

gespannt; die Registrierapparate werden ihnen angelegt, und dann bleibt ein so vorbereiteter Hund in der Stille des Laboratoriums allein und sich selbst überlassen. Der Versuchsleiter beobachtet die Tiere unbemerkt von einem Nebenraum. Alle ›Reize‹ werden auf einem mechanischen Wege an die Tiere herangebracht. Jede nur erdenkliche Sorgfalt ist darauf verwandt, von dem Laboratoriumsraum alle Veränderungen auszuschalten, d. h., in Pawlows Terminologie, alle Reize fernzuhalten, mit denen der Versuchsleiter im Augenblick nicht arbeiten will« (S. 30 f.).

a. Versuche über das Behalten von A-, U- und I-Wörtern

Bei diesen Versuchen hielt man sich enger an die klassische Methode der Gedächtnisversuche als bei allen anderen. Sie zeigen eine stetig zunehmende Verbesserung in der Hinsicht, daß die Versuchstechniken immer angemessener wurden, wenn auch die Verwendung von Wortlisten und der durch Beurteilung etablierten A-, U- und I-Qualität beibehalten wurde. Wenn auch zunächst die A-, U- und I-Wörter willkürlich ausgewählt wurden, bediente man sich doch später der Messung der psychogalvanischen Reaktion, um die Richtigkeit dieser Auswahl anzuzeigen; noch später ließ man Gruppen die Gefühlsbetonung beurteilen, und schließlich beurteilte jede Versuchsperson selbst die Gefühlsbetonung der Wörter, die sie lernen und behalten sollte. Auch andere Faktoren wurden allmählich der Kontrolle unterworfen: das Problem des Lernens von Teilen und von Ganzen, Häufigkeit und Länge von Wörtern usw.

Tait (69) und Tolman (117) veröffentlichten die ersten Versuche dieser Art; beide bestimmten die A-, U- und I-Wörter willkürlich. Bei den Versuchen Taits wurden die Wörter, deren man sich bedienen wollte, den Probanden nur einmal dargeboten; auf diese Weise wurde ein Gedächtnisphänomen gemessen, das dem im Alltagsleben vorkommenden Zufallsgedächtnis ähnlich ist. Tait und Tolman fanden beide ein Überwiegen von A-Wörtern gegenüber U-Wörtern und von A-Wörtern gegenüber I-Wörtern, wobei Tait das Behalten maß und Tolman das Lernen. Während Tait feststellte, daß U-Wörter beim Behalten gegenüber I-Wörtern im Vorteil waren, wiesen Tolmans Ergebnisse auf das Gegenteil hin; Tait fand merkliche Unterschiede vor, Tolman nur eine Tendenz.

Die Reproduktionsversuche, die als Teil des diagnostischen Assoziationsversuchs durchgeführt wurden, haben wir bereits besprochen; obwohl man sie als Versuche über das Behalten ansehen kann, die vermittels der Methode der paarweisen Verknüpfung die Zufallserinnerung messen, wollen wir sie hier nicht noch einmal besprechen. Der Reproduktionsversuch von W. W. Smith (37) soll jedoch erwähnt werden, weil hier die Messung der psychogalvanischen Reaktion eingeführt wurde, um das Vorhandensein einer Gefühlsbetonung festzustellen. Smith stellte fest, daß die Gefühlsbetonung, wie sie die PGR anzeigt, das Gedächtnis beeinflußt. Er nannte diesen Einfluß — der, wie er fand, positiv oder negativ, dem Sich-Erinnern förderlich oder hinderlich, sein konnte — »die gegensätzliche Wirkung von Gefühlen auf das Gedächtnis«, aber er setzte diese positiven und negativen Einflüsse nicht mit Lust- und Unlustqualität gleich. Der Versuch von W. W. Smith war also eine Verbesserung gegenüber der willkürlichen Festsetzung der Gefühlsbetonung durch Tait und Tolman. Sein Experiment wurde von H. E. Jones (118) wiederholt, und seine Ergebnisse wurden bestätigt. Später führte Lynch (119), der ohne Bedenken die Wortlisten und die PGR-Messungen von Smith und Jones übernahm, mit seinen Probanden Prüfungen des sofortigen und des späteren Wiedererkennens durch. Er fand eine hohe Korrelation zwischen seinen Ergebnissen und denen von Smith und Jones, konnte aber den gegensätzlichen Effekt nicht feststellen; seine Ergebnisse bei beiden Prüfungen zeigten beim Sich-Erinnern in der Leichtigkeit die Abfolge A — U — I. Balken (120) und Stagner (121) untersuchten die Beziehung zwischen der psychogalvanischen Reaktion und dem Sich-Erinnern an gelerntes Material und fanden eine Zufallskorrelation. Spätere Forscher benützten die PGR nicht als einzigen Maßstab für die Gefühlsbetonung und ihre Stärke, sondern als Mittel zur Sicherung der A-, U- und I-Beurteilungen bei der Auswahl von Wörtern, die das gefühlsbetonte Material darstellen sollten (Bunch und Wientge, 122; Carter, Jones und Schock, 39). Diese Versuche gaben keine theoretische Erklärung für die funktionelle Wechselbeziehung zwischen der PGR und den Gefühlen, die das Gedächtnis beeinflussen. Es ist zu bezweifeln, ob man bei dem heutigen Stand unseres Wissens eine solche Erklärung geben kann, die über das Postulat hinausgeht, psychogalvanische Reaktion und verschiedenartige Gedächtnisreaktionen würden durch den gleichen Faktor bedingt. Daß man selbst eine derartige Erklärung mit Vorsicht handhaben sollte, stellt Stagner (121) ausdrücklich fest:

»Was auch an dem Begriff ›Affektion‹ sonst fragwürdig sein mag, sie ist doch gewiß eine bewußte Erscheinung und läßt sich nicht physiologisch definieren« (S. 130).

Auf die willkürliche Auswahl der Wörter mit emotionaler Betonung durch den Versuchsleiter und die Verwendung von Messungen der PGR zu diesem Zweck folgte eine Tendenz bei den Versuchen, die Gefühlsbetonung durch Gruppenurteile zu etablieren. Chaney und Lauer (123) ließen die A-, U-, I-Bewertung der Wörter durch 150 Personen beurteilen, von denen keine der Versuchsgruppe angehörte. Unter dem Einfluß der kritischen Zusammenschau Meltzers (95) wurde dies so abgewandelt, daß nunmehr die A-, U-, I-Bewertungen von den Versuchsgruppen vorgenommen und die Wortlisten aus den Wörtern zusammengestellt wurden, bei deren Bewertung die größte Übereinstimmung geherrscht hatte (White und Ratliff [124], Carter, Jones und Schock [39], Carter [125], White [126], Carter [127], White und Powell [128], Carter und Jones [129]). Einen Schritt weiter gingen die Forscher, die jeden Probanden seine eigene Wortliste beurteilen ließen (Thomson [109], Stagner [121], Silverman und Cason [130]). Dieses Verfahren wurde von Thomson noch weitergeführt, der bei einem seiner Versuche seine Probanden aufforderte, sich ihre eigenen Listen von A-, U- und I-Wörtern zusammenzustellen; ebenso von Bunch und Wientge (122), Cason (101) und Cason und Lungren (131), deren Probanden aus Wortlisten, die ihnen vorgelegt wurden, Wörter auswählten. Die Feststellung der Gefühlsbetonung durch willkürliche Beurteilungen oder durch Messungen der PGR erbrachte gelegentlich keine schlüssigen Ergebnisse, aber die Schlüssigkeit nahm zu, als die experimentelle Methode sich immer mehr einem Vergleich zwischen der selektiven Erinnerung des Probanden und seinen eigenen A-, U- und I-Beurteilungen annäherte. Nur eine der Studien (Chaney und Lauer, 123), bei der die Beurteilungen einer anderen als der Versuchsgruppe benützt wurden, erbrachte keine schlüssigen Ergebnisse. Alle Versuche, die sich auf die A-, U- oder I-Bewertungen der Versuchsgruppe stützten, und alle Versuche, bei denen die Versuchsperson jeweils ihre eigene Liste angenehmer, unangenehmer und indifferenter Wörter auswählte, erbrachten, so wurde berichtet, positive Ergebnisse. Von den Versuchen, bei denen der Proband seine eigenen A-, U- und I-Bewertungen vornahm, wurden nur die Ergebnisse von Cason und seinen Schülern als nicht schlüssig interpretiert, aber die Ergebnisse der Studien von Cason und von Silverman und Cason weisen auf das Vorhandensein einer Tendenz zum besseren Behalten von angenehmen als von unangenehmen Wörtern und zum besseren Behalten beider Wortarten als von indifferenten Wörtern hin. Bei diesen Versuchen ist das, was als positives Ergebnis bezeichnet wird, oft nur eine statistische Tendenz, deren Beständigkeit auf das Vorhandensein der Wirkung hinweist.

Barret (115) wählte die Wörter für ihren Versuch aus Listen aus, die andere Forscher in früheren Versuchen gewonnen hatten und ließ sie von ihren Probanden als A, U oder I neu bewerten. Sie stellte fest, daß der Unterschied zwischen ihrer Auswahl und dem Durchschnitt der Bewertungen ihrer Probanden weniger als ein Prozent betrug. Dieser Umstand verdient Aufmerksamkeit, da er auf eine weitreichende soziale Übereinstimmung in bezug auf den sogenannten »Gefühlsfaktor« hinweist. Diese Übereinstimmung macht an sich schon deutlich, daß wir es hier kaum mit einem persönlichen, tief verwurzelten Faktor zu tun haben. Ein gewisses Verständnis der Entstehung dieses »Gefühlsfaktors« läßt sich aus der Erklärung ableiten, die Müller (132) über den Ursprung des Strebens nach dem Angenehmen gibt und die sich von Freuds »Lustprinzip« unterscheidet. Müller schreibt:

»Das bewußte Suchen nach angenehmen Empfindungen ist etwas, das neben dem Getriebenwerden durch bestimmte Neigungen, was wohl großenteils unbewußt bleibt, beim Kulturmenschen eine große Rolle spielt. Je mehr er durch seinen Zivilisationszustand in der Befriedigung seiner Triebe beschränkt wird, um so mehr anscheinend sucht er einen Ersatz darin, daß er sich der Einwirkung angenehmer Reize aussetzt. Die Tiere befriedigen ihre Triebe oder sie gehen im Kampfe um die Befriedigung zugrunde; sie kennen wohl weniger jenen Ersatz als ihren Gegensatz: das Meiden unangenehmer Empfindungen. Auch der Mensch sucht schon dem Schmerz zu entgehen, wenn er noch lernen muß, die Lust an sich zu suchen; aus Furcht vor Schmerz bezwingt er schon früh seine Neigungen« (S. 265).

Es gab noch mehrere Versuche, die experimentelle Methode zu verbessern. Das Problem, ob die Rangordnung der Begünstigung beim Sich-Erinnern A—U—I oder A—I—U — mit anderen Worten, ob die Qualität oder die Stärke der Gefühlsbetonung beim Erinnern von ausschlaggebender Bedeutung ist —, war bei den besprochenen Versuchen ein strittiger Punkt. Um dieses Problem zu untersuchen, wurde die Bewertung der Intensität der Gefühlsbetonung eingeführt. Vorher hatten schon Chaney und Lauer (123) um Bewertung der Intensität gebeten; Cason (101) machte solche Bewertungen zum Kern seiner Untersuchungen. Diese Methode, die auch White und Ratliff (128) benützt hatten, wurde in Barrets Versuch bis zu ihrem Höhepunkt weiterentwickelt. Die mit Hilfe dieser Methode entwickelten Ergebnisse schienen zu zeigen, daß der Unterschied im Behalten von mehr oder weniger stark gefühlsbetonten Wörtern und zwischen gefühlsbetonten und indifferenten Wörtern sehr viel wichtiger ist als der Unterschied im Behalten von angenehmen und unangenehmen Wörtern. Da diese Ergebnisse zeigten, daß nicht die unangenehmen, sondern die indifferenten Wörter am leichtesten vergessen wurden, schlossen mehrere Forscher (besonders Carter, Jones und Shock [39] und Barret [115]), dies widerlege die Freudsche Theorie des Vergessens. Sie versuchten jedoch nicht, die Relevanz ihrer Versuche für die Freudsche Theorie zu beweisen. Angesichts der Stellung der angenehmen, der unangenehmen und der indifferenten Qualität in der Hierarchie der emotionalen Faktoren besteht nur eine geringe Möglichkeit, eine solche Relevanz nachzuweisen. Diese Versuche scheinen lediglich zu zeigen, daß jedes Maß an »beurteilter« Gefühlsbetonung, aber das Angenehme mehr als das Unangenehme, beim Sich-Erinnern den Wörtern, mit denen sie verbunden ist, einen Vorteil verleiht. Diese Wechselbeziehung ließe sich auch durch die Feststellung beschreiben, die Faktoren, die jemanden Wörter als angenehm oder unangenehm beurteilen lassen, erhöhten anscheinend gleichfalls ihre Verfügbarkeit für die Reproduktion.

Ein weiterer Versuch, die experimentelle Methode zu verbessern, war das Bestreben, das Zufallsgedächtnis zu messen. Wir sind diesem Bestreben schon in dem mit den Assoziationsversuchen verknüpften Reproduktionsversuch begegnet. Es war wohlbekannt, daß das Erinnern im Alltagsleben sich öfter auf einen zufällig wahrgenommenen Umstand bezieht als auf systematisch gelerntes Material; man versuchte also, um das Experiment lebensechter zu machen, das Zufallsgedächtnis für A-, U- und I-Wörter zu messen (Silverman und Cason [130], White und Ratliff [128], Barret [115], Lanier [45, 133, 134]). Barret unterstrich die Bedeutung der Prüfung des Zufallsgedächtnisses: »... Wortlisten, die als Gedächtnisprüfung vorgelegt werden, lassen es zu, daß mechanische Assoziationen in das Material eindringen, so daß irgendwelche Faktoren, die sonst wichtig sein könnten, verdeckt werden« (S. 18). Silverman und Cason, Barret und Lanier forderten ihre Probanden auf, die Bewertungen als A, U oder I vorzunehmen, bevor sie wußten, daß sie sich würden erinnern müssen. Von einer völlig anderen Anschauung her begannen White und Ratliff, die Angemessenheit des Lernverfahrens für die Prüfung der verschiedenartigen Erinnerung an gefühlsbetontes Material anzuzweifeln; sie stellten fest, daß das Überwiegen von A-Wörtern gegenüber U-Wörtern viel ausgeprägter war, wenn eine Zeitbegrenzung nur partielles Lernen erlaubte, als wenn genug Zeit für vollständiges Lernen zur Verfügung stand. Die Studien von Barret und von White und Ratliff zeigten überzeugend die Bevorzugung von A-Wörtern gegenüber U-Wörtern; die Arbeiten von Silverman und Cason und von Lanier zeigten nur das Vorhandensein einer in diese Richtung weisenden Tendenz. Die Studien von Barret, Silverman und Cason zeigten einen Vorteil von A- und U-Wörtern gegenüber I-Wörtern. Die Tatsache, daß das Zufallsgedächtnis oder das Sich-Erinnern nach partiellem Lernen deutlich unterschiedliches Behalten von gefühlsbetontem Material zeigen, und daß vollständiges Lernen die Leistungsfähigkeit des Erinnerungsvermögens ausgleicht, paßt zu der Ansicht von Adams (135), der Lernprozeß sei zu langsam, als daß man seine Dynamik beobachten könnte.

Die durch die Untersuchung von Zufallsgedächtnis und partiellem Lernen eingeschlagene Abkürzung ermöglicht einen Einblick in manche Vorgänge beim Lernen von gefühlsbetontem Material. Von mehreren Versuchen, Faktoren auszuschließen, die das differentielle Erinnern von A-U-I-Wörtern verdecken könnten, mag der folgende erwähnt werden: Man versuchte, Wörter zu verwenden, die man danach ausgesucht hatte, ob sie gleich häufig gebraucht wurden, gleich lang waren und der gleichen grammatischen Kategorie zugehörten. Stagner (121) legte Daten vor, um zu beweisen, daß diese Faktoren auf die Ergebnisse dieser Art von Versuchen keinen signifikanten Einfluß ausüben, und Carter, Jones und Shock (39) waren der gleichen Ansicht; aber in mehreren späteren Versuchsreihen, besonders in der ungewöhnlich sorgfältigen Studie von Barret, bemühte man sich, dieser Faktoren Herr zu werden. Stagner (121) konstruierte einen Versuch, um die häufig unbeachtete Wirkung von Vorrang *(primacy)* und Neuheit *(recency)* zu untersuchen; auch die Studie von Barret (115) berücksichtigte diese Wirkung. Die Möglichkeit, daß angenehme Wörter besser behalten werden, weil sie mit mehr Assoziationen verbunden sind, war schon durch Griffitts' (49) Assoziationsversuch angedeutet worden. White (126) bestätigte dieses Ergebnis, obwohl er große individuelle Überschneidungen fand. Die Ergebnisse Barrets (115) zeigten nur eine geringe Beziehung zwischen der Lebhaftigkeit der Lustbetonung — dem Faktor, den sie bei der Auslösung einer differentiellen Erinnerung für signifikant hielt — und der Zahl der Assoziationen. Auf den Einfluß des Alters der Versuchspersonen auf das Überwiegen von angenehmen Wörtern beim Erinnern hatte Peters (42) bei seinen Studien über die Erinnerungsassoziationen hingewiesen; Thomson (109), Bebe-Center (55) und Carter (125) machten noch einmal auf dieses Problem aufmerksam. Gilbert (136) untersuchte es experimentell und stellte wie Peters (43, 44) fest, daß das Überwiegen von angenehmen Wörtern in der Erinnerung bei Erwachsenen ausgeprägter ist als bei Kindern[54]. Die Frage wurde nicht zufriedenstellend geklärt, weil nur Gilbert mit Kindern unter zehn Jahren arbeitete; Carters Versuch mit Kindern über zehn Jahren und mit Jugendlichen und die Versuche Barrets und anderer mit College-Studenten zeigten auch ein Überwiegen der angenehmen Wörter gegenüber den unangenehmen beim Erinnern.

Ob das unmittelbare oder das spätere Sich-Erinnern die bessere Probe für das differentielle Erinnern von A- und U-Wörtern ist, hat man hier nicht so gründlich untersucht wie bei den Erlebnisversuchen. White und Ratliff (124) kamen zu dem Schluß, je länger der Aufschub, desto ausgeprägter

---

[54] »Von der Kindheit zum Erwachsenenalter entwickelt sich eine hedonistische Selektivität« (S. 435).

»Die soziale Einschränkung, die dem hedonistischen Verhalten bei Erwachsenen auferlegt wird, läßt sich natürlichen Denkgewohnheiten oder -neigungen nicht auferlegen, die primär hedonistisch sind. Im Gegenteil dient sie dazu, diese gleichsam zum Ausgleich für die sozialen Verhaltenseinschränkungen zu übertreiben. Kinder jedoch, deren hedonistische Antriebe vergleichsweise wenig eingeschränkt werden, brauchen ihre Zuflucht nicht bei solchen automatischen Ausgleichsmaßnahmen zu suchen ... als andere Erklärung könnte dienen, daß die Unterscheidung zwischen Angenehmem und Unangenehmem bei Kindern in den höheren geistig-seelischen Vorgängen noch nicht gut genug entwickelt sind, einfach deswegen, weil die höheren Prozesse noch in der Entwicklung begriffen sind« (S. 438).

Diese Feststellung über die »Entwicklung der hedonischen Selektivität« zeigt wiederum, daß die untersuchte Wirkung nicht die der »Verdrängung« ist.

sei die Wirkung. Gilbert (136) behauptete, das unmittelbare Erinnern sei keine befriedigende Prüfung der Bevorzugung beim Sich-Erinnern.

Zur Entwicklung der bisher beschriebenen und bis zum Ende zu beschreibenden Versuche haben mehrere Übersichten beigetragen. Die positive Kritik Meltzers (95), die übermäßig optimistische Beurteilung der Ergebnisse von Beebe-Center (55) und Casons (101, 137) übermäßig pessimistische Ansicht haben einen Großteil der technischen Verbesserungen angeregt, von denen bisher die Rede war. Die Übersichten von Moore (138) und Gilbert (139) gaben ein Urteil über die Entwicklung ab, die nach früheren Synopsen stattgefunden hatte. Auch die meisten Forscher nahmen in ihren Berichten kritisch zu früheren Versuchen Stellung. Aber weder die Übersichten noch die historischen Anmerkungen der Versuchsberichte erörterten das Wesen der Wirkung der Gefühlsbetonung auf das Gedächtnis, die untersucht worden war. Erst 1937 veröffentlichte Young (140) eine experimentelle Studie, in der er die Fälle echter affektiver Reaktion auf Wörter — an Stelle von Bewertungen der Wörter als A, U oder I — mit den Ergebnissen korrelierte, die die verschiedenartige Erinnerung an A- und U-Wörter zeigten. Er fand keine Beziehung zwischen den beiden Größen und folgerte, die *Bedeutung des Angenehmen und des Unangenehmen* sei etwas ganz anderes als ein *bewußt empfundenes Erleben des Angenehmen und des Unangenehmen,* und seine negative Feststellung sei »zu erwarten (gewesen), wenn man von der Annahme ausgeht, daß das Sich-Erinnern an eine *angenehme und unangenehme* Bedeutung wenig Bezug zur *angenehmen und unangenehmen Empfindung* hat« (S. 596). Youngs theoretische Erklärung besagt, das Sich-Erinnern sei ein zerebraler Vorgang, während er annimmt, die primären affektiven Reaktionen hätten ihr Zentrum auf der Ebene des Thalamus. Er behauptet, es gebe zwar assoziativ geweckte Gefühle, aber sie seien bei Versuchen der hier besprochenen Art nicht notwendigerweise beteiligt[55].

---

[55] »Sich-Erinnern ist ein zerebraler Vorgang; von den primären affektiven Reaktionen nehmen wir an, sie hätten ihr Zentrum auf der Ebene des Thalamus. Es gibt natürlich zerebral geweckte Gefühle des Angenehmen und des Unangenehmen. Jedermann weiß, daß angenehme und unangenehme Empfindungen durch ein Sich-Erinnern an frühere Erlebnisse und durch die Vorstellung möglicher Situationen geweckt werden können. Die Angabe, man empfinde ein assoziativ gewecktes Gefühl des Angenehmen ist eines, aber das bloße Anführen von Wörtern mit angenehmer oder unangenehmer Bedeutung ist etwas anderes. Wenn man diesen Unterschied nicht erkennt, ist nur Verwirrung die Folge. Wenn der Psychologe sagt, ›Liebe‹, ›schön‹ und ›Musik‹ seien *angenehme* Wörter, weiß er, daß mit diesen Wörtern Assoziationen verbunden sind, die eine ange-

b. Das Sich-Erinnern an Material, das der Proband mag, im Gegensatz zu mißliebigem

Bei den Versuchen dieser kleinen Gruppe wurde Material verwendet, das für die Probanden mehr Bedeutung hatte als das der Versuche mit A-, U- und I-Wörtern. Myers (141) und Laird (142) forderten ihre Probanden auf, Listen von Personennamen, Nahrungsmitteln, Tieren, Farben usw. anzufertigen. Später wurden die Probanden gebeten, die Bezeichnungen der Items dieser Kategorien aufzuschreiben, die sie am meisten und am wenigsten schätzten. Myers stellte fest, daß die Bezeichnungen der am meisten geschätzten Dinge und Personen meistens am Anfang der ursprünglichen Listen auftauchten, während Bezeichnungen für am wenigsten geschätzte Dinge oder Personen meist entweder spät auftauchten oder weggelassen worden waren; er folgerte: »Daraus kann man mit einiger Sicherheit schließen, daß man sich lieber das Angenehme als das Unangenehme merken möchte« (S. 90). Laird folgerte, seine Ergebnisse wiesen nicht unbedingt auf ein Vergessen des Unangenehmen hin (S. 301); er ließ sich Selbstbeurteilungen und Gruppenbeurteilungen der optimistischen und pessimistischen Tendenzen seiner Probanden geben und fand, daß die Optimisten eine ausgeprägte Neigung hatten, die geschätzten Items zuerst aufzuschreiben, während die Pessimisten dazu neigten, die nicht geschätzten Items zuerst aufzuführen. Diese Folgerungen weisen darauf hin, daß das Ausgedrückte ein Maß für das Erinnerte und das Unausgedrückte ein Maß für das Vergessene ist, und daß die Stellung in der Abfolge der Aufzählung ein Maß für die Leichtigkeit des Sich-Erinnerns ist. Myers behauptete, »wahrscheinlich entspricht auf die Dauer gesehen das Gedächtnis dem Ausdruck« (S. 91). Eine derartige Ansicht widerspricht gewiß den klassischen Auffassungen vom Gedächtnis, die dieses mit der Fähigkeit des Sich-Erinnerns, des Wiedererkennens oder des Bewahrens im Wiederlernen gleichsetzten. Wenn man jedoch das Gedächtnis als *einen Aspekt der Organisation von Denkvorgängen* ansieht, wird die Aussage von Myers selbstverständlich, und selbst der Zweifel, den er anmeldet — nämlich, daß soziale Rücksichten den Ausdruck des Erinnerten hemmen — verliert seine Angemessenheit.

---

nehme Empfindung wecken oder zu wecken die Tendenz haben. Das Bemerken einer angenehmen *Bedeutung* ist jedoch nicht das gleiche wie ein tatsächliches Erwecken angenehmer *Gefühle*. Die Versuchsperson mag die Bedeutung des Angenehmen bemerken, ohne daß eine Empfindung, ein Gefühl geweckt wird; selbst in tiefer Niedergeschlagenheit wird sie vielleicht die Bedeutung des Angenehmen bemerken, ohne eine Spur eines angenehmen Gefühls zu empfinden« (S. 596).

A. Peters (143) zeigte ihren Versuchspersonen Porträts[56] und bat um Bewertungen nach A, U und I. Berliner (144) zeigte Kunstpostkarten und bat um Einordnung in eine ästhetische Rangreihe. Beide führten je vier Prüfungen des Wiedererkennens nach einiger Zeit durch. Die Ergebnisse waren bei beiden Versuchen positiv. Peters fand beim Wiedererkennen eine Abfolge von A, U und I und ein besseres Wiedererkennen bei größerer Intensität des A und U als bei geringerer; Berliner fand, daß Karten, die ästhetisch höher bewertet worden waren, besser wiedererkannt wurden als jene, die geringer bewertet worden waren. Fox (146) forderte seine Versuchspersonen auf, zwei Sonette auswendig zu lernen, und fragte sie nach der Erinnerungsprüfung, welches der beiden sie vorzögen. Selz (147) forderte seine Probanden auf, vier Vorträge, die sie gehört und über die sie berichtet hatten, nach ihrer Vorliebe in eine Rangreihe zu bringen. Sowohl Fox als auch Selz führten nach einer Woche eine Erinnerungsprüfung durch und stellten fest, daß die Probanden sich jeweils an das Item besser erinnerten, das sie bevorzugt hatten. Ein Nachteil des Versuchs von Fox bestand darin, daß die Rangreihe erst nach der Erinnerungsprüfung aufgestellt wurde; Erfolg und Mißerfolg können die Vorliebe unmittelbarer beeinflußt haben. Selz meinte, das Behalten sei unmittelbar von der Vorliebe abhängig; er wandte sich gegen die Auffassung, nach der ein gemeinsamer Faktor Vorliebe und Behalten bestimmte. Die Behauptungen von Fox waren etwas selbstgefällig, beruhten aber nicht so sehr auf dem eigenen Versuch, sondern vielmehr auf der Theorie Wards:

»Aus unserer Untersuchung folgt, daß alle experimentellen Aussagen über das Gedächtnis, die den subjektiven Faktor außer acht lassen, abzulehnen sind ... ›es gibt im Erleben keine reine Passivität, und selbst die Ideenassoziation ist determiniert, nicht mechanisch, sondern durch subjektive Auswahl und subjektives Interesse‹« (S. 403).

Diese Versuche, bei denen bedeutungsvolleres Material benützt wurde, und die so organisiert waren, daß sie für die Probanden psychisch relevant waren, scheinen die Ergebnisse der Versuche mit A-U-I-Wörtern zu bestätigen, aber die methodologische Sauberkeit und die statistische Zuverlässigkeit, die bei jenen Versuchen erreicht wurden, fehlen hier. Die emotionalen Faktoren — Wertschätzung, Abneigung, ästhetischer Wert, Interesse — haben immer noch Urteilsqualität, wenn auch manche dem Gefühlskern der Persönlichkeit näher zu stehen scheinen als Urteile über Angenehmes, Unangenehmes und Indifferentes.

---

[56] Die Signifikanz der Beurteilung von Porträts ist von Rapaport (145) erörtert worden.

c. Versuche mit Psychiatrie-Patienten über die Erinnerung an angenehmes und unangenehmes verbales Material

Die bei der vorigen Gruppe von Versuchen angewandte Methode stellte insofern eine Verbesserung dar, als Material und Verfahren für die Probanden eine gewisse persönliche Relevanz hatten. Sie hatte auch den Vorzug, nicht nur quantitative Unterschiede, sondern auch einige qualitative Eigenheiten des Einflusses der Vorliebe auf das Gedächtnis zu zeigen. Auch die Versuche, die wir hier besprechen wollen, machen einige qualitative Aspekte der Beziehung zwischen Gefühl und Gedächtnis deutlich:

Birnbaum (34) hatte Psychiatrie-Patienten benützt, um den Einfluß der Gefühlsbetonung auf Assoziationen zu untersuchen. Dabei legte er die Annahme zugrunde, daß, falls das Affektleben pathologisch gesteigert ist, die Wirkungen selbst mäßig gefühlsbetonten Materials auf das Gedächtnis bemerkbar sein könnten. Diese Idee wurde von Waldberg (148) und Sharp (149) bei Erinnerungsversuchen angewandt. Die Anwendung der Methode wurde auch in Gilberts Übersicht empfohlen (139).

Waldberg wählte willkürlich einzelne Wörter[57] aus, die häufig mit Komplexen verbunden waren, ohne zunächst zu berücksichtigen, ob sie A, U oder I waren. Sharp wählte auf der Grundlage der Fallgeschichte des jeweiligen Probanden angenehme, unangenehme und indifferente Substantive, die er dann in bedeutungsvoller Weise mit A-, U- und I-Adjektiven koppelte. Waldberg gab keine Lern-Anweisung, bat nur um Aufmerksamkeit und bot ihre Wortliste einmal dar; dann forderte sie zur Reproduktion auf und erbat einen introspektiven Bericht. Sharp gab Lernanweisungen, drei Erinnerungsprüfungen in zeitlichem Abstand von zwei, neun und 16 Tagen und dann eine Wiederlern-Prüfung. Waldberg interessierte sich für den Einfluß von Affekten auf das Gedächtnis; Sharp bemühte sich, Freuds Verdrängungstheorie experimentell zu verifizieren, ebenso eine Theorie der Gedächtniserleichterung, die besagte, Freuds »Lustprinzip« bringe auch eine Erleichterung des Sich-Erinnerns an lustbetontes Material mit sich. Waldberg benützte vier Versuchsgruppen: normale Erwachsene, normale Kinder, Psychotiker und Epileptiker. Sharp benützte drei Gruppen von Psychoneurotikern und drei Kontrollgruppen von Normalen.

Die Ergebnisse von L. Waldberg waren rein qualitativ. Sie stellte fest, daß der normale Erwachsene dazu neigt, die ursprüngliche Wortfolge zu reproduzieren und sie nur bei Wörtern zu unterbrechen, die einen persön-

---

[57] Nämlich: Untreue, Bettnässen, Eifersucht, Schlafzimmer, Polizei, Besuch, Arzt, Haushalt, Rache, Fegefeuer, Gottesdienst, Prediger, Gesicht, Schwester, Tante, Vater, Feuer.

lichen Gefühlswert für ihn haben. Es bestand die Tendenz, Wörter zu »verdrängen«, die mit Komplexen zusammenhingen, die die Selbstachtung beeinträchtigen; andere mit Komplexen verbundene Wörter zeigten, ob angenehm oder unangenehm, eine besondere Leichtigkeit der Reproduktion. Bei Kindern zeigte sich eine geringere Menge der Reproduktion und eine schwächere Neigung, die ursprüngliche Wortfolge beizubehalten; beide Tendenzen nehmen mit dem Alter der Versuchsperson zu. Es stellte sich heraus, daß Psychotiker die Wortfolge nicht berücksichtigten und Wörter reproduzierten, die in hohem Maß mit »Komplexen« verbunden waren oder mit einem noch nicht lange zurückliegenden Erlebnis zusammenhingen; die wichtigsten davon kamen beim Sich-Erinnern immer wieder vor; Wörter, die bei der Reproduktion genannt wurden, aber nicht in der ursprünglichen Reihe vorhanden gewesen waren, hingen immer mit Komplexen zusammen. Epileptiker reproduzierten nur wenige Wörter und neigten dazu, die Reproduktion mit Wörtern zu beginnen, die als letzte dargeboten worden waren — »um sicher zu gehen« —, und mit Beharrlichkeit und Verzerrungen willkürlich das zu reproduzieren, »was ihnen zufällig im Gedächtnis haften geblieben war«.

Sharp faßte ihre Ergebnisse folgendermaßen zusammen:

»Das unangenehme Material ist sehr viel schwerer zu lernen als die neutrale Liste, aber es wird schlechter behalten. Das annehmbare Material ist auch schwieriger als die neutrale Liste, aber es wird über die längeren Zeitabschnitte effektiver behalten. Die Schwierigkeiten beim annehmbaren und beim unannehmbaren Material sind ungefähr gleich, aber in bezug auf das Behalten unterscheiden sie sich von Grund auf« (S. 410).

Sie folgerte:

»1. Der Prozeß der Verdrängung beeinflußt sowohl das angenehme als auch das unangenehme Material, aber in verschiedenem Maß. 2. In beiden Fällen ist der Verdrängungsprozeß auf die ersten beiden Tage nach dem Lernen beschränkt. Dieser Umstand legt die Vermutung nahe, daß die Verdrängung insofern ein autonomer Vorgang ist, als sie vor dem ersten Sich-Erinnern eintritt. 3. Die Überhöhung andererseits beschränkt sich auf das angenehme Material und findet erst nach dem ersten Sich-Erinnern statt. Dieser Umstand läßt die Möglichkeit vermuten, die Überhöhung des angenehmen Materials könnte eine Folge der vorherigen aktiven Erinnerung sein« (S. 418).

Der Versuch Waldbergs ist zwar in seinem Aufbau mehr klinisch als experimentell, und auch etwas willkürlich; er ist aber insofern von Wert, als er einige der qualitativen Aspekte des Einflusses von Komplexen und Affekten auf die Reproduktion deutlich macht. Es wurden verschiedene Typen der affektiven Organisation (Kind, Heranwachsender, Psychotiker, Epileptiker) untersucht, nicht der Einfluß spezifischer Affekte. Sharps Versuch zeichnet sich durch die Auswahl der Wörter auf der Basis der Krankengeschichte des Probanden und durch die Verwendung *bedeutungsvoller* Verknüpfungen von Substantiven und Adjektiven aus. Ihr Anspruch, die »Verdrängung« untersucht zu haben, ist jedoch nicht gerechtfertigt. Der Unterschied zwischen den Mechanismen der »Verdrängung« und der »Erleichterung«, den sie fand, und die Verweisung der »Erleichterung« in den Bereich der Wiederholungswirkungen scheint jedoch signifikant zu sein. Sharps Versuch wurde von Sears (150) wiederholt, wobei College-Studenten die Probanden waren; die Wortpaare von Sharp und ähnliche Parallelreihen, die von einer Gruppe psychoanalytisch Behandelter ausgewählt worden waren, wurden verwendet. Im Gegensatz zu Sharp, deren Kontrollgruppen die gleichen Reaktionen zeigten wie die Psychoneurotiker, stellt Sears fest:

»Die einzige Folgerung in bezug auf Verdrängung, die man vernünftigerweise aus diesen Ergebnissen ableiten kann, besagt, daß die beschriebene Methode, falls Verdrängung wirksam gewesen sein sollte, zu ihrer Messung nicht geeignet war«.

Die Bedeutung dieser Versuche liegt darin, daß sie mit Psychiatrie-Patienten durchgeführt wurden, und daß das Wortmaterial mit den Problemen der Versuchspersonen zu tun hatte. Sharp stellte diesen Zusammenhang her, indem sie ihr Wortmaterial den Krankengeschichten entnahm; Waldberg erreichte ihn, indem sie die Versuchspersonen um introspektive Berichte bat und ihre Ergebnisse mit den Krankengeschichten verglich.

d. Der Einfluß von »Gefühlen« auf das Lernen und die »geistig-seelische Einstellung«

Bei der Gruppe von Versuchen, die hier besprochen werden soll, benützte man eine »geistig-seelische Einstellung«, um die Gefühlsbetonung herbeizuführen, deren Einfluß auf das Gedächtnis untersucht werden sollte. Bei einigen dieser Versuche führte die geistig-seelische Einstellung die Gefühlswirkung herbei, bei anderen wurde sie benützt, um die Versuchspersonen für die Gefühlsbetonung aufgeschlossen zu machen. Der offensichtliche Vorzug dieser Versuche gegenüber den Versuchen, bei denen A-, U- und I-Wörter verwendet wurden, besteht darin, daß hier nicht nur von dem gelernten und erinnerten Material Kenntnis genommen wird, sondern auch von zumindest einem Teil der Beziehung des Probanden zu diesem Material. Dies ist ein Schritt in Richtung auf eine experimentelle Untersuchung der »Gesamtsituation«.

Bevor wir über diese Versuche berichten, wollen wir uns noch einmal ansehen, was mit »geistig-seelischer Einstellung« gemeint ist. Gundlach,

Rotschild und Young (151) haben die »geistig-seelische Einstellung« experimentell analysiert und folgendermaßen beschrieben:

»Das Wort ›Einstellung‹ (*set*) hat mehrere Bedeutungen. Erstens weist es auf etwas hin, das festgelegt ist, wie z. B. unsere Vorurteile, festen Ansichten und Gewohnheiten. Es ist ein grundlegendes biologisches Prinzip, daß das Nervensystem seine Organisation beibehält, daß es mehr oder weniger dauerhaft ›eingestellt‹ ist. Zweitens läßt das Wort ›[Ein]stellung‹ an eine Körperhaltung denken, die ein Organismus vorübergehend einnimmt. So hat der Läufer, der in den Startlöchern steht und auf den Startschuß wartet, eine bestimmte Bereitschaftsposition. Die Katze, die sich auf dem Boden zusammenduckt, um sich auf eine Maus zu stürzen, hat ihre Ausgangsposition. In diesen Fällen geht es um eine zeitweilige Vorbereitung für ein Handeln, die merkliche Veränderungen in der Muskelkoordination mit sich bringt. Drittens weist das Wort ›Einstellung‹ auf eine zeitweilige Vorbereitung hin, die nicht unmittelbar von Veränderungen des Muskeltonus abhängig ist. Zum Beispiel bin ich nach mehreren Stunden wissenschaftlicher Arbeit auf meinen Vortrag ›eingestellt‹. Der Pianist ist darauf eingestellt, eine Beethovensonate zu spielen. Eine derartige neurale Vorbereitung braucht sich nicht in irgendeiner besonderen Körperhaltung zu manifestieren. Viertens weist das Wort auf eine zeitweilige Bereitschaft zum sofortigen Handeln hin, wie sie durch Anweisungen bestimmt ist« (S. 247).

McGeoch (152) beschreibt die Wirkung der »geistig-seelischen Einstellung« auf das Gedächtnis und setzt sie mit dem von Ach (153) geprägten Begriff »determinierende Tendenz« gleich:

»Es ist wahrscheinlich, obwohl die experimentellen Beweise dafür noch nicht schlüssig erbracht sind, daß das Vergessen auch von der Einstellung oder determinierenden Tendenz abhängig ist. Daß das Interesse oder die Einstellung, die in eine bestimmte Richtung gehen, auf das Erinnerungsvermögen einen selegierenden Einfluß ausüben, ist bekannt; wenn die Einstellung in eine falsche Richtung geht, kann das Erinnerungsvermögen versagen, obwohl es bei einer richtigen Einstellung funktioniert« (S. 347).

G. Humphrey (154) definiert den Begriff »determinierende Tendenzen«[58] weitgehend so, wie Lewin in seiner Theorie »Bedürfnisse« definiert. Das Konzept von der »geistig-seelischen Einstellung« führt zu dem Konzept

---

[58] »Es stellt sich heraus, daß Verhalten und Denken einer Versuchsperson, wenn sie mit einem Problem konfrontiert wird, nicht nur von den Assoziationen bestimmt werden, die durch frühere Erfahrungen mit dem Problem verbunden sind, sondern auch durch das, was wir heute als Bedürfnis bezeichnen, das aus der Aufgabe hervorgeht, die die Versuchsperson sich selbst gestellt hat. Diese Bedürfnisse geben dem Seelenleben seinen geordneten und gerichteten Charakter, obwohl wir uns ihrer an sich nicht bewußt sind. Man bezeichnet sie als determinierende Tendenzen« (S. 389).

von den »determinierenden Tendenzen« und zu dem Konzept Lewins von den »Bedürfnissen«, und die Versuche, die im Folgenden besprochen werden sollen, führen zu den Lewinschen Versuchen. In anderer Hinsicht geht das Konzept von der »geistig-seelischen Einstellung« in das vom »Kontext« über. McGeoch (152) definiert »Kontext« folgendermaßen:

»Eine Art von Kontext besteht in der Stimulierung durch die äußere Umgebung, wie die Möbel, den Versuchsleiter und die Apparate. Eine zweite Art ist die Stimulierung durch die Interozeptoren [Innenreizempfänger], die das Körpergefühl bestimmen, und eine dritte Art ist der Vorstellungskontext, der den unwesentlichen Inhalt des Bewußtseins darstellt. Diese Faktoren können mit dem gelernten Material verbunden sein, und viele von ihnen sind es« (S. 347).

Pans (155) Versuch über die Wirkung des »Kontexts« auf das Gedächtnis zeigte:

»Das Sich-Erinnern an jegliches Material wird begünstigt durch einen Umweltfaktor, der in irgendeiner assoziativen Verbindung mit dem Material steht. Fehlt eine derartige Assoziation, ist die Umweltsituation wahrscheinlich für das Erinnerungsvermögen ungünstig« (S. 490)[59].

Die »determinierende Tendenz«, das »Bedürfnis« und die vier verschiedenen Arten der »Einstellung«, wie sie von Gundlach, Rotschild und Young beschrieben werden, sind die Faktoren, die in die in diesem Abschnitt besprochenen Versuche den »Gefühlseinfluß« einführen oder ihn verstärken[60].

Flanagan (156) und Sharp (157) benützten paarweise geordnete sinnlose Silben: Sharps Silbenpaare hatten religiöse oder unanständige Anklänge (wie: jeh-sus, god-dum), und Flanagans Silbenpaare erinnerten an Sexuelles (wie: piy-nis); beide verwendeten Kontrollmaterial mit harmlosen Anklängen. Diese Forscher hatten sich vorgenommen, die Freudsche Verdrängungstheorie zu untersuchen. Sharp war sich klar über die Ähnlichkeit ihres Versuchs mit dem von Langfeld (160, 161) über die unterdrückende Wirkung von »negativer Einstellung«. Langfeld forderte seine Probanden auf, eine Reihe von Fragen logisch zu beantworten, aber seine Zusatzanweisungen schlossen bestimmte Arten von Antworten aus; dieser absichtliche Eingriff in einen Teil der logischen Antwort brachte die »negative Einstellung« zustande. Bei Sharps Versuch war die »negative Einstellung« durch die gesellschaftlich unannehmbare unanständige Bedeutung gegeben; sie wirkte dem Bemühen, sich zu erinnern, entgegen.

---

[59] Siehe auch die einschlägigen Versuche von Smith und Guthrie (158) und von Wong und Brown (159).

[60] Zu »Kontext« und »Einstellung« siehe auch Woodworth (187).

Flanagan war sich der Ähnlichkeit seines Versuchs mit dem Versuch Langfelds, den Versuchen von Pan (155) und Key (162), die die Wirkung von »Kontext« auf das Gedächtnis untersucht hatten, bewußt. Sowohl Flanagan als auch Sharp fanden statistisch signifikante Unterschiede beim Lernen und Reproduzieren von Material mit gesellschaftlich unannehmbaren Anklängen sexueller und unanständiger Art gegenüber Material mit harmlosen Anklängen; beide behaupteten, sie hätten Freuds Verdrängungstheorie experimentell bewiesen. Die Versuche scheinen enger mit dem Einfluß von »geistig-seelischer Einstellung« und sozialer Unannehmbarkeit als mit der Verdrängungstheorie verknüpft zu sein; es läßt sich jedoch nicht leugnen, daß der Faktor der gesellschaftlichen Unannehmbarkeit eine Gefühlsbetonung trägt, die ihre Wurzeln wahrscheinlich in größerer Tiefe hat als die angenehme, unangenehme und indifferente Qualität einzelner Wörter. Die Relevanz dieser Versuche für die Freudsche Verdrängungstheorie kann nicht als bewiesen angesehen werden; aber Sharp beschreibt Reaktionen ihrer Probanden in der Situation einander widerstreitender Motivationen, die den »Mechanismen« Freuds ähnlich sind[61].

Barret (115) machte bei ihrem bereits früher besprochenen Versuch eine Zufallsbeobachtung, die sie veranlaßte, den Einfluß von »gefühlsmäßiger Einstellung« auf das Erinnern von gefühlsbetontem Material zu untersuchen. Eine Gruppe ihrer Versuchspersonen wich von den anderen insofern ab, als sie U-Material besser reproduzierte als A-Material. Die Unter-

---

[61] »Während dieser Untersuchung lösten die Probanden die Schwierigkeit auf eine der folgenden Weisen:

1. Umwegmethoden, äußerst undeutliche Aussprache, um die Tatsache zu verdecken, daß das Material erkannt worden ist. In etwa zwei Dritteln der Fälle sprachen die Probanden zunächst die unanständigen Silben richtig aus, aber sobald sie den Klang des Tabu-Materials erkannten, veränderten und verzerrten sie sofort die Aussprache.

2. Es wurden kunstvolle Lernsysteme aufgebaut, bei denen der offensichtliche Sinnzusammenhang außer acht gelassen wurde. Ein Proband lernte die Reaktionssilben nacheinander in vertikaler Reihenfolge und ließ die Reiz-Silben beiseite.

3. Manche Probanden gaben offen, plötzlich und mit seltsamer Stimme, mit verlegenem Verhalten, den Versuch auf, ihr Wissen um die Art des Materials zu verbergen, und lernten dies rasch. Dies geschah nach einem Zeitraum, während dessen sie das Offensichtliche nicht zugeben wollten und unfähig gewesen waren, die Silben zu lernen oder zu reproduzieren. In vielen Fällen warteten die Probanden bis fast zum Ende der zwei Sekunden, die ihnen für die Reproduktion zur Verfügung standen und platzten dann mit der richtigen Antwort heraus, als sei es eine große Anstrengung, den verdammten Beweis für ihre Gedanken hervorzustoßen« (S. 20 f.).

suchung brachte ans Licht, daß diese Gruppe zur Zeit der Wiedererkennensprobe mit Bangen einer Schulprüfung entgegensah, und Barret nahm an, daß diese Erwartungsangst einen Einfluß auf das Sich-Erinnern ausgeübt hatte. Um die Wirkung solcher »Einstellungen« zu überprüfen, entwickelte sie zwei Versuche:

»Dreißig Studenten wurden aufgefordert, die Nummern von zehn Adjektiven anzustreichen, die jeweils auf vier Beschreibungen von unangenehmen Verhalten zutreffen könnten. Nach zwölf bis 48 Stunden wurde geprüft, wie die zehn Adjektive behalten worden waren.

Es wurden Charakterskizzen von angenehmem, unangenehmem und sowohl unangenehmem als auch angenehmem Verhalten angefertigt, um nach Möglichkeit zwischen einer Einstellung zu unterscheiden, bei der logische Relevanz beteiligt war, und einer Einstellung, bei der emotionale Folgerichtigkeit eine Rolle spielte. Bei jedem skizzierten Charakter sollte eine Gruppe von Versuchspersonen in einer Liste mit dreißig Adjektiven, die ihnen vorgelesen wurden, die Nummern aller Wörter anstreichen, die für die fragliche Charakterisierung geeignet wären. 48 Stunden später wurde geprüft, wie die Versuchspersonen die Adjektive der Liste reproduzieren und wiedererkennen konnten« (S. 52).

Wenn auch ein Teil der Ergebnisse nicht schlüssig war[62], folgerte die Autorin doch, daß die »emotionale Einstellung« für das Erinnern von angenehmen und unangenehmen Items eine Rolle spielt. Sie stellte die Theorie auf, das bessere Behalten der angenehmen Wörter bei ihrem Versuch (und wahrscheinlich bei allen anderen Versuchen, die zu ähnlichen Ergebnissen führten) sei auf die »gute Stimmung« der Versuchspersonen zurückzuführen. Man beachte, daß die »geistig-seelische Einstellung«, die Barret *zufällig* beobachtet hatte, zur Zeit der Reproduktion wirksam war, daß aber die Einstellung, die sie *systematisch* untersuchte, beim Vorlegen des Materials erzeugt worden war; infolgedessen erscheinen ihre Schlußfolgerungen ziemlich weit hergeholt. Ihr Versuch hat trotzdem den gleichen Vorzug wie die Versuche von Sharp und Flanagan, weil hier eine Komponente der »Gesamtsituation« der Versuchsperson gesteuert wurde. Diese Komponente hat Kontext-Charakter, während die von Sharp und Flanagan untersuchte eine »geistig-seelische Einstellung« war, die auf einer ziemlich beständigen Haltung aufgebaut war.

Bei den Versuchen von Sharp, Flanagan und Barret war der Rahmen konkret und mit dem Material verbunden. Bei den Versuchen von Sullivan (163) und McKinney wurde ein sehr viel weniger spezifischer Rahmen verwendet, ein Rahmen, der vom Versuchsmaterial unabhängig war. Bei

---

[62] Der Gegensatz zwischen der angenehmen Charakterskizze und den unangenehmen Adjektiven wurde von den Versuchspersonen so scharf empfunden, daß er ihnen die Reproduktion der unangenehmen Adjektive erleichterte.

Sullivans Versuch lernten zwei Gruppen von Kindern sinnlose Silben; nach einer Prüfung wurde der einen Gruppe gesagt, sie habe sehr gut abgeschnitten, der anderen sagte man, sie habe völlig versagt. Sullivan stellte fest:

»... die zum Auswendiglernen einer Gedächtnisreihe erforderliche Zeit wird durch das Wissen, daß man bei einem früheren Durchgang versagt hat, verlängert; durch das Wissen, daß man Erfolg gehabt hat, wird sie verkürzt« (S. 141). »Der Wert für die Reproduktion, gemessen durch die Verkürzung der zum Lernen erforderlichen Zeit, ist im Fall des Berichts über ein Scheitern kleiner und im Fall des Erfolgsberichts größer« (S. 142).

Bei einem der Versuche McKinneys wurden die Probanden fortwährend an das Verstreichen der Zeit erinnert; bei einem anderen wurde eine Zeitgrenze gesetzt, die für die Aufgabe nicht ausreichte. McKinney stellte fest,

»... daß die Fehler recht deutlich zunehmen, wenn ein Zeitfaktor eingeführt wird, und noch mehr zunehmen, wenn eine Zeitgrenze und eine Andeutung der Unterlegenheit eingeführt werden« (S. 105);
»... daß die Zeit infolge der Einführung eines Zeitfaktors in die Versuchssituation zunehmen oder abnehmen kann, aber die Tendenz scheint eher in Richtung auf eine Zunahme zu gehen ... daß die Zahl der Anläufe, die zum Lernen erforderlich sind, mäßig von einem Zeitfaktor oder einem Minderwertigkeitsgefühl beeinflußt wird — häufiger in Richtung auf eine Zunahme« (S. 107).

Die Verfahren Sullivans und McKinneys gründeten sich auf Alltagsbeobachtungen der Wirkung von Erfolg, Mißerfolg und Zeitbegrenzung. McKinney machte Aufzeichnungen über seine Beobachtungen, auf Grund deren er folgerte, »es besteht kaum Zweifel, daß ein echtes Gefühl induziert wurde« (S. 110). Sullivan formulierte seine Ergebnisse gemäß dem »Erfolgsgesetz«. McKinney versuchte eine Erklärung gemäß der »Notfalls-Theorie« der Gefühle:

»... man sollte sich daran erinnern, daß die physiologischen Begleitumstände der Gefühlserregung den Körper für offenkundiges Verhalten vorbereiten und nicht für Vorstellungsaktivität. Das Individuum ist energiegeladen und impulsiv; es fällt ihm schwerer, seine Aktivität gedanklich darzustellen als die muskuläre Reaktion zu erbringen, für deren Ausführung ihn vitale Prozesse vorbereiten ... Manche Autoren haben die Gefühle als wichtige Beweggründe angesehen ... Es ist vorstellbar, daß das Gefühl, solange es nur ein sanfter, aber beständiger Reiz ist, als Lenker oder Antriebskraft für gedankliche Aktivität dienen kann, aber sobald ein Gefühl so stark wird, daß impulsives Verhalten unvermeidlich wird, verzögert es viel mehr die Aktivität, als daß es sie steuert ... Wie diese Wirkung zustandekommt, kann man heute nur mutmaßen« (S. 112).

Diese Erklärung baut auf Cannons physiologischer Theorie des Gefühls auf und wird daher durch den Trugschluß entkräftet, man könne aus physiologischen Phänomenen auf psychische schließen; McKinney weist selbst darauf hin, daß die beteiligten psychischen Mechanismen unklar sind. Die Lewinsche Schule der Psychologie hat versucht, auf der Grundlage von Experimenten, die denen von Sullivan und McKinney ähnlich sind, eine Theorie dieser Mechanismen aufzustellen; wir werden sie im nächsten Abschnitt besprechen.

»Kontext«, »Einstellung«, einander widerstreitende Gefühle in bezug auf sozial unannehmbare Wörter, die Wirkung von Erfolg und Mißerfolg, beobachtbare emotionale Wirkungen des Zeitdrucks, unter denen ein Proband steht — sie alle bezeichnen die in der hier beschriebenen Gruppe von Versuchen auftretenden »Gefühlsfaktoren«. Diese Liste weist darauf hin, daß die Aufgabe der einfachen Urteile A, U und I, die Einführung von Material und von Versuchssituationen von größerer persönlicher Relevanz und die Verschiebung der Betonung auf die Untersuchung nicht nur des experimentell-Materiellen, sonderen von Komponenten der »Gesamtsituation« begleitet sind von einer wachsenden Vielfalt der Gefühlsfaktoren, und diese Faktoren gehören zu ganz anderen Ebenen der emotionalen Hierarchie.

e. Zusammenfassung

I. Zu den Versuchen, bei denen es um den »Einfluß von Gefühlen« auf das Behalten von gelerntem Material ging, gehören: 1. jene, bei denen A-, U- und I-Material verwendet wurde; 2. jene, bei denen vom Probanden geschätztes und mißliebiges Material benützt wurde; 3. jene, wo die Versuchspersonen Psychiatrie-Patienten waren, und 4. jene, bei denen eine »geistig-seelische Einstellung« eingeführt wurde, um den Probanden für den Einfluß der Gefühlsbetonung empfänglich zu machen.

II. Bei der ersten Gruppe von Versuchen war man übermäßig besorgt um eine Verbesserung der Technik und um die Ausschaltung störender Faktoren, zunächst durch die Verbesserung der Auswahlmethode des Materials; zweitens durch die Berücksichtigung nicht nur der »emotionalen Qualität«, sondern auch der Stärke der Gefühle; drittens durch Verwendung des Zufallsgedächtnisses und der Erinnerungsprüfung nach einiger Zeit an Stelle des Lernens und der sofortigen Erinnerungsprüfung; viertens durch eine Ausgleichung des Materials hinsichtlich der grammatikalischen Vergleichbarkeit, Länge, Häufigkeit der Verwendung und Anzahl der Assoziationen; fünftens durch eine Berücksichtigung des Vorrangs und der Neuheit, und sechstens durch eine Untersuchung der Einflüsse, die das Alter der Versuchsperson ausübt.

III. Bei der zweiten Gruppe von Versuchen wurde eine *qualitative* Methode eingeführt. Die Probanden zählten Wörter auf, die zu einer bestimmten Kategorie gehörten; später gaben sie an, welche Items der Kategorie ihnen am besten und wenigsten gefielen. Die Position in der ursprünglichen Aufzählung wurde als Maßstab für das Gedächtnis angesehen.

IV. Bei den ersten beiden Gruppen von Versuchen kümmerte man sich wenig um das Wesen des untersuchten »Gefühlsfaktors«; bei der dritten und vierten Gruppe näherte man sich einem Verständnis dieses Faktors und betonte, es sei notwendig, auf die oberflächlichen physiologischen Bezugnahmen zu verzichten und sich vielmehr um ein Verständnis der psychischen Mechanismen zu bemühen, vermittels deren die Gefühle ihren Einfluß auf das Gedächtnis ausüben. Die Existenz des Einflusses von »Gefühlsfaktoren« auf das Gedächtnis war nachgewiesen worden. Da die in diesen Versuchen verwendeten »emotionalen Faktoren« höchst intellektualisiert waren — es handelte sich hauptsächlich um Beurteilungsgrößen —, begegnete man der Notwendigkeit, sie zu »emotionalisieren« dadurch, daß man Psychiatrie-Patienten als Probanden benützte und daß man einen »Rahmen« schuf, der darauf abgestellt war, Gefühle zu wecken.

V. Die Stärke des »Gefühlsfaktors« erwies sich in ihrem Einfluß auf das Gedächtnis als wichtiger als seine Qualität; allerdings fand man gewisse Unterschiede zwischen den Einflüssen des Angenehmen und des Unangenehmen (A und U).

VI. Angenehme und unangenehme Qualität, »Gefühlsbetonung«, »Affektbetonung«, »Lustbetonung«, »Interesse«, »Wertschätzung und Ablehnung«, »Vorliebe«, »Erfolg—Mißerfolg« sind einige Bezeichnungen für den untersuchten »emotionalen Faktor«.

VII. Nur bei McKinneys Versuch wurde ausdrücklich von beobachteten Gefühlen berichtet, obwohl auch bei den Versuchen von Sharp und von Flanagan Beobachtungen von Gefühlen vorkamen. Von vielen Versuchen wurde behauptet, man habe mit ihnen allein auf Grund statistischer Ergebnisse die Verdrängungstheorie Freuds bewiesen oder widerlegt; aber nur bei den Versuchen von Sharp und von Diven wurde von Phänomenen berichtet, die Freudschen Mechanismen ähnlich waren.

5. Die Lewinschen Versuche

Die beiden hervorstechenden Merkmale des bisher besprochenen Versuchsmaterials waren: 1. die große Besorgnis um die Versuchstechnik und ihre Verbesserung, 2. der allgemeine Mangel an Aufmerksamkeit für die psychische Funktion »Gefühl«, deren Einfluß auf das Gedächtnis untersucht wurde. Die meisten Forscher, die sich um das Wesen dieses emotionalen Faktors kümmerten, nahmen Bezug auf physiologische Gefühlstheorien; nur wenige (z. B. Stagner [84], McKinney [164]) betonten, man solle »Gefühle« als einen psychischen Faktor betrachten, und wiesen darauf hin, daß diese psychische Funktion und der Mechanismus ihres Einflusses auf das Gedächtnis ungeklärt sei. Neuerdings ist es üblich geworden, die Unterscheidung zwischen »Psychischem« und »Physischem« als eine in unserem Zeitalter der »psychosomatischen Forschung« überholte Dichotomie zu brandmarken. Diese Unterscheidung bedeutet jedoch nicht notwendigerweise eine theoretische Dichotomie; sie ist vielmehr eine Sache der Methodik. Heute werden nur wenige Menschen die leib-seelische Einheit anzweifeln, aber die meisten Forscher werden sich darin einig sein, daß man einige Probleme dieser leib-seelischen Einheit mit psychologischen Methoden angehen muß, andere mit physiologischen. McKinney, Stagner und andere betonten die Notwendigkeit, das Wesen des »emotionalen Faktors«, der das Gedächtnis beeinflußt, psychologisch zu verstehen. Der einzige systematische Versuch, Gefühle experimentell zu untersuchen — der über eine reine Beschreibung, wie sie sich bei Wundt, Krüger und Störring findet, hinausgeht —, wurde von Lewin und seinen Schülern (165) unternommen. Ihre Untersuchungen über Gefühle und über das Gedächtnis regten zu späteren Versuchen an, bei denen behauptet wurde, man untersuche die Verdrängung.

Nach Aussagen der Assoziationspsychologie sind assoziative Verbindungen die Ursache dafür, daß Vorstellungen im Bewußtsein auftauchen; wenn verschiedene assoziative Verbindungen wirksam sind, setzt sich die stärkste durch. Im Gegensatz zu dieser Theorie und ihren Varianten (z. B. der »Komplextheorie« von G. E. Müller) stellte Ach die Theorie auf, das Aufsteigen von Vorstellungen sei die Folge von »determinierenden Tendenzen«. Lewin (166, 167) zeigte in seinen Versuchen über »Das Problem der Willensmessung und das Grundgesetz der Assoziation«, daß die Determinanten der verbalen Reaktion weder assoziative Verbindungen noch »determinierende Tendenzen« sind. Seine endgültigen theoretischen Folgerungen (168) besagen: Psychische Vorgänge müssen wie physische Vorgänge als Kräfte-Dynamik verstanden werden; diese Kräfte sind psychische »Spannungssysteme«, die entweder durch echte physiologische Bedürfnisse oder durch Quasibedürfnisse entstehen, die Absichten entsprechen; die Erforschung des Seelenlebens sollte die Erforschung dieser Spannungssysteme und ihrer Beziehung zur Organisation des seelischen Lebensraums sein[63]. Seine Schülerin M. Ovsiankina (169) zeigte, daß die

[63] Der seelische Lebensraum ist nach Lewin (173) die Gesamtheit der Tatsachen,

Versuchsperson bei einer Reihe von Aufgaben, von denen sie einige erledigen darf, bei anderen aber vorher unterbrochen wird, eine Neigung zeigt, die unterbrochenen Handlungen wieder aufzunehmen. Sie folgerte, daß ein Erledigen der Aufgabe das Spannungssystem, das zur Vollendung der Aufgabe drängt, entlädt, und daß eine Unterbrechung der Handlung das Spannungssystem aufrechterhält. Die Relevanz dieser Theorie für das Gedächtnis hat Zeigarnik (170) experimentell bewiesen; sie zeigte, daß die Bezeichnungen der unterbrochenen Aufgaben besser behalten wurden als die der vollendeten. McKinney (171) zeigte, daß nicht nur die Bezeichnung der Aufgabe, sondern auch die Ausführungsgeschicklichkeit für die unterbrochene Aufgabe (durch Wiederlernen gemessen) besser behalten wurde. Da Pachauri (172) eine Zusammenfassung der Einzelheiten dieser Versuche bringt, sollen sie hier nicht erörtert werden.

Es stellte sich heraus, daß nur dann, wenn die Versuche so informell durchgeführt wurden, daß sie nicht als Prüfung erlebt wurden, unterbrochene Aufgaben infolge der Wirkung der entsprechenden Spannungssysteme besser behalten wurden. Ein auffallend besseres Behalten von unterbrochenen Aufgaben gegenüber erledigten Aufgaben wurde bei unbefangenen, nicht aufgeregten Versuchspersonen und Kindern beobachtet; bei aufgeregten Versuchspersonen dagegen zeigte sich von dieser Bevorzugung wenig oder nichts. Diese individuellen Unterschiede wurden durch die Annahme erklärt, bei erregbaren Probanden seien die Grenzen der Spannungssysteme weniger fest als bei anderen Probanden; bei diesen Probanden nimmt die für den Vorteil beim Sich-Erinnern verantwortliche Spannung also rascher ab. Die Beziehung dieser individuellen Unterschiede zum Erinnerungsvermögen scheint insofern für unser Thema von Belang zu sein, als Zeigarnik sie mit der »emotionalen« Struktur des Individuums in Verbindung brachte.

Bevor wir uns einer spezifischen Feststellung von Zeigarnik zuwenden, die eine neue Richtung einschlägiger Versuche eröffnete, verdient ein Versuch über den Einfluß affektiver Phänomene auf die Erinnerung erwähnt zu werden, den eine andere Schülerin von Lewin, G. Birenbaum (174), durchgeführt hat, da sie ebenfalls von individuellen Unterschieden der Art berichtet, wie Zeigarnik sie gefunden hat. Birenbaum forderte ihre Probanden auf, nach Beendigung der einzelnen Aufgaben einer Reihe, die man ihnen gestellt hatte, jeweils ihre Unterschrift auf das Arbeitsblatt zu

---

die das Verhalten eines Individuums in einem bestimmten Augenblick bestimmen. Der Lebensraum stellt die Gesamtheit der möglichen Ereignisse dar. Der Lebensraum umfaßt die Person und die Umwelt.

setzen. Wenn die Reihe aus gleichartigen Aufgaben bestand, wurde die Absicht der Versuchsperson, zu unterschreiben, die offenbar in das Spannungssystem der Reihe eingebettet war, ausgeführt. Wenn aber auf eine Reihe gleichartiger Aufgaben auffallend andersartige Aufgaben folgten, wurde die Absicht, zu unterschreiben, vergessen und nicht ausgeführt: Die Absicht war Teil der gleichartigen Reihe, gehörte aber nicht zu den andersartigen Aufgaben. Dieses Vergessen trat bei den aufgeregten Probanden am deutlichsten zutage, am wenigsten bei den unbefangenen, ruhigen Probanden. Birenbaum beobachtete, daß spezifische, von den Probanden berichtete Affekte manchmal die gleiche Wirkung hatten, nämlich, die Absicht von der Aufgabe zu isolieren; zu anderen Zeiten hatten sie die entgegengesetzte Wirkung und verbanden die Absicht mit der Aufgabe, so daß die Absicht besser verwirklicht wurde. Der Wettbewerb, der offenbar in allen Probandengruppen die Aufregung verstärkte, führte dazu, daß die Absichten leicht vergessen wurden.

Zeigarnik untersuchte das Vergessen bestimmter unterbrochener Aufgaben — ein Phänomen, das im Widerspruch zu ihren sonstigen Feststellungen stand — und zeigte, daß die vergessenen Aufgaben als Mißerfolge erlebt worden waren. Sie nannte diese Erscheinung »Isolierung«, wobei sie zu verstehen gab, die diesen Aufgaben entsprechenden Spannungssysteme seien nicht entladen, sondern vom Gesamtfeld isoliert worden; dieses Phänomen war dem von Birenbaum gefundenen ähnlich. Zeigarnik gab an, für sie sei diese Erscheinung der Verdrängung analog.

Fassen wir zusammen: Zeigarnik erörterte drei Arten des Vergessens: a. das Vergessen von Material, das zur Zeit nicht mit einem psychischen Spannungssystem verbunden ist (wie bei erledigten Aufgaben, wo das entsprechende Spannungssystem entladen worden ist); b. ein Vergessen, das einem Mangel an Festigkeit der Grenzen zwischen den Spannungssystemen zuzuschreiben ist (wie bei emotional erregbaren Personen); c. das Vergessen, das auf eine »Isolierung« des Spannungssystems vom übrigen Feld zurückgeht (wie im Fall der Absichten der Probanden Birenbaums, wo strukturelle Gründe eine Isolierung herbeiführten, und bei den Fällen von Zeigarnik, wo Aufgaben als Mißerfolge erlebt worden waren und wo emotionale Faktoren die Isolierung verursacht hatten). Wir haben diese Wirkungen als »Vergessen« bezeichnet, aber man kann sie auch als Mechanismen des Erinnerungsvermögens betrachten. Das Phänomen der »Isolierung« als Folge eines Mißerfolgserlebnisses wurde von Rosenzweig weiter untersucht, und in einer Reihe von Abhandlungen (175, 176, 177, 178, 179) und einer Zusammenfassung (180) wurde über die vorläufigen Ergebnisse berichtet. Rosenzweig gab seinen Probanden Puzzlespiele und sorgte dafür, daß sie in der Hälfte der Spiele scheiterten, in der anderen

Hälfte aber Erfolg hatten. So führte er wie Sullivan (163)[64] das Element von Erfolg und Mißerfolg ein, ein Verfahren, das dem Versuch Zeigarniks nicht entspricht. Die Ergebnisse von Rosenzweigs erstem Versuch mit Kindern (178) wurden folgendermaßen zusammengefaßt:

»Bei einem Individuum mit ausreichender intellektueller Reife und einem entsprechenden Maß an Stolz scheint es so, als würden Erlebnisse, die unangenehm sind, weil sie die Selbstachtung verletzen — vielleicht sollte man hinzufügen: in einer *sozialen* Situation —, unter im übrigen gleichen Umständen leichter vergessen als Erlebnisse, die für das Ich befriedigend sind. Dies entspricht der Freudschen Theorie der Verdrängung« (S. 258).

»Die Gruppe, die sich an Erfolge besser erinnerte als an Mißerfolge, unterschied sich von jener, die sich an Mißerfolge besser erinnerte als an Erfolge, dadurch, daß das durchschnittliche Intelligenzalter höher war und der Zug des Stolzes im Durchschnitt höher bewertet wurde. Einige wichtige Nebenergebnisse des Versuchs waren: a. daß es beim Sich-Erinnern an das Resultat — Erfolg oder Mißerfolg — der versuchten Aufgaben eine Verzerrung gab, die den Tendenzen parallel lief, welche sich beim Erinnern der Bezeichnungen der Aufgaben zeigten; b. daß mit zunehmendem Alter die selbstkritischen Antworten auf Fragen wie ›Hast du das Gefühl, die Puzzles gut bewältigt zu haben?‹ zunahmen, und c. daß die Erlebnisse von relativ kürzerer Dauer besser ins Gedächtnis zurückgerufen werden konnten als die von längerer Dauer, vermutlich aufgrund der herrschenden dynamischen Bedingungen. Die Ergebnisse dieses Versuchs scheinen bestimmte Aspekte der Verdrängungstheorie Freuds zu bestätigen« (S. 264).

Bei seinen Versuchen mit zwei Gruppen von Erwachsenen (180) legte er der einen Gruppe die Puzzles als Intelligenztest vor, bei dem es um Erfolg oder Mißerfolg ging; die andere Gruppe forderte er auf, ihm zu helfen, mehr über die Puzzles zu erfahren — eine Bedingung, die denen der Versuche Zeigarniks ähnlich ist. Er stellt fest, daß man sich in der ersten Gruppe häufiger an die fertiggestellten Puzzles erinnerte als an die unfertigen; in der zweiten Gruppe erinnerte man sich, in Übereinstimmung mit den Feststellungen Zeigarniks, häufiger an die unfertigen Puzzles. Die als Mißerfolg erlebte Unterbrechung führte also zu einer »Isolierung« oder einem Vergessen der abgebrochenen Aufgaben, aber eine informelle Unterbrechung führte zu besserem Behalten — infolge der Wirkung der nicht entladenen Spannungssysteme. Obwohl es sich nur um vorläufige Ergebnisse handelte, die große individuelle Unterschiede aufwiesen, behauptete Rosenzweig, »... die Beziehung dieser Ergebnisse zum Lust- und Realitätsprinzip Freuds ist zu offensichtlich, als daß man darüber diskutieren müßte« (180, S. 480). Mit dieser Feststellung soll anscheinend gesagt werden, daß dort, wo der Versuch den Stolz der Versuchsperson berührte und

---

[64] Siehe S. 128.

ein Mißerfolg empfunden wurde, eine Verdrängung erfolgte; in der informellen Situation, wo kein derartiger Faktor eingriff, waren die Spannungssysteme wirksam. So verführerisch diese Erklärung sein mag — es ist doch fraglich, ob die Beziehung der Feststellungen Rosenzweigs zu den zwei Prinzipien Freuds wirklich »zu offensichtlich (ist), als daß man darüber diskutieren müßte«. Das »Lustprinzip« und das »Realitätsprinzip« Freuds waren aus der Beziehung des Individuums zu Dingen abgeleitet, die für es lebenswichtig sind. Intelligenztests oder auch Tests im allgemeinen können in diesem Sinn lebenswichtig sein oder auch nicht. Rosenzweig bestätigt die Feststellungen Zeigarniks und demonstriert experimentell eine zusätzliche Variante der Gedächtnisfunktion, die man als Folge eines Gefühlseinflusses ansehen und als weiteres Material betrachten kann, um die Kluft zwischen dem Freudschen Verdrängungsmechanismus und den in den Gedächtnisversuchen untersuchten Funktionen zu überbrücken. Vorläufig besteht jedoch kein Grund zu der Annahme, seine Ergebnisse stellten den experimentellen Beweis für den Verdrängungsmechanismus dar oder seien mehr als ein experimentelles Gleichnis für ihn. Dies wird auch durch den Umstand angezeigt, daß Rosenzweig es aufgrund seiner Ergebnisse für nötig hielt, eine Revision des Konzepts von der Verdrängung vorzuschlagen:

»Man kann diese Ergebnisse also so auslegen, als zeigten sie, daß die Verdrängung ein Abwehrmechanismus ist, der relativ spät in der Entwicklung des Kindes zu Hilfe genommen wird« (S. 481).

Diese Aussage steht eindeutig im Widerspruch zur Freudschen Definition der Verdrängung (181):

»Alle Verdrängungen geschehen in früher Kindheit; es sind primitive Abwehrmaßnahmen des unreifen, schwachen Ichs. In späteren Jahren werden keine neuen Verdrängungen vollzogen, aber die alten erhalten sich, und ihre Dienste werden vom Ich weiterhin zur Triebbeherrschung in Anspruch genommen. Neue Konflikte werden, wie wir es ausdrücken, durch ›Nachverdrängung‹ erledigt« (G. W. Bd. XVI, S. 71).

Der Versuch von J. F. Brown (182) über die Beziehung zwischen Gedächtnis und »Realitätsschichten« brachte ein wenig Klarheit in jene Fälle, wo der Einfluß der Gefühle das Sich-Erinnern förderte. Bei diesem Versuch wurde ein Teil der Aufgaben als mündliche Intelligenz-Prüfung gegeben, der Rest als Beschäftigung für eine Erholungspause; die Gedächtnisprüfung zeigte, daß die Namen der Aufgaben aus der mündlichen Prüfung viel besser behalten worden waren als die der Aufgaben, die während der Erholungspause gestellt worden waren. Es wurde gefolgert, die beiden Aufgabengruppen hätten sich in verschiedenen »Realitätsschichten« befunden, und in Irrealitätsschichten seien die Grenzen der Spannungssysteme so fließend, daß die für die Reproduktion verantwortlichen Spannungen nicht bewahrt würden. Wahrscheinlich sind diese Realitätsschichten — d. h. das Ausmaß der persönlichen Relevanz — im Grunde emotionaler Art. Die Beziehung dieser Realitätsschichten zur emotionalen Struktur der Persönlichkeit ist jedoch ungeklärt.

Die Versuche von Dembo, einer Lewin-Schülerin, über den Ärger (183) bringen Licht in die Frage, welchen Einfluß Affekte auf Spannungssysteme und auf die Organisation des seelischen Feldes haben. T. Dembo stellte fest, daß der Einfluß des Affekts durch eine Desorganisation des seelischen Feldes und durch ein Zerbrechen und Verschwinden der Spannungssysteme gekennzeichnet ist. Dembo charakterisiert den Affekt folgendermaßen:

»1. eine starke Spannungslage, d. h. ein Gegeneinander (Konflikt) gleicher starker Feldkräfte in jeder Richtung des Feldes, 2. eine Auflockerung oder Zerstörung der meisten Grenzen im Gesamtfeld. a. Die für die spezielle Topologie der Situation charakteristischen Grenzen innerhalb des Umfeldes und die Sonderheiten der einzelnen Gegenstandsgegebenheiten sind verwischt oder aufgehoben. Das Feld ist homogenisiert und primitiviert. Auch die Grenzen zwischen Realität und Irrealität sind verflüssigt. b. Die innerseelischen Bereiche, Schichten und Systeme sind auf Grund der Gesamtspannungslage relativ homogenisiert, insbesondere sind Oberflächen und Tiefenschichten sehr viel weniger geschieden. c. Die Grenzschicht zwischen innerseelischen Systemen und psychischer Umwelt, die Schicht der Handlungsmotorik, ist außerordentlich angespannt« (S. 144).

Dies mag den Mechanismus erklären, durch den die für die Reproduktion verantwortlichen Spannungssysteme ausgelöscht werden. Im Hinblick auf diese Versuche scheint es so, als ob die Reproduktion von nicht entladenen Spannungssystemen und von ihrer gleichzeitigen freien Kommunikation mit anderen Systemen abhänge, und als ob Gefühle, die das seelische Feld seiner Struktur berauben und die Spannungssysteme zerbrechen, den schädlichen Einfluß von Gefühlen auf das Gedächtnis erklären, den McKinney[65] und andere festgestellt haben. Obwohl das Phänomen der »Isolierung« oder »Verdrängung« mit dieser Auffassung vom Affekt nicht verknüpft wurde, macht seine Beziehung zum Erleben des Mißerfolgs seine affektive Bedeutung klar.

ZUSAMMENFASSUNG

Der Bezug der Lewinschen Versuche zu der Frage von »Gefühl und Erinnerung« läßt sich zusammenfassen wie folgt:

---

[65] Siehe S. 128.

a. Die Feststellung, daß Tatsachen, die mit nicht entladenen Spannungssystemen zusammenhängen, besser behalten werden als jene, die mit entladenen zusammenhängen, kann dahingehend gedeutet werden, daß sie eine allgemeine Motivationstheorie des Sich-Erinnerns bestätigt. Der Bezug dieser Feststellung zu den Gefühlen ist davon abhängig, welche Rolle emotionalen Faktoren in irgendeiner Theorie der Motivation zugeschrieben wird.

b. Gefühle bewirken eine Desorganisation und Homogenisierung des seelischen Feldes; indem sie die Grenzen von Spannungssystemen lockern und sprengen, können sie Vergessen zur Folge haben.

c. Die Grenzen von Spannungssystemen zeigen in ihrer Festigkeit große individuelle Unterschiede, je nach der emotionalen Struktur der Versuchspersonen; bei unbefangenen, nicht aufgeregten und beherrschten Personen sind sie fester, und bei aufgeregten Probanden sind sie weniger fest. Diese Feststellung könnte die individuellen Unterschiede des Erinnerungsvermögens erklären.

d. Spannungssysteme fördern das Gedächtnis nicht immer; wenn sie mit einem Mißerfolgserlebnis verbunden sind, werden sie häufig vom übrigen Feld »isoliert«. Zwar ist diese Erscheinung der Freudschen »Verdrängung« phänomenologisch ähnlich, man kann sie aber nicht als einen Beweis, eine Widerlegung oder als Grundlage für eine Revision der Freudschen Theorie auslegen.

e. Man hat festgestellt, daß eine persönliche Relevanz des Materials (Realitätsschicht) für den Probanden diesem das Sich-Erinnern erleichtert. Die Beziehung von Realitätsschichten zu Gefühlen — insbesondere von Irrealitätsschichten, wo, wie man annimmt, die Grenzen der Spannungssysteme fließend sind — ist ein Problem, das noch weiter untersucht werden muß.

6. Diskussion

Wir haben das experimentelle Material besprochen; nun bleibt zu überlegen, ob eine allgemeine Folgerung über den Einfluß von Gefühlen auf das Gedächtnis möglich ist. Der kritische Leser wird sich seine eigene Meinung bilden; eine endgültige Entscheidung wird die zukünftige Forschung ermöglichen.

Uns hat dieses Versuchsmaterial gezeigt, daß »Gefühlsfaktoren« das Gedächtnis nachweisbar beeinflussen. Dieser nachweisbare Einfluß beschränkt sich nicht auf die Menge des gelernten Materials, die reproduzierbar ist, sondern schließt auch das Wiedererkennen und das Wiederlernen ein; er berührt sowohl die Reproduktion und das Wiedererkennen von persönlichen Erlebnissen als auch die Reaktionszeit von Assoziationen und Sich-ins-Gedächtnis-Rufen, die Abfolge des Auftauchens von Material beim Sich-Erinnern und bei der freien Aufzählung, die Reintegration von Erlebnissen und assoziativen Reaktionen; er führt zu Erinnerungsfehlern, »Versprechern« usw. Das Versuchsmaterial selbst legt die Vermutung nahe, daß die Untersuchung des Einflusses von Gefühlen auf das Gedächtnis ein anderes Gedächtniskonzept erfordert als das der klassischen Assoziationstheorie: Das Gedächtnis muß als eine Seite der Organisation von Denkprozessen angesehen werden. Besonders die Ergebnisse der Assoziationsversuche, der Reintegrationsversuche, der Analyse der Reihenfolge von Aufzählungen, Fehler und Versehen bei der Reproduktion lassen dies vermuten, denn sie zeigen, daß der Gefühlseinfluß nicht nur eine quantitative Wirkung bei der Erleichterung oder Hemmung der Reproduktion hat, sondern auch eine qualitative bei der Steuerung der Reproduktion.

Was in diesen Versuchsreihen als »Gefühlsfaktor« bezeichnet worden ist, besteht aus einer verwirrenden Vielfalt von Faktoren. Es gibt zwei Methoden, mit einer ungeklärten Situation umzugehen, in der eine Vielzahl von Faktoren aufs Geratewohl einem Begriff subsumiert wird. Die eine wäre, jeden dieser »emotionalen Faktoren« einer peinlich genauen Prüfung zu unterziehen und sein Recht auf die Bezeichnung »emotionaler Faktor« zu bejahen oder zu verneinen; durch diese Beschränkung des Begriffs auf eine kleine Gruppe von Phänomenen kann ein genau definiertes Konzept zustandekommen. Die andere Methode wäre bescheidener in ihrem Verfahren, aber anspruchsvoller in ihrem Ziel: Hierbei würde man alle als »emotional« bezeichneten Faktoren als solche akzeptieren, würde sich bemühen, sie als verschiedenartige Ausprägungen eines gemeinsamen Faktors zu verstehen und versuchen, ihren gemeinsamen Nenner zu finden. Gegen die erste Methode, so verlockend sie in ihrer vermeintlichen wissenschaftlichen Exaktheit auch sein mag, läßt sich einwenden, daß wir nicht sicher sein können, durch ein Ausschließen irgendeines Faktors, der als »Gefühlseinfluß« bezeichnet wird, nicht den Weg zum Verständnis aller dieser Faktoren zu verbauen. Ein Verfahren des Ausschließens muß sich auf eine sehr viel weiter entwickelte Theorie gründen, als es die Theorie der Gefühle ist, die wir haben[66]. Gegen die andere Methode läßt sich einwenden, es sei voreilig, anzunehmen, alle fraglichen »Gefühlsfaktoren« hätten eine gemeinsame Quelle. Aber das liegt in der Natur aller Hypothesen: Wir können niemals sicher sein, daß die aus ihnen hergeleiteten Folgerungen dem Zahn der Zeit widerstehen werden. Der Vorzug der zweiten Methode gegenüber der ersten liegt darin, daß

---

[66] Siehe das Symposium über »Gefühle und Emotionen« (184).

sie Hypothesen verwendet, um Phänomene miteinander zu verknüpfen, anstatt Phänomene auszuschließen.

Jede Hypothese über den Einfluß von »Gefühlsfaktoren« auf das Gedächtnis muß jeden der berichteten »Gefühlsfaktoren« in dem Sinn berücksichtigen, wie ihn der einzelne Versuchsleiter jeweils gebraucht hat. Man könnte eine Hierarchie dieser Faktoren aufstellen und zu bestimmen versuchen, in welcher Beziehung sie zum Kern der Persönlichkeit stehen. Ein solcher Versuch der Aufstellung einer hypothetischen Hierarchie muß willkürlich sein, und das Folgende sollte nur als Anregung betrachtet werden: Nehmen wir an, der Gefühlsfaktor, der angeblich beim selektiven Sich-Erinnern an A-, U- und I-Wörter wirksam ist, sei der intellektualisierte Abkömmling, der Repräsentant auf der Urteilsebene, des affektiven Triebkerns der Persönlichkeit. Auch die ästhetische Beurteilung wäre eine Repräsentanz dieses Kerns, und zwar auf den verschiedensten Ebenen, vom erlernten formal-ästhetischen Urteil bis hin zum tiefen ästhetischen Erlebnis. Wertschätzung und Ablehnung und Vorlieben im allgemeinen wären Repräsentanzen dieses Kerns auf einer persönlicheren und vielleicht weniger intellektuellen Ebene als jener, auf der A- und U-Qualität liegen; auch diese hätten wiederum eine große Spielbreite[67]. Näher am Kern lägen in dieser Hierarchie die vielfältigen Schattierungen der »Gefühle« und »Affekte«. Eine weitere Gruppe von Faktoren in dieser Hierarchie wäre durch Zielgerichtetheit charakterisiert; sie würde sich von dem intellektuelleren Faktor der »logischen Relevanz« bis zu den »Interessen« erstrecken, die näher am Kern liegen. Diese beiden Faktorengruppen wären abhängig von Faktoren, die dem Zentrum noch näher lägen: die erste von jenen Faktoren, die als »Haltungen«, »Empfindungen« und »Komplexe« bezeichnet werden[68]; die zweite Gruppe von den Faktoren, die man »determinierende Tendenzen«, »Strebungstendenzen«, »Bedürfnisse« und »Spannungssysteme« nennt[69]. Diese Unterteilung der Faktoren in zwei Gruppen ist eine Anerkennung der historischen Tatsache, daß die Konzepte der ersten Gruppe von weniger intellektualisierten, die der zweiten Gruppe von stärker intellektualisierten Forschern vorgebracht

---

[67] Siehe die Sympathie- und Antipathie-Wahl im Szondi-Test (141).

[68] »Haltungen« (*attitudes*) in Allports Sinn, nicht in dem neuerer »Einstellungsmessungen«. »Empfindungen« (*sentiments*) im Sinne Shands. Bezüglich des Verhältnisses von Haltungen und Empfindungen zueinander siehe Cattell (185). Bezüglich des Verhältnisses von Komplexen zu Empfindungen siehe das Symposium (186) über unser Thema.

[69] »Determinierende Tendenzen« im Sinn Achs, »Strebungstendenzen« im Sinn McDougalls, »Bedürfnisse« und »Spannungssysteme« im Sinn Lewins.

wurden. Die ganze Hierarchie würde sich auf jene Faktoren gründen, an deren Wurzeln die »Instinkte« liegen; »Instinkt« ist hier ein Grenzbegriff für die psychosomatischen Kräfte, die im Seelenleben als Triebe und Dränge vertreten sind. Die Beziehung dieser Faktoren untereinander und ihr Entstehen aus einander ist in sich ein Problem, das weitere Hypothesen erfordert, die entweder statischer oder dynamischer Art sein können. In der statischen Hypothese würde behauptet werden, die qualitativen Unterschiede dieser Faktoren seien dadurch definiert, auf welcher Ebene sie den zentralen Gefühlsfaktor repräsentieren. Die dynamischen Hypothesen würden diese Faktoren aus Konflikten zentraler gelegener Faktoren herleiten: z. B. »Affekte« als Ausdruck einander widerstreitender Triebe. Diese Hypothesen sind notwendigerweise ungenau und lassen viele Tatsachen und Probleme außer acht. Die vorgeschlagene Hierarchie ist nicht von der Art jener, bei denen jede Funktion eine notwendige Folge einer anderen ist oder in unmittelbarer Beziehung zu einer anderen steht.

Wenn wir annehmen, daß diese Hypothese einen gewissen heuristischen Wert hat, können wir sie auf den Einfluß emotionaler Faktoren auf das Gedächtnis anwenden. Wir haben das in diesem Kapitel besprochene Versuchsmaterial gemäß der Art der untersuchten emotionalen Faktoren in Abschnitte unterteilt. Das Material zeigt, daß alle Gefühlsfaktoren auf verschiedenen Ebenen der Hierarchie einen Einfluß auf das Gedächtnis ausüben. Dieser Einfluß ist von verschiedener Qualität und Stärke. Auf manchen Ebenen läßt er sich nur als statistische Wahrscheinlichkeit in vielen Fällen nachweisen, auf anderen durch die qualitative Analyse eines beliebigen Einzelfalles. Manche haben entweder einen günstigen oder einen schädlichen Einfluß auf das Gedächtnis, andere haben ausschließlich einen schädlichen Einfluß. Die Wirkung mancher hängt von ihrer positiven oder negativen Qualität ab, bei anderen ist sie von ihrer Stärke abhängig; wieder andere leiten ihre Kraft von ihrer persönlichen Relevanz für das Individuum her. Manche zeigen sich darin, daß sie Erinnerungen umwandeln oder verzerren. Doch bei allen ist die Erkenntnis nötig, daß das Gedächtnis kein Speicher für abgelegte Engramme ist, sondern eine Schichtung einer Vielfalt von dynamischen Feldern, in der jedes Erlebnis mit verwandten Erlebnissen auf den verschiedenen Ebenen der Schichtung in Beziehung tritt. Es gibt also keine Trennungslinie zwischen Gedächtnis und Denken: die gleichen schichtenbildenden, verbindenden und ordnenden Einflüsse, die im Denken wirksam sind, sind auch in der Organisation des Gedächtnisses am Werk, und diese Überlegung macht das Gedächtnis zu einem, vielleicht dem bedeutendsten, Aspekt der Organisation von Denkprozessen.

In diesem Licht würde die Verdrängung als besonderer Fall des Gefühlseinflusses auf das Gedächtnis erscheinen, ein Fall, der sich durch eine qualitative klinische Analyse des Gedächtnismaterials und nicht durch statistische Wahrscheinlichkeit nachweisen läßt. Danach war der Nachweis der Verdrängung in den in diesem Kapitel besprochenen Versuchen unerheblich. In dem hier besprochenen Versuchsbereich wurden die verschiedenen Gefühlsfaktoren willkürlich einander gleichgesetzt, und es mag sein, daß bei zukünftigen Versuchen die Verflochtenheit der erörterten Schichtung immer noch vernachlässigt werden wird, trotz der großen Zahl von ergebnislosen Versuchen, bei denen es nicht gelang, die Verdrängungstheorie zu beweisen oder zu entkräften, oder bei denen dies zu Unrecht behauptet wurde.

Eine Hypothese wie die hier vorgebrachte von der Gefühlshierarchie kann nur dadurch überprüft werden, daß man die Wirkungen der in der Hierarchie integrierten Faktoren auf verschiedene psychische Funktionen untersucht. Die besprochenen Versuche über den Einfluß von Gefühlen auf das Gedächtnis kann man als einen Ansatz zur Untersuchung dieser Hierarchie betrachten; es kann noch viele weitere Ansätze geben. Zu einem besseren Verständnis dieser Gefühlshierarchie sind noch viele weitere Versuche nötig.

IV. THEORETISCHE BEITRÄGE
DER ALLGEMEINEN PSYCHOLOGIE

In erkenntnistheoretischen Erörterungen hat man seit Jahrhunderten versucht, die Frage zu lösen, ob und wie unsere Erkenntnis die wahre Natur der Welt widerspiegelt. Die Frage ist formuliert worden als Problem der Beziehung zwischen »Vernunft« und »Realität«, zwischen *vérité du fait* und *vérité de la raison* usw. Hume glaubte, die Natur unserer Welt liege in der Wiederkehr der Ereignisse, und die Natur des menschlichen Geistes liege darin, daß sich ihm Ideen und Ideenverbindungen einprägen, während die Wiederkehr äußerer Ereignisse die Assoziationen verstärkt. Es ist schon häufig gezeigt worden, daß Humes Philosophie als Erkenntnistheorie unfruchtbar war; sie kann zwar erklären, wie wir die Welt sehen, aber sie kann lediglich statistische Wahrscheinlichkeiten erbringen und keine Kausalgesetze, denn jede Veränderung der Wiederholungssequenzen würde dem Gesetzesbegriff seinen Sinn nehmen. Aber dieser folgenschwere Versuch, unser geistig-seelisches Leben als passive Abhängigkeit von der Außenwelt zu erklären, hat die Entwicklung der Psychologie im allgemeinen und insbesondere der englischen und der amerikanischen Psychologie zutiefst beeinflußt. Aus ihm ist die mechanistische Auffassung hervorgegangen, in der Ideen und Vorstellungen nur Reproduktionen von Eindrücken sind. Es wäre übertrieben, wollte man sagen, eine reine Psychologie dieser Abkunft existiere noch immer. In den letzten Jahrzehnten haben wir miterlebt, wie alle Denkrichtungen Konzessionen gemacht haben, und heutzutage ist jede Psychologie und jede Wissenschaft mehr oder oder weniger eklektisch. Die verschiedenen wissenschaftlichen Schulen haben nicht nur eine Theorie gelehrt; die meisten haben auch Tatsachen entdeckt, von denen einige von anderen Schulen übernommen wurden, deren Theorien sie wiederum beeinflußt haben.

Heute wird selbst in konservativen Lehrbüchern der Psychologie anerkannt, daß der menschliche Geist nicht bloß passiv und aufnehmend ist. Trotzdem zeigen die Theorie von Ebbinghaus und die neueren Versuche, die Gedächtnisfunktionen mechanistisch zu erklären, daß der Einfluß der Philosophie Humes noch lebendig ist.

Viele Denkrichtungen bauen auf einem Grundsatz auf, der dem von Hume entgegengesetzt ist, z. B. die vitalistischen Schulen der Biologie und Psychologie. Aber man braucht nicht auf die Argumente der Vitalisten zurückzugreifen, um in der Psychologie diesen gegensätzlichen Grundsatz zu demonstrieren. Eine historische Analyse[1] zeigt, daß der philosophische Haupteinfluß auf die Psychologie, der die Anerkennung der Eigentätigkeit und Selbständigkeit des menschlichen Geistes zur Folge hatte, von der Philosophie Kants ausging; dies war die wahre Antithese zu Humes mechanistischer Theorie. Kant verkündete seine Theorie in den »Prolegomena zu einer jeden künftigen Metaphysik« und in der »Kritik der reinen Vernunft«. In der »Kritik«[2] erklärte er, sowohl die Naturgesetze als auch unsere Kenntnis von ihnen sei in der Eigentätigkeit der Vernunft verwurzelt; Zeit und Raum seien Modalitäten des Erlebens und Kausalität sei eine Kategorie der reinen Vernunft; mit anderen Worten: die reine Vernunft baut das Erleben nach ihrer eigenen Natur auf, und das Verstehen der Außenwelt ist nur gemäß unseren Wahrnehmungsweisen — Raum und Zeit — und gemäß den Kategorien der reinen Vernunft möglich. Seine Hauptthese läßt sich kurz so umschreiben: Um unsere Erkenntnis der Außenwelt zu verstehen, müssen wir die Natur des menschlichen Denkens untersuchen. Obwohl Kants transzendentaler Idealismus keine rein »psychologistische« Philosophie ist, behauptet sie, die Gesetze des menschlichen Denkens seien bestimmend dafür, welche Naturgesetze er entdecken könne. Ob diese philosophische Behauptung sich aufrechterhalten läßt, ist eine Frage, die jenseits der Reichweite unserer Erörterung liegt; aber der ungeheure Einfluß dieser »Kopernikanischen Wende« der Philosophie auf die Psychologie bildet den historischen Hintergrund der modernen Gedächtnistheorie, und insbesondere der Theorie vom Einfluß der Gefühle auf das Gedächtnis. Es war eine folgenschwere Entdeckung, daß die Tatsachen oder Vorgänge, wie wir sie wahrnehmen, nicht notwendigerweise mit den Tatsachen oder Vorgängen identisch sind, wie sie »existieren«, und daß unsere Wahrnehmungen den Gesetzen unseres Geistes folgen. Der Einfluß dieser theoretischen Entdeckung spiegelt sich in den meisten Originaluntersuchungen der modernen Psychologie. Uexküll (2) hat gezeigt, daß Tiere, Insekten, Kinder und Erwachsene der abendländischen Kultur alle die Welt auf ihre eigene Weise sehen. Werner (3) hat die verfügbaren experimentellen Feststellungen und Beobachtungen über das geistig-seelische Leben von Angehörigen von Naturvölkern, Hirngeschädigten, Psychotikern, Kindern und Tieren zusammengefaßt und gezeigt, daß auf diesen verschiedenen Entwicklungsstufen die Organisation von Zeit, Raum, Vorstellungen, Gedächtnis, Denken und Persönlichkeit sehr unterschied-

[1] Siehe Rapaport (1).
[2] Siehe besonders das Kapitel über »Transzendentale Dialektik« in der ersten Auflage.

lich sind. Piaget (4) hat in einer Reihe äußerst gewissenhafter Untersuchungen erforscht, wie das Kind die Welt auffaßt und ordnet.

Eine frühe moderne Bezeichnung der Gedächtnisfunktion als aktives Ordnen äußerer Erscheinungen durch den Geist stammt von Dewey (5):

»Gedächtnis ist kein passiver Prozeß, in dem frühere Erlebnisse sich dem Geist aufdrängen, ebensowenig, wie Wahrnehmung ein Prozeß ist, in dem gegenwärtige Erlebnisse sich einprägen« (S. 177).

Die Untersuchungen und Theorien, in denen sich diese Vorstellung widerspiegelt, sind ohne Zahl. In unserem Bereich wird diese Entdeckung durch Theorien vertreten, die das Gedächtnis nicht als eine Fähigkeit auffassen, einmal empfangene Eindrücke richtig wiederzubeleben, sondern als die Integrierung von Eindrücken in die Gesamtpersönlichkeit und ihre Wiederbelebung gemäß den Bedürfnissen der Gesamtpersönlichkeit. Bei diesen Theorien wird stillschweigend vorausgesetzt, daß die Eindrücke Produkte einer aktiven Psyche sind, daß ihre Wiederbelebung von ihrer Beziehung zur Gesamtheit der organisierten Erlebnisse des Individuums abhängt, und daß die Eindrücke beim Sich-Erinnern zwar wiedererscheinen, aber durch diese Beziehung modifiziert.

Die Erkenntnis der selbständigen Tätigkeit des menschlichen Geistes und des Gedächtnisses als eines ihrer Aspekte bereitete den Weg für die Untersuchung des Einflusses der Gefühle auf das Gedächtnis, eine Untersuchung, die sonst nicht möglich gewesen wäre. Die Erkenntnis der aktiven Natur des Gedächtnisses schloß jedoch schon die zukünftige Erkenntnis in sich, daß der Gefühlseinfluß der Kern dieser selbständigen Tätigkeit ist. Das Material, das im Folgenden dargestellt werden soll, wird kein in sich geschlossenes, wohlgeformtes Gebäude sein, sondern vielmehr einem unabgeschlossenen, aber wahrscheinlich fruchtbaren Geburtsvorgang gleichen. Gegenwärtig wird die Tatsache des Gefühlseinflusses auf das Gedächtnis anerkannt, ist aber noch nicht vollständig erforscht, und seine Gesetze werden nicht bewiesen, sondern angedeutet.

Die klassische Assoziationspsychologie formulierte ihre Gesetze der Erinnerung und des Denkens im Sinne der relativen Stärke von Assoziationen, die sich aus der Häufigkeit benachbarter Ereignisse und dem Ähnlichkeitsgrad der miteinander verknüpften Elemente herleitete. Man erkannte schon früh, daß das Häufigkeitsprinzip unzureichend war, daß die Bedeutung der Ähnlichkeit unbestimmt war und daß man zur Bestimmung des Ähnlichkeitsgrades keine objektiven Maßstäbe hatte. Um dieser Schwierigkeiten Herr zu werden, nahm Ziehen an, die Interaktion aller geweckten Assoziationen — die »Konstellation« — spiele eine Rolle bei der Bestimmung, welche Vorstellung auftaucht. Ein ähnliches Konzept, der »Komplex«[3], wurde von G. E. Müller eingeführt.

Ach aus der Marburger Schule führte den Begriff der »determinierenden Tendenz« ein, um eine selegierende psychische Funktion im Gegensatz zu der lediglich quantitativen Assoziationsstärke zu bezeichnen. Die Grazer Schule der Psychologie benützte den Begriff »Gestaltqualität«, um eine in ähnlicher Weise selegierende Funktion zu bezeichnen. Diese Begriffe waren jedoch vage und nur durch ihre Wirkungen definiert; sie wurden geprägt auf der Suche nach einer selegierenden Funktion, die die Auffassung der Assoziationspsychologen von der passiven Empfänglichkeit und der mechanischen Reaktionsbereitschaft ergänzen sollte. Die Assoziationstheorie mußte scheitern, weil ihr ein Konzept von »psychischer Kraft« fehlte, aufgrund dessen eine Theorie der psychischen Dynamik hätte entwickelt werden können. Selbst die Bemühungen von Ziehen, Müller, Ach und anderen, eine selegierende Funktion zu finden, führten nicht zu einem derartigen Konzept. »Emotionen« und »Gefühlen« wurde erst in jüngster Zeit die Rolle einer solchen selegierenden Kraft zugewiesen, und auch nur teilweise mit Erfolg; sowohl in bezug auf das Gedächtnis als auch in bezug auf die Gefühle steckt eine auf die Dynamik der Kräfte gegründete Theorie noch in den Kinderschuhen.

Wir haben zur Besprechung nur einige hervorragende neuere Theorien über diese selegierenden Kräfte und ihren Einfluß ausgewählt. Nach unserer Ansicht fügt jeder der Beiträge, die wir anführen wollen, dem Problem eine neue Schattierung hinzu. Wir halten die Methode des ausführlichen Zitierens für gerechtfertigt, da unseres Wissens das hier zusammengestellte Material noch niemals systematisch besprochen worden ist. Die Erörterung wird in vier Teile eingeteilt: 1. die Art der vorgeschlagenen selegierenden Kraft; 2. die Rolle der selegierenden Kraft bei der Festlegung der ursprünglichen Registrierung; 3. die Wirkung der selegierenden Kraft in der Zeit zwischen Registrierung und Reproduktion; 4. die Rolle der selegierenden Kraft beim Vorgang der Reproduktion und bei ihrem Ergebnis.

---

[3] Diese Auffassung vom »Komplex« ist sorgfältig von dem »Komplex« zu unterscheiden, wie ihn Jung und die frühe Psychoanalyse verstanden. Dieser besteht aus einer Gruppe von Vorstellungen, die sich um einen Affekt gruppieren und von ihm zusammengehalten werden; der erstgenannte ist einfach eine Vorstellung zusammen mit allen anderen Vorstellungen, die mit ihr durch assoziative Bande verknüpft sind.

1. Die Art der selegierenden Kraft

Forscher haben verschiedene Aspekte der selegierenden Kraft, die beim Sich-Erinnern und Vergessen wirksam ist, erfaßt und beschrieben. Wir wollen in diesem Abschnitt die Beschreibungen der selegierenden Kraft durch diese Autoren zusammenstellen, in der Hoffnung, daß eine Zusammenschau zu der Erkenntnis der Natur jener selegierenden Kraft beitragen wird, deren Wirken wir als den »Einfluß von Gefühlen auf das Gedächtnis« bezeichnet haben.

Müller-Freienfels (6, 7) nennt diese selegierende Kraft »Gefühl«. Er kritisiert die assoziationistische Anschauung, die die Gefühlsbetonung als einen der Faktoren ansah, durch die die Gedächtnisfunktion bestimmt wird und bringt seine eigene Ansicht vor:

»Die Einführung der Gefühlsbetonung bedeutet einen Bruch des assoziationistischen Grundsatzes, der alles auf der Grundlage der Ideenassoziation erklären will, weil das Gefühl entweder als eine begleitende Betonung betrachtet wird — ein Attribut der Idee, in welchem Fall schwer zu verstehen ist, wie es funktionieren würde — oder es wird als verschieden von der Idee betrachtet, in welchem Falle das assoziationistische Prinzip durchbrochen wird« (7, S. 76).

Bei der Besprechung der Beziehung von »Gefühlen« zu Assoziationen führt er aus, welche Unterschiede zwischen der assoziationistischen Theorie und seiner eigenen Theorie bestehen:

»... die räumlich-zeitliche Verknüpfung aller Einzelinhalte (ist) nicht die objektive Einheit, in der sich die Erlebnisse ursprünglich abgespielt haben, sondern eine subjekjtive, durch den Gefühlsgrund gebildete« (6, S. 407).

»... (unser) Vorstellungsleben (scheint) abhängig zu sein vom affektiven Leben, den Gefühlen und dem Willen. Es ist die gemeinsame Grundstimmung, das affektive Eingestelltsein, was erst die Konstellation schafft, denn niemals machen Vorstellungen allein einen Zustand unseres Ichs aus. Wir können nämlich, indem wir durch eine Dosis Alkohol unser affektives Leben modifizieren, jene Konstellation vollkommen zerstören, ohne daß doch die Vorstellung des Alkohols das bewirkte« (6, S. 417).

Er gibt ferner zu bedenken, daß das Gefühl kein assoziiertes Element, sondern vielmehr der Mittler von Assoziationen ist:

»Worte und Begriffe ... sind keine reproduzierenden Elemente, sondern Bewegungen und Stellungnahmen, denn diese letzteren sind es, die beim Wortdenken die Worte mehr sein lassen als flatus vocis« (6, S. 398).

Er betont die enge Beziehung von »Gefühlen« zur Kinästhesie[4]:

---

[4] Siehe auch Münsterberg (8) und Washburn (9).

»Wir schließen uns in diesem Streit um das Wesen der Gefühle denjenigen an, die den Zusammenhang der Gefühle und kinästhetischen Erlebnisse annehmen, ohne daß wir dabei für das Wesen der Gefühle letzte Aussagen machten. Wir weisen nur darauf hin, daß in jedem Gefühl eine motorische Tendenz steckt, eine Aktionsbereitschaft« (6, S. 395).

Er identifiziert »Gefühle« auch mit »Stellungnahmen«:

»... Die meisten Psychologen (bezeichnen) nur das Gegensatzpaar Lust-Unlust (als Gefühle). Indessen, die Reduktion aller subjektiven Reaktionen auf dieses Paar ist auch eine jener eine Zeitlang ganz brauchbaren, dann aber nicht mehr ausreichenden neglektiven Fiktionen ... Man hat auch die Bezeichnungen ›Bewußtseinslage‹, ›Charakter‹ und andere vorgeschlagen (um die subjektiven Stellungnahmen zu bezeichnen). Uns scheint der Begriff ›Stellungnahme‹ am brauchbarsten« (6, S. 392 f.).

Schließlich liefert Müller-Freienfels noch eine phantasievolle Beschreibung der Rolle des »Gefühls« als selegierende Kraft:

»Meistens bezeichnen wir diese konstituierenden, mehr durch Konstanz als durch Intensität wirksamen Gefühle als das Interesse. Und in der Tat ist es ein solches Interesse, das die Konstituierung des Denkens zuwege bringt. Dieses Gefühl wirkt gleichsam wie ein verborgener Magnet, der aus einem Haufen von Staub die Eisenteilchen herausliest. So zieht das Interesse, diese in allem Bewußtsein als Unterstrom vorhandene Gefühlsdisposition, alles in seinen Bann, was es gebrauchen kann. Ob aber etwas daraus wird, darüber entscheiden noch ganz andere Dinge, vor allem die Kontrolle an den Gegebenheiten durch das Urteil ...« (6, S. 429).

Crosland (10), der einzige Forscher, der vor Bartlett eine qualitative Analyse der Gedächtnisfunktionen geliefert hat, stellt fest, der Inhalt der Erinnerung sei in einen allgemeinen »Einstellungskomplex« *(attitude complex)* eingebettet. Dieser besteht hauptsächlich aus kinästhetischen, organischen und affektiven Komponenten und ist sehr stabil:

»Es wurde festgestellt, daß diese ... *hinzugefügte* Komponente vollständiger behalten wurde als die *empfangene* Komponente« (S. 73).

Pear betrachtet in seiner undogmatischen und reichhaltigen Abhandlung über »Erinnern und Vergessen« (11) die logische und die affektive Relevanz als die selegierende Kraft (S. 136). Er definiert diese Relevanz folgendermaßen:

»Relevante Erinnerungen sind jene, die das Bewußtsein im Augenblick zuläßt und seinem gegenwärtigen Erleben einverleibt« (S. 138).

Diese Relevanz wird im Zusammenhang mit »Gefühlspositionen« *(senti-*

ments)[5] und »Komplexen« erörtert, deren affektiver Charakter offensichtlich ist:

»... (ein) Aspekt des Vergessens ... ist kaum jemals von einem Autor berührt worden: seine Beziehung zu den Gefühlsdispositionen. ... Wenn Gefühlsdispositionen sich von Komplexen nur ihrem Grad nach unterscheiden, dann müssen wir einräumen, daß Verdrängung bei der Ausbildung beider eine Rolle spielen kann ... Wahrscheinlich wird man das Vergessen nicht befriedigend erklären, bevor nicht die Beziehungen zwischen Gefühlsdispositionen und Komplexen besser geklärt sind« (S. 175).

Pear versuchte also, normales Sich-Erinnern und Vergessen durch die Annahme zu erklären, sie würden durch die Gefühlsdispositionen bestimmt — d. h. durch das normale Gegenstück von Komplexen, deren bestimmende Rolle bei pathologischen Gedächtnisphänomenen er akzeptierte.

William Sterns »personalistische« Psychologie (15, 16) erkennt auch eine selegierende Gedächtnisfunktion an, die er als »personale Gebundenheit« bezeichnet. Dieses Konzept setzt er jedoch häufig mit »personalem Bezug«, »Bekanntheitshaftung« und »Disposition« gleich. Die »personale Gebundenheit« der Erinnerung wirkt durch »Auswahl« und »Modellierung« (15, S. 360).

»Die Modellierung erfolgt sofort unter dem Einfluß persönlicher Affekte und Strebungen« (15, S. 362).
»Diese Auslese ist auf eine entgegenkommende Bereitschaft der Person zurückzuführen; auf ihre Empfänglichkeit für mnemische Reize« (16, S. 300).

McDougall (17) behauptet, wie anderes Denken sei auch das Sich-Erinnern eine Strebungs-Aktivität (S. 310), ein seelischer Vorgang,

»der, wie alle anderen seelischen Vorgänge, drei verschiedene Seiten hat, die des Erkennens, des Fühlens und des Strebens — das heißt, daß jeder Fall instinktiven Verhaltens ein Wissen von einem Ding oder Sachverhalt, ein darauf gerichtetes Fühlen und ein Streben zu diesem Objekt hin oder von ihm fort enthält« (S. 27).

---

[5] Eine Definition von *sentiments* gibt McDougall (12): »Shand führt aus, daß unsere Emotionen oder genauer — unsere emotionalen Dispositionen — das Bestreben haben, sich in Systemen um verschiedene, sie erregende Objekte und Objektklassen zu gruppieren. Solch ein geordnetes System von emotionalen Tendenzen ist keine Tatsache oder ein Erlebnis, sondern ist ein Zug der komplex organisierten Struktur unseres Geistes, welcher unserer ganzen geistigen Tätigkeit eigen ist. Für ein solches geordnetes System emotionaler Anlagen, die um ein Objekt gruppiert sind, schlägt Shand vor, das Wort *sentiment* anzuwenden« (S. 103). Siehe auch »Die Beziehungen zwischen Komplex und Sentiment: Ein Symposium« (13) und Cattell (14) über Einstellungen und Gefühlsdispositionen.

Szymanski (18) betrachtet »Interessen«, »Antriebe« und »Lebensbedürfnisse« als die selegierenden Kräfte (S. 182). Da er die Affekte als Ausdruck der Erkenntnis von »Antrieben« definiert, ist seine Theorie der McDougalls ähnlich.

K. Gordon (19) sagt, »Erinnerung ist selektiv«, denn

»Man kann sie nicht vom sozialen Leben, von sozialen Interessen, trennen. . . . Denkwürdig sind Dinge, die so aufgefaßt werden, als hätten sie einen Bezug zum persönlichen Wohlergehen des Individuums . . . so wie jene, die einen allgemeineren Wert und einen eigenen logischen oder ästhetischen Zusammenhalt haben . . .« (S. 121).

Lewin stellt bei seinen Versuchen, über die in »Das Problem der Willensmessung und der Assoziation« (20) berichtet wird, fest, daß Tendenzen — wie die »Identifizierungstendenz« und die »Reproduktionstendenz« — beim Sich-Erinnern, Wiedererkennen usw. unentbehrliche Faktoren sind. Eine ähnliche Ansicht äußert Cason (21), der das »Erfolgsgesetz« in Frage stellt[6] und Beispiele anführt, um zu zeigen, daß ohne einen »Lernvorsatz« nichts gelernt wird. 1926 kam Lewin zu dem Schluß, daß diese »Vorsätze« ganz allgemein unser Erinnern und anderes Handeln bestimmen. Er zeigte, daß diese Vorsätze in ihrer Struktur »Bedürfnissen« ähneln, und er nannte sie »Quasibedürfnisse«; diese »Bedürfnisse« und »Quasibedürfnisse« unterscheiden sich dadurch von Wünschen, daß sie ein auf Befriedigung gerichtetes Handeln voraussetzen. Er betrachtet die »Quasibedürfnisse« und die Spannungssysteme[7], die sie erzeugen, als die selegierenden Kräfte, die im Funktionieren des Gedächtnisses wirksam sind. Bartlett (24) hält die »Haltung« *(attitude)* oder das »aktive organisierte Gefüge« für die selegierende Kraft und beschreibt sie als:

»... einen vielschichtigen psychischen Zustand oder Prozeß, der mit elementareren psychologischen Ausdrücken sehr schwer zu beschreiben ist. Sie ist jedoch, wie ich schon oft gezeigt habe, sehr weitgehend eine Sache des Gefühls oder Affekts. Wir sagen, sie sei gekennzeichnet durch Zweifel, Zögern, Überraschung, Erstaunen, Vertrauen, Abneigung, Abscheu usw.« (S. 206 f.).

Außerdem ist Bartletts »Haltung« auf der Ebene des menschlichen Erinnerns identisch mit »Interesse«:

»Die aktiven Gefüge, die als Ebene der menschlichen Erinnerung die größte Bedeutung haben, sind hauptsächlich ›Interessengefüge‹, und da ein Interesse sowohl eine eindeutige Richtung als auch einen weiten Spielraum hat, erfordert die Ent-

---

[6] Siehe auch Tolman (22).
[7] Siehe S. 131 f.; dort findet sich eine ausführliche Erörterung der »Spannungssysteme«.

wicklung dieser Gefüge eine erhebliche Reorganisation der ›Schemata‹ von ›Appetit‹ und ›Instinkt‹, die auf der primitiveren Linie spezieller Sinnesunterschiede liegen« (S. 214).

Wegen der »Haltungen« — die mit dem »affektiven Gefüge« gleichgestellt werden — ist das Sich-Erinnern keine mechanische Wiederbelebung von »Engrammen«, sondern ein aktiver Vorgang der Rekonstruktion:

»... in vielen Fällen sind die Hauptbedingungen für das Auftreten von Bildern anscheinend in ihrem affektiven Gefüge zu finden. Dies wirkt als ›Haltung‹, und die Haltung läßt sich am besten beschreiben als eine Orientierung des Handelnden in Richtung auf das Bild und seine weniger ausgeprägte ›schematische‹ Umgebung. Wenn wir also, wie bei der spezifischen Reproduktion, aufgerufen sind, das Bild zu rechtfertigen, tun wir es, indem wir dessen Gefüge konstruieren oder rekonstruieren. Dadurch bekommt die Haltung eine Rationalisierung. Die soziale Gruppenbildung mit den konventionalisierten und relativ dauerhaften Traditionen, die sie begleiten, spielt, wie gezeigt wurde, bei der Entwicklung von Interessen eine große Rolle, ebenso bei der Determinierung des affektiven Gefüges, das oft dem Entstehen von Bildern zugrunde liegt, und bei der Bereitstellung von Material für die konstruktiven Vorgänge des Sich-Erinnerns« (S. 303).

Zum Vergleich fügen wir hier die von Allport (25) gegebene Definition von »Haltungen« *(attitudes)* ein. Im Gegensatz zu Bartlett hat Allport seine Definition der »Haltungen« aus Persönlichkeitsuntersuchungen und sozio-psychologischen Untersuchungen hergeleitet:

»Eine Haltung ist ein geistig-seelischer und neuraler Zustand der Bereitschaft, durch Erfahrung organisiert, der einen steuernden oder dynamischen Einfluß auf die Reaktionen des Individuums gegenüber allen Objekten und Situationen ausübt, zu denen es in Beziehung steht« (S. 810).

Der heute so häufig gebrauchte Begriff »Einstellung« *(attitude)* der Sozialpsychologie und der Soziologie — wie Einstellungen zum Krieg, Einstellungen von College-Anfängern zu Rußland usw. — ist nur entfernt verwandt mit den Begriffen der »Haltung«, wie sie auf diesen Seiten erörtert werden. Es ist zwar schwer, eine umfassende Definition zu formulieren, aber es scheint, als beziehe sich der Begriff »Haltung«, mit dem wir es hier zu tun haben, auf einen allgemeineren und psychologisch elementareren Faktor.

Die *Gestaltpsychologie* behauptet (und hat experimentell nachgewiesen), daß Wahrnehmungsinhalte und Erinnerungen keine unabhängige Existenz haben, sondern vielmehr durch das Feld bestimmt werden, in das sie eingebettet sind. Für den Gestaltpsychologen ist also die Struktur oder Organisation des »Feldes« selbst der selegierende Faktor. Um diese Aussage zu verdeutlichen, ist es vielleicht ratsam, die gestaltpsychologischen Auffassungen zu erklären, die ihr zugrundeliegen. Nach Ansicht des Gestaltpsychologen läuft unterhalb jedes psychischen Prozesses — Wahrnehmen, Urteilen, Erinnern, Denken usw. — im Gehirn ein elektrochemischer Prozeß ab, dessen Struktur derjenigen des psychischen Prozesses ähnlich — isomorph — ist. Es wird behauptet — und es werden erste experimentelle Beweise angeführt[8] —, diese elektrochemischen Veränderungen im Gehirn seien zum Teil Prozesse, die aktuellen psychischen Vorgängen entsprechen, zum Teil Spuren dieser Vorgänge, die den Gedächtnisfunktionen zugrundeliegen.

Gemäß einer derartigen Spurentheorie läßt sich die selegierende Rolle des gesamten Feldes folgendermaßen ausdrücken:

a. Kein isolierter Reiz bleibt erhalten, da alle Teile des gesamten Feldes im Gehirn elektrochemische Veränderungen auslösen und diese Veränderungen nicht isoliert sind, sondern sich gegenseitig beeinflussen; ihre Wechselwirkung spielt also die Rolle eines selegierenden Faktors. b. Nicht nur stehen die gleichzeitigen Prozesse — das ganze Feld — in Wechselwirkung miteinander, sondern sie laufen auch in einem Medium ab, in dem Spuren früherer Prozesse eine Wirkung ausüben; die Interaktion dieser Spuren mit den aktuellen Prozessen stellt einen weiteren selegierenden Faktor gar. Außerdem beschreibt Koffka einen selegierenden Faktor, den er als Haltung *(attitude)* bezeichnet. Um Koffkas Anschauung von »Haltungen« zu verstehen, müssen wir seine Auffassung vom psychischen Feld verstehen. Das psychische Feld umfaßt sowohl die Umwelt als auch das Ich der erlebenden Person. Entsprechend diesem psychischen Feld gibt es ein isomorphes Gehirnfeld, das aus Spuren und Prozessen besteht, die einen »Kern« haben, der dem Ich entspricht, und einen »Schaft«, der dem Umwelt-Feld entspricht. Das Sich-Erinnern wird aufgefaßt als die Kommunikation eines Prozesses mit einer Spur; das Problem ist: Wie kommt eine solche Kommunikation zustande? Die Organisation der aktuellen Prozesse und ihre Beziehung zu den Spuren ist bisher ohne Rücksicht auf die Rolle des Ichs erörtert worden; Koffkas (27) Begriff von der »Haltung« berücksichtigt die Rolle des Ichs. Koffka sieht in »Haltungen« etwas, das in seiner Art ähnlich ist wie das »Quasibedürfnis« Lewins, und integriert sie in seine Spurentheorie. Der Mechanismus ihres Einflusses wird folgendermaßen erklärt:

»Erstens hat diese Haltung den Charakter eines Quasibedürfnisses, sie entspricht einer Spannung im Ich-Teil an der Spitze der Säule. Diese Spannung kann nur durch jenen Teil der Spurensäule gelöst werden, der die Gestalten von gestern enthält, da eine Verknüpfung der heutigen mit den gestrigen nur möglich ist, wenn diese Spuren den neuen Prozeß beeinflussen. Mit anderen Worten, die

---

[8] Siehe Köhler (26) und Koffka (27).

Haltung erfordert die Reaktion eines Feldes, das diese besonderen Spuren umfaßt« (S. 609).

Koffka stellt die Frage, ob das Vorhandensein von »Haltungen« für die »Kommunikation von Spuren« — also für Sich-Erinnern und Wiedererkennen — unentbehrlich ist. Nachdem er Bartletts und Lewins theoretische Position analysiert hat, kommt er zu folgendem Schluß:

»Man kann sowohl Lewin als auch Bartlett so auslegen, als behaupteten sie, eine Kommunikation zwischen Prozeß und Spur finde als Ereignis, das sich völlig innerhalb des Säulenschafts abspielt, nicht statt. Ob eine solche Behauptung zutrifft oder nicht, muß durch Versuche entschieden werden. Ich persönlich glaube nicht daran. Vielmehr bin ich überzeugt, daß dynamische Beziehungen innerhalb des Schaftes, d. h. innerhalb des Feldes der Umwelt, und zwischen Kern und Schaft wirksam sein können, und nicht nur dynamische Beziehungen innerhalb des Kerns, des Ich-Systems. Trotz dieser Überzeugung, die, wie ich bereits gesagt habe, durch Versuche überprüft werden muß, erkenne ich die enorme Bedeutung von Haltungsfaktoren an. *Wie ich das Problem sehe, gibt es die Alternative, entweder spontanes Wiedererkennen oder ein Wiedererkennen, das immer durch eine Haltung vermittelt wird, nicht*[9]. Wir haben oben gesehen, daß im Schaft wirksame Kräfte auch dort notwendig sind, wo eine Haltung die Kommunikation ermöglicht hat. Also scheint eine offene Annahme der Wirksamkeit aller Kräfte, die ins Spiel kommen können, als sicherste Position, bevor neue experimentelle Beweise erbracht werden« (S. 611).

Die Warnung Koffkas, man müsse alle Kräfte akzeptieren, die ins Spiel kommen können, darf keiner vergessen, der versuchen will, eine Theorie des Gedächtnisses aufzustellen, in deren Mittelpunkt der »Einfluß des Gefühls auf das Gedächtnis« steht. Wollte man versuchen, alle Gedächtnisfunktionen nur von emotionalen Einflüssen abzuleiten, ohne die Bedeutung und die Häufigkeit von Erlebnissen zu berücksichtigen, würde man nur die historischen Fehler der Assoziations- und Gestaltpsychologen wiederholen.

Im allgemeinen berücksichtigt jedoch die Gestaltpsychologie andere Faktoren nicht und hält die Feldstruktur für das einzige selegierende Prinzip. So zeigt Katona (28), daß die »eklatanten«[10] und »besser organisierten«[10] Teile des Erlebens jene sind, die Spuren hinterlassen oder, mit anderen Worten, zum Überleben ausersehen sind:

[9] Hervorhebung vom Referenten.
[10] Die Begriffe »eklatant«, »besser organisiert«, »bedeutungsvoll«, »Prägnanz-Prinzip«, »bessere Form« und »gute Aufeinanderfolge«, denen man in der Gestalt-Literatur so oft begegnet, sind zweifellos nützlich. Hier wird jedoch die Abhängigkeit der durch diese Begriffe gekennzeichneten Eigenschaften von den Interessen, Einstellungen und Affekten des Betroffenen außer acht gelassen.

»Serie 1: A A A A X A A A A
Serie 2: X X X X A X X X X
Serie 3: X Y Z W A V U T S

Die Konfiguration des A in der Serie 1 nennt man »Akkumulation« und in
Serie 2 »Isolierung«. In der Serie 3 haben wir nur isolierte Glieder. Die Buchstaben A X Y usw. können für beliebiges Material stehen. Nehmen wir an, A
stehe für sinnlose Silben, X für Zahlen und die anderen Buchstaben für verschiedenes Material — kleine geometrische Zeichnungen, Wörter usw.« (S. 184).

»Restorff kam bei verschiedenen Versuchen zu eindeutigen Ergebnissen. Die Erinnerung an A, die Rekonstruktion und das Wiedererkennen von A waren am
besten in der Serie 2, nicht ganz so gut in Serie 3 und am schlechtesten in Serie 1.
Isolierung scheint fürs Lernen vorteilhafter zu sein als eintönige Akkumulation,
und die Isolierung scheint am besten zu sein, wenn das isolierte Objekt von
gleichförmigen Objekten umgeben ist« (S. 185).

Wheeler und Perkins (29), die eine »spurenlose« Gestalt-Theorie des Gedächtnisses befürworten, äußern folgende Meinung:

»... Die soziale und emotionale Betonung der ursprünglichen Situation unterstreicht für den Beobachter jene Tatsachen, die am besten mit seinen Haltungen
und Zwecken übereinstimmen; der Beobachter neigt dazu, sich an vergangene
Ereignisse so zu erinnern, wie er glaubt, daß sie sich zugetragen haben sollten«
(S. 401).

In psychologischen Lehrbüchern und bei Versuchen wird der selegierende
Faktor manchmal »Einstellung« *(set),* ein andermal »Kontext« genannt.
Wir haben die Definitionen dieser Begriffe aus dem Lehrbuch von Boring
(30, 31) zitiert. Bezeichnenderweise werden diese Begriffe und Erscheinungen in mehreren neueren Lehrbüchern, z. B. dem von E. Freeman (32)
oder dem von Guilford (33), gar nicht erwähnt. Berichte über einschlägige
Versuche mit Menschen sind auch ziemlich selten; die Versuche von Langfeld (34, 35), Wong und Brown (36), Pan (37) und Gundlach, Rotschild
und Young (38) sollten in diesem Zusammenhang erwähnt werden. Wenn
die uralte Theorie vom »Entstehen« auch die Rolle selegierender Funktionen im Gedächtnis nicht erklärt, hat sie doch wenigstens den Hintergrund für eine solche Erklärung geliefert. Wie ist das menschliche Gedächtnis phylogenetisch entstanden? Edgell (39) hat die frühen einschlägigen
Theorien zusammengefaßt; von diesen ist die S. Butlers (40) besonders
interessant; in der modernen Allgemeinen Psychologie sind die Theorien
von K. Bühler (41), Stern (16) und Allport (42) erwähnenswert.

Bühler (41) hält den Instinkt, die Gewohnheit und den Intellekt für die
drei aufeinanderfolgenden Stufen der Geistestätigkeit im allgemeinen und
der Gedächtnisfunktion im besonderen. Diese drei Stufen stehen in Wechselbeziehung, wobei jede niedrigere Stufe für die höhere als Grundlage
dient (S. 2—10).

Stern äußert eine ähnliche Ansicht (16):

»(Die Mneme) ist konservativ und fortschrittlich zugleich, denn *sie dient der Konservierung des Fortschritts* ... (die) Mneme (erhält) eine mittlere Stellung zwischen dem Instinkt, der konservativer Art ist, und der Intelligenz, die progressiv gerichtet ist« (S. 257).

Allport schreibt (42):

»Die Bedeutung des Gedächtnisses liegt in der Mittelstellung, die es im persönlichen Leben zwischen der Instinktfunktion (dem bewahrenden Faktor) einerseits und der Intelligenzfunktion (dem progressiven Faktor) andererseits einnimmt« (S. 555).

Was auch immer hier mit »Bewahrung« und »Fortschritt« gemeint sein mag, die Vorstellungen von Allport und Stern scheinen denen von Bühler ähnlich zu sein. Nach der Art der Deutung, für die wir die drei Beispiele angeführt haben, ist das menschliche Gedächtnis aus dem Instinktverhalten infolge eines Handlungsaufschubs hervorgegangen. An dieser Stelle bietet sich die verlockende Hypothese an, die selegierenden Einflüsse, denen das Gedächtnis ausgesetzt ist, hätten ihren Ursprung im Instinkt.

Einige Beiträge der Entwicklungspsychologie lassen sich so interpretieren, als deuteten sie in ähnliche Richtung; das zeigt sich in der folgenden Äußerung von Heinz Werner (3):

»... der Affekt (wird) ein wesentlicher Mitgestalter ursprünglicher, eidetischer und nichteidetischer Bildhaftigkeit ... Die Erinnerungs- und Phantasiebilder ... werden durch das Gefühl ... bestimmt ...

Die prahlerischen Veränderungen von Kriegsberichten, die man z. B. überall bei naiven Völkern findet, sind Beweise für die durch den Affekt gestaltete Erinnerungswirklichkeit. Pechuël-Loesche berichtete über die Loangoleute, daß sie in außerordentlicher Weise zu Übertreibungen neigen. Von jemand, der einen Schuß abkriegte, vielleicht blutrünstig getroffen wurde, erzählen sie, er sei getötet worden, und nach einem Hieb, er sei zuschanden geschlagen worden. Wir finden jene, auch bei Kindern, wie wir noch sehen werden, besonders starke Übertreibung und Vergrößerung affektiv betonter Gegenstände in den Zeichnungen nach der Erinnerung wieder ... Bekannt sind die Buschmannzeichnungen, in denen diese sich selbst als Riesen, ihre Feinde aber als Zwerge darstellen. Die gegenständliche Vorstellung wird durch affektive Bewertung gewissermaßen ausgeschaltet; man könnte hier direkt von einer *affektiven Perspektive* sprechen.

Auch die kindlichen Erinnerungsvorstellungen werden durch die affektiven Strömungen stark umgemodelt; dies gilt z. B. von der Größe. Derartige Umbildungen können wir am schärfsten dort verfolgen, wo die Vorstellungen noch jene eidetische ... Kraft besitzen ... Und zwar gilt die Umformung durch affektive Einflüsse schon für jene eidetischen Anschauungen, welche sich auf die unmittelbare Begebenheit selbst richten. Ein Schüler besipielsweise sieht bei Szenen im Schauspiel, die ihn stark ergreifen, die Schauspieler ins Riesenhafte wachsen [vgl.

Jaensch, Aufbau der Wahrnehmungswelt, S. 345]. Kroh teilt den interessanten Fall eines Eidetikers mit, der die ihm zusagenden im Gegensatz zu den ihm nicht entsprechenden Zigarren in der Entfernung größer sieht« (S. 107 f.).

2. Die Rolle des selegierenden Faktors beim Prozeß der Registrierung (Einprägung)

Der Begriff der Registrierung ist keineswegs eindeutig; wir müssen ihn also erörtern, bevor wir das Material vorlegen, das für die Rolle des selegierenden Faktors bei der Registrierung relevant ist. Wer versucht zu definieren, was mit Registrierung gemeint ist, muß eine Reihe von Begriffen berücksichtigen, z. B. Stimulierung, Perzeption, Apperzeption, Verstehen und Erleben; man könnte unschwer weitere Begriffe finden, die in die gleiche Kategorie gehören. Im Augenblick wollen wir uns auf diese fünf beschränken, die für unseren Zweck genügen. Einige Theorien, insbesondere die mechanistischen Theorien, die den Geist als etwas Passives auffaßten, betonten den Reiz; andere, die den Geist als etwas Selbständiges, Aktives ansahen, betonten den im Geist während der Stimulierung ablaufenden Prozeß. Die Ausdrücke »Reiz« (Stimulus), »Perzeption« und sogar »Registrierung« gehören allgemein zur ersten Gruppe von Theorien; die Begriffe »Apperzeption«, »Verstehen« und »Erleben« gehören zur letzteren. In den letzten Jahren ist immer deutlicher geworden, daß Wahrnehmung (Perzeption) und Registrierung aktive Prozesse des Geistes sind, und daß die hereinkommenden Reize unter dem Einfluß der früheren Erfahrungen und Bestrebungen des Organismus geordnet werden; die ursprüngliche passiv-rezeptive Färbung der Begriffe »Perzeption« (Wahrnehmung) und »Registrierung« hat sich in eine aktivere verwandelt. Demgemäß wird man in der folgenden Erörterung nicht von den Ausdrücken selbst, sondern von dem Kontext, in dem sie stehen, ablesen können, welcher Denkrichtung der zitierte Autor angehört.
Müller-Freienfels (6) behauptet, schon beim Prozeß der Registrierung sei die subjektive Wahl wirksam:

»... daß es vor allem subjektive Gebilde sind, die in der Seele wirken, nicht die objektiven Abbilder, die nach der alten Lehre wirken sollten.
Es ist demgemäß ziemlich unwesentlich, ob objektiv die Kontiguität bestanden hat, es fragt sich nur, ob wir sie subjektiv als Kontiguität erfaßt haben« (S. 407).

Er erklärt dieses »subjektive Erleben« weiter:

»Erst wenn die Worte anderer solche Stellungnahmen in uns auslösen, ›verstehen‹ wir sie. Diese Stellungnahmen können mehr affektiver Natur sein beim Verstehen einer Dichtung, mehr praktischer Natur beim Verstehen von Fragen, Befehlen usw.... immer aber machen sie erst das Verständnis aus.« (S. 408)

Pear (11) kennzeichnet die Registrierung als einen Prozeß, der vom Bewußtseinsstand abhängig ist:

»... die Empfindung ist eine *Modifizierung* des Bewußtseins. Sie ist lediglich eine Veränderung im Erleben des Probanden, nicht etwas, das in ein vorheriges Nichts fällt« (S. 30).

W. Sterns (16) Ansicht von diesem Problem ist der von Müller-Freienfels ähnlich:

»Zum Stiften von *Kontiguitätsassoziationen* gehört, so sahen wir, zeitliches Beisammensein im mnemischen Reiz. Aber nicht alles, was einmal — oder auch oftmals — zeitlich zusammen erlebt wird, ist dadurch so aneinander gekoppelt, daß es sich später als assoziative Verbindung erneuern müßte ... es findet eine scharfe *Auslese* statt, die verschwindend wenige Paare und Gruppen der in zeitlicher Kontiguität stehenden, primären Erlebnisse mnemisch auszeichnet und so zu Assoziationen festigt. Diese Auslese ist auf eine entgegenkommende Bereitschaft der Person zurückzuführen, auf ihre *Empfänglichkeit für mnemische Reize* ... (es gibt) *keine Assoziationsstiftung im Menschen ohne personalen Bedeutungsbezug.* ... Man muß freilich dem Begriff der persönlichen Bedeutsamkeit die genügende begriffliche Weite geben« (S. 299 f.).

Szymanski (18) behauptet, das Vorhandensein der »Antriebskraft« — sein Ausdruck für den selegierenden Faktor — sei wichtiger als die Häufigkeit des Erlebens, um eine Registrierung zustande zu bringen:

»Die Häufigkeit der Erfahrung eines Dinges vermag noch nicht das Wissen von demselben im Subjekte entstehen zu lassen, solange der nötige Antrieb fehlt ... Hingegen kann ein Ding nur einmal oder selten auf das Subjekt einwirken und dessen ungeachtet bildet sich ein genügendes Wissen von ihm aus, sobald nur dieses Ding mit den Antrieben des Subjekts zusammenhängt« (S. 183).

Gordon (19) verglich Veränderung und Verzerrungen der Wahrnehmung mit Veränderungen der Erinnerung. Sie behauptet, weder Wahrnehmungen noch Erinnerungsbilder seien bloße fotografische Aufzeichnungen, und das Material beider werde gemäß den Interessen der erlebenden Person umgeformt. Cason (21) führt das folgende Beispiel an, um die Rolle des Vorsatzes bei der Registrierung zu zeigen: ein Student las eine Reihe von sinnlosen Silben mehrmals, und als man ihn aufforderte, sie wiederzugeben, war er überrascht und sagte, er habe nicht gewußt, daß er sie habe lernen sollen und könne sich nicht an sie erinnern — er zeigte auf diese Weise, daß Ausüben allein das Lernen nicht erklärt[11]. Bartletts (24)

---

[11] Siehe Cason, S. 399 f.

Theorie von der Auswahl bei der Registrierung ist der von Pear ähnlich; er meint, der Wahrnehmungsprozeß setze zweierlei Faktoren voraus:

»a. den (Faktor) des sensorischen Musters, das eine physiologische Grundlage für die Wahrnehmung bereitstellt, und

b. einen weiteren Faktor, der aus dem sensorischen Faktor etwas konstruiert, das eine über den unmittelbaren sensorischen Charakter hinausgehende Bedeutung hat. Letzterer scheint eine spezifische psychische Funktion in der gesamten Wahrnehmungsreaktion zu sein, und ich lasse ihn für den Augenblick absichtlich unbestimmt und undefiniert« (S. 188).

Er betont, daß der hereinkommende Impuls mit vorhergehenden integriert und durch sie organisiert wird und nicht als isolierte Spur weiterbesteht:

»Alle hereinkommenden Impulse einer bestimmten Art oder Beschaffenheit vereinigen sich und bauen ein aktives, geordnetes Milieu auf: optische, akustische Impulse, verschiedene Arten von Hautimpulsen und dergleichen auf einer relativ niedrigen Stufe, alle Erlebnisse, die durch ein gemeinsames Interesse verbunden sind, Sport, Literatur, Geschichte, Kunst, Wissenschaft, Philosophie usw., auf einer höheren Stufe. Es besteht jedoch nicht der geringste Anlaß zu der Annahme, daß jede Gruppe hereinkommender Impulse, jedes neue Bündel von Erlebnissen, als isolierter Bestandteil irgendeines passiven Mosaiks erhalten bleibt« (S. 201).

Der zweite Faktor — den er als »Suchen nach Bedeutsamkeit« bezeichnete (43) — wird weiter beschrieben als

»... eine Haltung oder Einstellung, die wir nicht auf irgendeinen lokalisierten physiologischen Apparat zurückführen können, die vielmehr als etwas behandelt werden muß, das zu dem ›ganzen‹ Menschen oder Organismus gehört, der reagiert« (S. 191).

Die Wirkung dieses Faktors kann man an dem Unterschied zwischen Hören und Zuhören erkennen:

»... unter keinen Umständen liefert Hören ohne Zuhören eine ausreichende Grundlage für das Wiedererkennen. ... Selektives Hören wird hauptsächlich durch die qualitativen Unterschiede von Reizen in Beziehung zu — kognitiven, affektiven und motorischen — Prädispositionen des Zuhörers bestimmt« (S. 190).

Die *Gestaltpsychologie* bezieht sich mit ihrem *Prägnanzprinzip,* einem ihrer Grundkonzepte, auf die Organisation des Wahrgenommenen unter dem Einfluß des Gesamtfeldes. Wulf (44), der die selbständigen Veränderungen nachgewiesen hat, die während der Zeit des Behaltens stattfinden, hat auf den Umstand aufmerksam gemacht, daß ein Teil dieser Veränderungen durch den Wahrnehmungsakt schon in Gang gesetzt wird. Diesen Punkt hat auch Gibson (45) betont, Hanawalt (46) dagegen hat ihn geleugnet. Katona (28) behauptet, die Bedeutsamkeit, der Ganzheitscharakter des Wahrgenommenen, hinterlasse Spuren — »strukturelle Spuren« —, die qualitativ anders sind als die spezifischer Einzelheiten — »Einzelspuren«, und er stellt in bezug auf die strukturellen Spuren, die dem von den Gestaltpsychologen als »Bedeutsamkeit« bezeichneten selegierenden Faktor entsprechen, folgende Hypothesen auf:

»Hypothese I: Spuren, die sich auf spezifische Einheiten aus dem früheren Erleben beziehen, und Spuren, die mit dem Ganzheitscharakter eines Vorgangs verbunden sind und von ihm hergeleitet werden, lassen sich voneinander unterscheiden. Wir wollen die ersten ›Einzelspuren‹, die zweiten ›strukturelle Spuren‹ nennen.
Hypothese II: Einzelspuren sind gekennzeichnet durch einen gewissen Grad von Fixiertheit und Starrheit, während strukturelle Spuren leichter anpaßbar und flexibel sind.
Hypothese III: Die Bildung von Einzelspuren ist gewöhnlich ein lange dauernder und anstrengender Prozeß, während Verstehen unter bestimmten Bedingungen rasch und mit geringerer Anstrengung zur Bildung von strukturellen Spuren führen kann.
Hypothese IV: Strukturelle Spuren bleiben länger erhalten als Einzelspuren, die rasch verschwinden, falls sie nicht verstärkt werden« (S. 194 f.).

Eidetische Vorstellungsbilder sind häufig als eine primitive Art von Gedächtnis angesehen worden, eine Übergangsform zwischen Wahrnehmung und Gedächtnis. Ihre Abhängigkeit von »Interessen« war schon Urbantschitsch und Jaensch bekannt. Über die Beziehung zwischen den eidetischen Vorstellungsbildern (EB) zur Gedächtnisvorstellung (GB), dem Nachbild (NB) und *anderen verwandten* Erscheinungen lesen wir in Klüvers (47) Überblick über die einschlägige Literatur:

»Es ist augenscheinlich, daß EB mehr oder weniger mit Erscheinungen wie Nachbildern, Gedächtnisbildern, projizierten Gedächtnisbildern (Martin), Gedächtnis-Nachbildern (Fechner), subjektiven optischen Empfindungen (G. H. Meyer), Pseudo-Gedächtnisbildern (Grünbaum), Gesichtstäuschungen, Halluzinationen, Pseudohalluzinationen, Wiederwahrnehmungen (Ebbecke), phantastischen visuellen Erscheinungen (J. Müller), Sinnesgedächtnis, hypnagogischen Bildern, Synästhesien und durch hypnotische Methoden oder Drogen erzeugten subjektiven visuellen Erscheinungen verwandt sind, aber es ist zur Zeit oft äußerst schwierig zu sagen, in welcher Weise einige dieser Erscheinungen sich von EB unterscheiden« (S. 700).
»Die Annahme der Marburger Schule, es gebe eine genügend große Zahl von Kriterien, um die NB und die GB von den EB zu unterscheiden, ist lediglich eine Behauptung und keine Tatsache« (S. 705).

Über die Abhängigkeit der EB vom »Interesse« oder der »Einstellung« schreibt Klüver:

»Das Auftreten eines EB oder eines bestimmten Teils eines EB ist oft von den ›Interessen‹ oder der ›Einstellung‹ des Betroffenen abhängig. Ein Kind kann in der Lage sein, einen Gegenstand eidetisch zu reproduzieren, aber nicht das Bild dieses Gegenstands« (S. 715).

Stern (16) äußert eine ähnliche Ansicht:

»Untertypen des eidetischen Typus werden dann noch danach geschieden, ob die Anschauungsbilder mehr den Nachbildern ähneln, indem sie starr und unbeeinflußbar sind und sich der Person, selbst gegen ihren Willen, als seelische Fremdkörper aufdrängen (›tetanoider‹ oder T-Typus nach Jaensch) — oder ob die Einbettung in die Totalität der Person überwiegt, so daß der Eidetiker Anschauungsbilder seinen Interessen und Neigungen entsprechend hervorrufen, verwerten und verändern kann (basedowider oder B-Typus)« (S. 272).

Die Literatur über diese Art von eidetischen Vorstellungsbildern, die für das Problem des Einflusses von Gefühlen auf das Gedächtnis relevant ist, insbesondere für die individuellen Unterschiede in dieser Hinsicht ist umfangreich, aber zu technischer Art, als daß wir uns hier ausführlicher mit ihr beschäftigen könnten. Weiteres Material über die Rolle selegierender Gefühlsfaktoren bei der Registrierung findet sich im 8. Kapitel.

3. Die Rolle der selegierenden Kraft und das Schicksal von Erinnerungen während der Periode des »Behaltens«

Was zwischen Erleben und Erinnern geschieht, ist das wesentliche Rätsel der Theorie des Gedächtnisses. Tatsächlich bezieht sich der Begriff »Erinnerung« ebenso auf dieses Geschehen wie die Ausdrücke »Behalten«, »Engramm« und »Spur«. Es gibt jedoch keine Möglichkeit zu erfahren, was in dem Intervall des Behaltens geschieht, außer zu untersuchen, was erlebt worden ist und was erinnert wird, und dann auf das inzwischen Geschehene zu schließen. Die während der Periode des Behaltens stattfindende Organisation des Materials und die Veränderungen des Materials, die daraus folgen, zeigen das Wirken selegierender Kräfte.

Müller-Freienfels (6) behauptete, die Eindrucksspuren seien nicht unbewußte Vorstellungen, sondern »motorische Dispositionen« und »Gefühlsdispositionen«:

»Wir werden ohne weiteres zugeben, daß es in unserer Seele *Dispositionen* gibt, die unter *Umständen* zu *Vorstellungen führen können;* aber es ist nicht im geringsten erwiesen, daß diese Zustände denselben Vorstellungen wesensgleich sind« (S. 388).

»Wir nehmen nur Dispositionen an, die unter Umständen vom Zentrum aus Reproduktionen von Empfindungen zu erzeugen vermögen, genau so gut, wie äußere Eindrücke von außen her sinnliche Empfindungen zu erregen vermögen. Diese Dispositionen fassen wir aber nicht als ›unbewußte Vorstellungen‹, sondern vielmehr ... als motorische Dispositionen, die sich, wenn sie in den Kreis des Bewußtseins treten, in der Regel nur als *Gefühle, Tendenzen* usw. kennzeichnen, obwohl sie oft als Nebenwirkungen auch Vorstellungen erwecken« (S. 388 f.).

»Man wird, selbst wenn man die Theorie der unbewußten Vorstellungen festhalten will, doch zugeben müssen, daß der dominierende Inhalt in solchen Fällen das *Gefühl* ist, daß die Vorstellung höchstens sekundär ist und daß wir es hier mit psychischen Geschehnissen zu tun haben, die man ganz sicherlich nicht in das Schema der Vorstellungskette einreihen kann« (S. 400).

Die Gefühle werden auch als verantwortlich für die automatische Begriffsbildung angesehen:

»Wir betonen also immer wieder, daß dasjenige, was in der Seele aufbewahrt wird und wirksam ist, zunächst nicht Reproduktionen sind. ... Was aufbewahrt wird, sind *Stellungnahmen, sentiments génériques,* wie *Abramowski* sie auch experimentell nachgewiesen hat. Wir nehmen an, daß jeder Wahrnehmung, besonders nach ihrer typischen Seite hin, eine ganz bestimmte Stellungnahme ... entspricht und daß diese vor allem aufbewahrt wird. ... Diese Stellungnahmen ... sind subjektive sich anpassende Faktoren meist affektiver und morotischer Natur, die alles das ausmachen, was man Begriff, Gedanke, Bewußtheit usw. genannt hat« (S. 408).

Diese »Stellungnahmen« sind jedoch nicht nur für das Behalten und die Begriffsbildung verantwortlich, sondern spielen eine aktive Rolle bei der Organisierung der Erlebnisinhalte im allgemeinen:

»... wir nehmen an, daß die Gefühle, die Stellungnahmen, die auf uns eindringenden Empfindungskomplexe allerdings etwas *schematisieren* und *verallgemeinern,* daß aber gerade darin die ungeheure *Bedeutung* derselben für jede Wahrnehmung beruht. Wenn wir jeder Einzelwahrnehmung gegenüber stets nur eine ganz spezifische subjektive Stellungnahme einnähmen, so wären allgemeine Erfahrungen überhaupt unmöglich. Und diese verallgemeinernden Stellungnahmen sind es denn in der Tat, die in unserem Gedächtnis vor allem wirksam sind, wie ja jede Vorstellung typisiert ist und höchstens beschränkte Menschen ganz untypisierte Erinnerungen bilden« (S. 409).

Die Konstellationen sind eine Folge der organisierenden Wirkung der Stellungnahmen:

»Da es nicht die Ideen sind, welche die Konstellationen herstellen, muß man tiefer hinabsteigen, um sie zu verstehen. Die Kontinuität unseres Lebens, unserer Handlungen und unseres Denkens wird in erster Linie durch unser affektives Leben, unsere Gefühle und unseren Willen bestimmt. Es ist nur die gemeinsame Grundstimmung, die affektive Orientierung, die die Konstellationen schafft, da Ideen allein niemals einen Zustand des Ichs darstellen« (7, S. 78).

Crosland (10) charakterisiert auf der Grundlage seiner Versuche das, was in der »Periode des Behaltens« stattfindet, als einen Vorgang, bei dem

Einzelheiten verlorengehen, wodurch das Bild auf charakteristische Weise typisiert und desintegriert wird; außerdem als einen Vorgang der subjektiven Auswahl, Interpolation und Klärung (S. 67). Crosland berichtet ebenfalls, er habe bei seinen Versuchen Erinnerungsveränderungen vorgefunden, die den Freudschen Mechanismen ähnlich seien und während der Periode des Behaltens einträten. Pear (11) stellt die Frage:

»Verschwindet das Bild jemals völlig oder wird es nur so substanzlos, daß es der Entdeckung der ungeübten Introspektion entgeht?« (S. 55).

In Übereinstimmung mit der psychoanalytischen Theorie hält er die zweite Möglichkeit für wahrscheinlicher. W. Stern (16) beschreibt die Rolle gefühlsbedingter Selektion während der Periode des »Behaltens«:

»Jeder Mensch hat die Eigenart, sich von äußeren und inneren Ereignissen beeindrucken zu lassen; dieser persönliche Faktor beeinflußt nicht nur die Stärke und Dauerhaftigkeit mnemischer Reize, sondern auch — was wichtiger ist — ihre *Auslese*. Es wäre hoffnungslos, wollte man versuchen, die unbewußte Auslese der Mneme vor allem aus Eigenschaften der gewählten Objekte abzuleiten; es sind die tieferen Schichten der Person, in denen Gefühl und Streben wurzeln, die bestimmte Muster des Lebens mit einem mnemischen Akzent versehen, während andere vernachlässigt bleiben ... Das gleiche erweist sich als wahr für die *zweite Phase:* die Re-Aktualisierung einer mnemischen Wirkung ist das Werk des ganzen Menschen« (S. 194 f.).

Stern behauptet, das Ergebnis der Selektivität sei ein Behalten der persönlich relevanten Bedeutung, die unabhängig ist von der verbalen Formulierung, und gibt zu bedenken:

»Solche Phänomene widerlegen schlüssig die ›Spurentheorie‹ der mnemischen Prozesse. Keinerlei ›Spuren‹ der gehörten Worte werden in der Form von entsprechenden Wortbildern hinterlassen ...« (S. 205).

Szymanski (18) schreibt:

»Mit der Änderung der Antriebe ändert sich auch unser Wissen von dem Objekt, das mit diesen Antrieben zusammenhängt« (S. 183).

Purdy (48) wendet sich gegen die alte Theorie vom Verblassen der Spuren mit der Zeit und behauptet, indem er Störring zitiert:

»Nicht die Zeit selbst, sondern die Eindrücke, die im Lauf der Zeit vorkommen, tragen normalerweise zum Vergessen alter Eindrücke bei« (S. 340).

Seine Theorie ist zwar insofern einseitig, als sie innere selegierende Faktoren außer acht läßt, wird aber durch Versuche belegt, in denen das Behalten im Schlaf und im Wachen verglichen wird[12]. Lewin und seine

---

[12] Siehe die Versuche von Dahl (56) und von Jenkins und Dallenbach (57).

Schüler haben nachgewiesen, daß eine Veränderung der Feld-Bedingungen — wie z. B. die Einführung neuer Vorsätze — das für die Erinnerung an einen Vorsatz verantwortliche Spannungssystem isolieren kann (Birenbaum, 49), und daß auch das Verstreichen der Zeit die Stärke der Spannung mindert (Zeigarnik, 50). Bartlett (24) nahm auf Grund seiner Versuche und der Versuche von H. Head (51) einen der klassischen Gedächtnistheorie entgegengesetzten Standpunkt ein:

»Es wird allgemein angenommen, die Spuren stammten von einzelnen und spezifischen Ereignissen. Daher muß jeder normale Mensch eine unberechenbare Zahl von Einzelspuren mit sich herumtragen. Da diese alle in einem einzigen Organismus gespeichert sind, müssen sie tatsächlich miteinander verbunden sein, und dies verleiht der Erinnerung ihren unweigerlich assoziativen Charakter; aber jede Spur bewahrt ständig ihre wesentliche Individualität, und das Sich-Erinnern ist im idealen Fall einfache Neu-Erregung oder reine Reproduktion ... Die tatsächlichen Geschehnisse des Wahrnehmens und Wiedererkennens weisen stark darauf hin, daß in allen relativ einfachen Fällen, in denen frühere Erlebnisse und Reaktionen den Ausschlag geben, die Vergangenheit nicht als Gruppe von Elementen wirkt, von denen jedes seinen spezifischen Charakter behalten hat, sondern als organisierte Masse« (S. 197).

Die Gestaltpsychologie behauptet auf Grund der Versuchsergebnisse von Wulf (44), während der Periode des Behaltens optisch wahrgenommener Figuren seien Prozesse im Gang, die zu selbständigen Veränderungen wie »Nivellierung« und »Pointierung« führen, die die Figur zu einer »besseren« machen. Die Ergebnisse Hanawalts (46) widersprechen denen Wulfs. Die Untersuchungen von Gibson (45), Allport (52), Perkins (53), W. Brown (54), Zangwill (55) und Irwin und Seidenfeld (58) bestätigen die Folgerungen Wulfs teilweise. Auf Grund der Feststellungen von Restorff (59) und Harrower (60) behauptet Koffka (27), ein weiterer Vorgang während der Periode des Behaltens sei eine »Aggregation« von Spuren, die zum Verlust ihrer Individualität führt. Falls die Spuren heterogen sind, kann dieser Verlust der Individualität dazu führen, daß etwas nicht behalten wird; falls die Spuren homogen sind, kann ein gemeinsames Schema zustandekommen, das das Behalten verstärkt. Wheeler und Perkins (29) wenden sich gegen die Meinung, es gebe bleibende Spuren:

»Man stelle sich die Luft in einem Raum vor ... Man zünde eine Kerze an, und ein Luftzug entsteht. Man führe mehr Kerzen ein, und die Luft wird in viele Luftströmungen zerteilt werden, die sich alle einander anpassen müssen. Nun blase man eine Kerze aus — die Luftströmungen verschwinden. Das Gehirn ist wie die Luft, und die Kerzen sind wie Reize. Man bewahre den Organismus vor Reizen, und es wird ein analoger Prozeß stattfinden. In der Atmosphäre bleiben keine Spuren erhalten. Im Gehirn bleiben auch keine erhalten, denn das Gehirn ist im Prinzip ein flüssiges Energiefeld wie die Luft. In einem Fall ist die Luft notwendig für Luftströmungen; im anderen ist Gehirnsubstanz für Gehirnströme notwendig, aber in keinem Fall sind Spuren beteiligt« (S. 388).

4. Die Rolle des »selegierenden Faktors« beim Sich-Erinnern

»Sich-Erinnern«, »Reproduktion«, »Erinnerung«, »Sich-ins-Gedächtnis-Rufen«, »Wiederbelebung von Erinnerungen«, »Wiedererkennen«, »Kennen« und »Gefühl der Vertrautheit« sind verschiedene Ausdrücke, die gebraucht werden, um den Vorgang zu bezeichnen, durch den frühere Erlebnisse in der Gegenwart wirksam werden. »Sich-Erinnern«, »Reproduktion« und »Erinnerung« werden meist benützt, um die Auffassung von einem direkten und aktiven Prozeß auszudrücken. »Sich-ins-Gedächtnis-Rufen« und »Wiederbelebung von Erinnerungen« werden dagegen verwendet, um die Auffassung von einem passiven, wenn auch direkten Prozeß auszudrücken. »Wiedererkennen«, »Kennen« und »Gefühl der Vertrautheit« werden zur Bezeichnung von aktiven, wenn auch indirekten Wirkungen gebraucht. Diese Ausdrücke jedoch sind wie jene, die sich auf die Registrierung beziehen, so ungenau gebraucht worden, daß man ihre genaue Bedeutung nur aus dem Zusammenhang erschließen kann, in dem sie vorkommen. Neuere Forscher ziehen es vor, die Begriffe zu verwenden , die auf Aktivität schließen lassen, um die schöpferische, auswählende Natur des Vorgangs der Erinnerung anzudeuten.

Müller-Freienfels behauptet (6), Zielstrebigkeit allein erkläre das Sich-Erinnern nicht:

»... (für gewöhnlich gibt es) Vorstellungen ohne irgendwelche Stellungnahmen, ohne jedes Gefühl und ohne jede motorische Tendenz überhaupt nicht ... je zielstrebiger das Denken ist, (desto) stärker treten jene Stellungnahmen hervor« (S. 398).

Er vermutet, die Vermittler von Assoziationen seien Stimmungen, und beschreibt die Methode, deren er sich bedient, um sich an etwas zu erinnern:

»Ich suche ... die Stimmung jener Zeit auf alle mögliche Weise in mir zu verstärken und zu verlebendigen, umgebe gleichsam jene ersten Gedanken mit einer solchen Stimmungsatmosphäre, und oft gelingt es mir auf diese Weise, die betreffende Vorstellung wieder zu erwecken« (S. 407).

Er wendet diese Theorie auf Zwangsvorstellungen an, die man als Vorstellungen bezeichnen kann, deren Vergessen einem nicht gelingt, und schreibt:

»Auch hier ist das Wort nur das zufällige Kleid des Gefühls, das darin steckt. ...
Wir können also für alle Zwangsphänomene ... feststellen, ... daß dasjenige,
was sich durch seine Konstanz als den wahren Inhalt derselben erweist, ein affektives Phänomen ... ist, während die intellektuellen Inhalte durchaus sekundärer
Natur sind, die sich das Gefühl oder der Trieb aussuchen, um sich darin zu
betätigen und auszuwirken« (S. 420).

Über die Verfügbarkeit von Inhalten für die Erinnerung sagt er:

»Die Verfügbarkeit eines Inhalts ist zu allererst von seiner Gefühlsbetonung abhängig, womit wir nicht nur seinen Lust- oder Unlustcharakter im allgemeinen
meinen, sondern jene Gefühlserregbarkeit, die es ihm ermöglicht, mit unseren
Interessen in Verbindung zu kommen. Interessen jedoch sind Gefühlseinstellungen,
und die Verfügbarkeit von Gedächtnisinhalten ist von ihren Beziehungen zu
diesen abhängig. Wir müssen also, um einen Inhalt verfügbar zu machen, ihn
zuerst mit all unseren Interessen verknüpfen; mit anderen Worten, wir müssen
seine Gefühlstönung frisch und lebendig erhalten. Ein Inhalt, der gefühlsstark ist,
strebt immer in den Vordergrund, insbesondere dann, wenn er in der Richtung der
dominanten Interessen gefühlsträchtig ist« (7, S. 79 f.).

Crosland (10) stellte bei seinen Versuchen fest, daß das, woran man sich
erinnert, die »dominante Bedeutung« ist. Einzelheiten in der Nähe dieser
dominanten Bedeutung neigen dazu, sich zu verändern, um dazuzupassen;
die peripheren Einzelheiten werden leicht vergessen, aber wenn sie erinnert werden, erscheinen sie als isolierte, abgetrennte Vorstellungen, relativ unverzerrt:

»Je enger die Beziehung der Einzelheiten zur allgemeinen dominanten Bedeutung
des Materials war, desto mehr wurde die Wirkung dieses assimilativen oder verallgemeinernden Vergessens verstärkt ...« (S. 76).

Pear (11) behauptet, die selegierende Funktion sei das Wesentliche der
Erinnerung:

»... ein gutes Gedächtnis sollte auf nützliche Weise selektiv sein ... Die Kunst
des Vergessens ist nur der innere Aspekt der Kunst des Sich-Erinnerns« (S. 13).

So gesehen, ist die alte Dichotomie tot; Vergessen und Sich-Erinnern sind
nur zwei Seiten des gleichen Vorgangs. Das Erkennen dieses Umstands
wird als eine entscheidende Entwicklung in der Psychologie betrachtet:

»... selektives Weglassen ... muß als einer der Ausgangspunkte der neueren
Psychologie ... angesehen werden« (S. 52).

Die selegierende Funktion wird durch die Struktur der Persönlichkeit bestimmt:

»... unser Geist macht niemals fotografische Aufnahmen, sondern er malt Bilder.
Und diese Gemälde bilden nicht nur die äußeren, unpersönlichen Objekte ab, zu

deren Abbildung sie sich bekennen, sondern, wenn sie mit Verständnis gedeutet werden, auch die Persönlichkeit ihres Besitzers, der auch ihr Schöpfer ist« (S. 35).

»Und es ist gerade diese selektive Natur des Gedächtnisses, die begünstigt und willkommen heißt, was sie im Augenblick will, und hinausstößt, was genau zum gleichen Zeitpunkt für sie irrelevant ist ... Das Bild ist jedoch nicht nur das Ergebnis der Auswahl, sondern bei näherem Zusehen zeigt es oft unverwechselbare Zeichen des Filters, durch den es gegangen ist« (S. 34).

Wie Stern und Crosland betont auch Pear die Wichtigkeit der Bedeutung für die Auswahl. Diese Bedeutung erscheint hier jedoch in einem neuen Licht:

»Wenn man erklärt, die Bedeutung sei persönlich, gibt man damit zu verstehen, sie beziehe sich auf die *ganze* Persönlichkeit, und sie sei keine rein intellektuelle Angelegenheit« (S. 48).

Wie Stern rechnet Pear auch die Träume zu den Gedächtnisphänomenen; er sagt, Gedächtnis, Vorstellungsbilder und Träume seien alle Schattierungen eines Kontinuums; sie unterschieden sich nur darin, wieviel Freiheit dem selegierenden Faktor eingeräumt sei:

»Der Traum setzt sich gewöhnlich, vielleicht immer, aus erinnerten Erlebnissen zusammen. Man kann ihn daher zu den Gedächtnisphänomenen rechnen. Zwar ist die Erinnerung immer selektiv, aber der Traum zeigt gewöhnlich die Ergebnisse dieses Aussuchens und Wählens in ausgeprägter Form« (S. 107).

»Der Traum weist in übertriebener Form alle Vor- und Nachteile konkreter Vorstellungsbilder auf, und daher ist er dem Denken des primitiven Geistes ähnlich — vielleicht ist er es sogar« (S. 109).

Stern (15) kennzeichnet die Rolle der »Erinnerung« — sein Ausdruck für das bewußte Sich-Erinnern — folgendermaßen:

»In der Erinnerung gehöre ich, so wie ich war, zu mir, wie ich jetzt bin und wie ich später zu werden tendiere; meine Gegenwart und meine Zukunftsbereitschaft werden durch meine Vergangenheit erfüllt und bereichert, bedrängt und beeinflußt; ... Ich strebe, mit ihr (der Vergangenheit) fertig zu werden, sie zu bewältigen ... und von diesen personalen Grundtendenzen werden nun die Erinnerungserlebnisse geweckt, gestaltet, ja geschaffen ... Eine wesentliche Funktion der Erinnerung (besteht) darin, der Person ihre Vergangenheit in der ihr gemäßen und notwendigen Form zu garantieren« (S. 359).

Er beschreibt die positive Rolle von Gefühlsfaktoren beim Sich- Erinnern:

»... (die) Gefühlsbedingung in der Gegenwart, ... (die) Hoffnungen, Ängste und Erwartungen, die auf die Zukunft gerichtet sind, bestimmen die Erscheinung, in der Ereignisse der Vergangenheit wiederbelebt werden oder am Wiederaufleben gehindert werden (sogenannte ›Verdrängung‹)« (16, S. 195).

Vergessen und falsche Gedächtnisproduktionen erklärt er folgendermaßen:

»Was aber nicht diesen Gegenwartszusammenhang hat, wird ›vergessen‹, d. h. es kommt überhaupt erst gar nicht zu aktueller Wiederbelebung im Bewußtsein, weil es eben jetzt personal bedeutungslos ist. Der Umstand, daß es kein absolutes Vergessen gibt, spricht ja deutlich für diesen personalen Bezug; auch das scheinbar Verschollenste und endgültigst Erledigte kann unter Umständen seine unerwartete Auferstehung feiern, wenn irgendeine personale Situation oder Lebensphase ihm günstig ist« (15, S. 360).

»Eine befriedigende Erklärung ... [der ›fausse reconnaissance‹] ist bisher noch nicht möglich gewesen, aber soviel darf als sicher gelten: ... daß die Grundlage *in einer Veränderung der personalen Gefühlslage zu suchen ist.* Es ist wohl nicht so, daß der *objektiven* Reizsituation als solcher etwas anhaften müßte, was einem früheren Reiz ähnelt und nun fälschlich mit diesem identifiziert wird; vielmehr fühlt sich der Mensch in eine seelische Situation versetzt, die das, was nun an Sinneswahrnehmungen auf ihn einströmt, mit dem Bekanntheitsgefühl durchtränkt« (S. 280).

»Sie ist ein Gegenstück zu jener anderen Desorientiertheit der ›Entfremdung‹, in welcher gewohnte Situationen und bekannte Menschen plötzlich fremdartig und unheimlich erscheinen« (S. 281, Fußnote).

In Sterns »Psychologie der frühen Kindheit« (61, S. 241—261) finden wir eine Beschreibung und Deutung einer Reihe von Erinnerungsfälschungen. Er ordnet den Traum den Gedächtnisphänomenen zu und behauptet, das Träumen sei der einzige Zustand, in dem die selegierenden und organisierenden Tendenzen frei wirksam sind:

»Es sind also nicht nur seine Träume, in denen sich Wünsche und Triebregungen in der *Gegenwart* zu realisieren scheinen ... sondern es sind auch seine Erinnerungen, die eine Realität aus Wunsch und Trieb und Bedürfnis gestalten, diesmal aber in der *Vergangenheit*« (15, S. 361).

»[In Träumen] erfolgt nun die Modellierung sofort unter dem Einfluß persönlicher Affekte und Strebungen. Es entwickelt sich ein Wunschbild in der Form erinnerter Realität« (15, S. 362).

Szymanski (18) beschreibt die Abhängigkeit der Erinnerung von Bedürfnissen und Interessen:

»Im allgemeinen läßt sich dabei behaupten, daß ein im Gedächtnis aufgestapeltes Wissenselement solange bewußt anschaulich reproduzierbar bleibt, als es das Interesse des Subjekts beansprucht ... Erlischt das Interesse, etwa infolge der Befriedigung des Antriebes, ... so wird auch die betreffende Vorstellung immer seltener erlebt, bis schließlich die Reproduktionsfähigkeit ... auf Null herabsinkt« (S. 191).

»Es kommt indes häufig vor, daß eine angeblich gänzlich vergessene ... Vorstellung spontan auftaucht, falls der frühere Antrieb, für dessen Erfüllung einst diese Erkenntnis gemacht worden war, oder ein anderer Antrieb, für den dies von Nutzen sein kann, sich plötzlich regt« (S. 192 f.).

Gordons (19) Ansicht über das Sich-Erinnern ist der Szymanskis ähnlich:

»Unsere Theorie besagt, daß ein gutes Gedächtnis von einer geschickten Organisation der Interessen abhängig ist. Das Gedächtnis läßt sich nicht zwingen, weil Interesse nicht erzwungen werden kann ... ein Mensch, der sein Gedächtnis verbessern möchte, muß das studieren, was seinen eigenen Interessen und Zielen entspricht« (S. 124).

Sie behauptet auch, verteiltes Üben und andere Regeln des Lernens seien sehr hilfreich, wenn auch sekundär gegenüber dem Inhalt, der das Interesse bestimmt, das wiederum die Erinnerung organisiert. Lewin und seine Schüler stellen fest, daß mit Vorhaben verknüpfte Tatsachen erinnert werden (Zeigarnik, 50), und daß Vorhaben ausgeführt werden (Birenbaum, 49), wenn das dem Vorhaben entsprechende Spannungssystem geladen bleibt. Sie stellen ebenfalls fest, daß Gefühlserregung die Spannungssysteme in Unordnung bringen und so das Gedächtnis beeinflussen kann (Dembo, 62). Bei unausgeglichenen, »aufgeregten« Menschen scheinen die Spannungssysteme weniger dauerhaft zu sein als bei ausgeglichenen, »gelassenen« Menschen (49, 50). Bartlett (24) betont den aktiven, schöpferischen Charakter des Sich-Erinnerns:

»Man betrachte besonders den Fall, in dem sich ein Proband an eine Geschichte erinnerte, die er vor etwa fünf Jahren gehört hatte, im Vergleich mit dem Fall, in dem man ihm gewisse skizzenhafte Materialien gegeben hatte, und wo er etwas konstruiert, das er eine neue Geschichte nennt. Ich habe den letzteren Versuch oft durchgeführt, und nicht nur Form und Inhalt der Ergebnisse selbst, sondern was im Augenblick noch wichtiger ist, die Haltung des Probanden in diesen beiden Fällen war auffallend ähnlich. Tatsächlich scheint das Sich-Erinnern, wenn wir uns nicht auf vorgefaßte Meinungen, sondern auf Beweise stützen, weit entschiedener eine Sache des Konstruierens als eine Sache der bloßen Reproduktion zu sein« (S. 204 f.).

Die Selektivität des Sich-Erinnerns wird folgendermaßen charakterisiert:

»Ein neu hereinkommender Impuls muß nicht nur ein Auslöser werden, der eine Reihe von Reaktionen bedingt, die alle in einer festen zeitlichen Aufeinanderfolge auftreten, sondern ein Reiz, der uns befähigt, direkt auf jenen Teil der organisierten Gruppe von früheren Reaktionen zurückzugreifen, der für die Bedürfnisse des Augenblicks am relevantesten ist« (S. 206).

Bartlett stellt fest, daß bei seinen Versuchen die Auswahl von relevantem Material auf Haltungen zurückzuführen ist:

»Wenn man den Beobachter bittet, seinen allgemeinen Eindruck psychologisch zu charakterisieren, bekommt man immer wieder das Wort ›Haltung‹ (*attitude*) zu hören. Ich habe gezeigt, daß dieser ›Haltungs‹-Faktor in fast alle Versuchsreihen hineinkam, die durchgeführt wurden. Die zustandegebrachte Konstruktion ist von der Art, daß sie die Äußerung des Beobachters über die ›Haltung‹ rechtfertigt« (S. 206).

»Es mag sein, daß das, was dann auftaucht, eine *Haltung* gegenüber den gehäuften Wirkungen einer Reihe früherer Reaktionen ist. Sich erinnern ist eine konstruktive Rechtfertigung dieser Haltung . . .« (S. 208).

Zangwill (63) hat den Einfluß einer experimentell geschaffenen Haltung auf das Wiedererkennen demonstriert. Seine »Haltung« scheint jedoch oberflächlicher Art zu sein und einer »geistig-seelischen Einstellung« *(mental set)* zu ähneln. Koffka (27) hat die Gedächtnistheorie der Gestaltpsychologie herauskristallisiert. Nach seinen Worten kommen Erinnerung, Reminiszenz und Wiedererkennen vor, wenn ein durch hereinkommende Reize in Gang gesetzter Prozeß und die Spur eines alten Prozesses *kommunizieren.* Wir haben die Rolle von Haltungen in dieser Kommunikation schon besprochen[13]. Wenn keine Kommunikation stattfindet, gibt es kein Sich-Erinnern. Ein Fehlen der Kommunikation kann dreierlei Ursachen haben: 1. Das Verschwinden der Spur durch »Mangel an Kohäsion«, durch »Kommunikation mit einem neuen Prozeß« oder durch »Kommunikation mit anderen Spuren«; 2. die augenblickliche Nichtverfügbarkeit der Spur auf Grund einer Isolierung, wie sie bei Zeigarniks Fällen von »Verdrängung« eintrat, die wir schon besprochen haben[14], oder weil die angemessene Beziehung zwischen dem Ich und dem Spurenfeld fehlte[15], oder weil sich die Interessen geändert haben[16]; 3. das Nicht-

---

[13] Siehe S. 150—152.

[14] Siehe S. 133.

[15] Die Rolle der Beziehung zwischen dem Ich und dem Spurenfeld wurde von Koffka folgendermaßen charakterisiert:
»Bei den im Augenblick in Rede stehenden Fällen hängt die Verfügbarkeit der Spur von der angemessenen Verbindung zwischen dem Spurensystem und dem Ich ab. Diese Verbindung ist aber von einer Unzahl von Faktoren abhängig, unter denen die sogenannten Strebungsfaktoren wahrscheinlich von überragender Bedeutung sind. Wenn eine Spur von einem Prozeß stammt, der direkt mit den Interessen eines Menschen verknüpft war, wird sie ihren Platz in einem von Prozessen hoher Intensität gebildeten Feld haben und wird in besonders enger Verbindung zum Ich-System stehen. Derartige Spuren sind dann aus vielerlei Gründen bevorzugt. Da sie zu einer Sphäre des Interesses gehören, finden diese Spuren ein Spurensystem bereit, mit dem sie kommunizieren werden, und es werden immer neue Spuren gebildet, die mit dem gleichen System kommunizieren und es ständig erweitern und festigen« (S. 526).

[16] Über die Änderung von Interessen schrieb er:
»Wenn das Interesse erlöscht, ist alles verändert. Das große System, das sich all-

Kommunizieren eines Prozesses mit einer sonst verfügbaren Spur, dessen Ursachen nach Koffka (S. 522—528) noch unbekannt sind. Die in dieser Theorie dem Ich, den »Interessen« und den »Haltungen« zugeschriebene Rolle ist begrenzt, aber nicht unwichtig. In dieser dynamischen Theorie wird die Rolle selegierender Kräfte beim Sich-Erinnern anerkannt und mehr Prozessen im Spurenfeld zugeschrieben als Prozessen im Ich.

Katonas (28) Ansichten scheinen flexibler zu sein. Er versucht in seiner Theorie, dem mechanischen Gedächtnis und seinen affektiven Faktoren einen Platz einzuräumen; diese Faktoren scheinen seiner Auffassung nach jedoch auf diejenigen beschränkt zu sein, die dem Typus der »geistig-seelischen Einstellung« angehören (S. 290—306):

»Wir haben die Träger relativ starrer Erinnerungen Einzelspuren genannt, die sich auf spezifische Einzelheiten früheren Erlebens beziehen. Solche Spuren sind wirksam oder, um es weniger technisch auszudrücken, ›rohe Tatsachen‹ werden als solche behalten, wenn die Einzelheiten: a. rekonstruiert werden (d. h. wenn sie von einem integrierten Ganzen abgeleitet werden); b. vom Ganzen als wesentliche Teile getragen werden; c. dem Lernenden durch Memorieren eingeprägt werden oder d. dem Lernenden durch affektive Faktoren eingeprägt werden« (S. 229 f.).

Wheeler (64) behauptet, Reproduktion sei in Wirklichkeit Hervorbringung:

»Sie fragen nun, was erklärt das Sich-Erinnern? Die gleiche Organisation von Potentialen im Nervensystem und das gleiche Reizmuster, die die ursprüngliche Beobachtung erklärt haben, abgesehen davon, daß 1. inzwischen Reifung stattgefunden hat und 2. das ursprüngliche Reizmuster nur zum Teil kopiert wird« (S. 168).

Er hält die »Bedeutung« für das Wesentliche an Wahrnehmung und Erinnerung:

»Jede Wahrnehmung und jede Erinnerung (denn Erinnerung ist unvollständige Wahrnehmung) schließt einen Deutungsfaktor, eine Entdeckung, eine Erfindung in sich ein. Sie sind das Wahrnehmen irgendeiner Einzelheit in ihrer Beziehung zu einer Gesamtsituation. Sie sind eine auftauchende Erscheinung« (S. 169).

Wheelers Gegnerschaft gegen die Spurentheorie wird von seinem Schüler F. H. Lewis (65) deutlich zum Ausdruck gebracht. Dieser bedient sich der

---

mählich aufgebaut hat, zerfällt vielleicht, weil Teile von ihm sich mit anderen Interessen verbinden. Die ursprüngliche Spur wird immer mehr isoliert und immer stärker von der Gegenwartsschicht getrennt. In diesem Sinn können wir uns daher der These Bartletts anschließen, daß Spuren ›interessenbestimmt, interessengetragen‹ sind« (S. 526).

Beweisführung Sterns[17], die besagt, es sei sinnlos, die Reproduktion überlebenden Spuren der ursprünglichen Wortbilder zuzuschreiben, da sich eine sinnvolle Geschichte oder ein sinnvoller Satz mit Hilfe anderer als der ursprünglichen Sätze oder Ausdrücke reproduzieren läßt. Diese Beweisführung wird entkräftet, wenn man Katonas (28) Folgerung über die Vermittlung von Bedeutungen durch die strukturellen Spuren akzeptiert[18].

5. Die Theorie des Gedächtnisses: eine Diskussion

Es besteht heute kein Zweifel darüber, daß die Zeiten vorbei sind, in denen man glaubte, ein Eindruck oder gelerntes Material werde in einer dem Original genau entsprechenden Form behalten und wiederbelebt. Die »Maschinentheorie« des Assoziationismus — wie die Psychologen die Gestalt-Schule sie gern nennen — ist in ihrer reinen Form heute überholt. Ihr Einfluß läßt sich am besten abschätzen, wenn wir uns die Klassifizierung der Gedächtnistheorien durch die Gestalt-Schule noch einmal ansehen — die kämpferischste und direkteste Gegnerin des Assoziationismus. Psychologen dieser Richtung behaupten, es gebe drei Arten von Gedächtnistheorien[19]: 1. die Art von Theorie, nach der jede Gedächtnisfunktion auf mechanischer Assoziation beruht, und wo jene Gedächtnisphänomene, die nicht auf ihr zu beruhen scheinen, nur komplizierte Varianten davon sind; 2. die Art von Theorie, nach der die Gedächtnisfunktion im wesentlichen auf mechanischer Assoziation beruht, wo aber der Assoziationsmechanismus durch zusätzliche Ordnungsfaktoren gesteuert wird — wie die »Gestaltqualitäten« der Grazer Schule, die »determinierenden Tendenzen« Achs, Haltungen, Gefühle, Emotionen usw.; 3. die Art von Theorie, nach der die Gedächtnisfunktion von der sinnvollen und angemessenen Organisation abhängt, und wo die üblichen willkürlichen Assoziationen nur ein Extremfall minimaler Organisation sind.

Für die Gestaltpsychologie, die Vorkämpferin der modernen Gedächtnistheorie, ist nur der dritte dieser Ansätze annehmbar: der erste ist mechanistisch; der zweite ist vitalistisch in dem Sinne, daß die in ihm enthalte-

---

[17] Siehe S. 161.
[18] Siehe S. 157 f.
[19] Ich schulde G. Katona Dank für die Erwähnung dieser Trichotomie in einer persönlichen Mitteilung. Die Verantwortung für ihre Formulierung trage ich jedoch ganz allein.

nen Organisationsfaktoren nicht zum Gedächtnismechanismus gehören und ihm aufgepfropft sind. Die von der Gestaltpsychologie aufgebaute Organisationstheorie des Gedächtnisses geht von der Annahme aus, daß Organisationsprinzip und organisiertes Material eine Einheit bilden, und zwar insofern, als die Inhalte des gesamten psychischen Feldes seine Organisation bestimmen. Katona erwähnt die Möglichkeit, daß sogar affektive Faktoren vielleicht durch eine spezifische Art der Organisation[20] bestimmt werden, die in der Situation des Lernens oder des Sich-Erinnerns vorhanden ist. In solchen Anschauungen wird jedoch der schwache Punkt deutlich, der den gestaltpsychologischen Gedächtnistheorien innewohnt. Die »Organisiertheit«, »Bedeutsamkeit«, »Eingebettetheit«, »Isoliertheit« des Materials werden unter experimentellen Bedingungen beobachtet, wo die feststellbaren Haltungen — affektiven Faktoren — einen ziemlich intellektuellen Charakter haben. Dies hat dazu geführt, daß der »Einfluß von Gefühlen auf das Gedächtnis« in der gestaltpsychologischen Theorie außer acht gelassen wird. Die Möglichkeit einer vierten und vielleicht umfassenden Gedächtnistheorie hat man nicht erwogen.

Die Gestaltpsychologie hat darauf hingewiesen, daß Gedächtnisversuche, bei denen sinnloses Material verwendet worden ist, nur Gedächtnisgesetze erbringen können, die sich auf den Extremfall des Auswendiglernens von Sinnlosem beziehen; infolgedessen wurden Gedächtnisexperimente eingeführt, die sich sinnvoller Materialien bedienten. Die Erinnerung, wie man ihr im Alltagsleben begegnet, arbeitet jedoch mit Material, das nicht nur logisch und grammatisch sinnvoll ist, sondern auch persönlich — gefühlsmäßig — wichtig und relevant. Es trifft zu, daß Gestaltpsychologen zu zeigen versucht haben, daß es keinen qualitativen Unterschied zwischen Sich-Erinnern, Problemlösen und Entdecken gibt. Aber dies war eine kühle Einsicht. Sich-Erinnern, Problemlösen und Entdecken sind nicht nur deshalb qualitativ ähnlich, weil zu ihnen eine sinnvolle Organisation gehört, sondern auch deshalb, weil sie durch unsere Strebungen gelenkt werden, und weil ihr Erfolg oder Mißerfolg vom Wechselspiel dieser Strebungen abhängt. Man könnte sogar so weit gehen, die Hypothese aufzustellen, in der gleichen Weise, wie »Assoziationen« Extremfälle von minimaler »sinnvoller Organisation« seien, sei eine »sinnvoll-logische« Organisation nur ein Sonderfall von emotional-affektiver Organisation. Eine solche Hypothese setzt eine Gedächtnistheorie voraus, in der Gedächtnisphänomene von der emotional-affektiven Organisation abhängig sind. Wir hoffen, daß die folgenden Kapitel zur Entwicklung einer solchen Gedächtnistheorie beitragen werden.

---

[20] 28, S. 299, 306.

6. Zusammenfassung

a. Das in diesem Abschnitt besprochene Material zeigt, daß in der psychologisch-theoretischen Literatur die Erkenntnis sich immer mehr durchgesetzt hat, daß die Erinnerung nicht bloß ein Prozeß der mechanischen Einprägung auf einer Wachsplatte ist, nicht nur ein Fortbestehen oder Verblassen dieser Einprägung und nicht nur ein Vorgang des isolierten Wiederauflebens des auf diese Weise registrierten und behaltenen Materials. Man ist sich anscheinend weitgehend darüber einig, daß Gedächtnisprozesse dem Wirken selegierender Kräfte ausgesetzt sind, die zu tiefen Schichten der Persönlichkeit in Beziehung stehen, sowie den Feldbedingungen, unter denen Registrierung und »Erinnerung« stattfinden, und die in der Periode des Behaltens herrschen.

b. Man erkannte, daß die selegierenden Kräfte in der Wahrnehmung, in Nachbildern, eidetischen Bildern und anderen Phänomenen wirksam sind, die häufig als primitive Gedächtnisphänomene angesehen werden. Man erkannte, daß die Periode des Behaltens eine Zeit ist, in der hereinkommende Eindrücke, aber auch Veränderungen im Leben und Streben des Individuums, die Erinnerungsspur aktiv beeinflussen und verändern. Das Sich-Erinnern wurde verstanden als ein aktiver Prozeß der Rekonstruktion, in dem selegierende Kräfte anscheinend wichtiger sind als die Elemente des Materials.

c. Eine große Vielfalt selegierender Kräfte, die die Gedächtnisorganisation beeinflussen, ist besprochen worden. Manche Autoren waren der Ansicht, sie seien instinktiven, emotionalen oder affektiven Ursprungs; andere setzten sie mit Haltungen und Interessen gleich und betonten ihren intellektuellen Aspekt stärker als ihren emotionalen; manche schließlich erkannten nur den Kontext und den Einfluß früherer Erlebnisse als selegierende Kräfte an. Im allgemeinen gab es jedoch eine Fülle von Beweisen dafür, daß die selegierenden Kräfte mehr oder weniger eng mit der emotionalen Struktur der Persönlichkeit zusammenhängen. Diese selegierenden Kräfte können also mit Recht als Repräsentanten des Gefühlseinflusses auf das Gedächtnis angesehen werden.

d. Einige Forscher mutmaßten, der Einfluß dieser selegierenden Kräfte auf das Funktionieren des menschlichen Gedächtnisses gebe einen Hinweis auf die Entstehung des Gedächtnisses. Man meint, das Gedächtnis sei aus der primitiven Triebreaktion entstanden und habe sich über die Stufe der »Gewohnheit« bis zu seinem heutigen Stand weiterentwickelt; selegierende Kräfte triebhaften Ursprungs und Vorgänge der Gewöhnung seien in der Gedächtnisfunktion miteinander verwoben und brächten die wunderbare und beinah undurchdringliche Vielschichtigkeit des menschlichen Gedächtnisses zustande.

e. Die Umrisse einer Gedächtnistheorie, in deren Mittelpunkt emotional-affektive Organisationsfaktoren stehen, wurden angedeutet. Eine solche Theorie würde die Lerntheorien der Assoziationisten und der Gestaltpsychologen als Beschreibungen von Extremfällen minimaler Organisation mit umfassen.

1. Die psychoanalytische Theorie, Vergessen gegenüber Erinnern

Das Gebiet der Affekte und Gefühle — mit anderen Worten, die nicht sensorischen und nicht verstandesmäßigen Vorgänge — ist im Bereich der Allgemeinen Psychologie meist recht isoliert geblieben. Dieses Gebiet ist bis jetzt ungenügend erforscht[1], und man hat sich hauptsächlich bemüht, Affekte und Gefühle auf physische, sensorische oder bestenfalls intellektuelle Prozesse zurückzuführen. Daher ist, wie wir in den vorangehenden Kapiteln gezeigt haben, der Einfluß der Gefühle auf Gedächtnisphänomene durch die Allgemeine Psychologie nur unzureichend bearbeitet und erhellt worden.

Angesichts dieser Situation scheinen die psychoanalytischen Beiträge zur Kenntnis dieses Einflusses von großer Bedeutung zu sein. In der psychoanalytischen Theorie sind Affekte und Gefühle kein isolierter Bereich; kein Begriff steht mehr in ihrem Mittelpunkt als Gefühl, Affekt, Trieb. Die Bedeutung der psychoanalytischen Beiträge zu unserem Thema wird noch durch einen weiteren Zug dieser Theorie gesteigert: durch das ihr zugrundeliegende Postulat der strengen psychischen Determiniertheit. Psychische Determiniertheit bedeutet, daß die Gegenwart durch die Vergangenheit bestimmt wird. Psychische Erscheinungen der Gegenwart können nur in dem Maß von der Vergangenheit bestimmt werden, in dem die Vergangenheit noch lebendig ist; das Weiterleben psychischer Ereignisse ist jedoch das Phänomen, das man gewöhnlich dem Begriff Erinnerung subsumiert[2]. In der psychoanalytischen Theorie von der Ätiologie und der Therapie psychischer Störungen ist die zentrale Bedeutung des Vergessens und Sich-Erinnerns ein Grundlehrsatz.

Demgemäß können wir von psychoanalytischen Untersuchungen reichhaltige Beiträge zu unserem Thema erwarten. Um uns keinen übertriebenen Erwartungen hinzugeben, müssen wir auf mehrere Schwierigkeiten gefaßt sein. Erstens sind Theorie und Begriffe der Psychoanalyse unabhängig von

---

[1] Siehe Hunt (1).
[2] Der Begriff »Erinnerung« wird hier im weitesten Sinne gebraucht; es gehören Registrierung, Behalten und Sich-ins-Gedächtnis-Rufen dazu, ebenso alles, was mit ihnen verknüpft ist.

der theoretischen und begrifflichen Entwicklung der Allgemeinen Psychologie und im allgemeinen ohne Rücksicht auf sie entwickelt worden; es ist also fraglich, ob die Begriffe und Folgerungen beider direkt vergleichbar sind. Zweitens hat die psychoanalytische Theorie, da sie auf der klinischen Erfahrung aufgebaut wurde, häufig Revisionen erfahren, die zu einer Verschmelzung von alten und neuen Konzepten und Inhalten geführt haben, welche für die Entwicklung eines homogenen Begriffssystems ungünstig war. Ihre Folgerungen waren daher Mißdeutungen ausgesetzt, die wiederum zum Teil für die in unserem Bereich herrschende Verwirrung verantwortlich sind[3]. Drittens müssen die psychoanalytischen Beiträge aus einem Material abgeleitet werden, das auf dem Studium pathologischer Fälle beruht, die der Hauptgegenstand psychoanalytischer Forschung sind.

Freud (2) selbst bemerkt warnend, die eigentliche Gedächtnisfunktion sei ein ungelöstes Problem; seine Warnung soll für unsere Besprechung der einschlägigen Beiträge den richtigen Hintergrund bilden.

»Seitdem wir den Irrtum überwunden haben, daß das uns geläufige Vergessen eine Zerstörung der Gedächtnisspur, also eine Vernichtung bedeutet, neigen wir zu der entgegengesetzten Annahme, daß im Seelenleben nichts, was einmal gebildet wurde, untergehen kann, daß alles irgendwie erhalten bleibt und unter geeigneten Umständen, z. B. durch eine so weit reichende Regression, wieder zum Vorschein gebracht werden kann. Man versuche sich durch einen Vergleich aus einem anderen Gebiet klar zu machen, was diese Annahme zum Inhalt hat. Wir greifen etwa die Entwicklung der Ewigen Stadt als Beispiel auf« (G. W. Bd. XIV, S. 426).

»Nun machen wir die phantastische Annahme, Rom sei nicht eine menschliche Wohnstätte, sondern ein psychisches Wesen von ähnlich langer und reichhaltiger Vergangenheit, in dem also nichts, was einmal zustande gekommen war, untergegangen ist, in dem neben der letzten Entwicklungsphase auch alle früheren noch fortbestehen. Das würde für Rom also bedeuten, daß auf dem Palatin die Kaiserpaläste und das Septizonium des Septimius Severus sich noch zur alten Höhe erheben, daß die Engelsburg noch auf ihren Zinnen die schönen Statuen trägt, mit denen sie bis zur Gotenbelagerung geschmückt war . . .« (S. 427 f.).

»Es hat offenbar keinen Sinn, diese Phantasie weiter auszuspinnen, sie führt zu Unvorstellbarem, ja zu Absurdem. Wenn wir das historische Nacheinander räumlich darstellen wollen, kann es nur durch ein Nebeneinander im Raum geschehen, derselbe Raum verträgt nicht zweierlei Ausfüllung. Unser Versuch scheint eine müßige Spielerei zu sein; er hat nur eine Rechtfertigung; er zeigt uns, wie weit wir davon entfernt sind, die Eigentümlichkeiten des seelischen Lebens durch anschauliche Darstellung zu bewältigen.

Zu einem Einwand sollten wir noch Stellung nehmen. Er fragt uns, warum wir gerade die Vergangenheit einer Stadt ausgewählt haben, um sie mit der seelischen

---

[3] Siehe 3. Kapitel, S. 137—141.

Vergangenheit zu vergleichen. Die Annahme der Erhaltung alles Vergangenen gilt auch für das Seelenleben nur unter der Bedingung, daß das Organ der Psyche intakt geblieben ist, daß sein Gewebe nicht durch Trauma oder Entzündung gelitten hat« (S. 428).

»Wir weichen diesem Einwand, wenden uns unter Verzicht auf eine eindrucksvolle Kontrastwirkung zu einem immerhin verwandteren Vergleichsobjekt, wie es der tierische oder menschliche Leib ist. Aber auch hier finden wir das nämliche. Die früheren Phasen der Entwicklung sind in keinem Sinn mehr erhalten, sie sind in den späteren, zu denen sie den Stoff geliefert haben, aufgegangen« (S. 429).

»Es bleibt dabei, daß eine solche Erhaltung aller Vorstufen neben der Endgestaltung nur im Seelischen möglich ist, und daß wir nicht in der Lage sind, uns dies Vorkommen anschaulich zu machen.

Vielleicht gehen wir in dieser Annahme zu weit. Vielleicht sollten wir uns zu behaupten begnügen, daß das Vergangene im Seelenleben erhalten bleiben *kann*, nicht *notwendigerweise* zerstört werden muß. Es ist immerhin möglich, daß auch im Psychischen manches Alte — in der Norm oder ausnahmsweise — so weit verwischt oder aufgezehrt wird, daß es durch keinen Vorgang mehr wiederhergestellt oder wiederbelebt werden kann, oder daß die Erhaltung allgemein an gewisse günstige Bedingungen geknüpft ist. Es ist möglich, aber wir wissen nichts darüber. Wir dürfen nur daran festhalten, daß die Erhaltung des Vergangenen im Seelenleben eher Regel als befremdliche Ausnahme ist« (S. 429 f.).

Sogar schon früher hatte Freud (3) seiner Ansicht Ausdruck verliehen:

»Vielleicht ist uns heute das Vergessen rätselhafter geworden als das Erinnern. . .« (G. W. Bd. IV, S. 148).

Jones (4) zitiert Brough und schreibt:

». . . Man kann die Psychologen in bezug auf das Gedächtnis in zwei Schulen einteilen, . . . jene, die überzeugt sind, daß die Umstände, die am meisten der Erklärung bedürfen, die des Sich-Erinnerns sind, und jene, die überzeugt sind, es seien die des Vergessens« (S. 131).

Jones gibt zu verstehen, die Psychoanalytiker gehörten der letzteren Schule an. Der Psychologe, der sich mit der psychoanalytischen Literatur vertraut macht, wird dort zwei allgemeine Strömungen finden, die diese Aussage stützen. Erstens zeigen psychoanalytische Untersuchungen meist, daß vielleicht nichts, was einmal erlebt worden ist, verlorengeht; infolgedessen liegt das Problem eher darin, wie Vergessen überhaupt möglich ist. Vergessen in diesem Sinn bedeutet ein »Nicht-Auftauchen im Bewußtsein«. Zweitens ist in der psychoanalytischen Literatur kein Versuch gemacht worden, eine systematische Theorie der Erinnerung vorzulegen. Wollte man das Sich-Erinnern im Geist der psychoanalytischen Theorie und in Übereinstimmung mit dieser Definition des Vergessens definieren, müßte man es als »Auftauchen im Bewußtsein« bezeichnen. Wenn es in der psychoanalytischen Literatur auch keine systematische Behandlung der Erinnerung gibt, so wird doch eine Theorie impliziert. Freud hat die Gedächtnisfunktion auch direkt erörtert[4] und uns eine Skizze der Funktionsweisen der Erinnerung in bezug auf die Traumarbeit gegeben. Es fehlt uns jedoch eine mit anderen psychoanalytischen Feststellungen, die zu einer Gedächtnistheorie beitragen, integrierte Darstellung dieser Erörterungen. Wir hoffen, daß Psychoanalytiker bei der Weiterverfolgung von Freuds Versuch, eine psychoanalytische Psychologie zu schaffen (die er »Metapsychologie« nannte), diese Theorie systematisieren werden. Weit davon entfernt, eine derartige Systematisierung zu versuchen, wollen wir nur Material sammeln, das genügt, um zu zeigen, welche Rolle die Affekte beim Funktionieren des Gedächtnisses spielen, wie es von der psychoanalytischen Theorie aufgefaßt wird. Zuerst wollen wir das Problem des Vergessens und der Fehlleistungen besprechen. Danach werden wir den Bezug unseres Themas zu Träumen und anderen von den Psychoanalytikern untersuchten psychischen Phänomenen betrachten. Schließlich wollen wir uns mit dem psychoanalytischen Erklärungsprinzip des Vergessens, der »Verdrängung«, beschäftigen.

2. Die Fehlleistungen

In der Geschichte der modernen Wissenschaft finden sich viele Beispiele dafür, daß der Ausnahmefall das Verstehen des großen ganzen ermöglicht. So fand die Evolutionstheorie ihre wichtigste Bekräftigung in der Entdeckung von Tieren, die Merkmale verschiedener Arten in sich vereinen, und die ersten Fakten zur Bestätigung der Relativitätstheorie erhielt man durch die Beobachtung vergleichsweise seltener astronomischer Erscheinungen. Gleichermaßen sollte Freuds Versuch, die Funktion des Gedächtnisses durch die Analyse auffallender Fälle von Vergessen, Erinnerungstäuschungen, von Versprechen, Verlesen und Verschreiben, von Fehl- und sogenannten »Zufalls«-Handlungen dem wissenschaftlichen Geschmack nicht fremd sein. Die hier aufgezählten Erscheinungen nannte Freud »Fehlleistungen«; Jones schlug im Englischen die Bezeichnung *parapraxis*[5] vor. Nach zwei vorläufigen Artikeln (8, 9) verleibte Freud seine Theorie dieser Erscheinungen der »Psychopathologie des Alltagslebens« (3) ein. Die ungewöhnliche Reichhaltigkeit und Vielfalt der Beispiele — die in späteren

[4] Siehe (5), S. 487—497, und (6).
[5] Der Ausdruck wurde dem Wort »Apraxie« nachgebildet. Siehe Jones (7), S. 57, Fußnote.

Auflagen noch zunahm — bildete ein Mosaik und war eigentlich keine Verkündung einer Theorie durch eine fortgesetzte Kette von Argumenten. Diese Methode der Darstellung war wahrscheinlich durch die Art des Materials gerechtfertigt, läßt aber keine einfache Zusammenfassung zu und führt leicht zu Mißverständnissen und Entstellungen. Die »Psychopathologie des Alltagslebens« ist diesem Schicksal auch nicht entgangen.

Zweifellos die klarste und am unzweideutigsten formulierte Aussage des Buches ist die über die strenge Gültigkeit des *Determinismus* im Seelenleben. Freud wandte das Prinzip des Determinismus auf Vergessen und Fehlleistungen an und schrieb (3):

»Gewisse Unzulänglichkeiten unserer psychischen Leistungen ... und gewisse absichtslos erscheinende Verrichtungen erweisen sich, wenn man das Verfahren der psychoanalytischen Untersuchung auf sie anwendet, als wohlmotiviert und durch dem Bewußtsein unbekannte Motive determiniert« (G. W. Bd. IV, S. 267).

Es wird behauptet, nichts sei im Seelenleben zufällig oder beiläufig. Man hat lange behauptet, Zufall und Unwillkürlichkeit — oder, wie man sich häufig ausdrückte, »Spontaneität« — seien die dem seelischen Geschehen innewohnenden Eigenschaften, nur weil man die bestimmende unbewußte Motivation nicht erkannte. Die Theorie also, das Vergessen sei kein Zufallsgeschehen, sondern durch unbewußte Motive streng determiniert, verknüpft es mit anderen Unzulänglichkeiten und unabsichtlichen Aktivitäten unserer psychischen Funktionen. An dieser Stelle tauchen mehrere Fragen auf, deren Beantwortung vielleicht klären kann, welche Folgerungen für unser Problem aus dieser Theorie zu ziehen sind:

a. Gilt die Theorie für alle Arten des Vergessens? Oder, wenn nicht, für welche und in welchem Maß?

b. Welche Motivation und welcher Mechanismus ist beim Vergessen wirksam, wie es die Freudsche Theorie auffaßt?

c. Wodurch ist es gerechtfertigt, das Vergessen den anderen »Unzulänglichkeiten« und »unabsichtlichen« Aktivitäten unserer Psyche zuzurechnen?

Die Antwort auf die erste Frage wird klären, welcher Grad der Allgemeingültigkeit für die Freudschen Mechanismen des Vergessens beansprucht wurde. Die Antwort auf die zweite wird helfen, das Problem vom »Vergessen des Unangenehmen« zu klären, das manch einen Versuchsleiter beschäftigt hat; sie wird die paradoxe Frage klären, ob alles Unangenehme vergessen wird oder ob alles Vergessene unangenehm ist. Die Antwort auf die dritte Frage wird zeigen, daß das Vergessen nur ein besonderer Fall einer Fehlleistung ist, die ihrerseits eine Variante der »motivierten« oder »affektiv« bestimmten Gedächtnisphänomene ist. Schließlich wird uns die Erörterung dieser drei Punkte einen Einblick in die psychoanalytische Auffassung vom Funktionieren des Gedächtnisses geben.

Um zu klären, welcher Anspruch auf Allgemeingültigkeit für diese Mechanismen des Vergessens erhoben wird, müssen wir die verschiedenen Arten des Vergessens besprechen, die Freud behandelt. In der »Psychopathologie des Alltagslebens« analysiert Freud drei Arten des Vergessens: 1. das Vergessen von Eigennamen, von fremdsprachigen Wörtern, von Namen und Wortfolgen, von Eindrücken und Erfahrungen (Kenntnissen); 2. von Vorsätzen; 3. von Kindheitserlebnissen. Die dritte Art wurde in diesem Werk nur am Rande behandelt. In der »Traumdeutung« (G. W. Bd. II/III S. 516) wird eine vierte Art des Vergessens, das Vergessen von Träumen, besprochen. Wir wollen das Vergessen von Kindheitserlebnissen und von Träumen später betrachten und unsere Aufmerksamkeit nun den ersten beiden Gruppen zuwenden.

Wenn man die umfassende Aufzählung in der ersten Kategorie ansieht, mag man sich fragen, ob irgendein Gedächtnisinhalt ausgeschlossen wird. Die Unbestimmtheit der Begriffe könnte den Einfluß aller möglichen Arten von Erinnerungen zulassen. Diese Aufzählung war offenbar Freuds Widerstreben zuzuschreiben, seine Feststellungen auf *alle* Phänomene des Vergessens anzuwenden. Er brachte dieses Widerstreben direkt zum Ausdruck, als er schrieb:

»Wir werden den Sachverhalt wohl vorsichtig genug dargestellt haben, wenn wir aussprechen: *Neben dem einfachen Vergessen von Eigennamen kommt auch ein Vergessen vor, welches durch Verdrängung motiviert ist*« (G. W. Bd. IV, S. 12).

»Unterscheiden wir so an den Bedingungen der Fehl- und Symptomhandlungen das unbewußte Motiv von den ihm entgegenkommenden physiologischen und psychophysischen Relationen, so bleibt die Frage offen, ob es innerhalb der Breite der Gesundheit noch andere Momente gibt, welche wie das unbewußte Motiv und an Stelle desselben auf dem Wege dieser Relationen die Fehl- und Symptomhandlungen zu erzeugen vermögen. Es ist nicht meine Aufgabe, diese Frage zu beantworten« (G. W. Bd. IV, S. 301).

Die Hypothese, alles Vergessen sei auf Verdrängung zurückzuführen, wurde viel später von Jones (4, S. 141 ff.) aufgestellt. Nur im Hinblick auf das Vergessen von Vorsätzen scheint Freud einen Anspruch auf Allgemeingültigkeit zu erheben; er sah diese Art des Vergessens als den besten Beweis für die These an: »daß die Geringfügigkeit der Aufmerksamkeit für sich allein nicht hinreiche, die Fehlleistungen zu erklären ...« (G. W. Bd. IV, S. 168), »... sie (waren allgemein) auf Einmengung unbekannter und uneingestandener Motive ... zurückzuführen« (G. W. Bd. IV, S. 171). Freud behauptet, es bestehe eine allgemeine Tendenz, Kindheitserlebnisse und Träume zu vergessen. Wir sehen also, daß es ihm widerstrebte, eine allgemeine Gültigkeit seiner Theorie für das Vergessen einzelner Wörter, Fakten und Kenntnisse zu beanspruchen, daß sie aber bereitwillig für die Tendenz, Kindheitserinnerungen, Träume und Vorsätze zu vergessen, in Anspruch nahm[6].

B. Die Freudsche Theorie des Vergessens

Vergessen wird erklärt als Folge der Tendenz, »die *Erweckung von Unlust*[7] durch Erinnern zu vermeiden« (G. W. Bd. IV, S. 48).
An anderer Stelle im gleichen Werk lesen wir jedoch:

»*Die Neigung zum Vergessen des Unangenehmen*[7] scheint mir ganz allgemein zu sein; die Fähigkeit dazu ist wohl bei den verschiedenen Personen verschieden gut ausgebildet« (G. W. Bd. IV, S. 160).

Das »Vermeiden der Erweckung von Unlust durch Erinnern« ist etwas anderes als das »Vergessen des Unangenehmen«. Bei letzterem wird zu verstehen gegeben, das, was vergessen wird, sei bewußt unangenehm, da der Ausdruck *unangenehm* sich offensichtlich auf einen bewußten Inhalt bezieht[8]; er paßt also nicht zu der Freudschen Auffassung von der unbewußten Motivation des Vergessens und der Fehlleistungen. Das »Vermeiden der Erweckung von Unlust durch Erinnern« bezieht sich unmittelbar auf jene unbewußten Beweggründe, deren Erweckung durch das Vergessen von Vorstellungen verhindert wird, die auch nur entfernt zu ihnen in Beziehung stehen. Der Ausdruck »die Erweckung von Unlust« deutet an, daß, falls jene unbewußten Faktoren, zu denen die vergessene Vorstellung in Beziehung steht, Zugang zum Bewußtsein fänden, ein bewußter Konflikt entstünde. Die in einer entfernten Beziehung zu verbotenen unbewußten Neigungen stehenden Vorstellungen brauchen nicht unlustvoll zu sein und können ganz und gar harmlos sein. Wir wollen nun versuchen, uns näher mit dieser Theorie des Vergessens zu beschäftigen, ebenso mit der Methode, durch die sie entwickelt wurde, um zu zeigen, daß nur die Formulierung »die Erweckung von Unlust durch Erinnern zu vermeiden« mit ihr übereinstimmt.
Die von Freud bei der Erforschung der Natur des Vergessens angewandte Methode ist die des freien Assoziierens. Die Person, die etwas vergessen

---

[6] Die experimentellen Untersuchungen Lewins, die für diesen Punkt relevant sind, haben wir schon auf S. 130—137 besprochen.
[7] Hervorhebung vom Referenten.
[8] Der Ausdruck »unangenehm« in diesem Sinne scheint eine Parallele zu dem der Unlustbetonung zu sein, der im 3. Kapitel unter vielen Blickwinkeln besprochen worden ist.

hat, wird aufgefordert, frei zu assoziieren und ohne Auslassung ihre ganze Assoziationskette mitzuteilen. Diese führt gewöhnlich zu einer persönlich bedeutsamen und verbotenen Gruppe von Vorstellungen — einem »Komplex« —, deren sich die Person zur Zeit des Vergessens nicht bewußt war. Das Bindeglied in dieser Kette von Assoziationen ist manchmal eine oberflächliche Ähnlichkeit von Worten oder Wortbestandteilen, manchmal eine sinnvolle und logische Wechselbeziehung. In jedem Fall scheinen diese Bindeglieder letzten Endes eine enge Beziehung zu einer unbewußten peinlichen Ideenverbindung zu haben (G. W. Bd. IV, S. 10). Das vergessene Material kann von zweierlei Art sein: entweder es »rührt an Unangenehmes oder ... ist mit anderem in Verbindung gebracht, dem solche Wirkung zukäme« (G. W. Bd. IV, S. 48). Daß man an die peinliche Vorstellung, die das Vergessen motiviert, nur durch freies Assoziieren herankommen kann, zeigt, daß sie unbewußt ist; und daß das vergessene Material entweder diese unbewußte Vorstellung berührt oder mit ihr in einer assoziativen Verbindung steht, beweist zur Genüge, daß nur die Aussage »die Erweckung von Unlust durch Erinnerung zu vermeiden« angemessen ist. Die These von der »Neigung zum Vergessen des Unangenehmen« macht sich zweier Widersprüche schuldig: Der erste liegt darin, daß die unbewußte und gemiedene Vorstellung als »unangenehm« bezeichnet wird, mit einem Adjektiv, das gewöhnlich auf bewußte Inhalte angewendet wird; der zweite darin, daß angedeutet wird, die vergessene Vorstellung selbst sei unangenehm.

Hier sind wir beim Kern des Mißverständnisses angelangt, das bei den Forschern so weit verbreitet war, deren Arbeiten wir im 3. Kapitel besprochen haben. Was bewußt unangenehm ist, steht für experimentelle Manipulation leicht zur Verfügung; die unbewußte Vorstellung aber, zu deren Vermeidung das Vergessen eintritt, entzieht sich — nach Freud — den üblichen Methoden des Gedächtnisforschers. Während diese These vom »Vergessen des Unangenehmen« eine logische Aussage über Ursache (unangenehme Empfindung) und Wirkung (Vergessen) zu sein scheint, wirkt die über das »Vermeiden der Erweckung von Unlust durch Erinnern« wie eine teleologische Aussage, in der die Zukunft ihre Wirkung auf die Gegenwart auszuüben scheint. Wir haben zu zeigen versucht, daß die erste These falsch ist. Die offenbar teleogische Implikation der zweiten können wir hier nicht erörtern[9].

Die peinliche Gedankenverbindung, deren sich der Mensch nicht bewußt ist, wird als »verdrängt« bezeichnet, und der Vorgang des Vergessens wird

---

[9] Eine Erörterung dieses Problems findet sich bei Weber und Rapaport (10, S. 71 ff.).

folgendermaßen beschrieben: die verdrängten Vorstellungen »... bemächtigen sich assoziativ des gesuchten Namens und nehmen (ihn) mit sich in die Verdrängung«[10] (G. W. Bd. IV, S. 10). Freuds endgültige Darstellung dieser Theorie ist wieder vorsichtig:

»Die Grundbedingungen des normalen Vorgangs beim Vergessen sind unbekannt. Man wird auch daran gemahnt, daß nicht alles vergessen ist, was man dafür hält. Unsere Erklärung hat es hier nur mit jenen Fällen zu tun, in denen das Vergessen bei uns ein Befremden erweckt, insofern es die Regel verletzt, daß Unwichtiges vergessen, Wichtiges aber vom Gedächtnis bewahrt wird. Die Analyse der Beispiele von Vergessen, die uns nach einer besonderen Aufklärung zu verlangen scheinen, ergibt als Motiv des Vergessens jedesmal eine Unlust, etwas zu erinnern, was peinliche Empfindungen erwecken kann. Wir gelangen zur Vermutung, daß dieses Motiv im psychischen Leben sich ganz allgemein zu äußern strebt, aber durch andere gegenwirkende Kräfte verhindert wird, sich irgendwie regelmäßig durchzusetzen. Umfang und Bedeutung dieser Erinnerungsunlust gegen peinliche Eindrücke scheinen der sorgfältigsten psychologischen Prüfung wert zu sein; auch die Frage, welche besonderen Bedingungen das allgemein angestrebte Vergessen in einzelnen Fällen ermöglichen, ist aus diesem weiteren Zusammenhange nicht zu lösen« (G. W. Bd. IV, S. 304 f.).

Bevor wir die Freudsche Theorie des Vergessens zusammenfassen, möchten wir noch weitere Gesichtspunkte erwähnen. Die besprochene Art des Vergessens kommt häufiger unter Bedingungen vor, die sie begünstigen: z. B. bei fremdsprachigem Material (G. W. Bd. IV, S. 13), bei Erschöpfungszuständen (Silberer, 11) oder bei neurotischen und psychotischen Personen (G. W. Bd. IV, S. 163). Man könnte sagen, die Kräfte der Verdrängung greifen am Punkt des geringsten Widerstands an. Außerdem setzt Freud, wo er über das Vergessen eines Vorsatzes spricht, d. h. eines »... Impuls(es) zur Handlung, der bereits Billigung gefunden hat, dessen Ausführung aber auf einen geeigneten Zeitpunkt verschoben wurde« (G. W. Bd. IV, S. 168), unser Thema wieder zur Motivation in Beziehung. Er vergleicht den Vorsatz mit der posthypnotischen Suggestion und weist darauf hin, daß weder der eine noch die andere im Bewußtsein aufzutauchen braucht, bevor die Zeit der Ausführung herangekommen ist. Er erklärt das Vergessen auf der Grundlage »... einer Neuerung in der Motivengleichung« (G. W. Bd. IV, S. 168) und sagt weiter, sie seien ganz allgemein »auf Einmengung unbekannter und uneingestandener Motive ... zurückzuführen« (G. W. Bd. IV,

---

[10] Im Zusammenhang hiermit möchten wir erwähnen, daß die vorher nach Freud zitierte Unterscheidung — daß das Vergessene entweder an Unangenehmes rührt oder mit anderem in Verbindung gebracht ist, dem solche Wirkung zukäme — keine klassifikatorische Unterscheidung ist, sondern vielmehr die »Länge« der Assoziationskette bezeichnet.

S. 171). Diese Motive werden manchmal »Gegenwille« genannt und sind entweder unmittelbar mit dem Vorsatz verknüpft oder assoziativ auf ihn übertragen. Freud drückt dies folgendermaßen aus:

> »Beim Vergessen von Vorsätzen tritt ein anderes Moment in den Vordergrund; der beim Verdrängen des peinlich zu Erinnernden nur vermutete Konflikt wird hier greifbar, und man erkennt bei der Analyse der Beispiele regelmäßig einen Gegenwillen, der sich dem Vorsatz widersetzt, ohne ihn aufzuheben. Wie bei früher besprochenen Fehlleistungen erkennt man auch hier zwei Typen des psychischen Vorganges; der Gegenwille kehrt sich entweder direkt gegen den Vorsatz (bei Absichten von einigem Belang) oder er ist dem Vorsatz selbst wesensfremd und stellt seine Verbindung mit ihm durch eine *äußerliche* Assoziation her (bei fast allen Vorsätzen)« (G. W. Bd. IV, S. 305 f.).

Bisher haben wir gesehen, daß das Vergessen durch die Neigung motiviert wird, das Auftauchen von peinlichen Vorstellungen zu vermeiden. »Das Unangenehme zu vergessen« hat sich als eine unzulängliche und irreführende Formulierung erwiesen. Die peinlichen Vorstellungen, die dem Vergessen zugrundeliegen, sind zu diesem Zeitpunkt für den Betroffenen persönlich und unbekannt (unbewußt) und im Zustand des »Verdrängtseins«. Wir bemerken, daß affektive Faktoren vorhanden sind, aber wir wissen noch nicht genug über ihr Wesen und ihre genaue Funktion bei der »Verdrängung«. In letzter Zeit hat sich eine Tendenz gezeigt, diese »Peinlichkeit« mit dem gleichzusetzen, was »die Selbstachtung herabsetzt« oder »sozial unannehmbar« ist. Eine sorgfältige Analyse der Schriften Freuds bestätigt die spezifische Bedeutung dieser Erwägungen nicht. Erstens gibt es viele Fälle, in denen die Selbstachtung nicht in erster Linie auf dem Spiel steht oder überhaupt nicht betroffen ist. Die Selbstachtung und Faktoren, die das bekämpfen, was sie herabsetzen könnten, gehören — nach der Theorie Freuds — nicht zu den grundlegenden »Unannehmbarkeiten«, die das Vergessen regieren. Zweitens scheint »sozial unannehmbar« insofern eine psychologische Tautologie zu sein, als man es umkehren kann: ein Individuum betrachtet das, was es verdrängt hat, als sozial unannehmbar.

C. Vergessen und Fehlleistungen sind Gedächtnisphänomene

»Vergessen«, andere »Unzulänglichkeiten« und »unabsichtliche« Handlungen unserer Psyche sind aus zwei Gründen als ähnliche Erscheinungen behandelt worden. Erstens wurden sie alle vor Freud als Folge des Zufalls und der Unaufmerksamkeit angesehen; Freud hat als erster versucht, zu zeigen, daß für alle der Determinismus gilt. Zweitens sind sowohl Vergessen als auch Fehlleistungen Versuche, mit einem verbotenen Antrieb fertigzuwerden, dessen Auftauchen im Bewußtsein in Form von Vorstellungen einen Konflikt heraufbeschwören würde. Beim Vergessen werden selbst entfernte Anklänge an diese Vorstellungen aus dem Bewußtsein verbannt. Fehlleistungen andererseits sind *mißlungene* Versuche, zu vergessen; der verbotene Antrieb setzt sich indirekt durch, indem er das Wort oder die Vorstellung verzerrt, die assoziativ mit ihm verbunden sind. Wie immer man auch die verbietenden Kräfte auffaßt, Vergessen und Fehlleistungen scheinen jedenfalls »affektiv« motivierte Gedächtnisphänomene zu sein. Man kann also in einer Gedächtnistheorie, in der das Auftauchen oder Nicht-Auftauchen von Erinnerungen vom Wechselspiel affektiver Kräfte abhängt, Erinnerungsfehler, Versprecher, Zufallshandlungen — kurzum, die Fehlleistungen — als spezifische Gedächtnisphänomene betrachten.

In der Allgemeinen Psychologie sind Gedächtnisphänomene mit Hilfe der beschränkten Methoden untersucht worden, die wir in den vorangegangenen Kapiteln besprochen haben; selten hat man sie als einen Aspekt der Organisation von Denkprozessen behandelt. Das Auftauchen der richtigen Erinnerung in einem Denkprozeß wurde als nebensächlich abgetan. In der Assoziationspsychologie wurde behauptet, das Auftauchen der Erinnerungen in Denkprozessen sei eine Folge der Stärke und der Konstellation von Assoziationen. Sobald sich dies als eine unhaltbare Vereinfachung erwiesen hatte, wurde das Problem aus dem Bereich der Gedächtnispsychologie ausgeschlossen und in einen neugeschaffenen Zweig der Psychologie, die Denkpsychologie verwiesen (Hönigswald, 12; Selz, 13; Duncker, 14). Nur die Spurentheorie der Gestaltpsychologie versuchte, die beiden Bereiche wieder zu vereinigen. Fehlleistungen sind Gedächtnisphänomene, die in Denkprozesse eingebettet sind: anstatt daß eine Erinnerung auftaucht, die in die Gedankenkette paßt, taucht entweder die Erinnerung gar nicht auf oder es taucht eine auf, die in die Kette bewußter Gedanken nicht paßt, oder die relevante Erinnerung bildet einen Kompromiß mit einer scheinbar irrelevanten Erinnerung. Dieser Kompromiß ist die Folge eines Wechselspiels zwischen den verbotenen, aber heraufdrängenden Antrieben und anderen Antrieben, die versuchen, die ersteren daran zu hindern, ins Bewußtsein einzudringen[11]. Wenn also verbotene Antriebe Gedanken verzerren oder sie durch andere ersetzen können, haben wir zu der Annahme

---

[11] Hätten die Forscher aus der Allgemeinpsychologie die enge Beziehung zwischen Fehlleistung und Vergessen in Betracht gezogen, wären sie — trotz einiger uneindeutiger Aussagen Freuds — niemals auf den Gedanken gekommen, er behaupte, es gebe eine allgemeine Neigung, das Unangenehme zu vergessen. Der gleiche Faktor, dessen versuchter Ausschluß aus dem Bewußtsein zum Vergessen führt, kommt als verursachender Faktor des Versprechens vor; anstatt gänzlich daran gehindert zu werden, sich auszudrücken, manifestiert er sich indirekt. Eine

Grund genug, daß Erinnerungen im allgemeinen durch jene Antriebe zum Bewußtsein gebracht werden, die sie ausdrücken. Aber nur bei Fehlleistungen und anderen Extremfällen wird dies spürbar. Wenn diese Deutung der Fehlleistungen richtig ist, haben psychoanalytische Theorie und Erfahrung nicht nur über die Rolle »affektiver Faktoren« beim Vergessen, sondern auch beim Erinnern etwas zu sagen.

Es lohnt sich, die Formulierung Freuds darüber zu zitieren, welche Bedingungen Fehlleistungen erfüllen müssen, da hier die Einheit der Gruppe von Erscheinungen festgestellt wird, von denen wir gerade sprechen:

»Um in die Klasse der so zu erklärenden Phänomene eingereiht zu werden, muß eine psychische Fehlleistung folgenden Bedingungen genügen:
a) Sie darf nicht über ein gewisses Maß hinausgehen, welches von unserer Schätzung festgesetzt ist, und durch den Ausdruck ›innerhalb der Breite des Normalen‹ bezeichnet wird.
b) Sie muß den Charakter der momentanen und zeitweiligen Störung an sich tragen. Wir müssen die nämliche Leistung vorher korrekter ausgeführt haben oder uns jederzeit zutrauen, sie korrekter auszuführen. Wenn wir von anderer Seite korrigiert werden, müssen wir die Richtigkeit der Korrektur und die Unrichtigkeit unseres eigenen psychischen Vorganges sofort erkennen.
c) Wenn wir die Fehlleistung überhaupt wahrnehmen, dürfen wir von einer Motivierung derselben nichts in uns verspüren, sondern müssen versucht sein, sie durch

---

neuere Entwicklung der Theorie des Versprechens führt den Kampf gegen die Vorstellung vom »Vergessen des Unangenehmen« weiter.

Eidelberg (15) wies darauf hin, daß zwar beim Vergessen der gestörte Gedanke analysiert werde, beim Versprechen jedoch seine Analyse vernachlässigt werde. Er stellte fest:

»Die analytische Untersuchung zeigt, daß die bisher beim Studium des Versprechens vernachlässigte ›gestörte Tendenz‹ von Bedeutung ist, da sie neben der bewußten harmlosen eine unbewußte verpönte Bedeutung besitzt« (S. 202).

Auf dieser Grundlage formulierte er:

»Der Mechanismus des Versprechens wird folgendermaßen beschrieben: Ein Satz oder Wort, das ausgesprochen werden soll, hat neben der bewußten noch eine unbewußte Bedeutung, die der Befriedigung infantiler Triebwünsche dient. Um diese Befriedigung der Es-Wünsche zu verhindern, setzt die Abwehr durch den unbewußten Anteil des Ichs ein. Diese Abwehr erfolgt erstens durch die Wendung des die Befriedigung anstrebenden Triebgemisches gegen die eigene Person, zweitens durch die Mobilisierung des entgegengesetzten Triebgemisches« (S. 202).

Mit anderen Worten: zwei unbewußte Triebregungen und ein bewußtes Zielstreben kämpfen hier miteinander. Es ist eine Erleichterung, daß wir vom Autor erfahren, es sei noch nicht entschieden, ob dieser Mechanismus bei jedem Versprechen wirksam ist oder nicht.

›Unaufmerksamkeit‹ zu erklären oder als ›Zufälligkeit‹ hinzustellen« (G. W. Bd. IV, S. 267 f.).

Die Gleichartigkeit der Phänomene wird in einer anderen Äußerung Freuds weiter erörtert:

»Wenn die Fehler beim Sprechen, das ja eine motorische Leistung ist, eine solche Auffassung zugelassen haben, so liegt es nahe, auf die Fehler unserer sonstigen motorischen Verrichtungen die nämliche Erwartung zu übertragen. Ich habe hier zwei Gruppen von Fällen gebildet; alle die Fälle, in denen der Fehleffekt das Wesentliche scheint, also die Abirrung von der Intention, bezeichne ich als ›Vergreifen‹, die anderen, in denen eher die ganze Handlung unzweckmäßig erscheint, benenne ich ›Symptom- und Zufallshandlungen‹. Die Scheidung ist aber wiederum nicht reinlich durchzuführen; wir kommen ja wohl zur Einsicht, daß alle in dieser Abhandlung gebrauchten Einteilungen nur deskriptiv bedeutsam sind und der inneren Einheit des Erscheinungsgebietes widersprechen« (G. W. Bd. IV, S. 179 f.).

Indem er von der Einheit des Materials in seiner Abhandlung spricht, setzt Freud eindeutig Ursprung und psychologische Bedeutung von Vergessen und Fehlleistung gleich.

Die Verknüpfung dieser Phänomene mit anderen psychischen Erscheinungen gibt uns eine erweiterte Ansicht vom Funktionieren des Gedächtnisses, wie es die Psychoanalyse auffaßt. So sind z. B. die Zufallshandlungen ein Bindeglied zum Gebiet der Ausdrucksbewegungen des Gefühls, die symptomatischen Handlungen[12] sind ein Bindeglied zur Psychopathologie, die Fehlhandlungen[13] sind ein Bindeglied zum Bereich der Symbole. Von den verschiedenen Fehlleistungen führen vielerlei Fäden zur Traumarbeit. Das ist nicht so überraschend, denn wir haben gesehen, daß die Fehlleistungen — und werden sehen, daß die Traumarbeit — als spezifische Funktionen des Gedächtnisses betrachtet werden können. Die Ähnlichkeit der Me-

---

[12] *Symptom- oder Zufallshandlungen* werden folgendermaßen charakterisiert: »Eine Gruppierung der so überaus häufigen Zufalls- und Symptomhandlungen könnte man vornehmen, je nachdem sie gewohnheitsmäßig, regelmäßig unter gewissen Umständen oder vereinzelt erfolgen. Die ersteren (wie das Spielen mit der Uhrkette, das Zwirbeln am Barte usw.), die fast zur Charakteristik der betreffenden Person dienen können, streifen an die mannigfaltigen Tickbewegungen und verdienen wohl im Zusammenhange mit letzteren behandelt zu werden. Zur zweiten Gruppe rechne ich das Spielen, wenn man einen Stock, das Kritzeln, wenn man einen Bleistift in der Hand hält, das Klimpern mit Münzen in der Tasche, das Kneten von Teig und anderen plastischen Stoffen, allerlei Hantierungen an seiner Gewandung u. dgl. mehr« (G. W. Bd. IV, S. 215).
[13] Die *Fehlleistungen* werden beschrieben als »eine symbolische Darstellung eines doch eigentlich nicht für ernsthafte, bewußte Annahme bestimmten Gedankens« (G. W. Bd. IV, S. 180).

chanismen des Versprechens mit bestimmten Traum-Mechanismen, mit besonderer Betonung der Verdichtungsfunktion, die beiden gemeinsam ist, beschreibt Freud folgendermaßen:

»Nun habe ich in meiner Schrift über die ›Traumdeutung‹ dargetan, welchen Anteil die *Verdichtungsarbeit* an der Entstehung des sogenannten manifesten Trauminhalts aus den latenten Traumgedanken hat. Irgend eine Ähnlichkeit der Dinge oder der Vorstellungen zwischen zwei Elementen des unbewußten Materials wird da zum Anlaß genommen, um ein Drittes, eine Misch- oder Kompromißvorstellung zu schaffen, welche im Trauminhalt ihre beiden Komponenten vertritt, und die infolge dieses Ursprungs so häufig mit widersprechenden Einzelbestimmungen ausgestattet ist. Die Bildung von Substitutionen und Kontaminationen beim Versprechen ist somit ein Beginn jener Verdichtungsarbeit, die wir in eifrigster Tätigkeit am Aufbau des Traumes beteiligt finden« (G. W. Bd. IV, S. 66 f.).

In einer zusammenfassenden Beschreibung des Mechanismus des Vergessens erörtert Freud die beim aktiven Erinnern wirksamen Funktionen und zieht eine Parallele zwischen ihnen und der Traumarbeit:

»Über den Mechanismus des eigentlichen Vergessens kann ich etwa folgende Andeutungen geben: Das Erinnerungsmaterial unterliegt im allgemeinen zwei Einflüssen, der Verdichtung und der Entstellung. Die Entstellung ist das Werk der im Seelenleben herrschenden Tendenzen und wendet sich vor allem gegen die affektwirksam gebliebenen Erinnerungsspuren, die sich gegen die Verdichtung resistenter verhalten. Die indifferent gewordenen Spuren verfallen dem Verdichtungsvorgang ohne Gegenwehr ... Diese Prozesse der Verdichtung und Entstellung ziehen sich über lange Zeiten hin, während welcher alle frischen Erlebnisse auf die Umgestaltung des Gedächtnisinhaltes einwirken ... Sehr wahrscheinlich ist beim Vergessen von einer direkten Funktion der Zeit überhaupt nicht die Rede. — An den verdrängten Erinnerungsspuren kann man konstatieren, daß sie durch die längste Zeitdauer keine Veränderungen erfahren haben. Das Unbewußte ist überhaupt zeitlos. Der wichtigste und auch befremdendste Charakter der psychischen Fixierung ist der, daß alle Eindrücke einerseits in der nämlichen Art erhalten sind, wie sie aufgenommen wurden, und überdies noch in all den Formen, die sie bei der weiteren Entwicklung angenommen haben, ein Verhältnis, welches sich durch keinen Vergleich aus einer anderen Sphäre erläutern läßt« (G. W. Bd. IV, S. 304 f., Fußnote).

Im Verlauf dieser Erörterung haben wir die am Vergessen und an Fehlleistungen beteiligten Mechanismen etwas besser verstehen gelernt. Das Wesen der unbewußten Vorstellungen, die diesen Erscheinungen zugrundeliegen, ist noch nicht geklärt. Der Umstand, daß die störenden Faktoren als unbewußt und als Neigung bezeichnet wurden, die Erweckung von Unlust zu vermeiden, macht ziemlich deutlich, daß wir es hier mit affektiven Faktoren zu tun haben, die die Gedächtnisfunktion beeinflussen. Eine letzte zusammenfassende Aussage aus der »Psychopathologie des Alltagslebens« wirft ein wenig Licht auf das Wesen dieser »affektiven Faktoren«:

»Zur ersten Frage, welcher Herkunft die Gedanken und Regungen seien, die sich in den Fehlleistungen zum Ausdruck bringen, läßt sich sagen, daß in einer Reihe von Fällen die Herkunft des störenden Gedankens von unterdrückten Regungen des Seelenlebens leicht nachzuweisen ist. Egoistische, eifersüchtige, feindselige Gefühle und Impulse, auf denen der Druck der moralischen Erziehung lastet, bedienen sich bei Gesunden nicht selten des Weges der Fehlleistungen, um ihre unleugbar vorhandene, aber von höheren seelischen Instanzen nicht anerkannte Macht irgendwie zu äußern. Das Gewährenlassen dieser Fehl- und Zufallshandlungen entspricht zum guten Teile einer bequemen Duldung des Unmoralischen. Unter diesen unterdrückten Regungen spielen die mannigfachen sexuellen Strömungen keine geringfügige Rolle« (G. W. Bd. IV, S. 306).

Hat irgendeiner der Forscher, deren Arbeiten wir in den vorangehenden Kapiteln besprochen haben, experimentell Bedingungen geschaffen, die für die hier diskutierten Mechanismen relevant oder mit den hier erörterten Phänomenen qualitativ vergleichbar wären? Von den im 3. Kapitel besprochenen haben Flanagan (16) und Sharp (17) Erscheinungen hervorgerufen, die man mit Versprechen vergleichen kann. Diven (18), deren Arbeit wir im 8. Kapitel im einzelnen besprechen wollen, fand Phänomene der Verschiebung. Die diagnostischen Assoziationsexperimente hatten quantitative Unterschiede in der Leichtigkeit der Reaktion und Reproduktion zutage gefördert. Die wichtigsten einschlägigen Versuche waren die von Erickson[14] (19), dem es gelang, unter posthypnotischer Suggestion Fehlleistungen hervorzurufen. Wir haben dieses Kapitel mit Freuds bildhafter Analogie begonnen, in der er uns weise und skeptisch warnte, nicht allzu zuversichtlich zu hoffen, die Verwicklungen der Gedächtnisfunktionen zu verstehen. Wir möchten diesen Abschnitt mit Stekels (20) begeisterter Allegorie beschließen, in der er nicht das Problem der Gedächtnisfunktion erörtert, sondern vielmehr ein Bild von ihr malt:

»... das Phänomen des Versprechens beweist uns nur, daß eben ein permanenter Kampf einander widerstrebender energetischer Strömungen vor sich geht. Alle Energien stammen aus dem Triebleben. Eines der tiefsten Worte von *Nietzsche* besagt: ›*Denken ist nur ein Verhalten der Triebe zueinander!*‹ Der Affekt, die intellektuelle Verarbeitung des Triebes, gibt dem Denkprozeß die spezifische Färbung ...« (S. 3).

»Dieses Mißverhältnis zwischen Sprache und Gedanken, oder besser gesagt zwischen dem, was wir ausdrücken wollen und dem, was wir ausdrücken können, rührt wohl zum größten Teile davon her, daß wir nie einen einzigen Gedanken haben, sondern zahlreiche Gedanken, eine ganze Polyphonie, von der die Sprache nur die Melodie ausdrückt, während die Mittelstimmen und der Kontrapunkt verborgen bleiben. Die gebräuchliche Vorstellung von einem in eine Richtung diri-

---

[14] Siehe 6. und 8. Kapitel, S. 219 f., 303.

gierten Denken ist nicht mehr aufrecht zu erhalten. ... Ich behaupte: *Der Denkprozeß zeigt eine ganz außerordentliche Verdichtung. Der Verwörterung geht ein
Kampf vorher, welcher in den meisten Fällen mit einem Siege des Realitätsprinzips endet.* Ich stelle mir also vor, daß das Denken ein Strom ist, von dem wir nur
die Oberfläche sehen« (S. 4).

D. Zusammenfassung

Unsere Besprechung der Fehlleistungen hat gezeigt:

a. Obwohl sich die psychoanalytische Theorie hauptsächlich mit dem Problem des *Vergessens* befaßt, setzt sie doch eine deutlich umrissene Theorie
des *Erinnerns* voraus.

b. Diese Theorie läßt sich erschließen, wenn man erkennt, daß Vergessen
und Fehlleistungen eine Gruppe von Erscheinungen darstellen, die man als
Störung der üblichen Gedächtnisfunktion, wie man sie in ihrer natürlichen
Umgebung im Denkprozeß beobachtet, bezeichnen kann.

c. Diese Gedächtnisphänomene werden immer dann ausgelöst, wenn eine
unbewußte, verdrängte, affektgeladene Tendenz danach strebt, sich auszudrücken, und das Auftauchen einer zielrelevanten Vorstellung stört.

d. Es haben sich genug Zeichen dafür gefunden, daß die psychoanalytische
Theorie zu verstehen gibt, die unbewußten oder vorbewußten affektgela-
denen Tendenzen, die eine »Fehlhandlung« bewirken, seien auch in der
»Handlung« vorhanden — mit anderen Worten, sie seien die Träger der
Gedächtnisfunktion im allgemeinen, wie sie uns in ihrer natürlichen Um-
gebung in Denkprozessen begegnet.

e. Es bestand kein Zweifel daran, daß die Tendenzen, die Fehlleistungen
hervorrufen, »affektiven Charakters« sind, aber das Wesen dieser »affektiven« Faktoren ist noch nicht geklärt. Es schien klar, daß nicht die bewußte »Empfindung des Unangenehmen«, die mit der vergessenen Vorstellung verknüpft ist, sondern die Verbindung dieser Vorstellung zu einer
Gruppe von unbewußten Vorstellungen, die ihrerseits Ausdruck verbotener
Triebtendenzen sind, für das Vergessen verantwortlich ist.

3. Die Grundregel der Psychoanalyse
— infantile Amnesie — der Traum

Um weitere Einsicht in die Gedächtnistheorie der Psychoanalyse zu gewinnen, wollen wir drei weitere Punkte der psychoanalytischen Theorie
erörtern: die »Grundregel der Psychoanalyse«, das Problem der »infantilen Amnesie« und der »Deckerinnerungen« und die »Traumarbeit«.

Der Leser wird sich erinnern, daß Spinoza[15] vor dem Haß warnte, damit er nicht den freien Fluß der Assoziationen beeinflusse und hemme, und daß Gordon[16] andeutete, ein gutes Gedächtnis hänge von der geschickten Organisation von Interessen ab. Die »Grundregel der Psychoanalyse« — deren Ziel es ist, es dem Patienten zu ermöglichen, an seine verdrängten Erinnerungen heranzukommen — fordert von ihm,

»sich in die Lage eines aufmerksamen und leidenschaftslosen Selbstbeobachters zu versetzen, immer nur die Oberfläche seines Bewußtseins abzulesen und einerseits sich die vollste Aufrichtigkeit zur Pflicht zu machen, andererseits keinen Einfall von der Mitteilung auszuschließen, auch wenn man 1. ihn allzu unangenehm empfinden sollte, oder wenn man 2. urteilen müßte, er sei unsinnig, 3. allzu unwichtig, 4. gehöre nicht zu dem, was man suche. Es zeigt sich regelmäßig, daß gerade Einfälle, welche die letzterwähnten Vorstellungen hervorrufen, für die Auffindung des Vergessens von besonderem Wert sind« (G. W. Bd. XIII, S. 214 f.).

Der Patient wird also aufgefordert, auf jedes zielgerichtete Denken zu verzichten und, bildlich gesprochen, passiv zu »buchstabieren«, was sein Gedächtnis zum Vorschein bringt. Unsere Erörterung der Entstehung von Fehlleistungen hat schon erklärt, warum der Psychoanalytiker erwartet, aus den »freien Assoziationen« des Patienten, der die »Grundregel« befolgt, etwas über das vergessene Material zu erfahren. Die folgenden Äußerungen Freuds geben weitere Aufschlüsse über diesen Punkt:

»Es ist nämlich nachweisbar unrichtig, daß wir uns einem ziellosen Vorstellungsablauf hingeben, wenn wir, wie bei der Traumdeutungsarbeit, unser Nachdenken fallen und die ungewollten Vorstellungen auftauchen lassen. Es läßt sich zeigen, daß wir immer nur auf die uns bekannten Zielvorstellungen verzichten können, und daß mit dem Aufhören dieser sofort unbekannte — wie wir ungenau sagen: unbewußte — Zielvorstellungen zur Macht kommen, die jetzt den Ablauf der ungewollten Vorstellungen determinieren halten. Ein Denken ohne Zielvorstellungen läßt sich durch unsere eigene Beeinflussung unseres Seelenlebens überhaupt nicht herstellen; es ist mir aber auch unbekannt, in welchen Zuständen psychischer Zerrüttung es sich sonst herstellt« (G. W. Bd. II/III, S. 533).

Sind diese Aussagen in einer Erörterung des »affektiven Einflusses auf die Gedächtnisfunktion« von Belang? Um diese Frage zu beantworten, müssen wir uns erinnern, daß der Assoziationsversuch in der Allgemeinen Psychologie[17] als Mittel zur Erforschung des Gedächtnisses akzeptiert war; auch

---

[15] Siehe S. 24.
[16] Siehe S. 167.
[17] Siehe S. 64, 67 ff.

hier nimmt man an, daß die Assoziationen das Wesen der Erinnerung offenbaren. Aber in der psychoanalytischen Auffassung vom Gedächtnis ist nicht die formale Verbindung zwischen Reiz- und Reaktionswörtern wichtig, sondern der affektive Faktor oder der zugrundeliegende Antrieb, der die Glieder der Assoziationskette miteinander verknüpft. Diese Glieder sind alle Vertreter des Bestrebens, das der Kette zugrundeliegt und die Glieder — Erinnerungen — ins Bewußtsein bringt, um sich durch sie auszudrücken.

Das Problem der »freien Assoziationen« und der »Grundregel« und ihrer Beziehung zu unserer Fragestellung wird noch deutlicher in einem anderen Zusammenhang: In einer Abhandlung, in der er dem Arzt Ratschläge für die psychoanalytische Behandlungsmethode gibt, spricht Freund darüber, wie der Analytiker, der mehrere Patienten am Tag behandelt, sich das Material merken kann. Er erklärt sein Verfahren folgendermaßen:

»Indes ist diese Technik eine sehr einfache. Sie lehnt alle Hilfsmittel, selbst das Niederschreiben, ab und besteht einfach darin, sich nichts Besonderes merken zu wollen und allem, was man zu hören bekommt, die nämliche ›gleichschwebende Aufmerksamkeit‹, wie ich es schon einmal genannt habe, entgegenzubringen. Man erspart sich auf diese Weise eine Anstrengung der Aufmerksamkeit, die man doch nicht durch viele Stunden täglich festhalten könnte, und vermeidet eine Gefahr, die von dem absichtlichen Aufmerken unzertrennlich ist. Sowie man nämlich seine Aufmerksamkeit absichtlich bis zu einer gewissen Höhe anspannt, beginnt man auch unter dem dargebotenen Material auszuwählen; man fixiert das eine Stück besonders scharf, eliminiert dafür ein anderes, und folgt bei dieser Auswahl seinen Erwartungen oder seinen Neigungen. Gerade dies darf man aber nicht; folgt man bei der Auswahl seinen Erwartungen, so ist man in Gefahr, niemals etwas anderes zu finden als was man bereits weiß; folgt man seinen Neigungen, so wird man sicherlich die mögliche Wahrnehmung fälschen. Man darf nicht darauf vergessen, daß man ja zumeist Dinge zu hören bekommt, deren Bedeutung erst nachträglich erkannt wird.

... Was man auf diese Weise bei sich erreicht, genügt allen Anforderungen während der Behandlung. Jene Bestandteile des Materials, die sich bereits zu einem Zusammenhange fügen, werden für den Arzt auch bewußt verfügbar; das andere, noch zusammenhanglose, chaotisch ungeordnete, scheint zunächst versunken, taucht aber bereitwillig im Gedächtnisse auf, sobald der Analysierte etwas Neues vorbringt, womit es sich in Beziehung bringen und wodurch es sich fortsetzen kann« (G. W. Bd. VIII, S. 377 f.).

Die »Grundregel« und die »Ratschläge« sind nicht Teil der »psychologischen Theorie« der Psychoanalyse, sondern Teil ihrer Technik. Aber in bestimmter Hinsicht zeigen sie die Ansicht des Psychoanalytikers über die Gedächtnisfunktionen und ihre »affektive Motiviertheit«.

B. Infantile Amnesie

Das allgemeine Vergessen von Kindheitserlebnissen ist eine weitere Erscheinung, auf deren Erklärungsnotwendigkeit Freud als erster hingewiesen hat. Er hat schon 1899 auf dieses Phänomen aufmerksam gemacht und es in der »Psychopathologie des Alltagslebens« (3) und in den »Drei Abhandlungen zur Sexualtheorie« (23) besprochen. Er formulierte das Problem folgendermaßen:

»Ich meine hiemit die eigentümliche Amnesie, welche den meisten Menschen (nicht allen!) die ersten Jahre ihrer Kindheit bis zum 6. oder 8. Lebensjahre verhüllt. Es ist uns bisher noch nicht eingefallen, uns über die Tatsache dieser Amnesie zu verwundern; aber wir hätten guten Grund dazu. Denn man berichtet uns, daß wir in diesen Jahren, von denen wir später nichts im Gedächtnis behalten haben als einige unverständliche Erinnerungsbrocken, lebhaft auf Eindrücke reagiert hätten, daß wir Schmerz und Freude in menschlicher Weise zu äußern verstanden, Liebe, Eifersucht und andere Leidenschaften gezeigt, die uns damals heftig bewegten, ja daß wir Aussprüche getan, die von den Erwachsenen als gute Beweise für Einsicht und beginnende Urteilsfähigkeit gemerkt wurden. Und von alledem wissen wir als Erwachsene aus eigenem nichts. Warum bleibt unser Gedächtnis so sehr hinter unseren anderen seelischen Tätigkeiten zurück? Wir haben doch Grund zu glauben, daß es zu keiner anderen Lebenszeit aufnahms- und reproduktionsfähiger ist als gerade in den Jahren der Kindheit« (G. W. Bd. V, S. 75).

Freud integrierte dieses Vergessen mit seiner Theorie der infantilen Sexualität. Nach dieser Theorie erreicht die infantile Sexualität den Höhepunkt ihrer Manifestation im dritten und vierten Lebensjahr und verfällt später einer progressiven Verdrängung. Die affektiven Triebkräfte, die die sexuellen Manifestationen hemmen, sollen auch die ursprüngliche Verdrängung[18], das Vergessen der Kindheitserlebnisse, erklären. Ferner wird dieses Vergessen mit dem neurotischen Vergessen in Zusammenhang gebracht:

»Die hysterische Amnesie, die der Verdrängung dient, wird nur durch den Umstand erklärlich, daß das Individuum bereits einen Schatz von Erinnerungsspuren besitzt, welche der bewußten Verfügung entzogen sind und die nun mit assoziativer Bindung das an sich reißen, worauf vom Bewußtsein her die abstoßenden Kräfte der Verdrängung wirken. Ohne infantile Amnesie, kann man sagen, gäbe es keine hysterische Amnesie.

Ich meine nun, daß die infantile Amnesie, die für jeden einzelnen seine Kindheit zu einer gleichsam *prähistorischen* Vorzeit macht und ihm die Anfänge seines eigenen Geschlechtslebens verdeckt, die Schuld daran trägt, wenn man der kindlichen Lebensperiode einen Wert für die Entwicklung des Sexuallebens im allgemeinen nicht zutraut« (G. W. Bd. V, S. 76).

---

[18] Siehe S. 205 f.

Das Problem des Erinnerns von Kindheitserlebnissen hat noch einen weiteren Bezug zu unserem Thema. In den bereits erwähnten Beiträgen (8, 9) machte Freud auf den Umstand aufmerksam, daß die wenigen Kindheitserinnerungen, die man hat, scheinbar unwichtig sind; er zeigte, daß sie nur »Deckerinnerungen« sind, die wichtige Erlebnisse verbergen. Mit anderen Worten, ihre Beziehung zu den wichtigen Kindheitserinnerungen ist der Beziehung zwischen der vergessenen Vorstellung und den Ersatzvorstellungen ähnlich, die auftauchen, wenn sich der Mensch bemüht, sich zu erinnern, ähnlich auch der Beziehung zwischen Fehlleistung und Vergessen. Deckerinnerungen wie Fehlleistungen sind Kompromisse, Ergebnisse mißlungener Versuche, zu vergessen. Wir begegnen hier also einem weiteren Gedächtnisphänomen, das durch starke unbewußte affektive Kräfte bestimmt ist. Dieses Phänomen der Substitution wird Verschiebung genannt, womit man auf die Affektbesetzung (Ladung) anspielt, die von der bedeutsamen (verborgenen) Erinnerung auf die unwichtige (Deck-)Erinnerung verschoben wird. Zusammen mit den Mechanismen der Verdichtung und Entstellung, die wir schon bei der Erörterung des Versprechens erwähnt haben, werden auch die Mechanismen dieser Verschiebung in dem Abschnitt über die Traumarbeit eingehender besprochen werden. Es wird nun klar, daß Gordons[19] Versuch, »frühe Erinnerungen« und ihre »Gefühlsbetonung« zu erforschen, für die psychoanalytische Auffassung von der Theorie der Früherinnerungen nicht relevant war, denn bei dieser Theorie ist es nicht erforderlich, daß Deckerinnerungen lustbetont oder unlustbetont sind.

C. Die Mechanismen der Traumarbeit

Das Material, das in diesem Abschnitt besprochen werden soll, mag auf den ersten Blick als weit abgelegen von unserem Thema erscheinen, und manche Einzelheit erscheint vielleicht als unnötige Belastung. Aber wir sind zunächst verpflichtet, die Begriffe zu definieren, mit denen sich der Beitrag der Traumarbeit zu unserem Thema ausdrücken läßt.
In dem Abschnitt über die theoretischen Beiträge der allgemeinen Psychologie haben wir erwähnt, daß Pear[20] und Stern[21] Träume für Gedächtnisphänomene hielten und sogar behaupteten, in ihnen manifestiere sich die subjektive selegierende Funktion der Erinnerung in übertriebener Weise. Wir können also hoffen, daß wir, wenn wir etwas über die Organisation

---

[19] Siehe S. 102 f.
[20] Siehe S. 164.
[21] Siehe S. 165.

des Traumes erfahren, in der Lage sein werden, weitere Schlüsse über die affektive Organisation des Gedächtnisses zu ziehen.

Nach Freud trägt die manifeste Form des Traumes den latenten Trauminhalt in sich. Das Wesen des Traumes ist die Wunscherfüllung, und seine Erscheinungsform ist ein zusammengesetztes Erinnerungsbild, gewöhnlich visueller Art[22]. Die scheinbar logische Form des Traumes kommt durch einen Vorgang zustande, der auf eine teilweise geweckte Bewußtheit zurückgeht, die unserem wachen Denken ähnlich ist. Es geht uns hier nicht darum, diese Folgerungen zu beweisen oder zu erörtern; unser Ziel ist lediglich, die Bedeutung dieser Theorie und der Feststellungen, auf denen sie beruht, für unser Problem herauszustellen. Zu diesem Zweck wollen wir versuchen, folgende Fragen zu beantworten: a) Hatte Freud eine spezifische Ansicht vom Funktionieren des Gedächtnisses, und wenn ja, wie war sie beschaffen? b) Welche Mechanismen sind bei der Anordnung einzelner Erinnerungen zur manifesten Form des Traumes am Werk, um den latenten Trauminhalt auszudrücken? c) Was ist das Wesen des »Wunsches«, von dem behauptet wird, er sei das organisierende Prinzip des Traumes, und in welcher Beziehung steht er zu dem Affekt, von dem behauptet wird, er sei sowohl im manifesten Traum als auch in seinem latenten Inhalt echt und identisch? (G. W. Bd. II/III, S. 470).

a. Freuds Ansicht vom Funktionieren des Gedächtnisses

Freud veranschaulicht seine Gedächtnistheorie in der folgenden Schemazeichnung (S. 546):

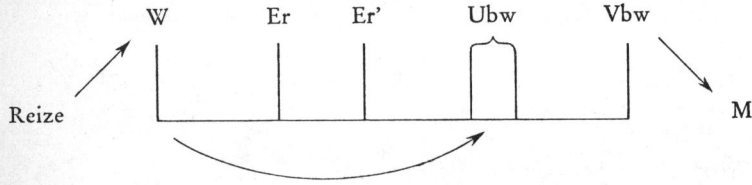

Die Reize erreichen den psychischen Apparat durch das System, dem die Funktion der Wahrnehmung (W) zugeschrieben wird: »Das W-System, welches keine Fähigkeiten hat, Veränderungen zu bewahren[23], also kein

---

[22] Es ist hier nicht der Ort, das zufällige Vorkommen und die Bedeutung anderer Bilder zu erörtern.

[23] Freud schreibt: »... es bringt ... offenbar Schwierigkeiten mit sich, wenn ein und dasselbe System an seinen Elementen Veränderungen getreu bewahren und doch neuen Anlässen zur Veränderung immer frisch und aufnahmsfähig entgegen-

Gedächtnis, ergibt für unser Bewußtsein die ganze Mannigfaltigkeit der sinnlichen Qualitäten«[24] (G. W. Bd. II/III, S. 544 f.). Darauf folgen die Erinnerungssysteme (Er), von denen es nach Freud eine Vielzahl gibt:

»Bei näherem Eingehen ergibt sich die Notwendigkeit, nicht eines, sondern mehrere solcher Er-Elemente anzunehmen, in denen dieselbe, durch die W-Elemente fortgepflanzte Erregung eine verschiedenartige Fixierung erfährt. Das erste dieser Er-Systeme wird jedenfalls die Fixierung der Assoziation durch Gleichzeitigkeit enthalten, in den weiter entfernt liegenden wird dasselbe Erregungsmaterial nach anderen Arten des Zusammentreffens angeordnet sein, so daß etwa Beziehungen der Ähnlichkeit u. a. durch diese späteren Systeme dargestellt würden. Es wäre natürlich müßig, die psychische Bedeutung eines solchen Systems in Worten angeben zu wollen. Die Charakteristik desselben läge in der Innigkeit seiner Beziehungen zu Elementen des Erinnerungsrohmaterials ...« (G. W. Bd. II/III, S. 544).

Diese Erinnerungssysteme verwandeln die momentanen Erregungen des W.-Systems in Dauerspuren (Bd. II/III, S. 543). Diese Erinnerungen können bewußt werden; in der Regel sind sie unbewußt[25] und üben in diesem Zustand ihren Einfluß aus. Die sogenannte »normale« Organisation der Erinnerungen wird nicht spezifisch erklärt; soweit ihre Organisation in Träumen betroffen ist, wird behauptet, der »Anstoß« (Bd. II/III, S. 546) zur Traumbildung gehe vom System Ubw aus. Innerseelische Zensoren an der Gruppe der Systeme Ubw und Vbw verhindern, daß diese Anstöße im Wachzustand ins Bewußtsein eindringen. Im Schlaf werden sie ins Traumbewußtsein eingelassen, denn der Weg zur Motilität ist versperrt, und es besteht keine Gefahr, daß die Impulse ausgeführt werden. Statt dessen nimmt die Erregung einen umgekehrten — »regredierten« — Weg:

»Anstatt gegen das motorische Ende des Apparats pflanzt sie sich gegen das sensible fort und langt schließlich beim System der Wahrnehmungen an« (G. W. Bd. II/III, S. 547).

Freud erklärt diesen Prozeß folgendermaßen:

»Wir heißen es Regression, wenn sich im Traum die Vorstellung in das sinnliche Bild rückverwandelt, aus dem sie irgendeinmal hervorgegangen ist ... *Das Ge-*

---

treten soll« (Bd. II/III, S. 543). In gleicher Weise äußert sich Freud in »Notiz über den Wunderblock« (6; G. W. Bd. XIV).

[24] Die Symbole Ubw, Vbw und M stehen für Unbewußtes, Vorbewußtes und Motilität. Der Verlauf der Erregung geht nach Freud im Wachzustand vom Reiz zur Motilität, während er im Traum umgekehrt ist.

[25] Das Attribut *unbewußt* (ubw) ist zu unterscheiden vom System des *Unbewußten* (Ubw).

füge der Traumgedanken wird bei der Regression in sein Rohmaterial aufgelöst« (Bd. II/III, S. 548 f.).

Das Rohmaterial besteht aus optischen und akustischen Erinnerungsbildern. Es scheint wichtig, hier hinzuzufügen, daß nach Freud ein Vorgang, der dem Traumvorgang ähnlich ist, die Halluzinationen erklärt[26]. Ein ähnliches Phänomen, wo Gedanken sich in ihr Rohmaterial auflösen, hat Silberer (11) entdeckt, der, als er im Zustand der Erschöpfung versuchte, seine eigene Verstandesarbeit zu beobachten, feststellte, daß seine Gedanken sich in optische halluzinatorische Symbolbilder (hypnagogische Halluzinationen) verwandelten[27].

Die Folgerungen aus der psychoanalytischen Traumtheorie lassen sich folgendermaßen formulieren: Das Erlebnis wird in den Erinnerungssystemen auf eine Weise niedergelegt, die durch seine Beziehung zu anderem niedergelegten Material beeinflußt wird. Triebimpulse, die im Organismus entstehen, werden im Unbewußten aktiv und benützen Erinnerungen, um sich vertreten zu lassen und sich auszudrücken. Diese Organisierung von Erinnerungen zur Vertretung von Triebimpulsen kann auf der Stufe jedes beliebigen oder mehrerer Erinnerungssysteme zustandekommen, so daß sie entweder direkt ins Bewußtsein eintreten — wie im normalen Wachzustand —, wenn der Impuls »zulässig« ist, oder in die ursprüngliche sinnliche Wahrnehmungsform zurückkehren — wie in Träumen oder Tagträumen —, wenn der Impuls »unzulässig« ist. Wir werden sehen, daß diese Umkehrung jedoch keine isolierten und unentstellten Wahrnehmungen ins Bewußtsein bringt, die einzelnen Erinnerungen entsprechen. In dieser Gedächtnistheorie spielen triebhaft-affektive Faktoren eine zentrale Rolle; sie organisieren Erinnerungen und benützen »Erinnerungsspuren«, um sich zur

---

[26] »Zum Beispiel einer meiner jüngsten Hysteriker, ein zwölfjähriger Knabe, wird am Einschlafen gehindert durch ›grüne Gesichter mit roten Augen‹, vor denen er sich entsetzt. Quelle dieser Erscheinung ist die unterdrückte, aber einstens bewußte Erinnerung an einen Knaben, den er vor vier Jahren oftmals sah, und der ihm ein abschreckendes Beispiel vieler Kinderunarten bot, darunter auch jener der Onanie, aus der er sich selbst jetzt einen nachträglichen Vorwurf macht. Die Mama hatte damals bemerkt, daß der ungezogene Junge eine *grünliche* Gesichtsfarbe habe und *rote* (d. h. *rotgeränderte*) Augen. Daher das Schreckgespenst, das übrigens nur dazu bestimmt ist, ihn an eine andere Vorhersage der Mama zu erinnern, daß solche Jungen blödsinnig werden, in der Schule nichts erlernen können und früh sterben« (Bd. II/III, S. 549 f.). Ähnliche Prozesse, die sich im »primitiven« und »autistischen« Denken ebenso finden wie in Tagträumen, werden im 7. Kapitel (S. 273 ff.) im Zusammenhang mit dem Korsakow-Syndrom besprochen.
[27] Beispiele finden sich auf S. 288 f.

Geltung zu bringen und sich auszudrücken. Von den besprochenen Gedächtnistheorien kam nur die von Bartlett[28] einer solchen Anschauung nahe.

b. Traumarbeit

Um ein konkreteres Bild vom Wirkungsmechanismus der organisierenden affektiv-triebhaften Faktoren, wie Freud sie sieht, zu bekommen, müssen wir etwas eingehender das besprechen, was er »die Traumarbeit« nennt. Der latente Traumgedanke wird hauptsächlich mit Hilfe der »Primärvorgänge« der Verdichtung, Verschiebung und Symbolik und durch die »Sekundärvorgänge« zum manifesten Trauminhalt umgestaltet. Die beiden ordnenden Prinzipien der Wirkung der Traumarbeit sind erstens: die Organisierung des latenten Traumgedankens in eine Form, die für den Zensor annehmbar und geeignet ist, ins Bewußtsein zu gelangen, zweitens: die Berücksichtigung des »regredienten« Verlaufs des Traumreizes, der eine Darstellung in sinnlichen Bildern erfordert. Diese beiden Prinzipien bestimmen die Erscheinung des latenten Traumgedankens im manifesten Trauminhalt. Die Rücksicht auf den Zensor ist besonders wichtig, da der latente Traumgedanke für das Bewußtsein immer unannehmbar ist, ein Umstand, der für die Tendenz verantwortlich ist, Träume zu vergessen. Man sollte den Zensor jedoch nicht anthropomorph auffassen, sondern vielmehr als einen Ausdruck, der all jene Strebungen bezeichnet, die sich dem Auftauchen einer bestimmten Strebung im Bewußtsein entgegenstellen. Die zu beschreibenden Funktionen sind die Wirkungen einander überschneidender Strebungen auf die Organisierung von Erinnerungen im Traum. *Verdichtung* wird beschrieben als

»... die Auswahl der mehrfach in den Traumgedanken vorkommenden Elemente, die Bildung neuer Einheiten (Sammelpersonen, Mischgebilde) und die Herstellung von mittleren Gemeinsamen ...« (Bd. II/III, S. 301).

Verschiebung bedeutet, daß

»... die Elemente, welche im Trauminhalt sich als die wesentlichen Bestandteile hervordrängen, in den Traumgedanken keineswegs die gleiche Rolle spielen ... Der Traum ist gleichsam *anders zentriert*; sein Inhalt um andere Elemente als Mittelpunkt geordnet als die Traumgedanken« (Bd. II/III, S. 310).

Darstellung durch Symbole wird definiert als »indirekte Darstellung«. Es wird behauptet,

»In einer Reihe von Fällen ist das Gemeinsame zwischen dem Symbol und dem Eigentlichen, für welches es eintritt, offenkundig, in anderen ist es versteckt ...« (Bd. II/III, S. 356).

[28] Siehe S. 149 f., 156 f., 167 f.

Es wird darauf hingewiesen, daß es zwar, wie es die völkerpsychologische Forschung dokumentiert hat, allgemeine Symbole gibt, daß aber die Wahl der Symbole in einem Traum durch den Kontext bestimmt wird[29].

Diese drei Funktionen dienen dazu, den Traumgedanken der Zensur zu entziehen. Dem so vorbereiteten Material gibt die *sekundäre Bearbeitung* den letzten Schliff. Diese ist das Werk des teilweise geweckten bewußten Denkens; es versucht, die Teile des Traummaterials gemäß der bewußten Logik zu verbinden (G. W. Bd. II/III, S. 503 f.)[30]. Die Rückverwandlung des Traumgedankens in sein Rohmaterial führt also nicht zu isolierten Erinnerungen, weil Primär- und Sekundärvorgänge das Material neu ordnen. Entsprechend kann man sie alle als spezifische Gedächtnisfunktionen ansehen, die durch »affektive Faktoren« motiviert werden. Diese »affektiven Faktoren« werden deutlich, wenn man bedenkt, daß die manifeste Form des Traumes im Grunde ein Kompromiß ist, der das Ergebnis des Kampfes zwischen dem Traumwunsch, der nach Ausdruck strebt, und jenen Strebungen ist, die mit dem Begriff »Zensur« bezeichnet werden.

Diese vier Funktionen verändern nur den gedanklichen, aber nicht den affektiven Inhalt des Traumes.

»... *die Vorstellungsinhalte (haben) Verschiebungen und Ersetzungen erfahren ...*, *während die Affekte unverrückt geblieben sind* ... An einem psychischen Komplex, welcher die Beeinflussung der Widerstandszensur erfahren hat, sind die Affekte der resistente Anteil, der uns allein den Fingerzeig zur richtigen Ergänzung geben kann« (G. W. Bd. II/III, S. 463 f.).

Es mag so scheinen, als hätten wir uns von unserem Thema entfernt, aber zu dem Schluß zu gelangen, daß im Verlauf der Traumarbeit der Affekt unverändert bleibt, ist nach unserer Meinung ein Schritt vorwärts. Während die Erinnerungen neu geordnet werden, bleibt der Affekt — wie die »Bedeutung« Wheelers[31] und Sterns[32] oder die »Haltung« Bartletts«[33] — der unveränderte beständige Kern der Gedächtnisorganisation. Der Leser wird sich erinnern, daß Müller-Freienfels den Affekt als den Faktor bezeichnete, der die Worte für seine Einkleidung wählt und aus ihnen mehr macht als »flatus vocis«, und daß Bartlett behauptete, die Reproduktion komme aus der »Haltung« und sei eine »Rechtfertigung« für sie.

Da dem Leser vielleicht der anthropomorphe »Zensor« und die »hinterlistigen« Methoden, die angewandt werden, um mit ihm zu einem Kom-

---

[29] Siehe auch Jones (4, S. 154—211).
[30] Siehe auch Bd. II/III, S. 517.
[31] Siehe S. 162 f.
[32] Siehe S. 165 f.
[33] Siehe S. 149 f.

promiß zu gelangen, einen unangenehmen Eindruck gemacht haben, ist es hier, um ein angemesseneres Verständnis zu wecken, vielleicht angebracht, die Ansicht von Jones über diese Frage einzufügen:

»Freud selbst scheint das, was er als ›Zensur‹ bezeichnet — ein Ausdruck, der die Gesamtheit der in Frage stehenden unterdrückenden Kräfte umfaßt —, an die Übergangsstelle zwischen dem Unbewußten und dem Vorbewußten zu setzen; ein weniger bedeutsamer Zensor wacht am Übergang vom Vorbewußten zum Bewußtsein. Man kann sich darüber einig sein, daß die Verdrängung vor allem an diesen Nahtstellen zu finden ist, aber nach meiner Meinung führt einen der Augenschein eher dazu, sich die hemmenden Tendenzen als etwas vorzustellen, das fließend in der ganzen Seele verteilt ist, im Bewußten wie im Unbewußten, jedoch mit zunehmender Stärke, wenn man sich von der Bewußtseinsebene in Richtung auf die untersten Schichten des Unbewußten bewegt« (4, S. 129).

Der Ansatz von Jones bedeutet eine neue und weniger anthropomorphe Entwicklung der Theorie. Es kann sein, daß sich in einer solchen neuen Entwicklung die »hinterlistigen« Mechanismen der Verdichtung, Verschiebung und der Darstellung durch Symbole als Mechanismen auf verschiedenen Ebenen der Erinnerungsdarstellung erweisen, wobei die visuelle Darstellung, die für Träume kennzeichnend ist, nur eine von vielen ist. In dieser neuen Entwicklung wird der »Zensor« als die Wirkung gegensätzlicher Strebungen erscheinen, und die Mechanismen der Gedächtnisorganisation auf verschiedenen Stufen wird wahrscheinlich ausgedrückt werden als eine Reihe von Eigenschaften und Funktionen von »Erinnerungsspuren«. Eine theoretische Entwicklung dieser Art würde gestützt durch die Feststellungen von H. Werner (24) über die Entwicklungsstufen der Gedächtnisfunktion, von Varendonck (25) über »vorbewußtes phantasierendes Denken« und von Silberer über »hypnagogische Halluzinationen«. Die Feststellungen dieser Forscher weisen alle auf eine große Vielfalt von Vorstellungsebenen in unserem Seelenleben hin — anders ausgedrückt, auf eine große Vielfalt von Organisationsformen der Erinnerung und des Denkens. Auf jeder Organisationsebene ist der Affekt der unveränderliche, und wahrscheinlich der organisierende, Faktor; aber die Organisationsmechanismen scheinen sich von Ebene zu Ebene zu verändern. Auch die Erscheinungsform des unveränderten Affekts ist wandelbar, sie beginnt bei den echten Affekten und reicht bis zu deren intellektualisierten Abkömmlingen wie den Empfindungen des Angenehmen und des Unangenehmen. Wir wissen noch nicht genug über diesen »Affekt«; unser nächster Schritt muß darin bestehen, mehr Material über seine Rolle im Traum zu sammeln.

c. Wunscherfüllung

Die Funktion der Wunscherfüllung wird in Freuds Erläuterung der Funktion des Traumes erklärt:

»Der Traum ist ein vollwichtiger psychischer Akt; seine Triebkraft ist alle Male ein zu erfüllender Wunsch; seine Unkenntlichkeit als Wunsch und seine vielen Sonderbarkeiten und Absurditäten rühren von dem Einfluß der psychischen Zensur her, den er bei der Bildung erfahren hat; außer der Nötigung, sich dieser Zensur zu entziehen, haben bei seiner Bildung mitgewirkt eine Nötigung zur Verdichtung des psychischen Materials, eine Rücksicht auf Darstellbarkeit in Sinnesbildern und — wenn auch nicht regelmäßig — eine Rücksicht auf ein rationelles und intelligibles Äußere des Traumgebildes. Von jedem dieser Sätze führt der Weg weiter zu psychologischen Postulaten und Mutmaßungen; die gegenseitige Beziehung des Wunschmotivs und der vier Bedingungen, sowie dieser untereinander, ist zu untersuchen; der Traum ist in den Zusammenhang des Seelenlebens einzureihen« (G. W. Bd. II/III, S. 538).

Die Bedeutung des Begriffes »Wunsch« ist nur dann klar, wenn wir uns daran erinnern, daß Freud eine biologische Theorie übernommen hat, in der behauptet wird, ein lebender Organismus sei bestrebt, sich möglichst frei von Reizen zu halten, d. h. von Erregung oder Spannung (Bd. II/III, S. 570); Freud setzt die Ansammlung von Erregung mit Unlust gleich, ihre Abfuhr mit Lust[34]. Er schreibt:

»... Anhäufung der Erregung (wird) ... als Unlust empfunden und (setzt) den Apparat in Bewegung, um das Befriedigungsergebnis, bei dem die Verringerung der Erregung als Lust verspürt wird, wieder herbeizuführen. Eine solche, von der Unlust ausgehende, auf die Lust zielende Strömung im Apparat heißen wir einen Wunsch ... Das erste Wünschen dürfte ein halluzinatorisches Besetzen der Befriedigungserinnerung gewesen sein« (Bd. II/III, S. 604).

Es wird erklärt, daß die Halluzination das Bedürfnis nicht zum Aufhören bringen kann, so daß in Wirklichkeit ein Umweg eingeschlagen wird und schließlich das Befriedigungsobjekt gefunden wird. Der Traum aber bleibt auf der halluzinatorischen Ebene, und in ihm ist der Wunsch der Vertreter von Triebkräften. Diese Definition läßt keinen Zweifel an seiner engen Beziehung zu affektiven Faktoren. Es ist fraglich, ob Lust und Unlust, wenn man sie mit der Zu- und Abnahme von Erregung gleichsetzt, noch das gleiche bedeuten können wie dieselben Begriffe in der Allgemeinen Psychologie. Wir haben früher[35] die Hypothese aufgestellt, die verschiedenen motivierenden oder »affektiven« Faktoren seien Manifestationen eines ge-

---

[34] Die gleiche Ansicht findet sich bei Jelgersma (26) und auch bei Freud (27).
[35] Siehe S. 137 ff.

meinsamen Grundfaktors auf verschiedenen Ebenen des psychischen Geschehens; Freuds Definition der Rolle des Wunsches in der Traumarbeit würde einer solchen Hypothese entsprechen. Freud hat diesen Punkt sogar noch deutlicher zum Ausdruck gebracht.

»... die einen unbewußten Triebanspruch vertretende Wunschregung (hat) ... sich im Vbw als Traumwunsch (wunscherfüllende Phantasie) gebildet« (G. W. Bd. X, S. 417).

Die Beziehung der Wunscherfüllung zu den Vorgängen der Traumarbeit, die wir im vorhergehenden Abschnitt besprochen haben, wird folgendermaßen definiert:

»Der Primärvorgang strebt nach Abfuhr der Erregung, um mit der so gesammelten Erregungsgröße eine *Wahrnehmungsidentität* herzustellen; der Sekundärvorgang hat diese Absicht verlassen und an ihrer Statt die andere aufgenommen, eine *Denkidentität* zu erzielen. Das ganze Denken ist nur ein Umweg von der als Zielvorstellung genommenen Befriedigungserinnerung bis zur identischen Besetzung[36] derselben Erinnerung, die auf dem Wege über die motorischen Erfahrungen erreicht werden soll. Das Denken muß sich für die Verbindungswege zwischen den Vorstellungen interessieren, ohne sich durch die Intensitäten derselben beirren zu lassen. Es ist aber klar, daß die Verdichtungen von Vorstellungen, Mittel- und Kompromißbildungen in der Erreichung dieses Identitätsziels hinderlich sind; indem sie die eine Vorstellung für die andere setzen, lenken sie vom Wege ab, der von der ersteren weitergeführt hätte. Solche Vorgänge werden also im sekundären Denken sorgfältig vermieden« (G. W. Bd. II/III, S. 607 f.).

Diese Definition bedeutet auch, daß auf der Ebene des bewußten Denkens und Handelns die Befriedigung, die durch motorische Aktivität erreicht werden soll, nicht mehr als »Wunscherfüllung« bezeichnet werden kann, sondern vielmehr eine Zielvorstellung genannt werden sollte.
Angesichts des Umstands, daß ein Wunsch ein Streben nach Lust ist, und daß Träume Wunscherfüllungen sind, erfordern Angstträume — da sie der These von der »Vermeidung der Erweckung von Unlust durch Erinnerung« zu widersprechen scheinen — eine Erklärung. Es wird erklärt, daß der Wunsch zum Ubw gehört, daß aber das Vbw ihn ablehnt und unterdrückt. Diese Unterdrückung gelingt normalerweise; wenn sie mißlingt, entsteht ein Konflikt zwischen den beiden Systemen, der zu Angstträumen führt. Wir lernen also durch die Funktion der »Traumarbeit«, daß Wunscherfül-

---

[36] »Identische Besetzung« bedeutet hier gleiches Streben. Mit anderen Worten, auf diesem Umweg werden im Verlauf des Versuches, die Befriedigung zu erreichen, indem man Handlungen in der Wirklichkeit plant, durch das Streben nach dieser Befriedigung Erinnerungen wiederbelebt, die sich von der Erinnerung an die ursprüngliche Befriedigung unterscheiden.

lung nicht notwendigerweise ein direkter Lustgewinn ist[37]. Diese komplizierte Sachlage muß man sich vergegenwärtigen, wenn man die Wirkungen
von angenehmen und unangenehmen Empfindungen auf das Gedächtnis
beurteilen will, besonders bei Versuchen, die eine Bestätiung oder Widerlegung der Freudschen Theorie des Vergessens liefern wollen. Bewußte
Empfindungen des Angenehmen und Unangenehmen sind Erscheinungen,
die für sich allein noch keinen Aufschluß über die Art des Vorgangs geben,
der sie entstehen läßt. Der Vorgang, der durch das Auftreten von angenehmen und unangenehmen Empfindungen angezeigt wird, kann vielerlei
Wirkungen auf Gedächtnisphänomene haben. Dieser Sachverhalt wird
durch Freuds Erläuterung des Wesens der Affekte gut charakterisiert:

»Stellen wir also den Satz auf, daß die Unterdrückung des Ubw vor allem darum
notwendig wird, weil der sich selbst überlassene Vorstellungsablauf im Ubw einen
Affekt entwickeln würde, der ursprünglich den Charakter der Lust hatte, aber
seit dem Vorgang der *Verdrängung* den Charakter der Unlust trägt. Die Unterdrückung hat den Zweck, aber auch den Erfolg, diese Unlustentwicklung zu ver-
hüten. Die Unterdrückung erstreckt sich auf den Vorstellungsinhalt des Ubw, weil
vom Vorstellungsinhalt her die Entbindung der Unlust erfolgen könnte. Eine ganz
bestimmte Annahme über die Natur der Affektentwicklung ist hier zugrunde gelegt. Dieselbe wird als eine motorische oder sekretorische Leistung angesehen, zu
welcher der Innervationsschlüssel in den Vorstellungen des Ubw gelegen ist. Durch
die Beherrschung von seiten des Vbw werden diese Vorstellungen gleichsam ge-
drosselt, an der Aussendung der Affekt entwickelnden Impulse gehemmt. Die Gefahr, wenn die Besetzung von seiten des Vbw aufhört, besteht also darin, daß die
unbewußten Erregungen solchen Affekt entbinden, der — infolge der früher statt-
gehabten Verdrängung — nur als Unlust, als Angst, verspürt werden kann«
(G. W. Bd. II/III, S. 558).

D. Zusammenfassung

a. Die »Grundregel der Psychoanalyse« und die »Ratschläge an den Psychoanalytiker« drücken ein Wissen in bezug auf eine Art des »affektiven
Einflusses auf die Erinnerung« aus. Sie besagen, daß das Aufgeben bewußter Zielvorstellungen — jener Vorstellungen, die uns gewöhnlich die zu
unserem Ziel führenden Erinnerungen zu Bewußtsein bringen — nicht zu
einem Chaos in unserem Geist führt, sondern vielmehr unbewußten Zielvorstellungen freies Spiel gewährt, die zu verdrängten affektbesetzten
Erinnerungen führen.

b. Das weitgehende Vergessen der Kindheitserinnerungen ist nach der

---

[37] »... aber sicherlich ist alle neurotische Unlust von solcher Art, ist Lust, die
nicht als solche empfunden werden kann« (G. W. Bd. XIII, S. 7).

psychoanalytischen Theorie auf die progressive Verdrängung zurückzuführen, die in der sexuellen Entwicklung des Kindes gleichzeitig mit der Latenzperiode eintritt; es ist eine Amnesie, bestimmt durch die Hemmung, die der sich entfaltenden infantilen Sexualität auferlegt wird. Die wenigen scheinbar unbedeutenden Kindheitserinnerungen sind »Deckerinnerungen« für bedeutsame affektgeladene Erlebnisse, mit denen sie verbunden sind, wie Ersatzvorstellungen mit vergessenen Vorstellungen und wie Fehlleistungen mit dem Vergessen.

c. Im Traum werden Erinnerungen durch den Traumwunsch organisiert, der definiert wird als ein Bestreben, die Ansammlung von Erregung zu vermindern. Diese Organisation kommt auf einer Ebene zustande, wo die Erinnerungen in ihre sensorischen Urbilder zurückverwandelt werden. Der Wunsch, das affektive Organisationsprinzip, benützt die Mechanismen der Verdichtung, der Verschiebung, der Darstellung durch Symbole und der sekundären Bearbeitung, um sich, — d. h. den latenten Trauminhalt — in einer für das Bewußtsein zulässigen Form auszudrücken. Der Vorstellungsinhalt, das Erinnerungsmaterial, wird also umgeformt, während der Affekt der unveränderte Kern des Traumes bleibt, aus dem man ihn rekonstruieren kann.

d. Das besprochene Material gibt Hinweise auf eine Anzahl von Phänomenen, bei denen sich der »affektive Einfluß« auf das Funktionieren des Gedächtnisses in mannigfachen Formen zeigt.

4. Triebe, Affekte und Verdrängung

Bei der Besprechung der Beiträge der Psychoanalyse zu unserem Problem sind uns wiederholt Trieb, Affekt und Lustprinzip als Motivatoren und bestimmende Kräfte der Gedächtnisfunktionen begegnet, und »Verdrängung« als Erklärung des Vergessens. In diesem Abschnitt wollen wir die Bedeutung und die wechselseitige Beziehung dieser Begriffe und Funktionen klären. Wir hoffen, daß ihre Klärung uns das Wesen der »affektiven Faktoren« im Funktionieren des Gedächtnisses deutlicher machen wird.

Der Trieb. In seiner Abhandlung über »Triebe und Triebschicksale« (29) schrieb Freud[38]:

»... so erscheint uns der ›Trieb‹ als ein Grenzbegriff zwischen Seelischem und Somatischem, als psychischer Repräsentant der aus dem Körperinneren stammenden, in die Seele gelangenden Reize ...« (G. W. Bd. X, S. 214).

---

[38] Siehe auch Bibring (32) und Jones (33).

Freud erklärt, daß der Trieb als solcher nie Inhalt des Bewußtseins sein kann; im Bewußtsein und selbst im Unbewußten kann er nur durch eine Vorstellung repräsentiert sein (G. W. Bd. X, S. 258). Diese Feststellung bedarf jedoch der Erweiterung, denn für Triebe gibt es, wie wir von Freud erfahren, auch andere als gedankliche Repräsentanzen. Außer »... (einer) Vorstellung oder Vorstellungsgruppe, welche vom Trieb her mit einem bestimmten Betrag von psychischer Energie (Libido, Interesse) besetzt ist«, gibt es den »... Affektbetrag ...«; »(er) entspricht dem Triebe, insofern er sich von der Vorstellung abgelöst hat und einen seiner Quantität gemäßen Ausdruck in Vorgängen findet, welche als Affekte ... bemerkbar werden« (G. W. Bd. X, S. 254 f.).

Der Affekt. Die Affekte sind also eine der Triebrepräsentanzen. Der »*Affektbetrag*« wird bezeichnet als »an der Vorstellung haftende Triebenergie« (Bd. X, S. 255) oder als »quantitativer Faktor der Triebrepräsentanz« (ebd.). Der »Affekt« selbst wird jedoch verstanden als »Abfuhrvorgänge ..., deren letzte Äußerungen als Empfindungen wahrgenommen werden« (Bd. X, S. 277). Das wesentliche am Affekt besteht darin, daß er bewußt erlebt wird. Der Ausdruck »unbewußter Affekt« ist nach Freud eine unrichtige Bezeichnung; wenn man ihn gebraucht, bezieht er sich auf einen Affekt, der zwar bewußt erlebt, aber von der Vorstellung, zu der er ursprünglich gehörte, verschoben worden ist. Der »Affekt« genannte Abfuhrvorgang unterscheidet sich nach Freuds Worten von der Abfuhr durch »*Motilität*« folgendermaßen:

»Die Affektivität äußert sich wesentlich in motorischer (sekretorischer, gefäßregulierender) Abfuhr zur (inneren) Veränderung des eigenen Körpers ohne Beziehung zur Außenwelt, die Motilität in Aktionen, die zur Veränderung der Außenwelt bestimmt sind« (Bd. X, S. 278, Fußnote).

Hier wird eine scharfe Unterscheidung gemacht zwischen dem »Affektbetrag« als Triebenergie und Affekten oder Gefühlen als Abfuhrvorgängen. Im allgemeinen jedoch wird der Ausdruck »Affekt« in der psychoanalytischen Literatur ungenau gebraucht. Jones z. B. schreibt:

»Jeden geistigen Prozeß begleitet eine verschieden große Menge von psychischer Energie, die etwa dem entspricht, was wir den Affekt nennen« (4, S. 21).

Es wird deutlich, daß man zwischen drei Affektbedeutungen unterscheiden muß: Eine erfaßt die Energiekomponente der Triebrepräsentanz, die anderen beiden — Affekte als Abfuhrvorgänge und ihre Wahrnehmung, die Empfindung — sind Bezeichnungen für den Ausdruck eben dieser Triebrepräsentanz.

Die Prinzipien. Das Problem der »Prinzipien« entsteht aus der oben angeführten Formulierung der Triebe. Bibring (32) drückt dies ziemlich deutlich aus:

»Hier wird dem in seiner Funktionsweise vorausgesetzten seelischen Apparat der Trieb als ein Reiz gegenübergestellt, in welcher Form immer der Trieb zur psychischen Energiespannung wird. . . . Wir . . . halten hier fest, . . . daß die Prinzipien oder Regulationsmechanismen den seelischen Apparat regulieren, die Triebe für den so regulierten seelischen Apparat ständig neue Arbeitsanforderungen bedeuten« (S. 150).

Es gibt zwei ordnende Prinzipien dieser Art[39]: das »Lustprinzip«, nach dem der psychische Apparat bestrebt ist, seine Spannung zu vermindern, und das »Realitätsprinzip«, nach dem die augenblickliche Erlangung einer gefährlichen Lust in dem Bemühen aufgeschoben wird, sich den Weg zu einer weniger gefährlichen Lust zu bahnen — d. h. es folgt dem Weg des größten Vorteils und nicht dem des geringsten Widerstandes (G. W. Bd. VIII, S. 235). Diese Prinzipien sind keine Kausalfaktoren, sondern Ausdruck empirischer Beobachtungen, die leider in teleologischen Begriffen formuliert sind. Sie sind zwar in der Praxis außerordentlich brauchbar, aber ihre teleologische Färbung fördert die wissenschaftliche Klarheit nicht. So ließ das »Lustprinzip« das Mißverständnis aufkommen, die psychoanalytische Theorie sei hedonistisch und vertrete ein »Vergessen des Unangenehmen«. Eine gründlichere Prüfung der Theorie zeigt jedoch, daß hier »Lust« und »Unlust« relativ sind: Das Ziel, »Lust« zu erlangen, wird gewöhnlich aufgegeben, weil mit ihm Gefahren verbunden sind, und »Unlust« wird oft als das geringere Übel ertragen.

Die Verdrängung. Verdrängung ist eins der Triebschicksale (G. W. Bd. X, S. 219); ihr Wesen besteht ». . . *nur in der Abweisung und Fernhaltung vom Bewußten*«, — d. h. einer Triebregung, die Unlust erwecken könnte. Bei der *Urverdrängung* — die nach Freud immer eine Kindheitsverdrängung ist — wird der psychischen Vorstellungs- Repräsentanz des Triebes die Übernahme ins Bewußte versagt; bei der *eigentlichen Verdrängung* betrifft dies psychische Abkömmlinge der verdrängten Repräsentanz (G. W. Bd. X, S. 250). Je enger die Beziehung der Vorstellung zu der verdrängten Triebrepräsentanz und je stärker ihre Besetzung, desto leichter verfällt sie der »eigentlichen Verdrängung« (S. 252). Es wird jedoch gezeigt, daß die Tätigkeit der Verdrängung *variabel, spezifisch* und *mobil* ist — tatsächlich unvorhersehbar (S. 253); sie ist nicht allgemein vorauszusetzen und stati-

---

[39] Man hat eine Reihe von Vorschlägen gemacht, die das Vorhandensein eines dritten Prinzips zum Inhalt haben: »Todestrieb«, »Destrudo«, »Mortido«, »Wiederholungszwang«. Ihre Besprechung überschreitet den Rahmen unserer Abhandlung.

stischer Behandlung zugänglich, wie es die meisten Forscher, deren Arbeit wir im 3. Kapitel besprochen haben, gern gehabt hätten. Die verdrängte Vorstellung geht nicht verloren; sie wird unbewußt. Was macht sie unbewußt? Nach Freud kommt die *Urverdrängung* durch Gegenbesetzung[40] zustande, die vom Unbewußten ausgeht, das sich gegen das Eindringen der unbewußten Vorstellung wehrt (G. W. Bd. X, S. 280). Bei der *eigentlichen Verdrängung* wird der Vorstellung die Besetzung entzogen; dieser Entzug macht die Vorstellung unbewußt, und die Besetzung wird als Gegenbesetzung genützt, um sie unbewußt zu halten. Freud kam zu dem Schluß, der Unterschied zwischen dem Unbewußten und dem Vorbewußten sei der, daß das Ubw nur *Sach*vorstellungen habe, das Vbw *Wort*vorstellungen, die als Erinnerungsspuren niedergelegt sind (Bd. X, S. 300)[41]. Er folgert also, daß die Verdrängung »... der zurückgewiesenen Vorstellung ... die Übersetzung in Worte (verweigert)« (G. W. Bd. X, S. 300). Der gleiche Gedanke wird in »Das Ich und das Es« positiv ausgedrückt:
»... was außer Gefühlen von innen her bewußt werden will, muß versuchen, sich in äußere Wahrnehmungen umzusetzen. Dies wird mittels der Erinnerungsspuren möglich« und »durch Verbindung mit den entsprechenden Wortvorstellungen« (G. W. Bd. XIII, S. 247).
Jones (4) stellte eine andere Theorie auf, nach der der Affektbetrag, der sich über die Erinnerungsspuren ausbreitet, diese wie eine elektrische Ladung belebt und so die Erinnerungen ins Bewußtsein bringt.
Bisher haben wir über die Vorstellungsrepräsentanz des Triebes gesprochen. Wenden wir uns nun der anderen Triebrepräsentanz, der »Energiebesetzung« — mit anderen Worten, dem »Affektbetrag« und seinem *Schicksal in der Verdrängung* — zu. Hierzu schrieb Freud:

»Das Schicksal des quantitativen Faktors der Triebrepräsentanz kann ein dreifaches sein ... [wenn eine Verdrängung stattfindet]: Der Trieb wird entweder ganz unterdrückt, so daß man nichts von ihm auffindet, oder er kommt als irgendwie qualitativ gefärbter Affekt zum Vorschein, oder er wird in Angst verwandelt« (G. W. Bd. X, S. 255 f.).

Anders ausgedrückt: Durch Verdrängung wird der »Affektbetrag« in »Affekt« — d. h. Gefühl, Empfindung oder periphere Abfuhrvorgänge — verwandelt.

---

[40] »Gegenbesetzung« bezeichnet jene mit einer Vorstellung verbundenen Bestrebungen, die deren Eintreten ins Bewußtsein verhindern.
[41] Diese Annahme wird bestätigt durch Freuds Beobachtung, daß der Patient, wenn man ihm eine Vorstellung mitteilt, die er verdrängt hatte, diese gewöhnlich nicht wiedererkennt; es ist gleichsam, als gebe es gleichzeitig zwei verschiedene Erinnerungsspuren der Vorstellung.

Die Verdrängung entzieht in ihrem Bestreben, das Eindringen von Triebrepräsentanzen ins Bewußtsein (das zu Konflikten führen würde) zu verhindern, diesen oder ihren Abkömmlingen ihre vorbewußte Besetzung, trennt sie von Wortvorstellungen, spaltet die Triebrepräsentanz in Vorstellung und »Affektbetrag« und hält einmal das eine, einmal das andere Element mit Erfolg in der Verdrängung. Dies führt zum Vergessen der Vorstellung oder zur Verschiebung des Affekts auf andere Vorstellungen. Das Schicksal des »Affektbetrags« hängt also eng mit dem Schicksal der Erinnerungen zusammen. Aber dieser »Affektbetrag« ist, wie wir gesehen haben, die Ursache des Abfuhrvorgangs, der als »Affekt« oder Gefühl bezeichnet wird. Gedächtnisphänomene und Affekte scheinen also parallele Ausdrucksformen des gleichen Faktors zu sein — nämlich der regulierenden Dynamik, die die von den Trieben erzeugte Spannung beseitigt. Bei der Beschreibung der Rolle des »Realitätsprinzips« bei den Gedächtnisfunktionen erläutert Freud noch einmal die Rolle des »Affekts«:

»An Stelle der Verdrängung, welche einen Teil der auftauchenden Vorstellungen als unlusterzeugend von der Besetzung ausschloß, trat die unparteiische *Urteilsfälschung*, welche entscheiden sollte, ob eine bestimmte Vorstellung wahr oder falsch, das heißt im Einklang mit der Realität sei oder nicht, und durch Vergleichung mit den Erinnerungsspuren der Realität darüber entschied.
Die motorische Abfuhr, die während der Herrschaft des Lustprinzips zur Entlastung des seelischen Apparats von Reizzuwächsen gedient hatte und dieser Aufgabe durch ins Innere des Körpers gesandte Innervationen (Mimik, Affektäußerungen) nachgekommen war, erhielt jetzt eine neue Funktion, indem sie zur zweckmäßigen Veränderung der Realität verwendet wurde. Sie wandelte sich zum *Handeln*.
Die notwendig gewordene Aufhaltung der motorischen Abfuhr (des Handelns) wurde durch den *Denkprozeß* besorgt, welcher sich aus dem Vorgestellten herausbildete. Das Denken wurde mit Eigenschaften ausgestattet, welche dem seelischen Apparat das Ertragen der erhöhten Reizspannung während des Aufschubs der Abfuhr ermöglichten. Es ist im wesentlichen ein Probehandeln mit Verschiebung kleiner Besetzungsqualitäten, unter geringer Verausgabung (Abfuhr) derselben. Dazu war eine Überführung der frei verschiebbaren Besetzungen in gebundene erforderlich, und eine solche wurde mittels einer Niveauerhöhung des ganzen Besetzungsvorganges erreicht. Das Denken war wahrscheinlich ursprünglich unbewußt, insoweit es sich über das bloße Vorstellen erhob und sich den Relationen der Objekteindrücke zuwendete, und erhielt weitere für das Bewußtsein wahrnehmbare Dualitäten erst durch die Bindung an die Wortreste« (G. W. Bd. VIII, S. 233 f.).

Wir dürfen schließen, daß nicht die Gefühle, sondern ihr Ursprung, die Triebspannung, den alles überragenden Einfluß auf Gedächtnisphänomene ausübt.

a. Triebe sind Kräfte, die ihren Ursprung im Organismus haben und nur durch ihre quantitativen und Vorstellungsrepräsentanzen ins Bewußtsein eindringen.

b. Der »Affektbetrag« ist die quantitative Repräsentanz des Triebes; er hat Energie-Charakter, und sowohl Gefühl als auch Emotion — periphere Abfuhr — sind nur seine Manifestationen.

c. Das »Lustprinzip« und das »Realitätsprinzip« sind brauchbare, aber infolge ihrer teleologischen Formulierung häufig irreführende empirische Beschreibungen der Triebdynamik.

d. Die Verdrängung ist zweigeteilt. Während die — infantile — Urverdrängung eine *Triebrepräsentanz* ausstößt und außerhalb des Bewußtseins hält, betrifft die eigentliche Verdrängung die Abkömmlinge von Triebrepräsentanzen. Material dem Bewußtsein fernzuhalten bedeutet, ihm seine vorbewußten Wortbilder zu entziehen oder seine Energiebesetzung, oder beides.

e. Die Wirkung der Verdrängung besteht nicht nur darin, daß eine Erinnerung aus dem Bewußtsein ausgestoßen und ihm ferngehalten wird, sondern auch in einer Verschiebung ihres »Affektbetrages« auf eine andere Vorstellung oder in ihrer vollständigen Unterdrückung.

f. Der »Affektbetrag« ist die Energiequelle; Gefühl und Emotion sind nur ihr Ausdruck; nicht Empfindung oder Gefühl, sondern der »Affektbetrag« selbst spielt eine entscheidende Rolle beim Funktionieren des Gedächtnisses.

5. Folgerungen

a. Die Durchsicht der einschlägigen psychoanalytischen Literatur hat uns die Unrichtigkeit des weitverbreiteten Trugschlusses gezeigt, Freud habe gelehrt, das Unangenehme zu vergessen. Was Freud entdeckte, war die Funktion, die es verhinderte, daß eine unbewußte Vorstellung ins Bewußtsein drang, die, falls sie bewußt geworden wäre, einen Konflikt ausgelöst hätte. Diese »Verdrängung« genannte Funktion erwies sich als spezifisch und variabel und als kaum der statistischen Behandlung zugänglich, die Experimentalpsychologen an ihr ausprobieren wollten.

b. Das Vergessen hat sich als eine der vielen »Unzulänglichkeiten unseres Seelenlebens« herausgestellt, die die Folge des Konflikts zwischen dem »Zensor« und den verbotenen unbewußten Neigungen sind, die sich durchsetzen möchten.

c. Die Mechanismen, denen man beim Analysieren dieser Unzulänglichkei-

ten begegnet — Mechanismen, die an Stelle vergessener Kindheitserlebnisse Deckerinnerungen hervorbringen, Mechanismen, die dem dynamischen Fluß der freien Assoziationen zugrundeliegen, Mechanismen der
Traumarbeit — haben sich als spezifische Gedächtnisfunktionen erwiesen.
Diese Funktionen sind Verschiebung, Verdichtung, Substituierung, Darstellung durch Symbole und sekundäre Bearbeitung.

d. Das Sich-Erinnern als Aufsteigen ins Bewußtsein und das Vergessen als
Nicht-Aufsteigen sind als Ausdruck der Gedächtnisdynamik erkannt worden, bei der Triebstrebungen sich einzelner Erinnerungen — die gemäß
ihren Verbindungen zu anderem niedergelegtem Material in Schichten angeordnet sind — zu ihrer Repräsentanz bedienen. Diese Repräsentation
kann auf verschiedenen Stufen zustandekommen, wobei die beschriebenen
Mechanismen die Formen der Gedächtnisorganisation auf diesen Stufen
sind. Der Traum ist ein extremes Beispiel, bei dem die Triebkomponente —
der Wunsch — Erinnerungen organisiert, um sich auf einem primitiven
Wahrnehmungsniveau zu repräsentieren.

VI. DIE BEITRÄGE DER HYPNOSEFORSCHUNG

Hypnoseversuche haben auf viele verschiedene Gedächtnisphänomene aufmerksam gemacht; hypnotische Hypermnesie, posthypnotische Amnesie, posthypnotische Suggestion — besonders das »Sich-Erinnern«, das in der Ausführung der Suggestion impliziert ist — sind die allgemeinen Bezeichnungen, denen viele dieser Erscheinungen subsumiert worden sind. Wir wollen nicht in eine eingehende Erörterung des Gebietes der Hypnose, von dem das meiste noch ein Niemandsland ist[1], eintreten. Wir wollen kurz die Untersuchungen, Tatsachen und Meinungen zusammenfassen, die eine Beziehung zu unserem Problem zu haben scheinen. Unsere Besprechung wird sich um fünf Fragen drehen:

1. Sind hypnotische Phänomene emotionale Phänomene und können demnach hypnotische Erinnerungsphänomene als Wirkungen von Gefühlen auf das Gedächtnis angesehen werden?
2. In welcher Beziehung steht das Phänomen der posthypnotischen Amnesie zu unserem Problem?
3. In welcher Beziehung steht das Phänomen der hypnotischen Hypermnesie zu unserem Problem?
4. In welcher Beziehung steht die posthypnotische Suggestion zu unserem Problem?
5. Was haben die Versuche über Hypnose durch Drogen zu unserem Problem beigetragen?

1. Affektive Faktoren in der Hypnose

Ob die spektakulären Gedächtnisphänomene der Hypnose etwas zu unserem Wissen vom »Gefühlseinfluß auf das Gedächtnis« beitragen können, hängt vom Wesen der hypnotischen Phänomene im allgemeinen ab. Man hat die Hypnose von drei Erklärungstheorien aus betrachtet: »Übertragung«, »Dissoziation« und »Koordinierung«. Die erste und die zweite nehmen an, Hypnose sei ein affektives Phänomen. Eine Erörterung des Wesens dieser Theorien wird die Rolle von Gefühlen bei hypnotischen Phänomenen klären.

---

[1] Siehe die drei Überblicke von Young (1, 2, 3) und das Werk von Hull (4).

Übertragung. Bernheim (5)[2] und Forel behaupteten, Suggestion sei das Wesen der Hypnose[3]. Bleuler behauptete (7), Suggestion sei ein affektiver Prozeß; damit wollte er die Beziehung der beiden Beteiligten charakterisieren, von denen einer die Suggestion setzt, der andere sie aufnimmt. Jones (8) sagte bei der Erörterung der Ansichten Bleulers, nicht der Inhalt der »verbalen Suggestion«, sondern der affektive Prozeß, den man als »affektive Suggestion« bezeichnen kann, sei der grundlegende Faktor und die notwendige Grundlage der ersteren (S. 342). Freud drückte in seinen »Drei Abhandlungen zu Sexualtheorie« (9) diese Beziehung in psychoanalytischen Begriffen aus:

»Ich kann mir nicht versagen, hiebei an die gläubige Gefügigkeit der Hypnotisierten gegen ihren Hypnotiseur zu erinnern, welche mich vermuten läßt, daß das Wesen der Hypnose in die unbewußte Fixierung der Libido auf die Person des Hypnotiseurs (vermittels der masochistischen Komponente des Sexualtriebes) zu verlegen ist« (G. W. Bd. V, S. 50, Fußnote).

Ferenczi (10) hat den dominanten affektiven Faktor bei der Hypnose mit dem »Elternkomplex« verknüpft. Er schrieb:

»Die Hypnotisierbarkeit und suggestive Beeinflußbarkeit eines Menschen hängt also von der Möglichkeit der ›Übertragung‹ oder, offener gesagt, der positiven, wenn auch unbewußten sexuellen Stellungnahme des zu Hypnotisierenden dem Hypnotiseur gegenüber ab; die Übertragung aber, wie jede ›Objektliebe‹, hat ihre letzte Wurzel in dem verdrängten Elternkomplex« (S. 441).

Jones (8) war noch unverblümter: »... Suggestion und Hypnose ... sind lediglich Beispiele von Übertragung«[4] (S. 353). Schilder (13) formulierte die psychoanalytische Ansicht auf eine dem Psychologen vertrautere Weise,

---

[2] »Hypnose ist also kein krankhafter Zustand, sie schafft keine neuen Funktionen oder außergewöhnlichen Erscheinungen; sondern sie entwickelt nur, was bereits im wachen Zustand vor sich geht, sie steigert vermöge der mit ihr verbundenen psychischen Veränderung die Suggerierbarkeit, die wir alle normalerweise bis zu einem gewissen Grade besitzen« (S. 136).

[3] Sowohl Hull (4) als auch Young (3) fanden in ihren Überblicken in dieser Hinsicht keine Einmütigkeit der Meinungen, obwohl viele Versuche diese Ansicht begünstigten. Von besonderem Interesse sind Youngs (11, 12) Versuche, in denen er die Bedeutung des Rapports zu widerlegen suchte.

[4] Jones definierte Übertragung folgendermaßen: »Mit dem Ausdruck ›Übertragung‹ ist jene Verschiebung verschiedener Affekte (Gefühle) auf den Arzt gemeint, die in Wirklichkeit zu irgendeiner anderen Person gehören« (S. 309). Diese Definition ist eine Vereinfachung, bei der der Umstand außer acht gelassen wird, daß nicht einfache Affekte, sondern Affekt-Konstellationen verschoben werden, und daß es dieser Verschiebung an einer objektiven Grundlage fehlt.

außerdem in einer Terminologie, die der in diesem Überblick gebrauchten ähnlich ist; er betonte die affektive Natur der hypnotischen Phänomene:

»Die Erscheinungen der Hypnose haben nicht die Bedeutung vereinzelter Merkwürdigkeiten ... Alle jene Wirkungen, die in der Hypnose zustande kommen, [können] auch durch Affekte hervorgerufen werden ... Man kann sagen, daß Triebeinstellungen und Triebwirkungen für die Erscheinungen der Hypnose verantwortlich gemacht werden können. In unseren Trieben lebt aber die ganze Stammesgeschichte weiter. Es führen also die biologischen Tatsachen zu dem Schlusse, daß in der Hypnose eine besondere Triebeinstellung Wirkungen hervorruft, die sonst durch das Affektleben hervorgerufen werden« (S. 10).

In bezug auf die Art dieser Affekte behauptete er:

»Viele suchen vergebens die Leidenschaft, die sie ganz aufsaugte ... Die Hypnose verschafft die Lust der bedingungslosen Hingabe, sie setzt das Ideal wunschloser Hörigkeit in Wirklichkeit um. Der Hypnotiseur ist für die Hypnotisierte nur ein Vorwand, nur eine Gelegenheit, zur Erfüllung ureigenster Wünsche zu kommen« (S. 24).

R. W. White (14) hat das Problem der affektiven Natur der Hypnose als ein Problem der »Motivation in der Hypnose« formuliert. Er brachte Ansichten zum Ausdruck, die denen der Psychoanalyse ähnlich sind, formulierte sie aber gemäß der Theorie Murrays von »Bedürfnis und Druck«. Er betonte besonders, daß nicht die Macht des Hypnotiseurs, sondern die Bedürfnisse des Hypnotisierten die Grundlage der hypnotischen Phänomene sind[5].

---

[5] »Wenn wir diese Theorien der Sprache der Libido-Hypothese entkleiden, können wir sie im wesentlichen so neu formulieren: Die hypnotische Situation mit ihrer allgemeinen Atmosphäre der Seltsamkeit, ihrem besonderen Druck der Dominanz und ihrer eigenartigen Beziehung zwischen Versuchsperson und Hypnotiseur hat die Tendenz, latente Bedürfnisse zu wecken, die in der Kindheit aktiver waren als sie im gegenwärtigen Alter der Versuchsperson sein können. Eins dieser Motive ist das Bedürfnis nach *Liebe*, wie es vielleicht durch entzückte Eltern befriedigt worden ist, wenn ihr Kind sich gut benahm. Der Proband liebt vorübergehend den Hypnotiseur, wie er einst einen oder beide Elternteile geliebt hat, und er möchte, wie er es bei den Eltern auch wollte, daß der Hypnotiseur diese Liebe erwidert. Ein weiteres Motiv ist das Bedürfnis nach *Erniedrigung* oder *Gefügigkeit*, der Widerhall einer Beziehung zu strengeren, bedrohlicheren Eltern. Der Hypnotisierte fürchtet sich kurze Zeit vor dem Hypnotiseur und fügt sich lieber seinen Forderungen, als seinen Unmut oder Zorn zu riskieren. Was im hypnotischen Verhalten aktiv ist, ist nicht irgendeine Macht des Hypnotiseurs, der bestenfalls als eine Art Projektionsleinwand dient, sondern vielmehr die bewegende Kraft dieser latenten Bedürfnisse. Man darf wohl hinzufügen, daß die Hypnose, falls die Situation latente Angst oder Aggression wachruft, wirksam verhindert wird« (S. 155).

Dissoziation. Janet, Charcot, Sidis, Prince, McDougall und andere waren einhellig der Meinung, die Hypnose sei ein Dissoziationsphänomen. Es ist bekannt, daß diese Autoren die Dissoziation für die Grundlage der Hysterie hielten; daher brauchen wir die Beziehungen der Dissoziation zu affektiven Vorgängen nicht weiter zu erörtern[6]. Es ist noch zu erwähnen, daß die Dissoziationstheorie auf die sogenannten »Doppelpersönlichkeiten« angewandt wurde, die ein ungewöhnlich interessantes Gedächtnisproblem darstellen.

Die Theorie, nach der die Hypnose ein *bedingter Reflex* ist[7], würde wahrscheinlich der Ansicht, sie sei ein affektives Phänomen, nicht zustimmen. Da diese Theorie keinen der emotionalen Aspekte der Hypnose berücksichtigt, betrifft sie unser Thema nicht und soll hier nicht erörtert werden.

Diese kurze Besprechung hat deutlich gemacht, daß hypnotische Phänomene hauptsächlich als affektive Phänomene betrachtet worden sind; wir dürfen daher erwarten, daß die folgende Erörterung hypnotischer Gedächtnisphänomene etwas Licht in die Frage des »Einflusses von Gefühlen auf das Gedächtnis« bringen wird.

2. Posthypnotische Amnesie[8]

Mit dem Ausdruck »posthypnotische Amnesie« bezeichnet man die generelle Tendenz des Hypnotisierten, die Ereignisse des hypnotischen Schlafes zu vergessen, nachdem er aus ihm aufgewacht ist. Diese Aussage muß jedoch ausdrücklich mehreren Einschränkungen unterworfen werden. 1. Der Hypnotiseur kann mit Erfolg suggerieren, daß keine posthypnotische Amnesie eintreten soll[9]. 2. Auch wenn der Hypnotiseur im posthypnotischen Zustand darauf besteht, der Hypnotisierte solle sich an die Ereignisse

---

[6] Die Erörterung des Begriffes »Dissoziation« findet sich auf S. 258 ff.

[7] Siehe Hull (4).

[8] Die in den folgenden Abschnitten beschriebenen Ergebnisse sind von der Tiefe der Hypnose abhängig und gelten im allgemeinen nur für Personen, die die somnambulistische Stufe der Hypnose erreichen können.

[9] Schilder und Kauders (15): »Die Amnesie kann durch eine neuerliche Hypnose (schwinden) ... wobei entweder in der Hypnose der Inhalt erweckt werden kann mit dem gleichzeitigen Befehl, nach dem Erwachen den Inhalt der Hypnose nicht zu vergessen, oder in der Hypnose lediglich der Befehl gegeben wird, nach dem Erwachen alles zu erinnern« (S. 52).

während des Trance-Zustands erinnern, wird er dies tun[10]. 3. Die der Amnesie verfallenen Erlebnisse haben die Tendenz, in Träumen, Phantasien usw. wiederzukehren[11]. 4. Wenn im Wachzustand Material wiedergelernt wird, das in Hypnose gelernt worden ist, zeigt sich eine signifikante Zeitersparnis[12]. 5. Beim Erinnerungsversuch mit paarweisen Assoziationen und bei Versuchen des Wiedererkennens und Wiederlernens kehrt das Vergessene manchmal »aus dem Nichts« zurück[13]. 6. Das der Amnesie anheimgefallene Material kann in einer späteren Hypnose wieder erinnert werden[14]. 7. Spontan auftretende Trance-Zustände, in denen posthypnotische Suggestionen ausgeführt werden, und in denen das ursprünglich vergessene Material erinnert wird, fallen später selbst der Amnesie anheim[15].

Schilder und Kauders (15) behaupteten, die posthypnotische Amnesie sei auf die dem hypnotischen Zustand zugrundeliegenden Faktoren zurückzuführen:

»... das Motiv der Amnesie ... (haben) wir in inhaltlichen Besonderheiten zu suchen. Offenbar schämt sich der Hypnotisierte der infantil-masochistischen Einstellung und leugnet, um diese zu verhüllen, die Hypnose. Man sieht sogar nicht selten, daß Hypnotisierte entrüstet ableugnen, hypnotisiert gewesen zu sein« (S. 51)[16].

Einen weiteren Beitrag zum Verständnis der Natur der posthypnotischen Amnesie liefert Freud in seinem Artikel »Zur Geschichte der psychoanaly-

---

[10] Schilder und Kauders (15): »... die posthypnotische Amnesie kann bei eindringlichem Befragen, bei Befragen unter suggestiven Prozeduren (etwa Hand auf die Stirne legen oder die Stirne streichen) schwinden« (S. 52). Ähnliche Angaben finden sich bei Erickson (16, Erklärung II).

[11] Schilder und Kauders (15): »Gar nicht selten taucht im Traum der Inhalt der Hypnose auf, ohne daß der Patient immer imstande wäre, genau anzugeben, woher dieser Inhalt eigentlich stamme. Auch in der Form eines frei steigenden Einfalls kann der Inhalt der Hypnose erscheinen« (S. 52).

[12] Strickler (17) hat gezeigt, daß ein Wiederlern-Test im normalen Wachzustand die Amnesie um 50 % herabsetzt.

[13] Strickler (17) hat gezeigt, daß die Amnesie zwar in bezug auf allgemeines Sich-Erinnern 100 % beträgt, daß aber beim Erinnerungsversuch mit paarweisen Assoziationen, der Anhaltspunkte gibt, diese Amnesie auf 97 % herabgesetzt wird.

[14] Siehe Erickson (16, Erklärungen I und III).

[15] Siehe Erickson und Erickson (18).

[16] Experimentelle Beweise dieses Inhalts scheint P. C. Young (11) anzubieten, der schloß: »Es scheint, ... als sei die posthypnotische Amnesie beim Fehlen einer Suggestion, sich zu erinnern, der Stärke des *Rapports* direkt proportional, und infolgedessen umgekehrt proportional der Anzahl der während der Hypnose ausgeführten Autosuggestionen« (S. 139).

tischen Bewegung« (19), wo er erklärt, die Verdrängung, der man beim psychoanalytischen Verfahren in Form des Widerstands begegnet, werde während der Dauer des Trancezustands durch die Hypnose verborgen[17]. Er behauptet, die Ursache der Amnesie sei die Verdrängung, die durch die Hypnose vorübergehend vermindert, beim Wiederauftauchen aus dem Trancezustand aber wieder in Kraft gesetzt wird; was während der Hypnose geschehen ist, wird gleich mit einbezogen. Die Natur der Verdrängung und ihre Beziehung zu Affekten sind im 5. Kapitel besprochen worden.

Das durchgesehene Material weist darauf hin, daß das Phänomen der posthypnotischen Amnesie dem Vorgang der Verdrängung ähnlich ist. Es wird behauptet, die infantil-masochistische Anpassung an den hypnotischen Trancezustand sei für den Probanden so unerträglich, daß sie zur Erklärung des Vergessens aller Erlebnisse ausreicht, die mit ihr verbunden sind. Der Hypnotiseur kann diese Amnesie durch eine weitere Suggestion aufheben, die eine Veränderung der affektiven Einstellung bewirkt; die Suggestion des Hypnotiseurs appelliert wahrscheinlich an starke affektive Tendenzen — d. h. die masochistische Anpassung —, die die vergessenen Erlebnisse im Bewußten wiederbeleben. Mit anderen Worten: Der Umstand, daß der Proband seine masochistischen Neigungen ablehnt, führt zum Vergessen der Hypnose-Erlebnisse; wenn er sie — durch den Hypnotiseur dazu gezwungen — akzeptiert, erinnert er sich wieder an sie. Die Tatsache, daß die posthypnotische Amnesie behebbar ist, zeigt, daß das vergessene Material nicht verlorengeht; es wird durch »emotionale Faktoren« blokkiert, die unter bestimmten Bedingungen gegenüber anderen »emotionalen Faktoren« nachgeben und das Wiedererscheinen des vergessenen Materials im Bewußtsein zulassen können[18].

---

[17] »Man bekommt dann einen Widerstand zu spüren, welcher sich der analytischen Arbeit widersetzt und einen Erinnerungsausfall vorschiebt, um sie zu vereiteln. Diesen Widerstand muß die Anwendung der Hypnose verdecken; darum setzt die Geschichte der eigentlichen Psychoanalyse erst mit der technischen Neuerung des Verzichts auf die Hypnose ein. Die theoretische Würdigung des Umstandes, daß dieser Widerstand mit einer Amnesie zusammentrifft, führt dann unvermeidlich zu jener Auffassung der unbewußten Seelentätigkeit, welche der Psychoanalyse eigentümlich ist . . .« (G. W. Bd. X, S. 54).

[18] Das Schicksal der vergessenen Erinnerungen im posthypnotischen Zustand und ihr Einfluß auf Denken und Verhalten sind nur selten untersucht worden. Die einschlägigen Demonstrationen von Erickson und von Brenman werden in dem Abschnitt über posthypnotische Suggestion in diesem Kapitel und in dem Abschnitt über »affektive Organisation des Verhaltens« im 8. Kapitel besprochen. Unseres Wissens wird die erste methodische experimentelle Untersuchung des Wesens der posthypnotischen Amnesie und der Wirkungen des vergessenen Mate-

3. Hypnotische Hypermnesie

Das Phänomen der hypnotischen Hypermnesie wird von Hull (4) folgendermaßen beschrieben: »... die angebliche Fähigkeit von Personen, sich in der hypnotischen Trance an Ereignisse wieder zu erinnern, die für das normale Gedächtnis im Wachzustand vollständig verloren sind ..., nennt man *Hypermnesie*« (S. 105). Das Phänomen wurde ursprünglich von Psychiatern beobachtet. Bernheim benützte es häufig zu therapeutischen Zwecken. Freud und Breuer (20) behaupteten, ein hysterisches Symptom lasse sich bis zu einem ursprünglichen traumatischen Erlebnis zurückverfolgen und bedienten sich der hypnotischen Hypermnesie, um einen Bericht über dieses Erlebnis zu bekommen[19]. Manche Forscher äußerten Zweifel an dem wirklichen Vorkommen der auf diese Weise erinnerten traumatischen Ereignisse und führten zu Recht ins Feld, daß der therapeutische Effekt derartiger »Erinnerungen« an traumatische Erlebnisse kein Beweis für ihr wirkliches Erlebtsein ist[20]. Bei manchen der berichteten Fälle konnte man die hypnotischen Erinnerungen durch Tagebücher von Verwandten der Patienten überprüfen, wobei sie sich als authentisch erwiesen[21]; in anderen Fällen erwies eine systematische historische Untersuchung, daß das Vorkommen des ›erinnerten‹ Ereignisses ›unwahrscheinlich‹ war[22]. Erickson (24) berichtet von einem Fall, in dem ein Proband in der Hypnose ein wichtiges

---

rials auf Verhalten und Erinnerung zur Zeit gerade von M. Brenman durchgeführt. Bei diesen Versuchen werden die topologischen Techniken Lewins verwendet, mit dem Ziel, die Topologie des hypnotischen Zustands darzustellen, um dann aus ihr die Topologie der posthypnotischen Amnesie und ihrer Wirkungen abzuleiten.

[19] »Angeregt durch eine zufällige Beobachtung forschen wir seit einer Reihe von Jahren bei den verschiedensten Formen und Symptomen der Hysterie nach der Veranlassung, dem Vorgang, welcher das betreffende Phänomen zum ersten Male, oft vor vielen Jahren, hervorgerufen hat. In der großen Mehrzahl der Fälle gelingt es nicht, durch das einfache, wenn auch noch so eingehende Krankenexamen, diesen Ausgangspunkt klarzustellen, teilweise, weil es sich oft um Erlebnisse handelt, deren Besprechung den Kranken unangenehm ist, hauptsächlich aber, weil sie sich wirklich nicht daran erinnern, oft den ursächlichen Zusammenhang des veranlassenden Vorganges und des pathologischen Phänomens nicht ahnen. Meistens ist es nötig, die Kranken zu hypnotisieren und in der Hypnose die Erinnerungen jener Zeit, wo das Symptom zum ersten Male auftrat, wachzurufen; dann gelingt es, jenen Zusammenhang aufs deutlichste und überzeugendste darzulegen« (G. W. Bd. I, S. 81).

[20] Siehe Hull (4).

[21] Siehe Young (21); auch Hadfield (22).

[22] Siehe Freud (23).

Erlebnis in allen Einzelheiten wiedererlebte. Das Wiedererleben oder die hypnotische Reorientierung — oder, wie man es seit neuestem nennt, die hypnotische Regression — wird von Erickson als die zuverlässigste Methode betrachtet, um hypnotische Hypermnesie zu erlangen[23].

Das Phänomen der hypnotischen Hypermnesie scheint nicht auf traumatische Ereignisse beschränkt zu sein. Moll (25), Bramwell (26)[24], Wingfield (27) und McDougall (28) behaupteten und stützten mit Beweisen, daß in der Hypnose seit langem vergessene Kindheitserlebnisse ins Gedächtnis zurückkehren; auch die Versuche über hypnotische Regression[25] scheinen diese Feststellungen zu bestätigen. Hull schrieb, man könne diese Erscheinungen auf der Grundlage der einen oder der anderen von zwei Hypothesen erklären:

»Psychopathologen sind ganz allgemein überzeugt, die Erinnerungsspuren seien im Fall von hysterischen Amnesien nicht auffallend schwächer als jene, die das gewöhnliche Sich-Erinnern im Wachzustand bewirken. Man nimmt vielmehr an, daß das Trauma oder der emotionale Komplex, welcher Art er auch sein mag, das Erinnern irgendwie hemmt oder blockiert; daß er die Wirkung erregender Tendenzen, die sonst eine völlig normale Erinnerung zustandebringen würden, unterbindet. Gemäß dieser Hypothese beseitigt die Hypnose bei hysterischen oder traumatischen Amnesien also lediglich die Blockierung oder Hemmung und ermöglicht den vorhandenen erregenden Tendenzen ein normales Funktionieren.

Man kann jedoch auch eine alternative oder ergänzende Hypothese aufstellen. Gemäß dieser zweiten Annahme lassen sich die größere Leichtigkeit des Erinnerns, wie sie bei den von Wingfield und Bramwell zitierten Fälle angeblich beobachtet wurde ... wie auch die von Stalnaker und Riddle berichteten Ergebnisse durch die Möglichkeit einer echten Senkung der Erinnerungsschwelle in der Hypnose erklären. Wenn eine solche Erniedrigung der Erinnerungsschwelle in der Hypnose allgemein auf einer primitiven physiologischen Grundlage stattfindet, sollte sie sowohl die Erleichterung der Erinnerung an kürzlich gelerntes als auch der Erinnerung an vor relativ langer Zeit gelerntes Material bewirken. Glücklicherweise haben wir in der sehr sorgfältig kontrollierten Arbeit von Huse eine experimentelle Überprüfung dieser Hypothese von der niedrigeren Erinnerungsschwelle« (S. 115 f.).

Bei dem von Hull erwähnten Versuch von Huse (29) wurde sinnleeres Material verwendet, und es wurde keine hypnotische Hypermnesie be-

---

[23] Erickson (24): »... weder eingehende Befragung im normalen Wachzustand noch die Anweisung, sich im Zustand der gewöhnlichen tiefen Hypnose vollständig an diese vergangenen Ereignisse zu erinnern, dienten zur Sicherung des gleichen Grades von Genauigkeit und der gleichen Menge von Einzelheiten wie der Vorgang der Reorientierung« (S. 1282).

[24] Siehe Hull (4, S. 110).

[25] Siehe Youngs (3) Überblick über die einschlägigen Versuche.

obachtet. Weder bei dem Versuch von Mitchell (30), bei dem Zahlenmaterial und die Methode der rückwirkenden Hemmung benützt wurden, noch bei Youngs (21) Versuch, bei dem man sich an die Möblierung eines nebenbei gesehenen Raumes erinnern sollte, trat Hypermnesie auf. Bei dem Versuch von Stalnaker und Riddle (31) sollte man sich in der Hypnose und im Wachzustand an Gedichte erinnern, die vor langer Zeit gelernt worden waren; bei Youngs (21) Versuch an Erlebnisse aus der frühen Kindheit; in beiden Fällen trat eine signifikante hypnotische Hypermnesie auf. Um diese Diskrepanz der Ergebnisse zu erklären, folgerte Hull, die Erinnerungsschwelle werde zwar für vor langer Zeit gelerntes Material gesenkt, nicht aber für kürzlich gelerntes; er findet dieses Ergebnis jedoch paradox. Das Material scheint eine andere Deutung zuzulassen: Bei dem sinnleeren Material zeigte sich keine hypnotische Hypermnesie, wohl aber bei dem sinnvollen. Dieser Schluß wird gestützt durch die Feststellungen von White, Fox und Harris (32), die die Erinnerung an neugelerntes und vor langer Zeit gelerntes sinnvolles und sinnleeres Material untersuchten[26]. Wir haben bereits bei dem im 3. Kapitel besprochenen Material gesehen, daß der Einfluß des »Gefühlsfaktors« immer bei relevantem Material deutlicher war als bei sinnleerem Material.

In diesem Zusammenhang ist auch wieder Freuds Ansicht von Bedeutung,

----

[26] »Angesichts solcher Überlegungen glauben wir nicht, daß man unsere Ergebnisse als Folge einer hypnotischen Verminderung der rückwirkenden Hemmung erklären kann« (S. 100). »Bartlett hat die Vermutung ausgesprochen, Sich-Erinnern sei im typischen Fall der Rekonstruktion früherer Erlebnisse aus Bildern und Bruchstücken von ›Schemata‹, wie sie behalten werden. Offensichtlich bleibt wenig Raum für eine solche Rekonstruktion, wenn der Versuchsleiter schon das Stichwort für eine streng begrenzte Reaktion gegeben hat. Falls dies eine zutreffende Deutung ist, waren die von Huse benützten sinnleeren Silbenpaare für einen entscheidenden Versuch über hypnotische Hypermnesie wirklich schlecht gewählt. Das Erinnerungsvermögen kann durch Hypnose nur insoweit gebessert werden, als Gelegenheit für die von Bartlett beschriebene aktive Rekonstruktion geboten wird« (S. 100 f.).
»Einer unserer Probanden erklärte in einer unprovozierten Introspektion, in der Hypnose scheine das Gedicht — im Gegensatz zum Wachzustand — ›hübsch zusammenzufließen‹. Er gab dadurch zu, daß das Material einer gewissen spontanen Rekonstruktion unterzogen wurde, während er selbst relativ passiv blieb« (S. 101).
»Wir glauben nicht, daß die durch die Hypnose erlangte Hypermnesie allein in diesem Zustand vorkommt ... Es wäre interessant, ein Parallelverfahren zu unserem Versuch durchzuführen, bei dem an Stelle der Hypnose Entspannung verwendet und die Suggestion auf ein Mindestmaß beschränkt würde. Bis dahin halten wir weitere Spekulationen nicht für sinnvoll« (S. 102).

daß die Hypnose die Verdrängung vermindert und verdeckt. Die Art und Weise, wie diese vorübergehende Verminderung der Verdrängung die Hypermnesie erzeugt, ist offensichtlich, wenn man bedenkt, welche Rolle die Verdrängung beim Vergessen spielt[27]. Freuds Auffassung von der Beziehung zwischen der Hypnose und dem Nachlassen der Verdrängung gibt einen Hinweis auf den affektiven Charakter der hypnotischen Hypermnesie.

4. Posthypnotische Suggestion

Mit dem Ausdruck »posthypnotische Suggestion« bezeichnet man den Umstand, daß ein Proband im Wachzustand einen vom Hypnotiseur während der Hypnose gegebenen Befehl ausführt; diese Ausführung geschieht zu einer bestimmten Zeit oder auf ein bestimmtes Zeichen hin, ohne daß der Proband sich des wirklichen Ursprungs seines Verhaltens bewußt ist. Erickson und Erickson (18) behaupten, die Ausführung der posthypnotischen Suggestion erfolge während einer kurzen Wiederbelebung des Trance-Zustands[28]. Bei dieser Aussage wird der affektive Hintergrund des unbewußten Sich-Erinnerns angedeutet, das bei der Ausführung einer posthypnotischen Suggestion zutage tritt. Erickson (33) hat das Phänomen der posthypnotischen Suggestion benützt, um experimentell Fehlleistungen zu erzeugen. Die Relevanz von Fehlleistungen für unser Problem und die Tatsache, daß sich in ihnen unbewußte Antriebe — »affektive Tendenzen« — manifestieren, ist bereits erörtert worden. Bei den Versuchen Ericksons und bei dem ähnlichen Versuch Brenmans wurden dadurch Fehlleistungen hervorgerufen, daß man den Versuchspersonen in der Hypnose sozial unannehmbare Vorstellungen suggerierte; es wurde experimentell nachgewiesen, daß die Fehlleistungen das Ergebnis des Dazwischentretens dieser unannehmbaren Vorstellungen waren, und daß hypnotisch eingeprägte Vorstellungen — d. h. posthypnotische Suggestionen — Erinnerungsvorgänge genauso beeinflussen wie Affekte. Diese Versuche werden wir im 8. Kapitel ausführlicher besprechen.

---

[27] Neue Untersuchungen über die hypnotische Hypermnesie werden von M. Brenman durchgeführt. Das Material ist bei diesen Untersuchungen die Erinnerung an wohlbekannte Märchen. Siehe S. 300 f.

[28] »... die posthypnotische Reaktion besteht darin, daß sich *als integraler Bestandteil der Ausführung der suggerierten posthypnotischen Handlung spontan und ausnahmslos eine selbstbegrenzte, gewöhnlich kurze hypnotische Trance entwickelt«* (18, S. 104).

5. Hypnose durch Drogen

Einen Beitrag zu unserem Problem haben auch die Versuche mit Hypnose durch Drogen geliefert. Die Versuche von Lindemann mit Sodium-Amytal gehören hierher: Er zeigte, daß der »Dämmerzustand«, den man mit diesem Medikament erzeugt, zwar keine Persönlichkeitsveränderung hervorrief, daß aber Hemmungen — wenn auch nur zeitweilig — behoben wurden und auf diese Weise Aufschluß über emotional bedeutsame Konflikte gegeben werden konnte, der im Normalzustand nicht möglich war[29]. Merloo (35), Berrington (36) und andere berichteten über ähnliche Ergebnisse bei Anwendung von Sodium-Amytal, andere Barbituraten und Alkohol.

Ob man die Wirkung dieser Drogen mit Recht Hypermnesie nennen kann, bleibt fraglich. Der Beitrag zu unserem Problem liegt darin, daß die Beseitigung affektiver Hemmungen affektiv getöntes Material, das vorher nicht mitgeteilt wurde, bewußt macht und seine Mitteilung ermöglicht. Es mag weit hergeholt erscheinen, wenn man von der Nicht-Kommunikation als von einem Gedächtnisphänomen spricht; aber Berichte von nicht-kommunikativen Patienten nach der Genesung zeigen oft, daß sie sich während ihrer Krankheit »leer« fühlten und sich an nichts erinnern konnten.

Auch Schilder, Kauders und andere benützten die Hypnose durch Drogen, um Amnesien zu beheben. Dies war häufig von Erfolg gekrönt, und es ist ein weiterer Beitrag zum Thema der durch Drogenhypnose ausgelösten Hypermnesie. Die einschlägige Literatur wird im 7. Kapitel zusammengefaßt.

Obwohl die unmittelbare Drogenwirkung offensichtlich physiologischer Art ist, ist ihr Einfluß auf Verdrängung, Gedächtnis und Kommunikation psychischer Art. Die Hypnose durch Drogen führt also zu einem psychosomatischen Problem der Gedächtnisfunktionen. Dieser Bereich ist bis jetzt noch unerforscht.

---

[29] Lindemann schrieb: »Die Verschiebung des Gemütszustands auf dem Kontinuum von Depression zu Erheiterung in Richtung auf Erheiterung war in jedem Fall ganz deutlich« (S. 1087 f.). »Patienten werden ebenso wie normale Individuen unter dem Einfluß der Droge von *jenem* Faktor befreit, der sie daran hindert, ihre Gedanken mitzuteilen und menschliche Kontakte zu suchen« (S. 1089).

6. Zusammenfassung

a. Es hat sich gezeigt, daß die Hypnose ein affektiv motiviertes Phänomen ist, gleichgültig, ob man von einer Übertragungstheorie oder von einer Dissoziationstheorie ausgeht. Hypnotische Gedächtnisphänomene haben also einen Bezug zu dem Problem des Einflusses von Gefühlen auf das Gedächtnis.

b. Posthypnotische Amnesie, hypnotische Hypermnesie und die Ausführung posthypnotischer Suggestionen sind Gedächtnisphänomene der Hypnose. Die Literatur über ihre affektive Motivierung ist besprochen worden.

c. Wir haben darauf hingewiesen, daß die posthypnotische Amnesie durch genügend starke affektive Einflüsse behoben werden kann, daß Hypermnesie nur bei sinnvollem Material eintritt und mit dessen affektiver Relevanz zunimmt, daß die Ausführung posthypnotischer Suggestionen in einem spontanen kurzen Wiederaufleben des Trance-Zustands stattfindet, und daß derartige Suggestionen das Gedächtnis ebenso beeinflussen wie Affekte.

d. Die Beiträge der Hypnose durch Drogen führen in den Bereich der psychosomatischen Folgerungen aus Gedächtnisvorgängen.

VII. DIE BEITRÄGE DER UNTERSUCHUNG PATHOLOGISCHER GEDÄCHTNISPHÄNOMENE

1. Amnesie — ein psychosomatisches Problem

Die These: »Die Pathologie gibt uns am meisten Aufschluß über die normalen Funktionen des Organismus« ist in der Medizin allgemein anerkannt. Janet (1) wandte sie auf das Problem des Gedächtnisses an, als er schrieb:

> »In ihren Beschreibungen lassen die Psychologen keine anderen elementaren Gedächtnisphänomene zu als Aufbewahrung und Reproduktion. Wir glauben, daß sie unrecht haben, und daß die Krankheit das Gedächtnis besser auseinandernimmt und analysiert als die Psychologie« (S. 102).

Es wird uns nicht überraschen, wenn wir feststellen, daß die Beziehung von Gefühlen zum Gedächtnis, der die Experimentalpsychologie erst seit kurzem ihre Aufmerksamkeit zugewandt hat, und deren Existenz erst mühsam durch Versuche Stück für Stück bewiesen werden muß, von Psychiatern und von jenen Ärzten als offensichtlich angesehen wurde, die mit pathologischen Gedächtnisphänomenen zu tun hatten. Pathologische Gedächtnisphänomene sind wahrscheinlich vielfältiger als die Gedächtnisphänomene, mit denen sich die Allgemeine Psychologie beschäftigt; dennoch ist unser systematisches Wissen von diesen pathologischen Erscheinungen viel weniger entwickelt als unsere Kenntnis von Gedächtnisphänomenen im allgemeinen. Die vorhergehenden Kapitel haben gezeigt, daß unser systematisches Wissen vom Gedächtnis bis vor kurzem auf jene Erscheinungen begrenzt war, die im Sinne der Assoziationspsychologie der Untersuchung zugänglich waren. Psychopathologische Gedächtnisphänomene im allgemeinen sind jedoch in dieser Weise kaum zugänglich gewesen[1]. Die Lehren der organismischen Psychologie und der Gestaltpsychologie sind in dieses Problem noch nicht weit genug eingedrungen, um uns einen systematischen Überblick über pathologische Gedächtnisphänomene zu geben, wenn auch die unter diesen Gesichtspunkten durchgeführten Gedächtnis-

---

[1] In dieser Hinsicht beachte man die fruchtlosen Versuche von Barnes (2) und Liljencrants (3), sowie die von Hunt (4) besprochenen, bei denen mit Hilfe der klassischen Methoden die Gedächtnisfunktion von Psychotikern erforscht werden sollten.

untersuchungen zur Systematisierung des Gebietes der Gedächtnis-Pathologie beitragen. Eine allgemeine nicht-mechanistische Theorie psychopathologischer Gedächtnisphänomene ist noch nicht entwickelt worden, aber der Umstand, daß diese Erscheinungen zumindest teilweise auf der Pathologie von Gefühlen beruhen, wurde von Psychiatern erkannt und wurde nach den Entdeckungen der französischen Psychiater Charcot, Janet und Bernheim und nach denen Freuds und der psychoanalytischen Schule zum Gemeinplatz. Die Entdeckungen Freuds ließen viele Erscheinungen der Gedächtnis-Pathologie bedeutsam werden. Das Vergessen spezifischer Dinge, allgemeine Amnesien, eigentümliche Erinnerungsentstellungen, fixierte falsche Erinnerungen haben alle ihren Zufallscharakter verloren und sind psychodynamisch verstehbar geworden. Es wäre übertrieben, wollte man sagen, der Bereich der Gedächtnis-Pathologie sei im Gefolge der Freudschen Entdeckungen systematisch erforscht worden, aber die Ansicht, daß viele Gedächtnisstörungen »funktionelle« oder »emotionale« Ursachen haben, wird anerkannt. Man könnte sogar sagen, sie sei allzu leicht übernommen worden, und eine unkritische Anwendung dieser Ansicht führte oft zu einer Gleichgültigkeit gegenüber der Erforschung des authentischen Wesens der Erscheinungen, auf die man diese Ansicht anwandte, mit dem Ergebnis, daß selbst der Mechanismus der zweifellos »emotionalen« Störungen des Gedächtnisses nicht mit ausreichender Sorgfalt untersucht worden ist. Ätiologie und Dynamik psychogener Amnesien sind Probleme, für deren Lösung die heutige psychiatrische und psychologische Literatur kaum etwas Schlüssiges anzubieten hat. Die einschlägige Literatur besteht hauptsächlich aus mehr oder weniger ausführlichen Fallgeschichten, die gemäß irgendeiner aktuellen Theorie der Psychodynamik interpretiert werden. Die Fallgeschichten finden ihren Höhepunkt mit dem Einsetzen der Amnesie. Sie unterscheiden sich nicht wesentlich von Fallgeschichten, an deren Höhepunkt eine Psychose, ein neurotischer Zusammenbruch oder ein Selbstmord stehen. Abgesehen von den Arbeiten einiger bahnbrechender Autoren, sind diese Untersuchungen weder intensiv noch extensiv genug, um außer dem Vorhandensein ausreichender ›emotionaler‹ Gründe für die beschriebene Entwicklung einen *spezifischen* und *notwendigen Mechanismus* der Amnesie nachzuweisen.

Noch unbefriedigender ist die Situation in jenen Fällen, bei denen das traumatische Ereignis, das die Amnesie unmittelbar ausgelöst hat, somatischer Natur ist. Trotz der somatischen Ätiologie ist ein Wiedererlangen der verlorenen Erinnerungen oder zumindest der Nachweis ihres Vorhandenseins häufig unmöglich; so erhob sich die Frage, ob in diesen Fällen auch ein funktionell-emotionales und reversibles Element beteiligt ist, und ob und wie man organisch bedingte Amnesien von funktionell-emotional bedingten unterscheiden kann. Es wurde gefragt, ob man die organisch bedingte Amnesie als einen irreversiblen Gedächtnisverlust und die funktionelle als einen reversiblen Gedächtnisverlust definieren könne. Die Frage ist, ob eine Amnesie reversibel ist, obwohl sie durch das somatische Trauma ausgelöst worden ist, oder ob sie reversibel ist, weil der durch das somatische Trauma verursachte emotionale Schock die Gedächtnisstörung ausgelöst hat. Auf diese Frage hat man noch keine schlüssige Antwort gefunden: Einerseits kamen Amnesien vor, die allem Anschein nach funktionell-emotionalen Ursprungs waren — es stellte sich heraus, daß sie allen Versuchen, sie zu beheben, widerstanden —; andererseits erwiesen sich viele durch somatische Traumata ausgelöste Amnesien als reversibel. Weitere Komplikationen ergaben sich, als man die Lebensgeschichte von Amnesie-Patienten untersuchte. Man hatte erwartet, allgemein als Grundlage für die Entwicklung einer Amnesie im Gefolge eines traumatischen Ereignisses eine Vorgeschichte der Fehlanpassung zu finden. Es gab viele Amnesien, sowohl organisch als auch funktionell bedingte, wo die Vorgeschichte des Patienten eine emotionale Labilität aufwies, die einen deutlichen Krankheitscharakter hatte, aber es gab auch Amnesien beider Art — verständlicherweise mehr organisch bedingte —, bei denen sich keine so erkennbare pathognomische Vorgeschichte nachweisen ließ. Eine weitere Komplikation ergab sich durch den Umstand, daß Amnesien auslösende sowohl somatische als auch psychische Traumata sich häufig als Ereignisse erwiesen, die Neurosen und Psychosen auslösten, und es erhob sich die Frage, welche Faktoren in der Lebensgeschichte und in der Persönlichkeitsstruktur des Betroffenen das spezifische Ergebnis des traumatischen Ereignisses bestimmen. Schließlich scheint es eine enge Beziehung zwischen hysterischen Konversionssymptomen und funktionell-hysterischen Amnesien zu geben[2]; eine solche Beziehung weist darauf hin, daß nicht nur die organisch bedingten, sondern auch die funktionellen Amnesien ein psychosomatisches Problem darstellen.

Nicht nur die theoretisch-methodologische Unreife der Untersuchungsmethoden, sondern auch die extreme Vielschichtigkeit des Problems selbst machten also die Klärung der Rolle des Gefühlsfaktors außerordentlich schwierig. Es scheint, als ob bei diesen Störungen psychische und somatische, funktionelle und organische Ätiologie unmerklich ineinander übergehen, und wo dies der Fall ist, sind die Probleme gegenwärtig insofern am wenigsten der Untersuchung zugänglich, als die richtigen Methoden, um diese

---

[2] Siehe Jones (5); auch S. 249 f. dieses Kapitels; Janet (1) z. B. schreibt: »Mit einem Wort, gewisse Amnesien scheinen von Anästhesien abhängig zu sein« (S. 112 ff.).

Wechselbeziehung zwischen Psyche und Soma anzugehen, noch nicht entwickelt worden sind.

2. Drei Zusammenfassungen der Phänomene der Gedächtnisstörungen

Die Gedächtnisfunktionen werden gewöhnlich in drei Phasen eingeteilt — Registrierung (Einprägung), Behalten und Reproduktion. Theorien, die Gedächtnisstörungen erklären sollten, konnten die Störung jeder dieser drei Phasen zuschreiben. Da die Störung nur bei der Reproduktion wahrnehmbar wird, wurde die Wahl der Phase immer durch den theoretischen Standpunkt des jeweiligen Forschers bestimmt. Organisch orientierte, nichtpsychologische und mechanistische Forscher wählten die Registrierung und in begrenztem Umfang auch das Behalten als die gestörten Funktionen; psychologisch und dynamisch orientierte Beobachter neigten dazu, den Reproduktionsvorgang zu wählen. Die Extremisten der ersten Gruppe suchten die Ursache des Vergessens in einem ursprünglichen Versagen der Registrierung oder in einem Verfall der Spuren; die Extremisten der zweiten Gruppe behaupteten, nichts, was man einmal erlebt habe, gehe wirklich verloren.

Wir besitzen drei Zusammenfassungen der pathologischen Gedächtnisphänomene. Die Überblicke von Ribot (6), Schneider (7) und Gillespie (8) stellen drei Entwicklungsstufen des psychologischen Verständnisses der Gedächtnispathologie dar. Ribot brachte die physiologisch orientierte assoziationistische Ansicht zum Ausdruck; der Überblick Schneiders zeigte die Wirkungen der psychoanalytischen Entdeckungen; Gillespie versuchte, Amnesien mit Hilfe der Entdeckungen der modernen allgemeinen und experimentellen Psychologie zu interpretieren.

Ribot betrachtete das Gedächtnis als ein hervortretendes Phänomen, bei dem die bewußte Erinnerung nur ein Sonderfall des biologisch-organischen Gedächtnisses ist. Demgemäß schrieb er die Amnesien von Absence-Zuständen einem Fehlen oder einer extremen Schwäche des Bewußtseins in diesen Zuständen zu[3]. Diese Erklärung bezog natürlich das häufige Wiedererlan-

---

[3] »In bezug auf ihre psychologische Deutung gibt es zwei mögliche Hypothesen. Wir können entweder schließen, daß die Periode des seelischen Automatismus nicht von Bewußtheit begleitet ist, in welchem Fall die Amnesie keiner Erklärung bedarf; da nichts produziert worden ist, konnte auch nichts behalten oder reproduziert werden; oder es ist Bewußtsein vorhanden, aber in so schwacher Form, daß eine Amnesie eintritt. Ich glaube, daß in den meisten Fällen die zweite Hypothese die richtige ist« (S. 73 f.).

gen der Erinnerung an die Erlebnisse im Zustand der Absence nicht ein. Die Amnesien organischer Herkunft führte er auf die Zerstörung der Spuren oder ihrer assoziativen Verbindungen zurück[4]. Nur bei der Erklärung der reziproken Amnesien multipler Persönlichkeiten[5] verläßt Ribot sein Bezugssystem und bezieht in die Erklärung der Gedächtnisstörung einen Gefühlsfaktor mit ein. In diesem Zusammenhang sagt er, die Erinnerungen seien um ein Ich herum geordnet; er leugnet die mechanistische Ansicht, nach der die Identität dieses Ichs völlig von der Ansammlung von Erinnerungen abhängig ist, und er behauptet, der Kern des Ichs sei die *Koenästhesie*, ein vitaler, triebähnlicher emotionaler Faktor, dessen periodisches Alternieren die reziproken Amnesien der multiplen Persönlichkeiten erkläre[6]. Ribot wendet diese Erklärung nicht auf andere Amnesien an, sondern schreitet fort zu einer Erörterung der »progressiven Amnesien«, in der er seine Schlußfolgerung zieht, die als das Ribotsche Gesetz bekannt ist. Nach diesem Gesetz schreitet die Zerstörung des Gedächtnisses von labilen rezenten Erinnerungen in Richtung auf fixierte alte Erinnerungen fort, ebenso von instabileren bewußten Erinnerungen in Richtung auf stabilere organische Erinnerungen[7]. Dieses Gesetz beruht auf einer Zerstö-

---

[4] »Über die physiologische Ursache der Amnesien dieser Gruppe lassen sich nur hypothetische Aussagen machen; wahrscheinlich ist sie von Fall zu Fall verschieden. Zunächst ist die Fähigkeit, neue Eindrücke zu registrieren, vorübergehend aufgehoben; Bewußtseinszustände gehen, wie sie gekommen sind, und hinterlassen keine Spuren. Aber die vorhergehenden Eindrücke, die wochen-, monate-, jahrelang registriert worden sind — wo sind sie?« (S. 96).
»Es sind also zwei Annahmen möglich: entweder wird die Registrierung vorhergehender Zustände gelöscht oder, wenn die vorhergehenden Zustände weiterhin aufbewahrt werden, es wird ihre Aktualisierbarkeit durch Verknüpfung mit der Gegenwart zerstört. Es ist unmöglich, sich willkürlich für eine der beiden Hypothesen zu entscheiden« (S. 96 f.).
[5] Eine Erörterung dieser Amnesien findet sich S. 252 ff. und 256 ff.
[6] »Nach dieser Ansicht scheint es so, als sei die Identität des Ichs völlig von der Erinnerung abhängig. Aber eine solche Auffassung ist nur teilweise richtig. Unterhalb des instabilen zusammengesetzten Phänomens mit all seinen vielgestaltigen Phasen des Wachsens, des Abbaus und der Reproduktion ist irgendein Bleibendes; dieses Bleibende ist das undefinierte Bewußtsein, das Produkt aller Lebensvorgänge, die die körperliche Wahrnehmung ausmachen, und die mit einem einzigen Wort ausgedrückt werden — die Koenästhesie« (S. 108).
[7] »Wir sehen also, daß die progressive Zerstörung des Gedächtnisses einer logischen Ordnung — einem Gesetz — folgt. *Sie geht progressiv vom Instabilen zum Stabilen voran.* Sie beginnt bei den jüngsten Erinnerungen, die, da sie den nervösen Elementen nur leicht eingeprägt, selten wiederholt worden sind und infolgedessen keine bleibenden Assoziationen haben, die Organisation in ihrer schwäch-

rungstheorie und läßt wiederum das häufige Wiedergewinnen des »Verlorenen« unerklärt, obwohl Ribot das Wiedererlangen von Erinnerungen beschrieb und wußte, daß es den umgekehrten Weg, vom Stabilen zum Labilen, geht. Ribot zählte auch das zu den Erinnerungsstörungen, was er als Verlust des organischen Gedächtnisses bezeichnete, z. B. Aphasien und Agnosien. Janet, Charcot und andere neigten auch zu einer solchen Klassifikation, und in ihren Schriften über hysterische Aphasie, Agnosie und verwandte Erscheinungen lieferten sie eine Menge Beweise dafür, daß Gefühlsfaktoren bei diesen Störungen eine wesentliche Rolle spielen; wir wollen sie hier aber nicht besprechen, da wir versucht haben, unsere Untersuchung so zu begrenzen, daß es möglich ist, das Gedächtnis als einen Aspekt der Denkprozesse zu betrachten.

Der Überblick Schneiders betont sowohl hinsichtlich des Materials als auch hinsichtlich der stillschweigend vorausgesetzten theoretischen Anschauung eher Störungen der Reproduktion als Störungen der Registrierung. Es wird Material angeführt, um zu zeigen, daß die typische anterograde Amnesie — der Typus, bei dem man glaubte, die Störung der Registrierung und des Behaltens herrsche vor, da gerade die jüngsten Erinnerungen verloren gehen — extrem selten vorkommt. Es wird Material daneben gestellt, um zu zeigen, daß das Korsakow-Syndrom nicht nur eine Störung der Registrierung und des Behaltens ist. Die Literatur über die Behebung von Amnesien durch Hypnose und durch Drogen-Hypnose wird besprochen, und es wird gezeigt, daß ein Großteil des Vergessenen wiedererlangt wer-

---

sten Form darstellen. Sie endet bei den sinnlichen, instinktiven Erinnerungen, die, da sie zu einem bleibenden und wesentlichen Teil des Organismus geworden sind, die Organisation in ihrem höchstentwickelten Zustand darstellen. Vom ersten Glied der Reihe bis zum letzten wird die Bewegung der Amnesie von natürlichen Kräften beherrscht; sie folgt dem Weg des geringsten Widerstandes — d. h. der geringsten Organisation. So bestätigt die Pathologie, was wir schon vom Gedächtnis postuliert haben, nämlich, daß der Vorgang der Organisation variabel ist und sich zwischen zwei extremen Begrenzungen erstreckt: Neuzustand und organische Registrierung.

Dieses Gesetz, das ich als das *Gesetz der Regression oder Rückkehr* bezeichnen möchte, scheint mir eine natürliche Folgerung aus den beobachteten Tatsachen zu sein. Es wird jedoch vielleicht, um alle Zweifel und Einwände zu beseitigen, angebracht sein, das Gesetz weiteren Proben zu unterwerfen. Wenn das Gedächtnis im Verlauf des Verfalls ausnahmslos den gerade angegebenen Weg nimmt, sollte es beim Vorgang des Wachstums den gleichen Weg in umgekehrter Richtung verfolgen; Formen, die als letzte verschwinden, sollten sich als erste manifestieren, da sie die stabilsten sind, und da die Synthese von den niedrigeren zu den höheren fortschreitet« (S. 121 f.).

den kann. Es werden Wiederlern-Versuche angeführt, bei denen die Zeitersparnis beim Wiederlernen gemessen wurde, und die zeigten, daß selbst unwiederbringliches Erinnerungsmaterial nicht als ganz verloren anzusehen ist. Schilders Versuche und Ansichten, nach denen nichts einmal Erlebtes je verlorengeht, werden unter den in dem besprochenen Material stillschweigend vorausgesetzten Ansichten an hervorragender Stelle genannt, und noch deutlicher wahrnehmbar ist die Wirkung der Freudschen Psychologie im Aufbau der Zusammenfassung. Schneider unterscheidet also zwischen quantitativen und qualitativen Erinnerungsstörungen. Seine Ansichten über die quantitativen Störungen haben wir beschrieben. Die qualitativen Störungen — Allomnesien und Pseudomnesien[8] — werden so behandelt, daß ihr »emotionaler Ursprung« stillschweigend vorausgesetzt, wenn auch nicht ausdrücklich erwähnt wird.

Gillespie sieht in seinem Überblick, der im Rahmen der Auffassungen des Psychologen Bartlett (9) konzipiert ist, Störungen der Registrierung als unwichtig an, Störungen des Behaltens, selbst beim Korsakow-Syndrom, als Randerscheinungen, und Reproduktionsstörungen als zentral bedeutsam. Außer seiner Betonung der Reproduktion kennzeichnet auch der Umstand, daß er andere Faktoren berücksichtigt, die beim Funktionieren des Gedächtnisses eine wichtige Rolle spielen, seinen Versuch, soviel wie möglich vom gegenwärtigen Wissensgut der Psychologie und Psychopathologie zu benützen, um das Problem der Amnesie zu klären. Diese anderen, von Gillespie aufgezählten Faktoren[9] lassen sich in die folgenden drei Kategorien zusammendrängen: a. Gewahrsein der persönlichen Identität; b. durch Sinnesorgane, Bedürfnisse, Interessen, Instinkte und Bartletts »Schemata« bestimmte Assoziationen; c. Zeitgefühl und »Vergangensein«.

---

[8] Allomnesien werden definiert als Gedächtnisstörungen, bei denen die Erinnerungen, wenn auch nicht ganz und gar falsch, so doch entstellt sind, da sie »verschieden« von dem sind, was sie den Tatsachen gemäß sein sollten (S. 521). Pseudomnesien werden definiert als Gedächtnisstörungen, bei denen Vorstellungen fälschlich Erinnerungscharakter annehmen (S. 522).
Ein besonders deutliches Beispiel wurde von Pick (10) beschrieben: Ein Patient warf sich plötzlich, während er mit dem Arzt sprach, auf einen vorübergehenden Wärter, und nachdem er ihn heftig tätlich angegriffen hatte, taumelte er zurück, hielt sich den Kopf, war ganz blaß und rief: »Jesus Maria, der Kerl hat mich umgebracht, er hat mir den Schädel eingeschlagen«. Danach erinnerte er sich nicht, daß er den Wärter angegriffen hatte, und beklagte sich über ihn; er sagte, er werde den Mann, der ihn angegriffen habe, umbringen und erstechen (S. 256 f.).
[9] Gillespie faßte die Gedächtnisfaktoren in der folgenden Tabelle zusammen und zählte die psychiatrischen Krankheitsbilder auf, bei denen sie gestört sind und als Einzelfaktoren der Gedächtnisfunktionen erkennbar werden.

Die erste dieser Kategorien, das Gewahrsein der persönlichen Identität, das bei psychogenen emotionalen Störungen verlorengehen kann, ist natürlich affektgeladen und kennzeichnet etwas Ähnliches wie das, was Ribot durch »Ich« und »Koenästhesie« ausdrücken wollte. Die zweite dieser Kategorien läßt sich durch ein Zitat Gillespies erklären:

»Das Sich-Erinnern ... ist die Vorstellungsrekonstruktion, die aus der Beziehung unserer Einstellung zu einer ganzen Masse von organisierten früheren Reaktionen des Erlebens aufgebaut wird ...

Diese Rekonstruktionen nannte Bartlett ›Schemata‹. Wahrscheinlich folgen die früheren Schemata den Demarkationslinien der einzelnen Sinne. Bedürfnisse wie Nahrungssuche und Schlaf und Instinkte wie Furcht bestimmen also die Form der Schemata. Das Temperament — von dem Bartlett offensichtlich annahm, man solle es am besten als eine Angelegenheit der Verteilung relativer Stärke der Bedürfnisse und der instinktiven Tendenzen betrachten, womit ich einverstanden bin — und Charakter sind als nächste beteiligt« (S. 748).

Faktoren des Sich-Erinnerns	Zustände, bei denen diese Faktoren gestört sind oder isoliert erscheinen.
a. Registrierung	Akuter organischer Reaktionstypus (Delirium); manische Erregung (Unaufmerksamkeit); Hysterie (umfassende Unaufmerksamkeit)
b. Behalten	Organischer Reaktionstypus im allgemeinen
c. Erinnerungsvermögen	
1. einfach und elementar	Organischer Reaktionstypus (hochgradig)
2. als Willensakt	Psychogene Zustände, z. B. Hysterie; gewisse Formen des organischen Reaktionstypus, z. B. Kopfverletzungen, Korsakowsche Psychose, Epilepsie
d. Zeitgefühl	Verschiedene Psychosen mit Depersonalisation (?); Korsakowsche Psychose (amnestischer Symptomkomplex)
e. »Vergangensein«	Epilepsie (déja vu), anästhetische Zustände
f. Assoziationen bestimmt durch (Sinnesorgane) (Bedürfnisse) (Instinkte) (Interessen)	Organische Reaktionstypen im allgemeinen; psychogene Zustände
g. Vorstellungsbilder (»extrahierte Vorstellungen« nach Bartlett)	Korsakowsche Psychose; frühe senile Demenz
h. Persönliche Identität (Gewahrsein der ...)	Hysterie; Depersonalisation bei verschiedenen Psychosen

(S. 750 f.).

Der individuelle, tief verwurzelte Charakter dieser Schemata wie auch der Umstand, daß sie um Bedürfnisse, Interessen und Instinkte herum angeordnet sind, macht deutlich, daß angenommen wird, sie stünden in enger Beziehung zu jenen Faktoren, die in der vorliegenden Monographie dem Ausdruck »Gefühlseinflüsse« subsumiert werden. Gillespie stellt diesen Zusammenhang jedoch nicht ausdrücklich her, sondern bietet ihn nur implizit. Die dritte Kategorie ist die »zeitliche Ordnung von Erlebnissen«, deren Beziehung zu emotionalen Faktoren wir im Zusammenhang mit dem Korsakow-Syndrom[10] besprechen wollen.

Von Ribots Überblick kann man nicht erwarten, er solle auf der Höhe der Zeit sein; die beiden anderen Zusammenfassungen haben zwar ihre eindeutigen Verdienste, stellen aber weder unsere gegenwärtigen Kenntnisse von der Pathologie des Gedächtnisses erschöpfend dar, noch klären sie ausdrücklich — obwohl sie sie häufig implizieren — die Rolle des affektiven Faktors bei pathologischen Gedächtnisphänomenen. Wir werden dies auf den folgenden Seiten versuchen.

3. Die Anlage unseres Überblicks

Wir müssen zunächst unser Thema abgrenzen und dann sagen, wie wir unsere Erörterung aufbauen wollen. Wenn wir in diesem Kapitel von der »Pathologie« des Gedächtnisses sprechen, beziehen wir nicht alle Erscheinungen mit ein, die man so bezeichnen könnte. Wir haben jene ausgenommen, die Freud als Phänomene der »Psychopathologie des Alltagslebens« bezeichnet hat, das Versprechen, Vergessen und die Fehlleistungen; wir haben sie schon im 5. Kapitel besprochen, und was wir in diesem Kapitel erörtern wollen, ist in strengerem Sinn »pathologisch«. Zweitens haben wir die Allo- und Pseudomnesien, Halluzinationen, projektiven Wahnvorstellungen usw. ausgenommen; sie sind in gewissem Sinn pathologische Übertreibungen der Phänomene der Psychopathologie des Alltagslebens; sie sind Gedächtnisphänomene, die als ein Aspekt pathologischer Denkprozesse auftreten, aber ihre Theorie und in ihr der Einfluß von Affekten auf das Gedächtnis ist verknüpft mit der Theorie der Psychopathologie des Alltagslebens; — sie ist bereits im 5. Kapitel erörtert worden. Drittens haben wir die Hypermnesien ausgenommen. Die hypnotischen Hypermnesien haben wir schon besprochen; was die anderen angeht, so ist weder die Objektivität der Berichterstattung noch die Zugänglichkeit des beteiligten emotionalen Faktors für systematische Erforschung ausreichend, um

---

[10] Siehe S. 275 ff.

eine über die folgende Aufzählung hinausgehende Erörterung zu rechtfertigen.

a. Die Bewahrung von Erinnerungen an Gefahr (Stratton, 11) und die »Panoramatische Lebensschau« von Menschen, die angesichts des Todes in wenigen schrecklichen Sekunden ihr ganzes Leben noch einmal an sich vorüberziehen sehen, scheinen zu unserem Thema in Beziehung zu stehen, sind aber nie durch sorgfältige Untersuchungen untermauert worden.

b. Die phänomenalen Gedächtnisse von »mathematischen Genies« (Rechenkünstlern) und von Menschen wie Kardinal Mezzofanti[11], der angeblich fünfzig Sprachen sprechen konnte, scheinen Ähnlichkeit mit dem Gedächtnis mancher Zwangsneurotiker zu haben, sind aber nicht untersucht worden.

c. Weder die allgemeine Gedächtnisschwäche bei geistig Behinderten, noch das phänomenale Gedächtnis, das manche von ihnen haben, sind qualitativ untersucht worden.

Viertens wollen wir die sprichwörtliche Gedächtnisschwäche der alten Menschen nur im Zusammenhang mit dem Korsakow-Syndrom erwähnen und nicht in ihren Einzelheiten besprechen; die Literatur über dieses Problem ist außerordentlich unergiebig und enthält wenig, was sich unter dem Blickwinkel unseres Themas als brauchbar erweisen könnte.

Diese Einschränkungen begrenzen unser Thema auf die Erscheinungen, die eine grobe Pathologie des Gedächtnisses zeigen, d. h. auf Zustände, die in irgendeiner Form eine Amnesie mit sich bringen. Selbst unter diesen Umständen haben wir es mit einem ungeheuer vielfältigen Bereich zu tun[12]. Wir wollen nicht alle Varianten besprechen, sondern unsere Diskussion auf die dynamisch signifikanten Kategorien beschränken. Wir wollen zunächst die Amnesien funktioneller — d. h. psychogener — Herkunft besprechen. Zweitens wollen wir das Problem jener Amnesien zusammenfassen, bei

---

[11] Siehe *Encyklopaedia Britannica,* 14. Aufl., Giuseppe Carper, Cardinal Mezzofanti, Bd. 15, S. 402.

[12] Leavitt (12) z. B. registrierte neun Arten vorübergehender Amnesie. Er klassifizierte 104 Fälle von Amnesie, die er untersucht hatte, folgendermaßen: 1. Traumagruppe; 2. toxische Gruppe (toxische Psychose aufgrund von Nierenkrankheiten, akutem Alkoholismus mit vollständiger Erinnerungsauslöschung, diabetische Hyperglykämie mit Amnesie); 3. psychotische Gruppe (Paranoia, Schizophrenie, seniles Irresein, Involutionsmelancholie, manisch-depressives Irresein); 4. Amnesie bei konstitutionell Geistesschwachen; 5. Epileptiker (post-epileptische Absencen); 6. psychoneurotische Gruppe (meistens hysterisch); 7. undiagnostizierte Fälle (atypisch); 8. organisch-neurologische Gruppe (nicht-luetische Erkrankungen der Gehirngefäße, motorische Aphasie mit Wort-Taubheit oder Wort-Blindheit); 9. Simulanten.

deren Genese organische Gehirnveränderungen eine wesentliche Rolle spielen, wobei wir nur eine Gruppe ausnehmen wollen. Drittens wollen wir das Korsakow-Syndrom und verwandte Störungen ·erörtern, die — trotz des fließenden Übergangs zu den Fällen der zweiten Gruppe — eine charakteristische Gruppe darstellen.

4. Die funktionellen Amnesien

Innerhalb der Grenzen unseres Diskussionsbereichs lassen sich drei Typen von funktionellen Amnesien unterscheiden: a) die retrograden und anterograden Amnesien; b) die Amnesien der Absence-Zustände und des Verlusts der persönlichen Identität; c) die Amnesien multipler Persönlichkeiten. Jeder dieser Typen hat sein Gegenstück in Amnesien organischer Ätiologie; unsere Diskussion wird also teilweise auch für das Problem der letzteren von Belang sein.

A. *Retrograde und anterograde Amnesien*

Eine retrograde Amnesie ist eine, in der ein Mensch die Erinnerung an einen Abschnitt seines Lebens verliert, den er seinerzeit bewußt erlebt hat, und an den er sich vor Eintreten der Amnesie ebenso vollständig erinnern konnte wie an die anderen Abschnitte seines Lebens, an die er sich noch erinnern kann. Die Definition verlangt, daß während der Periode, die später der retrograden Amnesie verfällt, keine Trübung des Bewußtseins und auch keine andere Einschränkung des bewußten Erlebens vorgekommen ist[13]. Diese Forderung ist natürlich schwer zu erfüllen. Wir werden bei der Erörterung des Verlusts der persönlichen Identität, der Absencen und des von einer oder mehreren Vorstellungen beherrschten Somnambulismus sehen, daß der Übergang vom »eingeschränkten« zum »vollen« Bewußtsein fließend ist. Wahrscheinlich sind die Perioden, die später der retrograden Amnesie verfallen, nicht abrupt und willkürlich vom Kontinuum des Erlebens abgetrennt worden, auch werden ihre Erinnerungsspuren nicht,

---

[13] Die Abhandlung von C. Munn (13) ist ein Beispiel für den Mißbrauch des Wortes Amnesie. Nachdem die Autorin in ihrem Titel angekündigt hat, sie werde eine Amnesie von zehn Jahren Dauer beschreiben, beschreibt sie die Verwirrung eines Patienten, der nach zehn Jahren aus dem Stupor erwacht. Hier war nicht eine Amnesie, sondern eine Einschränkung des bewußten Erlebens für die Verwirrung des Patienten verantwortlich.

wie Ribot meinte, aufgrund ihrer Neuheit und Labilität gelöscht; vielmehr erscheint die Art und Weise, wie sie erlebt werden, anders als der Rest des Erlebnis-Kontinuums. Sollier behauptete in seiner Kritik der Theorie Ribots — wir zitieren nach Janet (1) — »... das Ereignis, das die Amnesie ausgelöst hat, muß mit den Umständen verknüpft sein, die ihm vorangegangen sind und es vorbereitet haben, und es nimmt sie mit sich ins Vergessen« (S. 109). Frühe Autoren — Janet, Charcot und sogar Freud[14] — sprachen von diesem unterschiedlichen Erleben als von einem »hypnoiden Zustand«. Freud nahm an, ein solcher Zustand sei empfindlich für Traumatisierung und werde leicht »vergessen«. Später benützte Freud zur Erklärung dieser Phänomene eine dynamische Theorie, die Fenichel (15) folgendermaßen zusammenfaßt:

»Freud ... bevorzugte eine Auffassung, die zur Grundlage der psychoanalytischen Theorie werden sollte, und die unter der Bezeichnung »dynamischer Standpunkt« bekannt geworden ist. Er behauptete, daß eine gegebene besondere Kraft innerhalb des Ichs, die damit beschäftigt ist, das Ich vor der Wirkung bestimmter Erlebnisse zu bewahren, diese gleichsam abstößt, und sie bleiben im Seelenleben des Individuums isoliert, weil sie unlustvoll sind; daher werden sie absichtlich aus dem Bewußtsein eliminiert — sie werden *verdrängt*. Infolgedessen besteht ein fortwährender Konflikt zwischen den Erinnerungen, die ins Bewußtsein zurückstreben, und den Kräften im Ich, die gegen sie gerichtet sind und sie verdrängen. Die hysterischen Symptome sollten also als ein Zeichen und eine Folge eines Konflikts dieser Art verstanden werden. Diese Theorie, derzufolge hysterische Amne-

---

[14] Freud (14) schrieb: »Je mehr wir uns nun mit diesen Phänomenen beschäftigten, desto sicherer wurde unsere Überzeugung, *jene Spaltung des Bewußtseins*, die bei den bekannten klassischen Fällen als ›double conscience‹ so auffällig ist, *bestehe in rudimentärer Weise bei jeder Hysterie, die Neigung zu dieser Dissoziation und damit zum Auftreten abnormer Bewußtseinszustände, die wir als ›hypnoide‹ zusammenfassen wollen, sei das Grundphänomen dieser Neurose*« (G. W. Bd. I, S. 91).
»Diese hypnoiden Zustände stimmen, bei aller Verschiedenheit, untereinander und mit der Hypnose in dem einen Punkte überein, daß die in ihnen auftauchenden Vorstellungen sehr intensiv, aber von dem Assoziativverkehr mit dem übrigen Bewußtseinsinhalt abgesperrt sind. Untereinander sind diese hypnoiden Zustände assoziierbar, und deren Vorstellungsinhalt mag auf diesem Wege verschieden hohe Grade von psychischer Organisation erreichen« (S. 91).
»Bestehen solche hypnoide Zustände schon vor der manifesten Erkrankung, so geben sie den Boden ab, auf welchem der Affekt die pathogene Erinnerung mit ihren somatischen Folgeerscheinungen ansiedelt. Dies Verhalten entspricht der disponierten Hysterie« (S. 91 f.).
Dazu siehe auch Henderson und Gillespie (16, S. 425 f.).

sien das Ergebnis eines zielstrebigen (unbewußten) Wunsches sind, nicht zu wissen, wurde durch Freuds Entdeckung der zweckgerichteten Natur des Erinnerungsverlusts, des sogenannten ›unabsichtlichen‹ Vergessens bestätigt, ebenso durch die Tatsache, daß vergessene Vorstellungen mit Hilfe der Psychoanalyse wieder bewußt gemacht werden können« (S. 11 f.).

Dies ist eindeutig eine Aussage über den »emotionalen« Ursprung dieser Amnesien. Aber schon früher, unter dem Einfluß von Janet und Charcot, wurden diese Amnesien als »hysterisch« bezeichnet, mit einem Ausdruck also, der auf ihren »emotionalen« Charakter hinweist.

Diese retrograden Amnesien funktionellen Ursprungs, bei denen keine Bewußtseinstrübung während der später vergessenen Periode bestand, sind nicht so häufig, wie man oft glaubt; so scharf umrissene Fälle, wie sie von Wechsler (17)[15] und Janet (1) berichtet werden, sind selten. Psychosoma-

---

[15] »S. S., eine dreiundzwanzigjährige Lehrerin, litt etwa eineinhalb Jahre lang an einer totalen Amnesie. Seit dem Tod ihres Vaters mehrere Jahre zuvor, der an einer Herzkrankheit gestorben war, klagte sie über Beschwerden in der Herzgegend und andere unbestimmte Symptome. Dann starb ihre Schwester, ebenfalls an einer Herzkrankheit, und die Patientin begann eindeutig neurotische Züge zu zeigen. Inzwischen hatte sie an der Schule unterrichtet. Etwa eineinhalb Jahre nach dem Tod ihrer Schwester starb ihre Mutter. Nun setzte ihre Amnesie ein; sie betraf die Periode zwischen dem Tod der Schwester und dem Tod der Mutter. Während der Zeit der begrenzten Amnesie war sie bei mir in Behandlung. Sie erinnerte sich bis zum Tod ihrer Schwester an alles, aber an nichts, was darauf folgte. Sie wußte nicht, daß ihre Mutter und ihre Schwester tot waren, sie erinnerte sich nicht, daß sie während der ganzen Zeit von einem Arzt behandelt worden war, obwohl sie ihn gut kannte und sich an jeden Besuch bei ihm erinnerte, der vor dem Eintritt der Amnesie lag; sie hörte mit Erstaunen, daß sie in der Zwischenzeit operiert worden war und behauptete hartnäckig, ihre Mutter sei in Europa. Sie war durch ihre Krankheit gezwungen, den Lehrberuf aufzugeben, aber sie ging zum Schuldirektor und bat ihn, ihr ihre Klasse wiederzugeben, wobei sie nicht merkte, daß sie drei Halbjahre nicht unterrichtet hatte. Eines Tages kaufte sie sich eine Schiffsfahrtkarte, um nach Europa zu fahren, und sie hätte die Reise angetreten, hätten nicht ihre Angehörigen zufällig von ihrer geplanten Reise erfahren, die sie unternehmen wollte, um ihre Mutter zu besuchen, von der sie sich einbildete, sie lebe in Wien. Tatsächlich schrieb sie ihr Briefe und wunderte sich, warum sie keine Antwort bekam. Während der Konsultation in der Praxis schien sie vor allem verwirrt, leugnete das Wissen von Fakten, mit denen sie ihr Hausarzt konfrontierte und wollte voll Neugier wissen, warum sich der untersuchende Arzt überhaupt für sie interessiere, da er doch sehen könne, daß mit ihr alles in Ordnung sei. Danach kaufte sie sich eine Eisenbahnfahrtkarte, um eine Schwester in Kalifornien aufzusuchen, und nachdem man sie einmal dar-

234

tische Grenzfälle, bei denen Granatenexplosionen, Verschüttungen und Erstickungen das auslösende Ereignis sind, kommen häufiger vor[16]. Durch derlei Erlebnisse ausgelöste Amnesien kann man nicht als Fälle rein organischer Ätiologie ansehen: In bezug auf die Kriegsamnesien, Kriegsneurosen und »Schrapnellschocks« neigen die Psychiater heute einhellig dazu, sie im großen ganzen als Fällen emotionalen Ursprungs anzusehen[17]; Fallgeschichten wie die von Thom und Fenton (19) veröffentlichten zeigen emotionale Faktoren; Psychoanalytiker versichern, die Lebensgeschichten der Opfer von Kriegsneurosen und Kriegsamnesien zeigten erkennbare neurotische Tendenzen[18]. Als Beweis für ihre Psychogenese können wir zunächst anführen, daß sie relativ leicht durch Hypnose zu beheben sind (Thom und Fenton; Rivers); zweitens den Umstand, daß gemäß den Be-

---

an gehindert hatte, gelang es ihr, doch abzureisen. Sie blieb eine Zeitlang dort und kam schließlich nach New York zurück. Eines Tages rief sie mich an und fragte, ob ich der Neurologe sei, bei dem sie vor ihrer Reise nach Kalifornien gewesen sei. Man hatte ihr gesagt, sie sei in meiner Praxis gewesen, aber sie konnte sich nicht daran erinnern. Sie ließ sich mehrere Termine geben, die sie aber nicht einhielt, und der Hausarzt teilte mir mit, bei ihm habe sie es mehrmals ebenso gemacht. Man hat mir mitgeteilt, daß sie die Erinnerung an den Tod ihrer Mutter und an den Tod ihrer Schwester wiedererlangt hat und nun in eine Depression verfallen ist« (S. 201 f.).

[16] Siehe Rivers (18, S. 14 f.) und die drei von Thom und Fenton (19) berichteten Fälle.

[17] Siehe A. Kardiner (20).

[18] In »Psychoanalyse und die Kriegsneurosen« (21) schrieb Abraham:
»Die Vorgeschichte solcher Leute, noch mehr natürlich eine tiefergehende Analyse, läßt uns begreifen, warum der eine unter schwersten körperlichen und seelischen Einwirkungen des Krieges im wesentlichen gesund bleibt, der andere auf relativ geringe Reize mit schwerer Neurose reagiert. Mit großer Regelmäßigkeit ergibt sich, daß die Kriegsneurotiker schon vor dem Trauma — um es zunächst mit einem allgemeinen Ausdruck zu bezeichnen — *labile* Menschen waren, und zwar besonders hinsichtlich ihrer Sexualität. Es sind Menschen, die im praktischen Leben teils ihre Aufgaben nicht zu erfüllen vermochten, teils zwar hierzu imstande waren, aber wenig Initiative, wenig vorwärts drängende Energie an den Tag legten. Durchweg aber war ihre sexuelle Aktivität verringert, ihre Libido durch Fixierungen gehemmt; viele von ihnen waren bereits vor dem Feldzug schwach potent oder nur bedingungsweise potent. Ihre Einstellung zum weiblichen Geschlecht wurde durch teilweise Fixierung der Libido im Entwicklungsstadium des *Narzißmus* in mehr oder weniger erheblichem Grade gestört. Ihre sexuelle und soziale Funktionsfähigkeit war von gewissen Konzessionen an ihren Narzißmus abhängig« (S. 33).

richten Amnesien, die auf Kopfverletzungen folgen, ihrer Ausdehnung und ihrer Dauer nach begrenzter sind als funktionelle Amnesien (Russel [22]), und drittens den Umstand, daß die bei der retrograden Amnesie vergessene Periode bei Kriegsfällen gewöhnlich die Kriegszeit ist; bei Erstickungsfällen gewöhnlich die Periode unmittelbar vor dem Selbstmordversuch — mit anderen Worten, die Periode, in der das Ereignis stattfand, das die Amnesie ausgelöst hat. In Fällen, bei denen eine organische Komponente vorhanden ist, bleibt nach Thom und Fenton gewöhnlich nach der Genesung eine irreversible Amnesie in bezug auf eine kurze Zeitspanne übrig. Wir sehen also in dieser Gruppe einen kontinuierlichen Übergang von den psychogenen zu den organischen Fällen.

Ein weiterer fließender Übergang ist zwischen Fällen von retrograder Amnesie und denen der Absencen festzustellen. In dem ziemlich klar umrissenen Fall von retrograder Amnesie, den Wechsler berichtet[19], kommen Merkmale vor, die an eine Absence erinnern. Die Patientin, die den Tod ihrer Schwester und ihrer Mutter vergessen hat, ebenso den ganzen Zeitabschnitt zwischen den beiden Todesfällen, handelt, als hätten die Ereignisse niemals stattgefunden: im Gegensatz zu den typischen Patienten mit retrograder Amnesie weigert sie sich, die Tatsache ihrer Amnesie und die Realität ihres Erinnerungsverlusts anzuerkennen, auch nachdem man sie ihr mitgeteilt hat; sie ist von der Vorstellung besessen, mit ihrer Mutter in Verbindung zu treten und zu ihr zu reisen, die, wie sie glaubt, in einem weit entfernten Land lebt. Ihr Verhalten ist dem ähnlich, das von Janet beschriebene Patienten an den Tag legen, die sich in Absence-Zuständen befinden. Im folgenden Abschnitt wollen wir die Absencen besprechen; dabei wird deutlicher werden, daß Wechslers Fall, obwohl er als retrograde Amnesie klar umrissen ist, als eigentümlicher Absence-Zustand interpretiert werden kann. Aus zwei Gründen ist es schwierig, den Fall als Absence-Zustand zu erkennen: Erstens hat die Patientin anstatt ihre *Verwandten* zu vergessen — was in Absence-Zuständen gewöhnlich geschieht —, ihren *Tod* vergessen; zweitens herrschte der Absence-Zustand zur Zeit der Untersuchung, und der untersuchende Arzt hat ihn nicht im Rückblick gesehen, wie es bei Absence-Zuständen gewöhnlich der Fall ist, wenn das Opfer schon wieder daraus ›erwacht‹ ist und in bezug auf die Periode der Absence eine retrograde Amnesie hat.

Bevor wir den Absence-Zustand weiter erörtern, müssen wir die anterograden Amnesien betrachten. Ribot nannte sie »progressive« und Janet »kontinuierliche« Amnesien, bei denen Ereignisse bald nachdem sie erlebt wor-

---

[19] Siehe S. 234 f., Fußnote.

den sind, wieder vergessen werden. Auch hier fordert die Definition zwingend, daß zur Zeit des ursprünglichen Erlebens keine Trübung oder andere Einschränkung des Bewußtseins — im üblichen Wortsinn — vorhanden gewesen sein darf. Wir sagen »im üblichen Wortsinn«, weil der Bewußtseinszustand, aus dem die neuen Erlebnisse bald wieder unwiderruflich verschwinden[20], kaum als normaler ungetrübter und uneingeschränkter Bewußtseinszustand angesehen werden kann; man sollte jedoch den Ausdruck »anterograde Amnesie« nicht auf eine Periode des Erlebens anwenden, in der eine schwere Bewußtseinstrübung ein normales Registrieren unmöglich gemacht hat. Diese Amnesien zeigen einen fließenden Übergang zum Korsakow-Syndrom; das Behalten von neuen Eindrücken ist bei manchen von ihnen äußerst kurzlebig, was so wirkt, als sei die Registrierung oder zumindest das Behalten wesentlich beeinträchtigt; bei den meisten findet man irgendeine organische Ätiologie und kein selektives, sondern ein umfassendes Vergessen neuer Erlebnisse; aus diesen Gründen hat man diesen Typus der Amnesie im allgemeinen als organisch bedingt angesehen[21]. Rein psychogene Fälle von anterograder Amnesie, wie die von Janet (1) beschriebenen der Marcelle, Maria und Mme. D. sind äußerst selten, wenn man die Häufigkeit von Berichten über sie in der Literatur als Maß für die Häufigkeit ihres Vorkommens nehmen kann. Die Fälle von Marcelle[22] und Mme.

---

[20] Siehe im gleichen Sinn Störring (23) und Syz (24).

[21] Bonhoeffer (25) war der Psychiater, der mit seiner Autorität diese Ansicht stützte.

[22] »Wenn sie die Ereignisse ihres früheren Lebens erzählt, beobachten wir, daß ihre Geschichte klar, genau und reich an Einzelheiten ist, aber nur so lange, wie es um ihre Kindheit geht, bevor sie fünfzehn Jahre alt wurde, bis zum Beginn ihrer Krankheit. Von dem Augenblick an nehmen die Erinnerungen ab und werden unbestimmt; im Alter von neunzehn Jahren hören sie fast völlig auf und beschränken sich auf einige wenige hervorstechende Ereignisse. Schließlich, wenn man sie in bezug auf die letzten Monate oder die gerade vergangenen Wochen befragt, wird man zu seiner Überraschung eine absolute Vergeßlichkeit entdecken. Ihre alten Erinnerungen sind erhalten geblieben, aber sie selbst ist mehr und mehr unfähig geworden, irgendetwas neues, irgendwelche neuen Erinnerungen zu erwerben. Diese Vergeßlichkeit in bezug auf neuere Ereignisse ist wegen ihres raschen Eintretens und ihrer Vollständigkeit sehr eigenartig. Marcelle kann uns nicht sagen, was am Tag vorher geschehen ist; oft ist schon mittags der ganze Vormittag aus ihrem Gedächtnis entflohen. Ein Wort von ihr kenzeichnet die Lage: ›Ist es möglich, daß ich schon ein ganzes Jahr hier bin? Was für ein seltsames Jahr, in dem nichts geschehen ist!‹ Bei einem jungen Mädchen ist ein solches Gedächtnis wie das eines alten Mannes, der die Äneis hersagen, aber sich nicht erinnern kann, was er am Morgen getan hat ...« (S. 88 f.).

D.[23] scheinen retro- und anterograd zu sein; der Marias[24], so weit er beschrieben wird, erscheint rein anterograd: alle drei Fälle werden als hysterisch bezeichnet. Bei Fällen mit organischer Ätiologie — wie z. B. dem von Syz (24), den wir später besprechen wollen — ist die Wirkung psychischer oder emotionaler Faktoren offensichtlich. Ein Fall von psychogenem Verlust der persönlichen Identität, beobachtet von M. Gill und dem Autor dieses Buches (26), bei dem die emotionalen Faktoren, die die Amnesie ausgelöst hatten, ziemlich klar waren, wies in der Periode des Verlusts der persönlichen Identität eine eigentümliche anterograde Amnesie auf. Der Patient, dessen Fall später geschildert werden soll, vergaß im Lauf dieser Periode, in der er von einer Vorstellung besessen war, sofort alle Ereignisse und Tatsachen, die dieser Vorstellung widersprachen. Wir haben in der Literatur keine Beschreibung eines anderen Falls von selektiver anterograder Amnesie gefunden; allerdings weist die der anterograden Amnesie ähnliche Amnesie des Korsakow-Syndroms selektive Züge auf.

---

[23] »Mme. D. hat kein schlechtes Gedächtnis: sie hat überhaupt keins. Im Frühling 1892 — d. h. acht Monate nach der ursprünglichen Erschütterung — vergißt sie einen Namen, eine Tatsache in weniger als einer Minute und ganz und gar; was wirklich länger dauert, ist die Wahrnehmung von Gegenständen, die Anstrengung, die sie zu machen scheint, um den ursprünglichen Eindruck zu behalten; aber sie hat keine Erinnerung im eigentlichen Sinn, denn sie ist unfähig, ein Bild von den Empfindungen wiederzugeben, deren Verlöschen sie zugelassen hat. Fügen wir hinzu, daß diese tiefe und rasche Amnesie kontinuierlich und ohne Ausnahme eintrat, ein Umstand, den wir bei den vorherigen Beobachtungen niemals gesehen hatten. Wir haben Mme. D. nie zu irgendeiner Zeit mehr Gedächtnis zeigen sehen. Sagen wir außerdem, daß diese seltsame psychische Störung bis in den Mai 1892 hinein anhielt — daß sie infolgedessen neun volle Monate ohne Veränderung dauerte — und wir werden gezeigt haben, daß dies der eigenartigste Fall kontinuierlicher Amnesie ist, der unseres Wissens jemals dargestellt worden ist« (S. 90 f.).

[24] »... Maria z. B. beginnt einen Roman zu lesen, aber ihre Nachbarinnen machen uns auf den Umstand aufmerksam, daß sie den ganzen Tag damit verbringt, die gleiche Seite zu lesen; wenn sie unten angekommen ist, hält sie einen Augenblick inne und beginnt regelmäßig wieder oben auf der Seite. Außerdem konnte sie, als wir sie fragten, was sie lese, nicht einmal den Titel des Romans sagen. Sie konnte niemals, obwohl wir darauf bestanden, und obwohl ihr die Arbeit nichts ausmachte, ein paar Zeilen auswendig lernen. Manchmal trat das Vergessen sofort ein. Sie konnte nur auf Fragen antworten, die ihr rasch gestellt wurden; sonst war sie verblüfft und sagte: ›Was haben Sie gefragt?‹ Sie pflegte auch ihre eigenen Fragen zu vergessen und zu sagen: ›Worüber habe ich gerade gesprochen?‹« (S. 89).

Janets (1) theoretische Erklärung der Amnesie ist ziemlich unbestimmt:

»Hysterische Amnesien kann man sich, wie Anästhesien, als Störungen dieser Art vorstellen. Die Elemente der Erinnerung, die Bewahrung und die Reproduktion der Vorstellungsbilder sind intakt, aber es fehlt die wirkliche Synthese der psychischen Elemente; dieser Mangel unterdrückt mehr oder weniger vollständig die Assimilierung der Erinnerungen an die Persönlichkeit« (S. 106).

Diese Erklärung beruht auf dem »Dissoziationskonzept«[25]. Die Ansichten von Henderson und Gillespie (16) beruhen auf psychoanalytischen Konzepten:

»... der Umstand, daß überhaupt Symptome auftreten, bedeutet ein partielles Versagen der Verdrängung; wenn die Verdrängung teilweise mißlungen ist, besteht ein bewußter Konflikt, und Konflikt ist die Bedingung, die auf die bereits dargestellte Weise zur Symptombildung führt. Diese Theorien gelten für die körperlichen Symptome der Hysterie.
Bei den psychischen Symptomen der Hysterie läuft ein ähnlicher Prozeß ab. Bei der hysterischen Amnesie z. B. hat es eine Konfliktperiode gegeben; dann hindert die emotionale Beanspruchung den Patienten daran, Ereignisse auf die gewöhnliche Art und Weise wahrzunehmen, infolgedessen ist die Erinnerung an sie, nachdem der Konflikt sich gelegt hat (sie werden am Rand registriert), ganz unbestimmt; die Unbestimmtheit der Erinnerung legt ein völliges Versagen des Gedächtnisses nahe, der Patient will sich sowieso nicht erinnern — wieder fällt das emotionale Symptom mit dem Wunsch zusammen —; wir akzeptieren, was wir glauben wollen, so ist es auch beim hysterischen Patienten — und eine Amnesie ist die Folge« (S. 425 f.).

Eine weitere Erörterung psychogener Amnesien findet sich in den beiden folgenden Abschnitten; wir möchten hier noch darauf aufmerksam machen, daß in den zitierten Ansichten stillschweigend angenommen wird, Amnesien seien hysterischen Ursprungs. Diese Annahme war der Hintergrund für Freuds Bestreben, bei jedem hysterischen und später bei jedem neurotischen Symptom ein relevantes vergessenes Ereignis aufzuspüren.
Die von Sears (27) und Ray (28) unternommenen Versuche, retrograde Amnesie mit ihrem experimentellen Gegenstück, der retroaktiven Hemmung, zu vergleichen[26], waren nicht erfolgreich. McGeoch (29) zeigte, daß der Wirkungsort der retroaktiven Hemmung im Vorgang der Reproduktion liegt, genau wie bei der funktionellen Amnesie die Störung bei der Reproduktion liegt und nicht bei der Registrierung oder beim Behalten. Trotzdem sind retrograde Amnesie und retroaktive Hemmung kaum vergleichbar. Die Vergleichsversuche nahmen die Vielschichtigkeit der Amne-

---

[25] Eine Erörterung des Begriffs der »Dissoziation« findet sich auf S. 213, 258 ff.
[26] Siehe Britts Überblick über die einschlägigen Theorien (30).

sie nicht zur Kenntnis und begnügten sich damit, die offenkundigen, aber oberflächlichen Analogien zwischen zwei Phänomenen festzustellen, die in verschiedenem Maß bekannt waren, in verschiedener Ausdrucksweise beschrieben und in verschiedenen Umwelten von Menschen mit verschiedenen Voraussetzungen beobachtet worden waren.

B. Der psychogene Verlust der persönlichen Identität und die Absencen

Absencen und der »Verlust der persönlichen Identität« sind Zustände, in denen zwar die Kenntnis allgemeiner Dinge erhalten bleibt, der Betroffene sich aber seiner persönlichen Identität nicht bewußt ist; das Wissen, das ihm Hinweise bezüglich dieser Identität geben könnte — die Kenntnis von Verwandten, seiner Wohnung, seines Berufes, seiner Lebensgeschichte — wird im allgemeinen auch vergessen. Die retrograde Amnesie erfaßt gewöhnlich nur einen Teil der persönlichen Lebensgeschichte; bei Absencen und beim Verlust der persönlichen Identität scheint die Amnesie die ganze Lebensgeschichte zu umfassen. Bei näherem Zusehen erweist sich jedoch, daß die in diesen Fällen eintretende Amnesie verschiedene Grade haben und verschiedene Hinweise, wie z. B. den Beruf, den Namen usw. unberührt lassen kann[27]. Diese Amnesien sind zwar auffallend und weisen auf eine erhebliche Veränderung in der Persönlichkeitsorganisation hin, lassen sich aber oft relativ leicht beheben; sie verschwinden entweder spontan, durch Suggestion, durch das Zusammentreffen mit vertrauten Menschen, oder durch Hypnose und Drogen-Hypnose. Der Absence-Zustand und der Verlust der persönlichen Identität werden in der Literatur nicht genügend unterschieden, und die Ausdrücke werden in gewissem Maß als austauschbar betrachtet. Die gründliche Prüfung einer großen Zahl von Fällen, die

---

[27] Abeles und Schilder (31) schrieben: »Eine unserer Patientinnen war ungewöhnlich, weil sie ihren Namen wußte, aber nicht ihre Adresse. Häufig kann der Patient irgendwelche annähernden Informationen und isolierten Einzelheiten über sich selbst mitteilen, die wenig oder gar nichts nützen, wenn man ihn identifizieren oder Verwandte auffinden möchte. Nicht selten deutet er die Ursache des Erinnerungsverlusts an; er erwähnt vielleicht Geld oder irgendeine Meinungsverschiedenheit. Ein Fall war insofern einzigartig, als nicht so sehr der Gedächtnisverlust im Vordergrund stand, sondern die Unfähigkeit des Patienten, sich an seine Lebensumstände zu erinnern, d. h. ob er verheiratet war und Einzelheiten über sein Geschäft. Manchmal ist die Erinnerung bruchstückhaft, so daß sie einen an das Ganser-Syndrom erinnert. In den meisten Fällen ist der Zustand nicht eine Amnesie im Sinne des Verlustes der persönlichen Identität, sondern eine Amnesie im Sinn des Verlusts der Erinnerung an die Vergangenheit« (S. 594).

in der Literatur veröffentlicht worden sind, läßt vermuten, daß ein Grund für das Fehlen einer brauchbaren Definition darin liegt, daß man nicht genug zwischen dem »Verlust der persönlichen Identität« und dem »Bewußtsein des Verlusts der persönlichen Identität« unterschieden hat[28]. Bei Absence-Zuständen liegt zweifellos ein Verlust der persönlichen Identität vor, und er ist auch ein wichtiger Faktor, aber er wird nicht bewußt empfunden, und der Betroffene gibt gewöhnlich eine fiktive Auskunft über sich. Sobald der Betroffene verwirrt und verstört ist, weil er merkt, daß er seine persönliche Identität verloren hat (daß er nicht mehr weiß, wer er ist), nennt man den Zustand gewöhnlich »Verlust der persönlichen Identität«. Es scheint, als seien die derart definierten Zustände der Absence und des Verlusts der persönlichen Identität zwei Phasen des gleichen Vorgangs. Dieser Vorgang beginnt gewöhnlich mit der Phase, in der der Betroffene handelt und denkt, ohne zu merken und ohne daß andere merken, daß mit ihm etwas nicht stimmt, und daß er nicht gemäß dem System von Verhaltensmustern handelt, die man gewöhnlich seine »Persönlichkeit« nennt. Seine »persönliche Identität« ist verändert oder verloren gegangen, aber er merkt es nicht. Was er in dieser Periode denkt und tut, erfährt der Psychiater und Psychologe selten, denn es wird später vergessen. Diese Phase, die man gewöhnlich als »Absence-Zustand« bezeichnet, kann auf zweierlei Weisen enden: in einem plötzlichen Wiedererwachen zur persönlichen Identität oder in einem plötzlichen Bemerken, daß er nicht weiß, wer er ist, wo er ist oder was er als nächstes tun soll— mit anderen Worten, in einem Zustand des »Verlusts der persönlichen Identität«. Der Absence-Zustand ist durch einen Verlust der persönlichen Identität gekennzeichnet, von dem der Betroffene nichts weiß, und in dem die Person von einer einzigen Vorstellung besessen ist, die ihr Verhalten steuert; der Zustand des »Verlusts der persönlichen Identität« setzt ein Bewußtsein des Verlusts voraus, das zu vollständiger Verwirrung führt. Der Absence-Zustand hat, wie wir bald sehen werden, andere Merkmale, die ihn von der Periode des Verlusts der persönlichen Identität unterscheiden. Ob ein solcher Zustand eintreten kann, ohne daß eine Absence vorangeht, ist eine Frage, auf die in der Literatur keine schlüssige Antwort zu finden ist. Man darf nicht vergessen, daß der erste Abschnitt dieser Zustände durch Amnesie verdeckt ist.

In der Literatur wird diese Amnesie in der Regel nicht genügend von retrograden Amnesien unterschieden, obwohl wesentliche Unterschiede bestehen. Im Zustand der Absence kann der Betroffene, wenn man ihn fragt — und

---

[28] Ich schulde M. Gill Dank für den Vorschlag der Formulierung dieser Unterscheidung.

das ist selten geschehen — keine richtigen Angaben über sich selbst machen; aber während der Periode, die später durch die retrograde Amnesie verdeckt wird, scheint eine derartige Störung nicht vorzuliegen[29]. In Fällen des Verlusts der persönlichen Identität sind die Bemühungen des Psychiaters gewöhnlich darauf gerichtet, dem Patienten seine persönliche Identität wiederzugeben, und nur selten wird auch die Erinnerung an die Periode des Absence-Zustands wiedererlangt[30], ebenso empfindet ein Betroffener, nachdem er seine persönliche Identität wiedergefunden hat, selten das Bedürfnis, die Erinnerung an den vergessenen Zeitabschnitt wieder zu erlangen[31]. Man räumt allgemein ein, daß ein solcher Verlust der persönlichen Identität emotionalen Ursprungs und häufig von Manifestationen der Depression begleitet ist, und daß das Wiedererlangen der Erinnerungen mit dem Auftreten verschiedener somatischer Beschwerden einhergeht. Trotzdem berichten Abeles und Schilder (31)[32] wie auch Gordon und Lawrence (36) von Fällen zweifellos organischer Genese. Die Ähnlichkeit epileptischer Absencen[33] mit dem psychogenen Verlust der persönlichen Identität ist ebenfalls eine allgemein bekannte Tatsache. Diese Gruppe geht also auch in die der organischen Störungen über, obwohl sie in bezug auf ihren emotionalen Ursprung am eindeutigsten ist.

Die psychologische Bedeutung und Erklärung dieser Art von Amnesie ist immer noch ein großes Problem, obwohl es mehrere Versuche gegeben hat, sie zu erklären. Wir wollen hier drei derartige Versuche besprechen, und zwar die von Janet, E. Jones und Abeles und Schilder.

---

[29] Den von H. A. Grierson (32) beschriebenen Fall kann man z. B., da ausreichende Einzelheiten fehlen, sowohl als Zustand der Absence mit nachfolgender Amnesie interpretieren, ebenso aber auch als retrograde Amnesie. Grierson wählte die letztere Erklärung: »J. C. T., männlich, 39 Jahre alt. Wird beschuldigt, seinem Kind die Kehle durchgeschnitten zu haben, danach seine eigene. Bei der Aufnahme sagte er, er erinnere sich nicht, sich die Kehle durchgeschnitten zu haben, und er habe seinem Kind *nicht* die Kehle durchgeschnitten. Seine Vorgeschichte zeigte ein gewisses Maß an Depression infolge Arbeitslosigkeit. In den Protokollen fand sich eine Aussage des Beschuldigten, die zeigte, daß er zur Zeit des Verbrechens wußte, was er getan hatte und es bedauerte. Wiederholte Untersuchungen zeigten eine Amnesie durch Verdrängung und eine retrograde Erweiterung, die das erste Verbrechen verdeckte« (S. 369).

[30] Siehe die Fälle von M. Gill und Rapaport (26), Bennet (33) und den vierten Fall von Bryan (34).

[31] Siehe Naef (35).

[32] Siehe S. 599—601.

[33] Der organische Ursprung zumindest einiger Epilepsien kann als gesichert gelten.

Man hat in der letzten Zeit der Theorie Janets (37) wenig Beachtung geschenkt; seine Terminologie vom »monoideischen« und »polyideischen« Somnambulismus und von »Absence-Zuständen« ist durch die Ausdrücke »Amnesie« und »Verlust der persönlichen Identität« ersetzt worden. Das ist bedauerlich, denn Janets Ansatz hatte sich genauer auf die Gedächtnisfunktionen konzentriert als die Theorien, die an seine Stelle getreten sind. Janet betonte den emotionalen Ursprung dieser Amnesien und war der Ansicht, daß der Absence-Zustand zum Kontinuum der hysterisch-somnambulischen Zustände gehört[34]. Janet (37) beschreibt Somnambulismus folgendermaßen:

»Was ist also ganz genau ein Somnambuler? Die volkstümliche Beobachtung hat schon vor langer Zeit geantwortet: ein Individuum, das denkt und handelt, während es schläft. Zweifellos ist diese Antwort nicht sehr klar, denn wir wissen nicht genau, was Schlaf ist. Jene Antwort bedeutet nur, daß die Person, von der die Rede ist, auf seltsame Weise denkt und handelt, anders als andere Leute, und daß diese Person zugleich auf irgendeine Weise einem Menschen gleicht, der schläft« (S. 24).

Die Gedanken und Handlungen des Somnambulen stellen ein engmaschiges, aber isoliertes System dar:

»Normalerweise, bei einem Gesunden, muß das kleine System mit dem großen verbunden sein und muß weitgehend von ihm abhängig sein. Im allgemeinen bleibt das Teilsystem den Gesetzen des Gesamtsystems unterworfen; es wird nur aufgerufen, wenn es das ganze Bewußtsein will, und nur innerhalb der Grenzen, in denen es dieses Bewußtsein erlaubt.
Um uns nun vorzustellen, was während des Somnambulismus geschehen ist, können wir eine einfache provisorische Zusammenfassung machen. Die Dinge geschehen, als ob eine Vorstellung, ein Teilsystem von Gedanken, sich selbständig machte, unabhängig würde und sich aus eigener Kraft entwickelte. Die Folge ist einerseits, daß es sich viel zu sehr entwickelt, und andererseits, daß das Bewußtsein es nicht länger zu steuern scheint« (S. 42)[35].

---

[34] Janet (37) schrieb: »Absencen dieser Art, genau charakterisiert, treten gewöhnlich im Leben mancher Menschen auf, die bereits andere Phänomene gezeigt haben (oder später zeigen werden), die mit den Geschehnissen zusammenhängen, die wir als die hysterischen kennen. Mit einem Wort, diese Art von Absencen tritt gewöhnlich bei Hysterikern auf« (S. 58). Andererseits beschreibt K. A. Menninger (38) eine zyklothyme Absence.

[35] Janet (37) führt die Schlafwandel-Szene aus Macbeth von Shakespeare an, sowie eine Anzahl von Fällen, die er beobachtet hat. Eine seiner Beschreibungen wollen wir hier zu Veranschaulichung zitieren:
»Eine junge Frau von 29 Jahren, genannt Gib., intelligent, sensibel, hört eines Tages unverhofft eine schreckliche Neuigkeit. Ihre Nichte, die nebenan wohnt, ist

Hier ist eine Erwähnung der Freudschen Theorie des Somnambulismus angebracht. Nach dieser Theorie drückt der Traum einen unbewußten Wunsch aus; dieser Traumwunsch kann nicht ins Wachbewußtsein eindringen, er kann sich auch, während der Mensch wach ist, nicht in motorischer Aktivität ausdrücken, denn er ist für den Betroffenen unannehmbar. Im Schlaf sind die Bahnungen, durch die Gedanken und Wünsche ihren Ausdruck in der Motilität finden und das Handeln bestimmen, abgesperrt, und es besteht keine Gefahr, daß ein unannehmbarer Wunsch erfüllt wird; so wird diesen Wünschen der Zugang zum Traumbewußtsein gestattet. Somnambulismus ist jener ungewöhnliche Fall, in dem die Absperrung, die dem Traumgedanken den Zugang zur Motilität verwehrt, geschwächt ist, so daß der Traumwunsch in somnambule Aktivität umgesetzt wird[36].

Jene somnambulen Zustände, deren einheitlicher Vorstellungsinhalt die Folge der Vorherrschaft eines einzelnen Traumgedankens ist, nannte Janet »monoideisch«; jene, bei denen die Betroffenen von einer Vielzahl von Vorstellungen besessen sind, nannte er »polyideischen« Somnambulismus. Der Unterschied zwischen somnambulen Zuständen und Absencen wird so erklärt:

»... Zunächst, während des abnormen Zustands hat die sich entwickelnde Vorstellung gewiß nicht die gleiche Gewalt wie während des monoideischen Somnambulismus. Sie steuert zwar das Verhalten, aber sie bringt nicht die Halluzinationen und Delirien hervor, die sie im vorhergehenden Fall verursacht hatte. Als Irene die Vorstellung hatte, Selbstmord zu begehen und sich von einer Lokomotive zermalmen zu lassen, hatte sie nicht genug Geduld, um zu einer Bahnlinie zu

gerade unter furchtbaren Umständen gestorben. Sie stürzt hinaus und kommt unglücklicherweise so rechtzeitig, daß sie den Leichnam des jungen Mädchens auf der Straße liegen sieht. Sie hatte sich in einem Anfall von Delirium aus dem Fenster gestürzt. Gib. ist zwar sehr bewegt, bleibt aber allem Anschein nach ruhig und hilft, alles für die Beerdigung vorzubereiten. Sie geht sehr natürlich zum Begräbnis. Aber von diesem Zeitpunkt an verdüstert sie sich immer mehr, sie wird krank, und wir können den Beginn der sonderbaren Symptome bemerken, von denen wir gleich sprechen werden. Fast täglich, bei Tag und bei Nacht, gerät sie in einen seltsamen Zustand; sie sieht aus, als träume sie, sie spricht leise mit einer abwesenden Person, sie ruft Pauline (den Namen ihrer kürzlich verstorbenen Nichte) und sagt ihr, sie bewundere ihr Schicksal, ihren Mut, und daß ihr Tod ein schöner Tod gewesen sei. Sie steht auf, geht an die Fenster und öffnet sie; dann schließt sie sie wieder, probiert eins nach dem anderen aus, steigt aufs Fensterbrett, und wenn ihre Freunde sie nicht davon abhalten würden, würde sie sich ohne jeden Zweifel aus dem Fenster stürzen. Man muß ihr Einhalt gebieten, sie ständig beaufsichtigen, bis sie sich schüttelt, sich die Augen reibt und ihre gewöhnlichen Tätigkeiten wieder aufnimmt, als sei nichts geschehen« (S. 27).

[36] Siehe Freud (39).

gehen und einen wirklichen Selbstmord zu vollziehen; sie hatte sofort die Halluzination von Eisenbahngleisen und legte sich ohne weitere Umstände auf den Fußboden des Zimmers. Man erinnere sich an diesen Unterschied: bei der Absence gibt es keine wirkliche Halluzination. Die Entwicklung der Vorstellung ist weniger intensiv. Zweitens ist die Vorstellung nicht absolut isoliert, wie beim Somnambulismus; dies ist die charakteristischste Tatsache. Sie erinnern sich, daß unsere größten Somnambulen nichts sehen oder hören als das, was die in ihrem Geist verwurzelte Vorstellung betrifft, und es kann gar nicht anders sein, denn wenn Irene die Betten im Zimmer sähe, wenn sie meine Stimme hörte, würde sie nicht glauben, sie sei allein auf einem Bahngleis. Im Gegenteil, die Patienten, die Absencen haben, brauchen sehr viele Wahrnehmungen und Erinnerungen, um ohne Zwischenfälle reisen zu können. Charcot hat gesagt: ›Was an den Absencen am großartigsten ist, ist der Umstand, daß es diese Leute fertigbringen, nicht schon ganz am Anfang ihrer Reise von der Polizei angehalten zu werden.‹ Tatsächlich sind sie Verrückte in vollem Delirium; trotzdem kaufen sie Eisenbahnfahrkarten, sie essen und schlafen in Hotels, sie sprechen mit sehr vielen Leuten. Allerdings sagt man uns bisweilen, man habe sie für ein wenig seltsam gehalten, sie hätten in sich gekehrt und träumerisch ausgesehen, aber schließlich werden sie nicht als Verrückte erkannt, während Irene keine zwei Schritte auf der Straße tun konnte, als sie vom Tod ihrer Mutter träumte, ohne sofort in die Irrenanstalt gebracht zu werden. Sie sehen also, daß das Maß des Bewußtseins ganz und gar nicht das gleiche ist, daß der Geist nicht so eindeutig auf eine einzige Vorstellung reduziert ist. Wir können in bezug auf den sogenannten Normalzustand die gleiche Bemerkung machen: Das Vergessen der Absence ist total, aber das Vergessen der Leitvorstellung und des mit ihr verbundenen Gefühls ist weit weniger ausgeprägt, und die Wiederherstellung des normalen Selbst ist viel vollständiger« (S. 59 f.).

Der polyideische Somnambulismus stellt theoretisch den Übergang zwischen dem monoideischen Somnambulismus und dem Absence-Zustand dar[37] und schließt das Kontinuum dieser Zustände ab. Es scheint zwei Gründe dafür gegeben zu haben, daß Janet meinte, somnambule Zustände und Absencen lägen auf einem Kontinuum: Erstens war allgemein bekannt, daß beide Zustände mit Amnesie verbunden sind; zweitens ist der Betroffene in beiden Zuständen von einer Vorstellung oder von einem begrenzten System von Vorstellungen besessen, und er handelt so, als existiere nur, was sich auf diese Vorstellungen bezieht. Dieses zweite Phänomen ist bei Zuständen des Verlusts der persönlichen Identität seltener beobachtet worden. Offensichtlich liegt dem Denken Janets die Theorie der Dissoziation zugrunde.

M. Gill und D. Rapaport (26) haben einen Fall von »Amnesie« untersucht, bei dem deutlich wurde, warum die von Janet betonte Beziehung zwischen

---

[37] Zu den Zusammenhängen zwischen Amnesien, Absencen und somnambulen Zuständen und zu weiteren Beispielen siehe Dorcus und Schaffer (40, S. 281 f.).

Absencen und monoideischem Somnambulismus häufig übersehen wird. In diesem Fall trat der Verlust der persönlichen Identität in Anwesenheit der Angehörigen des Betroffenen ein, und auf diese Weise waren nicht nur Auskünfte über den absence-ähnlichen Charakter, sondern auch über den somnambulistischen monoideischen Inhalt des Zustands zu haben. Dieser Zustand wurde durch finanzielle Schwierigkeiten ausgelöst, und während der Periode des Verlusts der persönlichen Identität war der Betroffene von der Vorstellung besessen, er sei »auf der Suche nach einer Stellung«, die, falls sie in Wirklichkeit zu finden gewesen wäre, ihn aus seinen finanziellen Schwierigkeiten hätte befreien können. Dieser Patient war in Kontakt mit seiner Umgebung, aber er erkannte sie nicht; seine persönliche Identität hatte er vergessen, aber er machte sich über diesen Verlust keine Sorgen und schien ihn nicht zu bemerken; statt dessen wurde sein Verhalten von einem einzigen Bestreben gelenkt — »eine neue Stellung finden«. Bis zu diesem Zeitpunkt handelte er, wie ein Mensch in der Absence handeln würde, und der monoideische Charakter dieses Absence-Zustands war offenkundig. Später, als er in die Klinik gebracht wurde, wo wir ihn beobachteten, trat er anscheinend in den Zustand ein, den Janet als halluzinatorischen Somnambulismus bezeichnen würde: er verhielt sich so, als arbeite er in einer Stellung; das Geräusch der Heizungsanlage hielt er für das Geräusch der Maschinen der Fabrik, und den Arzt für den Besitzer. Bei seiner spontanen Genesung vergaß er alles, was in beiden Perioden geschehen war; es war, *als ob* das Bestreben, »eine neue Stellung finden«, psychisch nicht mehr vorhanden sei; also hatten auch die um dieses Bestreben gruppierten Erlebnisse die Antriebskraft verloren, die sie ins Bewußtsein hätte bringen können. Bis hierher scheint unsere Beobachtung die von Janet befürwortete Dissoziationstheorie zu bestätigen. Aber die nähere Nachprüfung offenbart bestimmte Züge des Bestrebens, eine neue Stellung zu finden und wirft Licht auf den Vorgang, der diesen Zuständen zugrundeliegt. Die Fallgeschichte zeigt, daß das Bestreben in diesem Fall einerseits gleichbedeutend war mit dem Loskommen von einer Vaterfigur, andererseits mit der Befreiung von der Verantwortung für die Frau und die Kinder des Patienten; diese Strebungen waren mit Schuldgefühlen verbunden, denn sie hatten mörderische Gedanken in sich, wie es die Selbstmordvorstellungen zeigen[38], die die Absence auslösten. Sein Bestreben, sich eine neue Stellung zu suchen, drückte also auf verdichtete Weise viele mit Schuldgefühlen beladene und also ver-

---

[38] In der psychoanalytischen und psychiatrischen Erfahrung und Theorie heißt es, daß Selbstmordvorstellungen und -handlungen die Folge der mörderischen aggressiven Antriebe sind, die von den Mitmenschen abgezogen und gegen das eigene Selbst gewendet werden. Siehe K. A. Menninger (41).

botene Bestrebungen aus. Es scheint, als sei er — vielleicht wegen seiner Schuldgefühle — nur dann in der Lage gewesen, die einzelne Bestrebung durchzuführen, wenn er zugleich die Erinnerungen vergaß, die die uneingestandenen verbotenen Strebungen ausdrückten. Dieses Bestreben wurde so mächtig, daß es die Herrschaft sowohl über das motorische und das Wahrnehmungssystem erlangte als auch über die Erinnerungs- und Denkprozesse. In der älteren Psychologie hätte man wohl gesagt, »das Streben erfüllte das ganze Bewußtsein« — und damit einen begrenzten Raum gemeint. Eine solche räumliche Auffassung vom Bewußtsein macht jedoch das Verstehen des Bewußtseins als Prozeß unmöglich.

Wenn unsere Deutung richtig ist, ist der Fall selbst eine massive Unterstützung jener Theorien, nach denen die Organisation des Gedächtnisses durch Strebungen, Affekte und Einstellungen bestimmt wird. Die wenigen sorgfältig beschriebenen Absence-Zustände, die wir in der Literatur gefunden haben, scheinen unsere Folgerungen zu bestätigen[39]. Zusätzliche Bestätigung läßt sich aus anderen Beobachtungen an diesem Fall ableiten. Erst nachdem der Patient sich wieder an seine Selbstmordvorstellungen erinnern konnte, die ihn, ebenso wie sein Wunsch, eine neue Stellung zu finden, unmittelbar vor der Absence sehr in Anspruch genommen hatten, begann die Wiedererlangung der Erinnerung an den Absence-Zustand. Schritt für Schritt und unter offensichtlich großer Mühe erlangte er sie wieder und beschrieb sie. Seine Geschichte war ziemlich unlebendig: Die Menschen und Orte, denen er während seiner Absence begegnet war, wurden zunächst nur beschrieben und entweder gar nicht oder nur durch rationale Rückschlüsse identifiziert. Anscheinend hatte er sie zur Zeit des Erlebens nicht erkannt. Das einzige Bestreben, das den Absence-Zustand beherrscht hatte, verursachte eine Nicht-Identifizierung und sogar Fehl-Identifizierung der Umwelt. Als dieses Streben wieder beherrscht wurde, trat eine Amnesie für

---

[39] Siehe den von Bennet (33) berichteten Fall. Seine Folgerungen lauten: »Jede Absence hatte, zusätzlich zu dem Zustand psychischer Anspannung, ihre Schatten in Form einer Periode vorausgeworfen, die reich an Phantasiekonstruktionen war. Diese Phantasien scheinen einen Schlüssel zum Motiv der Absence zu liefern, denn während der Absence werden viele der Phantasien verwirklicht. Z. B. hatte er vor der letzten Absence eine sich wiederholende Phantasie, er erbe oder erwerbe auf andere romantische Weise eine ausreichende Geldsumme. Es gab auch Phantasien einer tatsächlichen Flucht vor seinen Problemen. Beide Phantasien wurden im Absence-Zustand verwirklicht, ebenso viele andere« (S. 147).
»Bei jeder Absence findet sich daher diese Rückkehr zu einer unabgeschlossenen Gedankenkette, und es findet sich der Versuch, sie zum Abschluß zu bringen« (S. 148).
Siehe auch den vierten Fall in Bryans Bericht (34).

den Zeitraum ein, in dem das Streben sein Erleben organisiert hatte. Erst als die Erinnerung an ein weiteres Schlüsselerlebnis wiedererlangt worden war, konnte der Patient seine Geschichte vollständig erzählen. Während eines Gesprächs mit seiner Frau erinnerte er sich plötzlich, daß seine Frau ihm unmittelbar vor der Absence angeboten hatte, ihm in seinen finanziellen Schwierigkeiten zu helfen, und daß er geantwortet hatte: »Es ist zu spät«. Vorher hatte er sich daran nicht erinnert und sogar die Möglichkeit eines solchen Gesprächs geleugnet. Aber nachdem es ihm wieder eingefallen war, sah er seine Geschichte in einem neuen Licht: Er identifizierte die Orte und Personen, ohne auf rationale Rückschlüsse zurückgreifen zu müssen; er beschrieb Fakten richtig und mit lebendigen Einzelheiten. Es war, als sei ein aufgestauter Fluß plötzlich wieder befreit worden und fließe wieder in seinem alten Bett. Die Haltung persönlicher Identität durchzog nun die Erinnerungen; mit anderen Worten, das normale Wechselspiel von Strebungen ermöglichte jetzt eine vollständige Reproduktion der Erlebnisse während des Zeitraums der Absence. Bezeichnenderweise erhielten wir, als wir im Verlauf dieser neuen Erzählung den Patienten unterbrachen und ihn aufforderten, etwas zu überschlagen und zu späteren Ereignissen überzugehen, wieder einen unlebendigen Bericht über sie; aber als er in seiner eigenen Abfolge fortfuhr, brachte er die wieder belebte und ausführliche Geschichte hervor.

Dieser Fall bringt etwas Klarheit in das Wesen der Amnesie. Die Dissoziationstheorie beschreibt die Isolierung — »Dissoziation« — einer Gruppe von Erinnerungen von den übrigen. Unser Fall zeigt, daß diese »isolierten« Erinnerungen um eine Strebung herum angeordnet sind, und daß die Strebung der Art ist, daß sie eine Reihe unannehmbarer Strebungen verdichtet und ausdrückt. Auch das Ribotsche Gesetz[40] erscheint nun in neuem Licht. Ribot hat solche Fälle erlebt und dennoch behauptet, die ältere Erinnerungsspur sei stabiler und gehe daher später verloren. Er wußte, daß die älteren Spuren zuerst wiedergefunden werden; er führte dies auf ihre größere Stabilität zurück. Unser Fall zeigt, daß nicht größere Stabilität, sondern Stellung und Rolle in der Gedächtnisorganisation das Schicksal und die Rangordnung einer Erinnerung beim Vergessen und Erinnern bestimmen. Das Ribotsche Gesetz bleibt also unbewiesen und wird einer Theorie weichen, die an die Stelle von Alter und Stärke der Erinnerungen ihre Beziehung untereinander in der Architektonik der Gedächtnisorganisation und zu den Strebungen oder anderen dynamischen Faktoren setzen, die das Gedächtnis ordnen.

---

[40] Siehe die Erörterung dieses Gesetzes auf S. 225—227.

Wenden wir uns nun dem Beitrag von Jones zu dem Problem des Verlusts der persönlichen Identität oder, wie er es nannte, der »vollständigen autopsychischen Amnesie« zu: Jones (5) hat mit der Beschreibung und Analyse eines von ihm beobachteten Falles eine der wenigen theoretischen Erklärungen vorgelegt, die Psychoanalytiker in bezug auf die generalisierte Amnesie jemals gewagt haben. Die psychoanalytische Theorie erklärt Teil-Amnesien[41] oder Fälle von »Vergessen« durch das Konzept von der Verdrängung und dehnt diese Erklärung auch auf totale Amnesien aus; aber der Unterschied zwischen inselhaftem Vergessen und totalen Amnesien bleibt immer noch unerklärt. Es ist eine Frage, warum die Organisation des Gedächtnisses durch Strebungen von der Art ist, daß die Verdrängung im allgemeinen nur die wenigen Erinnerungen betrifft, durch die ein unannehmbarer Wunsch ins Bewußtsein dringen könnte, daß aber in einigen »abnormen« Fällen eine ganze Periode des Erlebens oder die ganze persönliche Vergangenheit vergessen wird. Jones zeigt zunächst, daß sein Patient hysterisch ist; dann geht er dazu über, das Wesen hysterischer Symptome zu analysieren. Er behauptet in Übereinstimmung mit der psychoanalytischen Theorie, daß physische Hysteriesymptome auf vergessenen traumatischen Ereignissen beruhen; die Konversionssymptome beruhen auf einer Reihe von Amnesien und sind eine *somatische Reproduktion* jener Ereignisse, auf deren Vergessen sie beruhen; hinter jedem dieser vergessenen traumatischen Ereignisse liegen auf mehreren Stufen der psychischen Entwicklung mehrere andere. Die großflächige hysterische Amnesie ist wie jedes andere hysterische Symptom auf einer ausgedehnten Reihe von Teilamnesien aufgebaut, die nicht in physische Symptome umgewandelt (konvertiert) worden sind. Jones berichtet, daß bei seinem Fall die Behebung der allgemeinen Amnesie zum Auftreten von Konversionssymptomen führte; diese Feststellung wird anscheinend durch mehrere andere Berichte untermauert und war auch in dem von M. Gill und Rapaport untersuchten Fall zu beobachten.

Jones' Theorie, die allgemeine Amnesie beruhe auf Teilamnesien, und Tatsachen, die sich in anderen Berichten über Absence-Zustände finden und zeigen, daß irgendwelche Arten von Erinnerungen in solchen Fällen immer erhalten bleiben, scheinen von erheblicher Bedeutung zu sein. Man gelangt zu der Vermutung, daß die erstaunliche Vollständigkeit der klassischen Amnesien vielleicht nur eine Fabel aus jenen Zeiten ist, in denen die Methoden zur Untersuchung von Amnesien sogar noch unzulänglicher waren als heute. Es ist möglich, daß, falls ausreichend starke und zahlreiche Strebungen durch ein Streben zum Ausdruck kommen können, und wenn diese

---

[41] Siehe Erickson (42).

Strebungen von der Art sind, daß die relevanten Erinnerungen verdrängt werden müssen, das ganze Gebäude von Erinnerungen, das die Bedeutung der nunmehr durch ein einziges Bestreben ausgedrückten verschiedenen Strebungen enthält, vergessen wird. Das Streben, in dem sich die verschiedenen Strebungen verdichtet haben, wird ausschlaggebend und beherrscht das Bewußtsein und wird so zu dem Motiv, um das der Absence-Zustand aufgebaut wird. Totales Vergessen ist in diesen Fällen, wo die um Strebungen herum angeordneten Erinnerungen auftauchen oder sich zurückziehen, je nachdem, ob die Strebungen herrschen oder verdrängt werden, mehr Schein als Wirklichkeit.

Abeles und Schilder (31) erkannten als erste, daß der Verlust der persönlichen Identität eine spezifische Störung ist. Sie sonderten sie von anderen Amnesien ab[42] und gaben eine ausführliche phänomenologische Beschreibung der Störung. Dies war ein Schritt vorwärts, denn weder Janet noch Jones hatten den Verlust der persönlichen Identität scharf von anderen Amnesien getrennt. Aber die Arbeit von Abeles und Schilder war in anderer Hinsicht ein Rückschritt. Diese Autoren untersuchten weder die Beziehung des Verlusts der persönlichen Identität zu Absencen und somnambulistischen Zuständen, noch seinen dynamischen — nicht deskriptiven — Unterschied gegenüber anderen Amnesien. Ihre theoretische Ansicht von der Amnesie wird an Schilders Aussage in einer späteren Abhandlung (43) deutlich, in der er über das Verschwinden der klassischen »grande hystérie« spricht; er nennt die Amnesie dort eine der neuen Formen, die sich die Hysterie wählt[43]. Abeles und Schilder erwähnen die Hysterie nicht direkt; aber bei der Besprechung von zwei Fällen, die sie aus der Literatur zitieren, geben die Autoren ihre Einstellung zu erkennen:

»In beiden Fällen war starke elterliche Unterdrückung vorhanden, auf die Rebellion in Form der Amnesie folgte« (S. 588).

Noch deutlicher ist ihre Beschreibung des emotionalen Hintergrundes, von dem sie glauben, er liege der Amnesie zugrunde:

---

[42] »In der Psychopathologie wird jeder Zustand des Vergessens Amnesie genannt. Wir interessieren uns hier lediglich für Fälle, in denen die Patienten ihre eigene Identität vergessen. Zur eigenen Identität gehört die Verbindung mit einer spezifischen Sozialstruktur. Man hat Verwandte, Freunde, eine Arbeitsstelle und eine Wohnung. Aber Name und Adresse sind Symbole der eigenen Identität. Im Alltagsleben identifiziert man Menschen mit Hilfe dieser Kriterien, und sie identifizieren sich selber auf diese Weise. Das Wissen, die Einsichten und Fähigkeiten eines Menschen sind in dieser Hinsicht weit weniger wichtig« (S. 587).
[43] 36 % der Hysteriefälle, über die Schilder dort berichtet, sind Amnesien.

».. . die Amnesie ist eine Selbstbestrafung aus Schuldgefühl; sie ist ein potentieller Selbstmord. Die psychogene Erblindung, die in zwei Fällen der Amnesie vorausging, hatte wahrscheinlich eine ähnliche Bedeutung.

In vielen Fällen findet man eine tiefe Enttäuschung über das Liebesobjekt. Sie ist ein Verlassen des Liebesobjekts. Man ist für das Liebesobjekt tot. Man beseitigt sich selbst (Selbstmord), aber zugleich beseitigt man auch die anderen. Die Tendenz, sie zu bestrafen, ist häufig offensichtlich.

Wirtschaftliche Probleme werden oft als Grund der Amnesie angegeben. Man sollte bezüglich einer solchen Möglichkeit skeptisch sein. Man kann leicht feststellen, daß gewöhnlich tiefere Beweggründe vorhanden sind. Ein Mann mußte ein wertvolles Bild verkaufen und verlor das Gedächtnis, aber er brauchte das Geld für die Verteidigung seiner Mutter, die des Mordes angeklagt war.

Amnesie ist oft ein Nachgeben gegenüber einer stärkeren Kraft. Einer unserer Patienten verlor das Gedächtnis, nachdem man ihm Geld gestohlen hatte, das er für die Familie brauchte. Es ist scheinbar ein leichter Ausweg. In einem anderen Fall verlor der Patient das Gedächtnis, als er von einem Auto angefahren wurde, aber in diesem Fall stand ein schwerer Liebeskonflikt im Hintergrund« (S. 602 f.).

»Im großen und ganzen ist die Amnesie ein schwacher Versuch einer schwachen Persönlichkeit, Konflikten zu entkommen, die hauptsächlich Konflikte des wirklichen Lebens sind, aber natürlich haben diese Konflikte eine Beziehung zu den infantileren Reaktionstypen, insbesondere zum Ödipuskomplex. Es ist die Angst, von der Familie, von Vater und Mutter oder ihren Stellvertretern bestraft zu werden, die zu einer Flucht führt, durch die der Mensch nicht allzuviel Schaden leidet« (S. 603).

Wenn auch die emotional-pathologische Ätiologie des »Verlusts der persönlichen Identität« nicht anzuzweifeln ist, bleibt er doch immer noch ein ungelöstes Problem. Wir haben gesehen, daß er sowohl in retrograde Amnesien übergeht als auch in die somnambulen Zustände und Absencen; mit den letzteren wird er häufig irrtümlich gleichgesetzt, da die Trennungslinie keineswegs klar ist. Der Umstand, daß im Verlauf des Verschwindens dieser Amnesien Konversionssymptome auftreten und die Tatsache, daß Amnesien eindeutig organischer Genese auch in der Form des »Verlusts der persönlichen Identität« auftreten können, zeigen, daß selbst diese Amnesien — die am meisten typischen emotional-psychogenen — ein psychosomatisches Problem darstellen. Der in diesem Abschnitt zusammengefaßte heutige Stand des Wissens von den Gedächtnisstörungen ist noch bei weitem nicht befriedigend. Trotzdem hat es das Material ermöglicht, die zu dieser Gruppe gehörenden Störungen als Teil eines Kontinuums darzustellen; sie gehen in die bereits besprochenen retro- und anterograden Amnesien über, ebenfalls in die organisch bedingten Amnesien, die noch zu besprechen sind. Wir hoffen, daß wir einen kontinuierlichen Übergang zu den multiplen

Persönlichkeiten vorbereitet haben, deren Besprechung wir uns nun zuwenden wollen.

C. *Die multiple Persönlichkeit*

Eine der ungewöhnlichsten Gedächtnisstörungen ist jene, die bei den multiplen Persönlichkeiten zu finden ist. Die Phänomene der multiplen Persönlichkeit sind ein Bereich, der vom Nebel des Unheimlichen verdeckt ist, teilweise geschaffen von jenen Forschern, die diese Erscheinungen mit der Parapsychologie verknüpft haben[44], und zum Teil durch den Umstand, daß die zu ihrer Untersuchung am häufigsten verwendete Methode — nämlich die Hypnose — ein Werkzeug ist, das selbst ungenügend bekannt ist, und dessen Wirkung auf diese Persönlichkeiten oder dessen Rolle bei ihrer Verursachung völlig unklar ist. Der Ausdruck »multiple Persönlichkeit« bezeichnet die Tatsache, daß ein einzelner Mensch zwei oder mehr relativ gut unterscheidbare und verschiedene »persönliche Identitäten« zeigt, die sich abwechseln oder, eine von der anderen wissend, nebeneinander bestehen; die Handlungen in der von einer »Persönlichkeit« beherrschten Periode werden in der von den anderen »Persönlichkeiten« beherrschten Periode nicht erinnert. Aber diese Definition ist weder genau noch spezifisch genug. Um sie genauer zu machen, muß mehr über die Funktion des Gedächtnisses bei den verschiedenen Persönlichkeiten gesagt werden; um sie spezifischer zu machen, muß die Art der Unterschiede zwischen den Persönlichkeiten erörtert werden.

Die Aussage, eine Persönlichkeit erinnere sich nicht an die Handlungen und Gedanken der anderen Persönlichkeiten, ist ungenau. Es hat Fälle von multiplen Persönlichkeiten gegeben, bei denen dies als absolut zutreffend berichtet wurde[45]; aber im allgemeinen ist es nicht der Fall. So hatte im Fall der Mary Reynolds — berichtet von S. W. Mitchell (51) — viele Jahre lang die eine Persönlichkeit keinen Zugang zu den Erinnerungen der anderen; als aber die »zweite« Persönlichkeit die ursprüngliche immer mehr verdrängte und einige ihrer »vorteilhaftesten« Eigenschaften annahm, hatte sie auch unbestimmte Erinnerungen an das Leben der ursprünglichen Persönlichkeit[46]. Die von Sidis und Goodhart (52) beschriebene Geschichte von

[44] Siehe W. F. Prince (44) und T. W. Mitchel (45).
[45] Z. B. der Fall von McNish (46), der auch von Mitchill und Ellicot besprochen wird (53); die Berichte über die Fälle von Skae (47), Proust (48), Mesnet (49), die von Prince (50) zusammengefaßt wurden.
[46] Janet (37) schrieb: »Ihr schien es, als habe sie gleichsam eine dunkle, traumartige Vorstellung von einer schattenhaften Vergangenheit, die sie nicht ganz erfassen konnte« (S. 77).

Hanna war ähnlich, nur mit dem Zusatz, daß in den Träumen der »zweiten« Persönlichkeit Erinnerungen der ursprünglichen Persönlichkeit vorhanden waren. Ob bei sorgfältigerer Untersuchung und Nachuntersuchung die Fälle, in denen von einer totalen reziproken Amnesie[47] der Persönlichkeiten berichtet wurde, ähnliche Phänomene zutage getreten wären wie bei den Fällen von Reynolds und Hanna bleibt eine reine Mutmaßung. Trotzdem kann man schließen, daß die Ausdrücke »reziproker Somnambulismus« — den Janet (37) vorgeschlagen hat — und »alternierende Persönlichkeiten mit reziproker Amnesie« — vorgeschlagen von McDougall (54) — nur Extremfälle einer Gruppe von Phänomenen bezeichnen und nicht eine besondere Kategorie. Diese Gruppe umfaßt jedoch eine große Vielfalt von Phänomenen. Die Fälle von Reynolds und Hanna führen direkt zu dem von Azam (55) beschriebenen Fall der Felida X: in diesem Fall trat die zweite Persönlichkeit allmählich an die Stelle der ersten; aber obwohl die erste Persönlichkeit sich an nichts von der zweiten erinnerte, war die zweite immer im Besitz aller Erinnerungen der ersten. Dieser Fall und ähnliche Fälle wurden von Janet »dominierender Somnambulismus« genannt, und von McDougall »alternierende Persönlichkeiten, von denen eine inklusiv ist«. Diese Gruppe geht unmerklich in eine andere über, in der die Erinnerungsbeziehungen komplizierter sind. Der von M. Prince (56) beschriebene »CBA«-Fall ist ein Beispiel. Die ursprüngliche Persönlichkeit war C; A und B tauchten später auf. B war fast dominant; sie besaß die Erinnerungen an die Hypnosen der einen oder der anderen. Ähnliche Komplikationen waren bei dem berühmten Fall der Miss Beauchamp von Prince (57, 58) zu beobachten. Ob diese komplizierten Persönlichkeiten ohne den Einfluß des Untersuchenden und insbesondere ohne seine hypnotischen Manipulationen hätten zustandekommen können oder zustandegekommen wären, ist eine Frage, die sich nicht beantworten läßt[48]. Die Rolle, die die Hypnose bei der Entwicklung von multiplen Persönlichkeiten spielen kann,

---

[47] Der Ausdruck »Amnesie« wird in diesem Zusammenhang gewöhnlich verwendet. Wir wollen ihn auch so gebrauchen, obwohl seine Richtigkeit fraglich ist: Die »Nicht-Verfügbarkeit« der Erinnerungen einer Persönlichkeit für eine andere ist nicht identisch mit der »Nicht-Verfügbarkeit« der Erinnerungen an einen eigenen Lebensabschnitt der Person.

[48] In diesem Zusammenhang schrieb Janet (37): »In diesen vielschichtigen Fällen macht sich gewöhnlich ein neuer Einfluß bemerkbar, der die Dinge erheblich kompliziert. Ich meine den Einfluß des Beobachters selbst, der am Ende seine Versuchsperson zu gut kennt und ihr zu wohlbekannt ist. Was für Vorsichtsmaßnahmen man auch ergreifen mag, letzten Endes beeinflussen die Vorstellungen des Beobachters die Entwicklung des Somnambulismus bei der Versuchsperson und komplizieren ihn künstlich noch mehr« (S. 85).

und die Beziehung dieser zu hypnotischen Zuständen werden klarer, wenn wir jene multiplen Persönlichkeiten besprochen haben, zu denen die beschriebene Gruppe überleitet. Prince und McDougall nennen sie die »nebeneinander bestehenden oder mitbewußten Persönlichkeiten« (*coexisting or co-conscious*). Der von Cory (59) berichtete Fall der Miss Beauchamp und viele andere gehören zu dieser Gruppe. Diese Fälle werden von Prince (58) charakterisiert wie folgt:

»Der dissoziierte Teil des Bewußtseins ist vielleicht niemals Bestandteil des wachen Selbst gewesen und kann infolgedessen nicht eigentlich als abgespaltener Teil der Seele bezeichnet werden. Wenn er nicht als eine alternierende Persönlichkeit zum Vorschein kommt, ist er nicht latent; er ist mitbewußt (*co-conscious*) und mag im Unterbewußtsein Erlebnisse haben und wachsen und sich entwickeln. Es besteht eine Verdopplung des Bewußtseins ohne eine wirkliche Teilung des normalen Selbst« (S. 98).

Mit anderen Worten, eine der Persönlichkeiten kann existieren, die Erlebnisse der manifesten Persönlichkeit beobachten, zu ihren Gedanken, Gefühlen und Erinnerungen Zugang haben und zugleich eigene Erlebnisse haben, ohne manifest zu werden. Dieses Phänomen ist jenen alternierenden Persönlichkeiten ähnlich, von denen eine »inklusiv« ist, d. h. die Erinnerungen aller Persönlichkeiten stehen einer Persönlichkeit zur Verfügung. Diese »mitbewußten« Persönlichkeiten können latent bleiben, spontan erscheinen oder in der Hypnose entdeckt werden.

Zwei extreme und eindeutige Fälle derartiger »mitbewußter Persönlichkeiten« wurden von Erickson (60, 61, 62) beschrieben. Da eine dieser Patientinnen — L und M — niemals hypnotisiert worden ist[49], ist sie für uns besonders interessant. M. behauptet, es habe sie schon immer gegeben und sie erinnere sich an alles, was L jemals getan habe, aber sie kam nie als handelnde Persönlichkeit zum Vorschein, bevor sie von Erickson entdeckt wurde. Dies geschah durch automatisches Schreiben und ähnliche Techniken, und es dauerte lange, bis M sprechen lernte. M erscheint nur bei Erickson, entweder spontan oder auf seine Aufforderung hin. L erinnert sich nicht an das, was geschieht, wenn M »auftritt«. M erinnert sich, was L tut, obwohl sie manchmal sagt: »Ich war nicht da, aber ich kann in Ls Gedächtnis nachsehen und die Information besorgen, wenn Sie sie wollen«. Janets Fall Marceline (37, S. 86), 89) weist einige Ähnlichkeiten mit diesem Fall auf. Marceline erlitt einen lähmenden hysterischen Zusammenbruch. Janet versetzte sie in Hypnose, um die Ernährung zu ermöglichen und stellte fest, daß Marceline in diesem Zustand fröhlich ein normales Leben weiterführen konnte; jedesmal, wenn sie einen Rückfall

---

[49] Diese Tatsache und der Bericht über den Fall beruhen auf persönlichen Mitteilungen von M. H. Erickson und eigenen Beobachtungen des Autors.

erlitt, wurde sie zu Janet gebracht, und er brachte sie wieder in den erwünschten Zustand. Eigenartigerweise war in bezug auf die Erinnerung der durch Hypnose herbeigeführte Zustand der dominante. Sowohl Ericksons Fall als auch Marceline weisen schlummernde mitbewußte Persönlichkeiten auf, die der Hypnotiseur oder der Untersuchende wachgerufen hat. Diese Fälle sprechen für einen kontinuierlichen Übergang von den multiplen Persönlichkeiten zu den hypnotischen Zuständen, Absencen und jenen somnambulistischen Zuständen, mit denen man hysterische Anfälle, hypnotische Zustände und multiple Persönlichkeiten im allgemeinen verglichen hat. Die Gedächtnisphänomene, die man bei multiplen Persönlichkeiten findet, scheinen in andere Phänomene der Pathologie des Gedächtnisses überzugehen, die wir schon besprochen haben. Der extreme Fall McNishs mit der vollständigen reziproken Amnesie ist am weitesten von diesen Gedächtnisphänomenen entfernt; die anderen Fälle kommen ihnen allmählich näher. Fassen wir folgende gemeinsame Züge zusammen:

a. Das gemeinsame Merkmal hypnotischer Gedächtnisphänomene und der multiplen Persönlichkeit ist das Vorhandensein eines isolierten Erinnerungssystems, das dem Primärbewußtsein nicht zugänglich ist. Das Erinnerungssystem des hypnotischen Zustands ist, wie das des »dominanten« Typus bei der multiplen Persönlichkeit inklusiv; die Erinnerungen des Wacherlebens sind in den Trance-Zuständen verfügbar. Die Entdeckung vieler mitbewußter Persönlichkeiten durch Hypnose[50] ist ein weiteres Bindeglied zwischen diesen beiden Gedächtnisphänomenen. Schließlich zeigt der Umstand, daß nicht alle hypnotischen Zustände miteinander kommunizierende Gedächtnissysteme zu haben brauchen, ein Amnesie-Phänomen, das dem der multiplen Persönlichkeiten ähnlich ist. Janet (1) berichtete:

»Marguerite, die von Herrn Dutil eingeschläfert worden war, konnte die Erinnerung an den Somnambulismus, den wir selbst herbeigeführt hatten, nicht wiedererlangen, und als sie von uns wieder eingeschläfert war, konnte sie die Erinnerung an den von Herrn Dutil induzierten Somnambulismus nicht wiedererlangen. Eine Patientin ... war in einem Dämmerzustand vergewaltigt worden; als sie wieder eingeschläfert worden war, konnte sie sich jedoch nicht wieder an diesen Vorfall erinnern und sagte dann: ›Ich kann mich nicht erinnern, was geschehen ist; mir scheint, ich bin auf andere Weise eingeschläfert worden‹ ...« (S. 420—421).

b. Die Beziehung von multiplen Persönlichkeiten zu Absencen und somnambulistischen Zuständen wird dadurch angezeigt, daß Janet die multip-

---

[50] Siehe die Tabelle von M. Prince (50), besonders die Spalte, die über die Herkunft der Persönlichkeiten Aufschluß gibt.

len Persönlichkeiten als »Somnambulismen« bezeichnet hat. Die Tatsachen haben das Vorhandensein einer engen Beziehung bestätigt. Bei Absencen geht die »persönliche Identität« verloren, und eine andere »Persönlichkeit« scheint aufzutauchen; zwischen dem Normalzustand und der Absence besteht eine reziproke Amnesie, aber es ist eine Kommunikation zwischen den Gedächtnissystemen verschiedener Absence-Zustände[51] bei ein und demselben Individuum vorhanden. Es trifft zu, daß die Absence-Persönlichkeit gewöhnlich unvollständig ist — manchmal nicht mehr als ein monoideischer Somnambulismus — aber das gleiche gilt für viele Mehrfachpersönlichkeiten, die kindisch[52] oder von einer Vorstellung gelenkt sind, und deren Zustand einem Absence-Zustand ähnlich ist[53]. Die Ähnlichkeit mancher Mehrfachpersönlichkeiten mit Absence-Zuständen ist von T. W. Mitchel (45) betont worden:

»Wir sehen also, daß das Benehmen Ansel Bournes in den ersten 14 Tagen seines sekundären Zustands dem einer gewöhnlichen Absence entsprach. Er vergaß seine persönliche Identität, nahm einen neuen Namen an und zog herum, von einer Stadt zur anderen. In den restlichen sechs Wochen führte er ein ruhiges Leben als kleiner Ladenbesitzer. In seinem zweiten Zustand hatte er keine Erinnerung an sein früheres Leben, und als er wieder zu sich kam, hatte er keine Erinnerung an das Leben während seines zweiten Zustands. Die verlorenen Erinnerungen wurden jedoch während der Hypnose wiedererlangt, und die auf diese Weise gewonnenen Aufschlüsse über seine Geistesverfassung am Anfang seiner Absence weist wahrscheinlich auf die Art der Vorstellungen hin, die zu seiner ›Flucht‹ führten. Er sagte, er habe irgendwohin flüchten wollen — er habe nicht gewußt wohin — und Ruhe haben wollen. Als er seinen kleinen Laden eröffnete, kam die Absence im eigentlichen Sinn an ihr Ende. Die Vorstellung, die seine Flucht bestimmt hatte, war nahe daran, Wirklichkeit zu werden, und während sie sich verwirklichte, führte er das Leben einer Sekundärpersönlichkeit, das durch die Unterbrechung der Kontinuität seiner Erinnerung bedingt war und nicht durch irgendeine große Veränderung seines Charakters oder seines Verhaltens« (S. 112).

Nicht alle multiplen Persönlichkeiten haben Ähnlichkeit mit Absencen. Eine Absence ist niemals mitbewußt; mitbewußte multiple Persönlichkeiten sind also eher hypnotischen Zuständen ähnlich, die mitbewußt sind. Je integrierter, realitätsangepaßter und reifer eine multiple Persönlichkeit ist, desto mehr unterscheidet sie sich von einer Absence. Je primitiver und unreifer eine multiple Persönlichkeit ist, und je mehr sie von einem einzigen Bestreben gelenkt zu sein scheint, desto mehr ähnelt sie einem Absence-Zustand.

[51] Siehe den Fall von Bennet (33, S. 148).
[52] Siehe den Fall von W. F. Prince (44) oder den Fall Goddards (63).
[53] Siehe den Fall von Gaver (64) oder den von Allen (65).

Wir haben die Gedächtnisphänomene der Mehrfachpersönlichkeit beschrieben und haben gezeigt, daß sie ohne Bruch in Gedächtnisphänomene übergehen, deren emotionaler Ursprung auf diesen Seiten schon besprochen worden ist. Wir wenden uns nun dem Material zu, das die Rolle der Gefühle bei diesen aufsehenerregenden Gedächtnisphänomenen zeigt, und wir wollen versuchen, eingehender die Unterschiede zwischen den verschiedenartigen »Verhaltensmustern« herauszuarbeiten, die hier als die »Persönlichkeiten« einer Person bezeichnet worden sind. Wenn auch die Genese und die Dynamik der Funktionsweisen dieser Mehrfachpersönlichkeiten unklar sein mag, die Überzeugung, daß sie emotionalen Ursprungs und, genauer gesagt, hysterischen Ursprungs sind, scheint allgemein akzeptiert zu sein[54]. In der Literatur gibt es jedoch viele Berichte über multiple Persönlichkeiten, deren Entstehung durch organische Traumata ausgelöst worden ist[55]. Ob Mehrfachpersönlichkeiten im allgemeinen hysterischen Ursprungs sind, ist zu bezweifeln. Die Tatsache, daß in einigen Fällen die ursprüngliche Persönlichkeit als »neurasthenisch« bezeichnet wurde, läßt einigen Zweifel an ihrer hysterischen Genese aufkommen, obwohl Prince (50) schrieb:

»... der neurasthenische Zustand, eines der Stigmata der Hysterie, ist pathologisch gesehen ein Typus der Dissoziation der Persönlichkeit« (S. 187)[56].

Erickson und Kubie (60) und Erickson und Rapaport (62) beobachteten zwei Doppelpersönlichkeiten, die zum zwangsneurotischen Typus gehörten, und Oberndorf (66) bezeichnete die »mitbewußte Geistestätigkeit« (co-conscious mentation) allgemein als Zwangsphänomen. Schließlich kann man den hysterischen Ursprung multipler Persönlichkeiten in Frage stellen, wenn man die psychoanalytische Theorie berücksichtigt.
Dort wird behauptet, die Hysterie habe ihren Ursprung in der phallischen Phase der psychosexuellen Entwicklung, die der Stufe der reifen Genitalität unmittelbar vorangeht; die Bildung der Grundlagen des Charakters findet aber viel früher in der Entwicklung des Individuums statt. Die Berichte über die meisten Fälle zeigen deutlich ihren emotionalen Ursprung, selbst wenn man bei den multiplen Persönlichkeiten, die durch epileptische Anfälle, ein »organisches Trauma« oder »Fieber« ausgelöst worden sind, eine organische Ätiologie annimmt und nicht versucht zu zeigen, daß diese nur das hervorholen können, was latent in der Persönlichkeit vorhanden ist.

---

[54] M. Prince (50) hat eine intensive Diskussion begonnen, um dies zu beweisen.
[55] Eine Erörterung dieser Mehrfachpersönlichkeiten findet sich auf S. 271—273.
[56] Siehe auch Donley (67).

M. Prince (50) hat einen Überblick über zwanzig Fälle von multipler Persönlichkeit gegeben. Er hat dabei die Fälle von McNish, Ladame, Verriest, Bonamaison, Dufay und anderen, die Janet (37) erwähnt, nicht einbezogen. Bei den zwanzig Fällen traten zwischen zwei und zwölf Persönlichkeiten pro Person auf; insgesamt waren es fünfundsechzig verschiedene Persönlichkeiten. Der Ursprung dieser Persönlichkeiten, wie sie Prince auf der Grundlage der Originalaufzeichnungen tabellarisch geordnet hat, zeigte eine große Vielfalt: Hypnose, emotionale Erschütterung, hysterisch-epileptische Anfälle, Fieber, kataleptische und epileptische Anfälle, physische Unfälle usw. Bei vielen war kein direkter auslösender Anlaß aufgezeichnet worden. Seit der Aufstellung von Prince sind eine Reihe neuer Fälle emotionalen Ursprungs berichtet worden — z. B. die von Gaver (64), Hart (68), Pech (69), Gordon (70, 71), Goddard (63), Wholey (72, 73), Allen (65), Erickson (60, 61, 62) — sowie eine Reihe von Fällen, die durch organische Traumata ausgelöst worden waren. Sie sollen später in diesem Kapitel besprochen werden.

Der emotionale Ursprung der multiplen Persönlichkeiten wird stillschweigend vorausgesetzt, wenn man sie mit Hilfe des Dissoziationskonzepts erklärt, und zwar insofern, als man dieses Konzept auch verwendet, um hysterische und hypnotische Phänomene zu erklären. Dieses Konzept haben wir auf diesen Seiten schon im Zusammenhang mit Janets Erklärung des monoideischen Somnambulismus und der Absence-Zustände erörtert[57]. Bei multiplen Persönlichkeiten beruft man sich auf dieses Konzept, um eine verwickeltere Gruppe von Gedächtnisphänomenen zu erklären. Wie immer der spezifische Mechanismus der Genese multipler Persönlichkeiten beschaffen sein mag, sie offenbaren auf alle Fälle die Vielfalt der Gedächtnisphänomene, die durch Eigentümlichkeiten der emotionalen Organisation ausgelöst werden können. Die Psychoanalyse hat den Begriff der »Verdrängung«[58] entwickelt, um partielle Amnesien zu erklären. Bei der Besprechung der generalisierten Amnesien im ersten Teil dieses Kapitels haben wir darauf hingewiesen, daß die Anwendung der »Verdrängungstheorie« auf totale Amnesien nicht befriedigend war[59]. Das Konzept der Dissoziation ist häufig als Erklärung für hypnotische Amnesien[60] und generalisierte Amnesien[61] angeboten worden. Wir müssen jetzt unsere Aufmerksamkeit der Definition des Begriffs »Dissoziation« sowie der Beziehung der Disso-

---

[57] Siehe S. 213.
[58] Siehe 5. Kapitel, S. 205 ff.
[59] Siehe S. 249—251.
[60] Siehe 6. Kapitel, S. 213.
[61] Siehe S. 239.

ziation zur Verdrängung zuwenden. Bei McDougall (54) findet sich eine direkte Erörterung dieser Fragen, deren Anführung sich lohnt[62]:

»Wenn es sich in einem Fall nur um Verdrängung handelte, sollten wir erwarten, daß die Patientin jede Bezugnahme auf den Vorfall vermeidet, den die verdrängte Erinnerung betrifft; wir könnten sogar feststellen, besonders, wenn die Verdrängung schon seit geraumer Zeit bestünde, daß die Patientin sich an ihn nur schwer willkürlich erinnern könnte; und wir würden vielleicht in Träumen und Phantasien, an die sie sich nicht leicht erinnern würde, Anzeichen für den verdrängten Affekt finden. Ein gewisses Maß derartiger Verdrängung findet bei vielen Menschen im Zusammenhang mit solchen peinlichen Erlebnissen statt. Wir sollten auch Anzeichen für Verdrängung und fortgesetzten Konflikt in einer weitergehenden Bedrängnis der Patientin finden, und vielleicht noch an anderen Zeichen erkennen, daß der Konflikt ihre Kräfte von innen her verzehrt. Aber wenn eine Dissoziation stattgefunden hat, ist der Zustand der Patientin anders; sie kehrt nicht nur nicht zu dem Thema zurück oder hat Schwierigkeiten, sich an es zu erinnern, sondern sie scheint jede Erinnerung an es vollständig verloren zu haben. Für ihr bewußtes Erleben scheint die Erinnerung versunken zu sein, scheint sie nicht mehr zu existieren. Sie weist keine Anzeichen des fortdauernden Konflikts, keine Bedrängnis auf; sie trägt eher eine unnatürliche Gleichgültigkeit zur Schau, etwas, das die Franzosen als ›une belle indifférence‹ oder ›une belle complaisance‹ bezeichnen. Und wenn die dissoziierte Erinnerung mit ihrem starken Affekt sich manifestiert, tut sie es nicht, indem sie das Urteilsvermögen beeinträchtigt, Träume oder Phantasien hervorruft oder auf andere Weise den Bewußtseinsstrom der normalen Persönlichkeit beeinflußt, sondern vielmehr, indem sie zeitweilig die normale Persönlichkeit beseitigt und den ganzen Organismus beherrscht. Dieser letzte Zug der dissoziierten psychischen Tätigkeit tritt nicht immer auf; vielmehr manifestiert sich in sehr vielen Fällen das dissoziierte System durch eine ›automatische Tätigkeit‹, die neben der normalen bewußten Tätigkeit herläuft oder gleichzeitig geschieht« (S. 236).

»Ein weiterer Unterschied zwischen dem Vorgang der Dissoziation und dem der Verdrängung liegt darin, daß die letztere gewöhnlich ein langsamer, allmählicher Prozeß ist, der viele verschiedene Stufen aufweist, die von einem Augenblick zum anderen wechseln, je nach dem Wechselspiel der verdrängten und der verdrängenden Kräfte, daß die Dissoziation hingegen meist ein plötzlicher Vorgang ist, der sich sofort vollzieht. Es wäre vielleicht nicht ganz richtig, wollte man sagen, die Dissoziation sei ein Vorgang des ›alles oder nichts‹« (S. 237).

Es scheint, als sei der Unterschied, den McDougall zu machen sucht, keineswegs so eindeutig, wie man nach diesen Aussagen meinen könnte. Erstens schafft das Abwechseln von Persönlichkeiten ebenso wie die Verdrängung viele Konflikte und Qualen[63]. Zweitens manifestiert sich das dissoziierte

---

[62] Siehe auch B. Hart (74).
[63] Siehe z. B. die Fälle von Felida X und Hanna, S. 253.

Material, wie das verdrängte, in Träumen und Phantasien, auch wenn McDougall das Gegenteil sagt. Drittens hat unsere Erörterung der Typen von multiplen Persönlichkeiten gezeigt, daß es keine absolute Trennung zwischen dissoziiertem Material und Alltagsmaterial gibt. Viertens ist der Prozeß der Dissoziation häufig ebenso allmählich wie der der Verdrängung, wie jedermann erkennen kann, wenn er sich die Tabelle von M. Prince (50) ansieht, in der das Tempo des Einsetzens spezifisch dargestellt ist. Die Dissoziation wird also zu einem Vorgang, der sich nur graduell von der Verdrängung unterscheidet. Aber dieser graduelle Unterschied, sein Ursprung und seine Mechanismen sind noch völlig ungeklärt. Morton Prince (58) hat, als er auf der Grundlage des Falles der Miss Beauchamp die Theorie der multiplen Persönlichkeit entwickelte, einen anderen Aspekt der Dissoziation beleuchtet, der in unserem Kontext von Bedeutung ist: Er versuchte zu zeigen, daß der Dissoziation des Bewußtseins, der Erinnerungen und der sensorischen Systeme eine Dissoziation von »Trieben«, »Emotionen« und »Empfindungen« zugrundeliegt[64]. Er zeigte z. B., daß Haß, Spott, Verachtung, Neid, Eifersucht, Rachsucht, Ressentiment und Fröhlichkeit bei Sally vorhanden und bei der ursprünglichen Persönlichkeit B I nicht vorhanden waren; daß aber Selbsterniedrigung, Ekel, Furcht, Dankbarkeit, Selbstvorwürfe, Angst, Scham und Schüchternheit bei Sally fehlten, bei B I aber vorhanden waren. Der Kern dieser unterschiedlichen Verhaltensmuster scheinen verschiedene »Affekte«, »Empfindungen« und »Einstellungen« zu sein. In anderen Berichten über Mehrfachpersönlichkeiten lassen sich ähnliche, wenn auch vielleicht weniger auffallende Unterschiede finden. Für die Theorie des »Gefühlseinflusses auf das Gedächtnis« ist dies von großer Bedeutung, wenn man die Interpretation des Falles der Miss Beauchamp für bare Münze nehmen kann. Dann könnte man folgenden Satz aufstellen: Multiple Persönlichkeiten sind Verhaltens- und Erinnerungsmuster, die um unterschiedliche und dissoziierte Systeme von Affekten, Empfindungen und Einstellungen herum angeordnet sind. Diese Dissoziation kann folgendermaßen aufgefaßt werden: Nicht die Erinnerungen, die zu einer einzigen unannehmbaren Strebung gehören, werden vergessen, wie bei der Verdrängung im eigentlichen Sinn, sondern eine Reihe von zusammenhängenden Strebungen, die ausreichen, um den Anschein einer »persönlichen Identität« zu erwecken, wird für die eigentliche Persönlichkeit unannehmbar; demgemäß werden ganze Erinnerungssysteme unerreichbar. Multiple Persönlichkeiten werden schärfer umrissen, je deutlicher die Dissoziation von Affekt- und Strebungssystemen voneinander sich ausprägt; infolgedessen können Erinnerungen und Reaktionen nicht mehr

---

[64] Siehe Prince (58, S. 71—82).

durch verschiedene Strebungen ausgelöst werden, wie es normalerweise der Fall ist, sondern nur noch durch ein spezifisches System von Strebungen.

Dann gäbe es einen kontinuierlichen Übergang zwischen der Verdrängung, bei der eine mit einer unannehmbaren Strebung verbundene Erinnerung nicht auftauchen kann, und der Dissoziation, bei der Systeme von Strebungen für das Bewußtsein unannehmbar werden, Affektsysteme ihm fremd werden und Erinnerungen an ganze Lebensabschnitte unzugänglich werden.

Wir haben in dieser Diskussion zu zeigen versucht, wie das Phänomen der Mehrfachpersönlichkeit in andere Amnesien übergeht (z. B. in die hypnotische, die somnambulistische, die Absence und die retrograden Amnesien); wie diese kann auch die multiple Persönlichkeit ebenso durch psychische wie durch physiologische Traumata ausgelöst werden; bei beiden scheint der Kern der Gedächtnisstörung emotionaler Art zu sein.

5. Durch organische Traumata ausgelöste Amnesien

In diesem Abschnitt wollen wir versuchen, jene Phänomene der Gedächtnispathologie zu besprechen, die nicht zu der Gruppe gehören, die man gewöhnlich als Korsakow-Syndrom oder amnestisches Syndrom bezeichnet, die aber trotzdem durch organische Hirnschädigungen ausgelöst werden. Diese Abgrenzung unseres Themas — eine durch Ausschluß herbeigeführte Abgrenzung — zeigt, daß wir es kaum mit einem einheitlichen Problemkomplex zu tun haben werden. Es ist jedoch nicht nur schwierig, die Gruppe des Korsakow-Syndroms von den Störungen zu unterscheiden, die hier betrachtet werden sollen, sondern es ist auch schwierig, einige Störungen, die gewöhnlich zur Gruppe der organischen Schädigungen gezählt werden, von funktionellen Störungen zu unterscheiden. Zum Beispiel werden zwar Amnesien, die auf Kopfverletzungen folgen, in Berichten meist als retrograd bezeichnet[65]; sorgfältige neuere Untersuchungen[66] zeigen jedoch, daß bei diesen Fällen Gedächtnisstörungen vom Korsakow-Typus ebenfalls häufig vorkommen. Die Amnesie in bezug auf epileptische Absencen, epileptische Dämmerzustände und starke epileptische Krämpfe wird gewöhnlich zur Gruppe der organisch bedingten Störungen gezählt; aber wenn man das Problem der »ideopathischen Epilepsien« und den flie-

---

[65] Siehe Russel (22).
[66] Siehe Schilder (75).

ßenden Übergang zwischen der »epileptischen« und der hysterischen Psychopathologie berücksichtigt[67], stützt sich die Rechtfertigung für die Einordnung der epileptischen Amnesien bei den organisch bedingten Amnesien nur auf die restliche »reine« Gruppe, bei der die Fokalläsion, die für die Anfälle verantwortlich ist, zweifelsfrei nachzuweisen ist. Andere Tatsachen zeigen die Künstlichkeit der Unterteilung sogar noch deutlicher: Das Korsakow-Syndrom ist z. B. im Grunde eine anterograde Amnesie, die mehrere Varianten aufweist — die senile, die alkoholbedingte und die paretische —, aber die augenfälligsten anterograden Amnesien der organisch bedingten Gruppe gehören nicht zum Korsakow-Typus. Der ganze Beobachtungsbereich ist zu wenig erforscht, und zu viel ist völlig unbekannt, so daß man nicht einmal Hypothesen aufstellen kann[68]. Jedoch gibt uns die Einteilung des Materials in organische Amnesien vom Korsakow-Typus und andere eine Gelegenheit, zwei verschiedene Gruppen von Problemen zu erörtern.

A. Funktionelle gegenüber organischen Faktoren

Für jene, die sich für die Rolle von Gefühlen in der Pathologie der Erinnerung interessieren, stellen die »organisch« bedingten Amnesien ein wichtiges Problem dar. Wenn diese Amnesien direkte Folgen der Organschädigung sind, können wir nicht hoffen, etwas über die Rolle der Gefühle zu lernen, wenn wir sie studieren. Wenn jedoch die Amnesie eine psychische Reaktion auf die Schädigung und/oder auf die narzißtische Kränkung ist, die sie unweigerlich mit sich bringt, dann können wir viel über die Rolle des Gefühls bei der Entwicklung organisch bedingter Amnesien lernen. Natürlich gibt es auch noch eine dritte Möglichkeit: daß die Amnesie sowohl eine direkte Folge der Organschädigung als auch eine psychische Reaktion auf sie bedeutet, und daß die Unterschiede im Beteiligungsgrad dieser beiden Faktoren die Ursache der großen Vielfalt in der Phänomenologie der organisch bedingten Amnesien sind. Daß Wechselwirkungen zwischen organischen und funktionellen Faktoren bis vor kurzem nicht berücksichtigt wurden, geht aus der folgenden Erörterung von Coriat (79) hervor, obwohl er einer der Vorkämpfer für die Berücksichtigung der funktionellen Genese in unserem Lande war:

---

[67] In diesem Zusammenhang siehe Maeder (76), Sidis (77) und Wittels (78).

[68] Diese Situation ist so wenig entwickelt, daß sich selbst in Standard-Lehrbüchern der Psychiatrie wie dem von E. Bleuler (80) oder von Henderson und Gillespie (16) keine Erörterung der Natur verschiedener organisch bedingter Amnesien findet.

»Die Amnesie ist entweder eine Dissoziation oder eine Zerstörung dieser Reproduktionstätigkeit, und je nach dem genauen Zustandsbild kann man die Amnesien grob in organische und funktionelle unterteilen. Die Faktoren bei der Entstehung der organischen Amnesien sind die verschiedenen Gifte, unter denen der Alkohol eine wichtige Stellung einnimmt, Trauma, Epilepsie und diffuse oder lokalisierte Hirnläsionen, wie sie bei der allgemeinen Paralyse, der senilen Demenz, dem Korsakow-Syndrom, Tumoren und Haemorrhagien vorkommen. Die funktionellen Amnesien stehen in einer ursächlichen Beziehung zur Hysterie und den Gefühlen; diese Faktoren bringen sehr häufig Erinnerungs-Dissoziationen hervor. Was die Synthese dieser Störungen vom Charakter der dissoziierten Erinnerungen angeht, so scheinen nur beim funktionellen Typus und bei einigen organischen Typen, z. B. bei Alkohol-Amnesien und bei epileptischen oder traumatischen Amnesien experimentelle Verfahren erfolgreich. Hier gibt es kein wirkliches Vergessen und keine wirkliche Zerstörung der Bilder; sie werden nur von der bewußten persönlichen Wahrnehmung dissoziiert. Bei den organischen Typen ist die Zerstörung real, da das tätige Gewebe der Kortex selbst physikalisch beeinträchtigt wird« (S. 109 f.).

Der heutige Stand der Forschung ist nicht genügend fortgeschritten, um die hier beteiligten Probleme zu lösen. Es scheint Hinweise dafür zu geben, daß eine scharfe Zweiteilung, wie Coriat sie trifft, nicht besteht, und daß an den sogenannten »organischen Amnesien« sowohl organische als auch emotionale Faktoren beteiligt sind.

Ein Teil des für dieses Problem relevanten Materials betrifft die Behebbarkeit von Amnesien. Es herrschte lange die Ansicht, der unwiderrufliche Verlust von Erinnerungen sei auf die Zerstörung ihrer Spuren im Gehirn zurückzuführen. Man hielt infolgedessen Wiedererlangbarkeit von Erinnerungen für das Kriterium der funktionellen Amnesie und ihre Unwiederbringlichkeit für das Kriterium der organisch bedingten Amnesie. Eine solche Unterscheidung läßt den häufigsten Fall unberücksichtigt — nämlich jenen, in dem das Verlorene zum Teil wiedererlangbar und zum Teil unwiederbringlich ist. Der Umstand, daß man im Lauf dieses Jahrhunderts funktionellen Störungen immer mehr Beachtung geschenkt hat, hat zu Versuchen geführt, Amnesien offenbar organischen Ursprungs durch Techniken zu beheben, wie man sie zur Behebung funktioneller Amnesien anwendet, wie z. B. Ablenkung, Assoziation, Hypnose und Drogen-Hypnose. Zum Beispiel hat Coriat (79) über die erfolgreiche Wiedererlangung der Erinnerungen der Amnesie-Periode bei Alkohol-Amnesien berichtet, Naef (81) über das gleiche bei einer traumatischen Amnesie, Muralt (82) und Schilder (83, 84) bei den Amnesien von Epileptikern; J. Wagner (85) und P. Schilder (88) berichten über das gleiche bei Erstickungs-Amnesien. Schultz (86), Stern (87) und Schneider (7) haben ausführliche Besprechungen ähnlichen einschlägigen Materials vorgelegt. Ein weiterer Schritt wurde getan, als Schilder (83) und andere an der Zeitersparnis, die beim Wiederlernen von scheinbar vergessenem und unwiederbringlichem Material festgestellt wurde, bewiesen, daß selbst in solchen Fällen irgendeine Art von Spur zurückbleiben muß. Oberholzer (89), Betlheim und Hartmann (90)[69] und Hartmann (91) waren nicht damit zufrieden, von der Wiedererlangbarkeit vergessenen Materials oder von einer nachweislichen Zeitersparnis darauf zu schließen, die Amnesie sei funktionellen Ursprungs. Sie untersuchten die Art des Behaltens bei solchen Amnesien und konnten zeigen, daß sogenannte Freudsche Mechanismen dabei eine wichtige Rolle spielten. Auf Grund dieser Entdeckung hielten sie es für erwiesen, daß an diesen organisch bedingten Amnesien ein funktioneller Faktor beteiligt ist.

Diese Feststellungen wurden in bezug auf die funktionelle Seite des Bildes getroffen; wenden wir uns nun der organischen Seite zu. Jones und Ghiselli (92) dressierten Ratten in bestimmten Gewohnheiten des sensorischen Unterscheidens; sie stellten fest, daß nach einer Entfernung der Teile des Gehirns, die oberhalb des Mittelhirns liegen, wodurch die Gewohnheit verlorenging, die Gewohnheit durch erneute Dressur mit einer erheblich geringeren Anzahl von Versuchen wiederhergestellt werden konnte, als man sie ursprünglich gebraucht hatte. Sie stellten die Hypothese auf, das Behalten des Engramms sei eine Funktion des Mittelhirns und sogar noch niedrigerer Strukturen, und die höheren Zentren spielten nur die Rolle eines dynamischen Relais. Laut diesen Forschern senden die höheren Zentren gemäß ihren eigenen Rhythmen und in Übereinstimmung mit den sensorischen Impulsen, die sie erreichen, Entladungen an die niedrigeren Zentren aus und lösen so Erinnerungen aus und übermitteln sie. Nach der Zerstörung dieses Relais wird die Gewohnheit vergessen, und der Vorgang des Wiederlernens stellt eine neue Übermittlung der Engramme her, die in den unzerstörten Teilen des Gehirns gespeichert sind. Obwohl die Bedeutung eines Tierversuchs für die Humanpsychologie immer mit äußerster Vorsicht beurteilt werden muß, liefert dieser Versuch zumindest eine Analogie für das, was vielleicht im Fall von Amnesien infolge organischer Verletzungen im organischen Bereich geschehen könnte. Er zeigt, daß das Behalten, wie es durch Zeitersparnis beim Wiederlernen oder durch die partielle Reversibilität der Amneise angezeigt wird, nicht notwendigerweise ein Beweis für die funktionell-emotionale Herkunft der Störung ist.

Nachdem wir Material besprochen haben, das das Problem der funktionell-emotionalen Ätiologie von »organischen Amnesien« erhellt, sowie das Material, das ihre organische Ätiologie beleuchtet, wollen wir Material be-sprechen, das auf die Interaktion beider hinweist. Dieses Material gehört zum Bereich der organisch bedingten Psychosen, die anscheinend zu den

---

[69] Einzelheiten siehe 8. Kapitel, S. 298 ff.

Psychosen im allgemeinen im gleichen Verhältnis stehen wie die organisch bedingten Amnesien zu den Amnesien im allgemeinen. Wir wollen für den Zweck dieser Erörterung einen typischen Fall der organisch bedingten Psychose benützen: die Psychose der progressiven Paralyse. Bei dieser Störung ist der Hirnschaden so offensichtlich und eindrucksvoll, daß man bis vor wenigen Jahrzehnten als selbstverständlich angenommen hat, sie sei rein organischen Ursprungs. Erst später begann Naecke (93) von einer »axialen« — organisch-irreversiblen — und einer »marginalen« — funktionell-reversiblen — Schädigung zu sprechen. Noch später zeigten Hollos und Ferenczi (94), daß die Psychose der progressiven Paralyse eine psychische Reaktion auf den organischen Schaden ist. Ihre Folgerungen, die später durch die Folgerungen von Schilder (95) und Katan (96)[70] untermauert wurden, besagen, daß bei der Psychose der progressiven Paralyse die invalidisierende Organschädigung vom Patienten als narzißtische Kränkung erlebt wird; er reagiert auf sie durch Regression auf eine Stufe der seelischen Entwicklung, wo die Schädigung der Funktionen nicht als Verlust erlebt wird. Kenyon, Rapaport und Lozoff (97) versuchten, die psychosomatische Beziehung zu analysieren, die durch die Entwicklung einer Psychose impliziert wird, an der sowohl ein organischer Verlust als auch emotional-funktionelle symptomatische Reaktionen beteiligt sind. Ähnliche Beziehungen können zwischen einer durch Organschädigung verursachten Amnesie — axial — und ihrer funktionellen Erweiterung — marginal — bestehen, die als eine seelische Reaktion auf den Schaden selbst oder durch die narzißtische Kränkung zustandekommt, die dem Kranken durch die ohnmächtige Furcht und Angst zugefügt wird, die zur Zeit der Verletzung vorherrscht. Eine solche Theorie würde gestützt durch die Feststellungen über die vor der Erkrankung bestehende Anpassung der Opfer organisch bedingter Amnesie, bei denen sich häufig emotionale Labilität findet. Derartige Feststellungen kommen zwar in der Literatur vor, sind aber keineswegs allgemein oder unzweideutig.

B. Die Varianten der organisch bedingten Amnesie

Bei den organisch bedingten Amnesien gibt es, wie bei den funktionellen, drei Gruppen: retrograde und anterograde Amnesien, den »Verlust der persönlichen Identität« und multiple Persönlichkeiten. Wir wollen das

---

[70] Siehe den Überblick über die einschlägigen Theorien in: Kenyon, Rapaport und Lozoff (97) und stützendes Material aus Beobachtungen und Versuchen in: Kenyon und Rapaport (98) und Kenyon, Lozoff und Rapaport (99).

Wesen der »Organbeteiligung« oder des »organischen Auslösefaktors« (bei diesen Amnesien) oder bei den Fällen, die besonders erörtert werden sollen, nicht im einzelnen besprechen. Wir wollen alle jene Fälle, die in der Literatur gewöhnlich als »organisch« klassifiziert werden, als »organisch« betrachten, da es unser Ziel ist, das Vorhandensein von Gefühlsfaktoren bei verschiedenen Fällen zu zeigen, aber nicht ihr Wesen genau zu definieren. Worin besteht die Organbeteiligung bei den durch Erstickung ausgelösten Amnesien? Ist sie auf eine Anoxie zurückzuführen, die derjenigen ähnlich ist, durch die das Fliegen und das Bergsteigen in großen Höhen gefährlich wird? Welcher Art ist die Organbeteiligung bei der Kohlenmonoxydvergiftung, die so häufig aufsehenerregende irreversible Amnesien zur Folge hat, ohne daß sich unmittelbare neurologische Anzeichen für eine Organschädigung nachweisen lassen? Das durchgesehene Material gibt keine Antwort auf diese Fragen. Es wird vielleicht bereitwillig zugegeben, daß in einer Reihe derartiger Fälle die Organbeteiligung fraglich sein kann. Es geht über den Rahmen unserer Erörterung hinaus, diese Probleme zu untersuchen; wir wollen uns darauf beschränken, den Gefühlsaspekt dieser Fälle zu betrachten.

a. Retrograde Amnesien

Diese Amnesien erfassen gewöhnlich einen Zeitraum, der vor dem organischen Trauma liegt, und sind von ziemlich kurzer Dauer; eine lange Dauer läßt den Verdacht funktioneller Beteiligung aufkommen (Russel [22]). In vielen Fällen ist das Vorhandensein starker emotionaler Motive offenkundig. So berichtete z. B. Dunn (100) über einen Fall von Amnesie nach Erstickung und gab eine Beschreibung, aus der man die Rolle der emotionalen Faktoren leicht ersehen kann. Eine junge Frau fiel in einen Fluß und ertrank beinah; in der Folge vergaß sie ihr bisheriges Leben und alle Gewohnheiten, die sie angenommen hatte; sie erkannte weder ihre Umgebung noch ihre Angehörigen und war ihrer Sinne nicht mehr mächtig, abgesehen vom Sehen und Fühlen. Trotzdem zeigte sie selbst in diesem reduzierten Zustand noch Anzeichen des Entsetzens, wenn sie Wasser oder ein Bild von Wasser sah; sie reagierte auch zärtlich auf den jungen Mann, der sich vor ihrem Unfall für sie interessiert hatte und sich auch eine Zeitlang danach noch für sie interessierte. Dies waren die zwei Vorstellungen, die offensichtlich von Emotion erfüllt waren, und die sie nicht vergaß. Die langsame Genesung wurde plötzlich unterbrochen, als der junge Mann sie nicht mehr beachtete; es trat eine Art Stupor ein, und als sie aus diesem wieder auftauchte, war sie wieder wie früher. Der emotionale Charakter der behaltenen Vorstellungen und des Ereignisses, das sie das Gedächtnis wiedererlangen ließ, lassen keinen Zweifel an der Beteiligung des Gefühlsfaktors, welcher Art auch seine Dynamik und seine Beziehung zu vorhandenen organischen Faktoren gewesen sein mag. Solche Beispiele ließen sich unbegrenzt vermehren; wir haben nicht die Absicht, interessante und dramatische Fälle zu schildern, sondern vielmehr zu zeigen, daß durch Affekte befeuerte Vorstellungen erhalten bleiben, wenn alles andere vergessen wird, und daß das Vergessene wieder auftaucht, wenn starke Gefühlskräfte eine seelische Erschütterung bewirken.

b. Anterograde Amnesien

Die anterograden Amnesien, über die in der Literatur berichtet wird, sind in den meisten Fällen durch somatische Traumata ausgelöst worden. Es gibt nur Aufzeichnungen über wenige funktionelle Fälle wie jene von Janet[71], die wir bereits besprochen haben, und auch bei diesen waren retrograde und anterograde Amnesien gleichzeitig vorhanden.

Den eindeutigsten Fall von reiner und extremer anterograder Amnesie hat Störring (23) 1931 berichtet; er nannte ihn den ersten Fall von völligem und isoliertem Verlust der Merkfähigkeit. Sein Patient hatte eine Kohlenmonoxydvergiftung erlitten, nach der er unfähig war, irgendeinen Eindruck oder irgendeine Vorstellung länger als zwei Sekunden zu behalten; er lebte demgemäß, als habe zum Zeitpunkt der Vergiftung für ihn die Zeit zu bestehen aufgehört. Der Verlust der Merkfähigkeit war so eindrucksvoll und so absolut generalisiert, daß Störring sicher war, er habe es hier mit einem rein organisch bedingten Fall zu tun, obwohl *er keine neurologischen oder anderen körperlichen Befunde zu berichten hatte*. Er verglich den Fall mit dem Korsakow-Syndrom, bezüglich dessen er immer noch an der überholten Anschauung festhielt — die wir im nächsten Abschnitt besprechen wollen —, der Kern dieses Syndroms sei ein Verlust der Merkfähigkeit. Anscheinend hatte Störring nur die Möglichkeit einer organischen Erklärung im Sinn und unterließ es daher, irgendwelche konstruktiven Hilfsmittel einzusetzen, mit denen man das Wesen und die feinere Struktur dieser aufsehenerregenden Amnesie hätte untersuchen können oder durch die man die Merkfähigkeit des Patienten hätte wiederherstellen können. Von Versuchen, unbewußte Erinnerungen mit Hilfe von Hypnose oder Drogen-Hypnose zu untersuchen oder auf diese Weise die verlorenen Erinnerungen wieder ans Licht zu bringen, wird nichts berichtet. Trotz der Begrenztheit des Störringschen Ansatzes kommen in dem Bericht ein paar Tatsachen über die emotionale Struktur des Patienten zum Vorschein. Wir

---

[71] Siehe S. 236 ff.

erfahren, daß er vor seinem Unfall ein peinlich genauer, zwanghafter und gehemmter Mensch war, seit acht Jahren verlobt war und sich offenbar — wenn auch der Autor das Sexualleben des Patienten nicht erörtert — während dieser Zeit in sicherem Abstand von seiner Verlobten hielt; außerdem waren seine Handlungen im amnestischen Zustand von plötzlichen Impulsen gekennzeichnet, in denen bestimmte Triebe und Empfindungen ohne weiteres zum Ausdruck kamen.

Einen sehr ähnlichen Fall berichtet Syz (24)[72]. Ein 45jähriger Mann stürzte, verlor das Bewußtsein, erbrach sich und wurde verwirrt und konnte nicht mehr schlafen; seine rechte Seite war gelähmt, sein Bein gefühllos. Fünf Monate später verlor er die Erinnerung an alles, was sich nach dem Unfall ereignet hatte und vergaß auch weiterhin auf anterograde Weise alles, was er erlebte. Drei Jahre später begann eine Besserung seines körperlichen Zustands; zu dieser Zeit wurde er von dem Autor des Berichts behandelt. Zwar war die Amnesie fast ebenso allgemein wie bei dem von Störring berichteten Fall, aber der Patient wirkte sehr verwirrt und hatte das Gefühl, es müsse etwas nicht in Ordnung sein; er sagte sogar etwas Dahingehendes; bei Störrings Fall war dieses Bewußtsein nur dadurch zu wecken, daß man ihn mit großer Mühe mit Widersprüchlichkeiten der Situation konfrontierte. Der Zeitraum der Merkfähigkeit war etwas länger als bei Störrings Fall. Syz wies darauf hin, daß die Gehstörung, die abgesehen von der Gedächtnisstörung das auffallendste Symptom war, funktioneller Art zu sein schien. Weitere auffallende Züge ließen vermuten, daß diese Amnesie starke emotionale Komponenten hatte. Der Patient war vor dem invalidisierenden Unfall wegen seines ungewöhnlich guten Gedächtnisses als »wandelndes Lexikon« bekannt gewesen, außerdem als ein Mensch mit einem etwas übertriebenen Sinn für Gerechtigkeit und Moral. Er war Arbeiter und las viel, war bei der Organisation der Arbeiterschaft gesellschaftlich aktiv und hielt Reden und interessierte sich sehr für Politik und Musik. Während seiner Krankheit war er empfindlich, verstimmt, besorgt, niedergeschlagen und mäßig reizbar. Es bestand eine fast zwanghafte Furcht vor dem Hinfallen, die auf emotionell dynamische Faktoren schließen ließ (S. 368). Syz hypnotisierte den Patienten, um Erinnerungen wieder zu wecken; er suggerierte dem Patienten, er werde sich morgens (zu einer Zeit, in der er sich sonst Material der jüngsten Zeit überhaupt nicht merken konnte) an Träume erinnern. Das auf diese Weise gewonnene Material zeigte, daß die größte Schwierigkeit des Patienten bei der emotionalen Anpassung eine tiefe Unzufriedenheit mit seiner Ehe war. Er hatte aus dem Bedürfnis nach moralischem Selbstschutz geheiratet, als er

---

[72] Siehe auch Syz (101).

mit 18 Jahren das Gefühl hatte, er sei im »Abrutschen«, da er dem Alkohol und sexuellen »Unregelmäßigkeiten« frönte. Seine Frau, eine sentimentale Person, hatte sich nach der Geburt ihrer Kinder von ihm zurückgezogen; darauf folgten viele Jahre sexueller Frustration, in denen der Patient seinen Wunsch nach sexuellen Bindungen an zugänglichere Frauen nur mit Mühe beherrschen konnte. Nach einer Woche der Arbeit, die das dargestellte Material erbrachte, berichtete der Patient einen Traum, der sich als Erinnerung an ein wirkliches Ereignis erwies. Der Patient hatte während seiner Krankheit ein Gespräch zwischen seiner Frau und einem anderen Mann mitangehört, das anzudeuten schien, es gebe zwischen ihnen sexuelle Beziehungen. Das Wiedererlangen dieser Erinnerung führte zu einer allmählichen, aber stetig voranschreitenden Genesung von dem amnestischen Zustand. Der Autor folgerte, dies sei ein Fall einer posttraumatischen Störung, bei der sowohl organische als auch psychogene Faktoren vorhanden gewesen seien, und schrieb:

»Was das Gedächtnis anbelangt, so findet man gewöhnlich, daß die emotionell bestimmte Beeinträchtigung des Erinnerungsvermögens auf spezifische Aspekte der Persönlichkeit und der Erlebnisse beschränkt ist. Der hier beschriebene Fall ist insofern ungewöhnlich, als nicht nur spezifisches Erinnerungsmaterial ausgelöscht oder verdrängt war, sondern das Erinnerungsvermögen ganz allgemein gestört. Wir können sagen, daß eine allgemeine funktionelle Veränderung, wahrscheinlich zunächst durch eine organische Läsion ausgelöst, auf ungewöhnliche Weise in den Prozeß der neurotischen Herstellung des Gleichgewichts einbezogen worden war« (S. 378).

Ob man sich der Meinung von Syz, nach der der hier beobachtete Vorgang sich von dem der Verdrängung unterscheidet, anschließen soll, oder ob man annehmen kann, daß die Verdrängung einbezogen wird, läßt sich noch nicht entscheiden; es fehlt an ausreichenden systematischen Kenntnissen über diese Art der Störung.

Ein weiterer Fall von anterograder Amnesie sollte noch beschrieben werden, da ein angesehener Psychologe ihn von sich selbst berichtet hat, und da seine kurze Dauer ihn besonders deutlich macht[73]. Cason (102) beschreibt einen Sturz beim Eislaufen, der zu einer kurzen anterograden Amnesie führte, deren Verlauf von seinem Eislaufpartner beobachtet und aufgezeichnet wurde. Cason fiel hin und schlug mit dem Kopf auf und war offenbar während der folgenden achtundvierzig Minuten ohne Erinnerung. Die Aufzeichnung des Freundes zeigt, daß Cason während dieser Zeit, anstatt zu antworten, wiederholt fragte: »Würdest du mir sagen, wie ich

---

[73] Andere Fälle finden sich bei Ribot (6), S. 123 ff. und Koempfen (103), S. 489.

genau gefallen bin?« Dieser Fall kann dazu dienen, zwei Aspekte der anterograden Amnesie zu klären. Man kann die anterograde Amnesie im Gegensatz zur retrograden als eine Amnesie bezeichnen, bei der die vergessene Periode jene ist, die auf das Ereignis folgt, das den Beginn der Amnesie ausgelöst hat. Man kann sie auch als eine Amnesie bezeichnen, bei der Erlebnisse, die auf das auslösende Ereignis folgen, progressiv vergessen werden, sobald sie stattgefunden haben. Autoren, die über Fälle von anterograder Amnesie berichten, beschreiben gewöhnlich entweder den einen oder den anderen Aspekt. Aus diesem Grund geht aus der Literatur nicht hervor, ob anterograde Amnesie immer progressiv ist, oder ob sie sofort einsetzen kann, nachdem eine gewisse Zeit seit dem auslösenden Ereignis verstrichen ist; sie erfaßt diesen Zeitraum und kann damit enden oder sie kann danach progressiv werden. In Casons Fall scheint die Beschreibung der Wiederholung seiner Fragen klarzumachen, daß die Amnesie progressiv war. Seine ausschließliche Beschäftigung mit der Vorstellung von seinem Sturz hat monoideischen Charakter. Dieser zeigt einige Ähnlichkeit mit dem, der bei dem Fall vorhanden war, den M. Gill und Rapaport beobachtet haben[74].

Cason wehrte Versuche ab, ihn zu bewegen, er solle mit dem Eislaufen aufhören, ebenso Versuche, ihm beim Nachhausekommen zu helfen. Die Aufzeichnung seines Partners über diesen Zeitraum lautet:

»Allmählich lief X immer schneller, während er Bögen nach links und rechts übte, wobei er die Arme in die Gegenrichtung hielt, wie ich es ihm gezeigt hatte. Ich fand es ziemlich seltsam, daß er so rasch zu laufen versuchte, nachdem er bei seinem Aufprall mit dem Kopf auf dem Eis einen solchen Schock erlitten hatte. Tatsächlich lief er schneller und führte die Bögen geschickter aus als er es vor seinem Sturz getan hatte« (S. 109).

Wir erfahren ferner, daß Cason über seine — offenbar nicht vorhandene — Eislaufüberlegenheit gegenüber seinem Freund in einer Weise sprach, die man als kindisch und aggressiv bezeichnen kann. Es gab keine neurologischen Befunde, und Cason war damals bei guter Gesundheit. Man könnte zur Interpretation sagen, daß der Schock nicht nur eine körperliche Erschütterung, sondern auch eine narzißtische Kränkung war, auf die der Betroffene auf kindische Weise reagierte, und offenbar bestand ein Bedürfnis, diese Reaktion der Amnesie verfallen zu lassen. Wie die organische Erschütterung die Amnesie auslöst und sich mit der narzißtischen Kränkung verknüpft, wird natürlich durch eine solche Spekulation nicht geklärt.

---

[74] Siehe S. 245 ff.

c. Verlust der persönlichen Identität

Den »Verlust der persönlichen Identität« hat man allgemein als eine typisch »emotionale« Gedächtnisstörung angesehen. Trotzdem haben Abeles und Schilder (31) bemerkt, daß auch Fälle organischer Ätiologie vorkommen, und Gordon und Lawrence (36) haben zwei derartige Fälle besprochen. Es wurde beschrieben, daß die organischen Läsionen bei dem einen traumatischen Ursprungs, bei dem anderen arteriosklerotischen Ursprungs waren. Trotzdem wurde unter Sodium-Amytal der Verlust der persönlichen Identität vorübergehend behoben; wenn die Drogenwirkung nachließ, war der Verlust wieder manifest. Außerdem wurde eine von Drogen unabhängige allmähliche Besserung des Erinnerungsvermögens berichtet. In beiden Fällen hatte die Gedächtnisstörung jedoch emotionale Züge, und die Autoren schlossen:

»Mit der Demonstration des organischen Hintergrunds der amnestischen Störung sind wir jedoch noch weit davon entfernt, die wahre Natur der amnestischen Störung bewiesen zu haben. Wir haben bereits festgestellt, daß emotionale Faktoren bei der Fixierung von Gedächtniseindrücken (Engrammen) eine entscheidende Rolle spielen können, und wir wissen auch, daß das Vergessen oder die Unfähigkeit, sich zu erinnern, ihre besondere emotionale Bedeutung haben können … Man kann jedoch die Gefühlsreaktion nicht völlig für die Art und die Ausdehnung der Amnesie verantwortlich machen. Es wäre unklug zu folgern, weil diese Patienten sich nicht an die Vergangenheit erinnern, oder weil sie ihren Namen nicht wissen, hätten sie den unterbewußten Wunsch, ihre frühere Existenz nicht fortzusetzen. Es scheint einleuchtender, anzunehmen, daß die Brücken, die Vergangenheit und Gegenwart verbinden, aus Mangel an geeigneten Anpassungsmechanismen, die außer Kraft gesetzt worden sind, nicht sofort benützt werden können. Daß in so abnormen Situationen auch Faktoren der willentlichen Verdrängung eine zusätzliche Rolle spielen können, darf jedoch nicht außer acht gelassen werden« (S. 110).

d. Multiple Persönlichkeiten

Die multiplen Persönlichkeiten und die abwechselnden Systeme von Erinnerungen und Amnesien, die mit ihnen verbunden sind, über die wir in dem Kapitel über funktionelle Amnesien gesprochen haben, haben auch ein Gegenstück in der Gruppe der organisch bedingten Amnesien. Der von Dana (104) beschriebene, durch eine Gasvergiftung ausgelöste Fall, der von Sidis und Goodhart (52) berichtete, durch einen schweren Sturz verursachte, und der von Gaver (64) beschriebene Fall, der durch einen Schlag auf den Kopf ausgelöst worden war, die durch Schrapnellschock bedingten Fälle, wie die von Feiling (105) und Franz (106) beschriebenen, und der selbstberichtete Fall von Ikin (107), der durch ein Delirium ausgelöst worden war, sind einige Beispiele für diesen Typus. Aber man darf mit Fug bezweifeln, daß viele dieser durch Organschädigungen ausgelösten Fälle wirklich mit den multiplen Persönlichkeiten funktioneller Genese vergleichbar sind. Beim Fall von T. Hanna wechselten sich die beiden Persönlichkeiten wirklich ab, und obwohl der Bericht im Hinblick auf diese Frage keine genauen Auskünfte gibt, waren doch zwei Systeme von emotionalen Einstellungen unterscheidbar. In dem von Franz (106) berichteten Fall war das Abwechseln der Persönlichkeiten vorhanden, und es wurde beobachtet, daß es von Gefühlsfaktoren abhängig war.

».... es ist bemerkenswert, daß jedem Wechsel, der beobachtet worden war oder über den wir zuverlässige Informationen hatten, bekanntermaßen ein Zeitabschnitt voranging, während dessen er dem ausgesetzt war, was man gemeinhin als ›emotionalen Druck‹ bezeichnet. Er hatte finanzielle Sorgen oder er war gereizt oder er hatte Angst oder er war vielleicht auch zu froh« (S. 188).

Aber in den übrigen Fällen könnte man das, was als »duale Persönlichkeit« bezeichnet wird, ebensogut als retrograde posttraumatische Amnesie bezeichnen, während deren Dauer vieles wiedergelernt wurde; die Person, die mit diesem partiell wiedergelernten Wissen lebte, wurde als eine zweite »Persönlichkeit« betrachtet, und das um so mehr, als die Genesung von der Amnesie gewöhnlich dazu führte, daß die Periode der totalen Amnesie vergessen wurde[75]. Dies ist ein Wechsel, der dem bei Absencen beobachteten parallel läuft, wo gleichzeitig mit der Wiedergewinnung der persönlichen Identität eine Amnesie bezüglich der Periode des »Verlusts der persönlichen Identität« eintritt; die übliche Erklärung für dieses Vergessen ist die Unannehmbarkeit der zentralen Vorstellung der Absence. Ähnlich ist auch die Amnesie der Hypnose; hier hat Schilder[76] das Vergessen darauf zurückgeführt, daß für das Wachbewußtsein die »passiv-masochistische« Anpassung unannehmbar sei. Ob sich eine solche Erklärung auch auf die kindlich-hilflose Anpassung ausdehnen läßt, mit der Mehrfachpersönlichkeiten des organischen Typus — wie der Fall Danas — das Leben neu beginnen, ist noch fraglich. Ikins Fall Vera war einfach die Geschichte eines Deliriums mit mehreren deutlich voneinander abgehobenen Gruppen von starken, systematisierten Wahnvorstellungen und Halluzinationen. Dieser und viele andere »organische« Fälle sind mit Vorsicht zu betrachten, denn es herrscht

---

[75] Die Periode, *in der* eine retrograde Amnestie besteht, ist sorgfältig von der Periode zu unterscheiden, *für die* die retrograde Amnesie besteht oder, mit anderen Worten, *über die* sie sich erstreckt.
[76] Siehe S. 213 f.

die Neigung, alles als »multiple Persönlichkeit« zu bezeichnen, was einer solchen ähnlich sieht[77].

Die Amnesien, bei deren Auslösung eine Organschädigung eine wichtige Rolle gespielt hat, wiesen im allgemeinen irgendeinen emotionalen Anteil auf. Das durchgesehene Material läßt vermuten, daß Reversibilität und Irreversibilität einer Amnesie nicht mit funktioneller und organischer Ätiologie gleichzusetzen sind. Diese Amnesien scheinen ein psychosomatisches Problem darzustellen, dessen Lösung kaum versucht worden ist. Wir haben auf das Problem der Rolle der prätraumatischen emotionalen Struktur und der Persönlichkeit bei der Genese derartiger Amnesien hingewiesen.

6. Pathologie des Gedächtnisses beim Korsakow-Syndrom

Wir haben es bisher vermieden, über die Gedächtnis-Phänomene zu sprechen, die bei Psychosen zu finden sind, so z. B. Erinnerungstäuschungen, Pseudo- und Allomnesien und Halluzinationen. Wir haben sogar eine Erörterung der Gedächtnisphänomene vermieden, die bei Neurosen zu finden sind, wie z. B. »Zwangsvorstellungen«; die einzige Ausnahme war unsere Erörterung der groben Amnesien. Wir wollten damit vermeiden, auf eine Diskussion der Ätiologie von Neurosen und Psychosen einzugehen; eine solche Diskussion würde eine ausführliche Behandlung erfordern, die weder im Aufbau noch in der Reichweite dieser Monographie vorgesehen ist. Trotzdem schien uns, das Korsakow-Syndrom müsse in unsere Abhandlung einbezogen werden, denn man hat es immer als eine Gedächtnisstörung par excellence angesehen.

A. Das autistische Denken

Bevor wir die Gedächtnisphänomene dieses Syndroms erörtern, müssen wir noch auf einen Punkt eingehen, der in dieser Abhandlung noch nicht ausdrücklich besprochen worden ist. Wir meinen das Konzept des »autistischen Denkens«[78]. Bei den Psychosen hat man zuerst entdeckt, daß außer dem logisch-realistischen Denken noch eine andere Art des Denkens exi-

---

[77] Mitchel (45) schrieb: »Die Bezeichnungen ›doppelte‹ und ›multiple Persönlichkeit‹ sind vielleicht zu ungehemmt auf Dissoziationen des Bewußtseins angewandt worden, wo immer die begleitende Amnesie eine nicht zu geringe Ausdehnung hatte« (S. 139).

[78] Siehe auch S. 175 ff., 193 ff.

stiert, das Bleuler (108) »autistisch« oder »autistisch-undiszipliniert« (109) nennt; bei Jung (110) heißt es »introversives« Denken. Später erkannte man, daß unter vielerlei Bedingungen und in gewissem Maß im normalen Denken jedes Menschen autistische Elemente dieses Typus vorhanden zu sein scheinen. Es wurde auch vorgeschlagen, den Traum und seine Mechanismen als autistisches Denken zu bezeichnen. Bleuler (108) schrieb:

»... Wir finden diese Mechanismen außerdem tätig im gewöhnlichen Schlaftraume, im Tagtraume des Hysterischen wie des Gesunden, in der Mythologie und dem dazu gehörenden Aberglauben und in anderen Abweichungen des Denkens von der Realität. Vom Traume des Jungen, der auf dem Steckenpferde General spielt, durch den Dichter, der im Kunstwerk seine unglückliche Liebe abreagiert oder in eine glückliche verwandelt, bis zum dämmerigen Hysterischen und zum Schizophrenen, der halluzinatorisch seine unmöglichsten Wünsche erfüllt sieht, gibt es alle Übergänge auf einer Skala, die im wesentlichen nur quantitative Unterschiede zeigt« (S. 2).

In der gleichen Arbeit Bleulers finden wir folgende Beschreibung des autistischen Denkens:

»Das autistische Denken ist also ein tendenziöses. Es spiegelt die Erfüllung von Wünschen oder Strebungen vor; Hindernisse denkt es weg, und Unmöglichkeiten denkt es in Möglichkeiten und Realitäten um. Der Zweck wird dadurch erreicht, daß der Strebung entsprechende Assoziationen gebahnt, entgegenstehende gehemmt werden, *also durch den uns von der Wirkung der Affekte her geläufigen Mechanismus.* Zur Erklärung des autistischen Gedankenganges bedarf es keines neuen Prinzipes« (S. 4).

Hier wird gesagt, daß das Denken der Psychotiker und alles Denken, das ihm grundsätzlich ähnlich ist und autistisches Denken genannt wird, affektbestimmt ist. Insofern, als Denkprozesse aus aufsteigenden Erinnerungen aufgebaut werden, gehört auch die affektive Regulierung des Denkens zu den Gedächtnisfunktionen.

Unter dem Einfluß der Untersuchungen dieser Art des Denkens durch Jung, Bleuler und Freud hat Varendonck (111) eine Reihe seiner eigenen Tagträume beobachtet und analysiert. Einige seiner Folgerungen scheinen hier von Belang zu sein:

»Wir folgern ..., daß die *Affekte die aktive Verbindung zwischen Erinnerung und Wahrnehmung und umgekehrt zwischen Wahrnehmung und Erinnerung darzustellen scheinen.* Sie führen im Geist die Aufsicht über die Umwandlung von Gedächtniselementen in Wahrnehmungen und über das Erwachen von Erinnerungen ...« (S. 197).

Er schreibt ferner:

»... *im vorbewußten Denken ist die Beziehung zwischen Gedächtnis und Affekt kausativ; Affekte können das Erinnern anregen; umgekehrt können Erinnerungen schlummernde Affekte wecken«* (S. 200).

274

Schließlich drückt er sich in bezug auf Tagträume höchst deutlich aus:

». . . wenn wir tagträumen, verdanken unsere Phantasien ihre Entstehung dem Einfluß zweier innerer Faktoren: dem Affekt und der Erinnerung, die sich oft als stärker erweisen als die Macht, die dem Bewußten zur Verfügung steht« (S. 204).

Obwohl Ethnologen wie Lévi-Bruhl (112), Philosophen wie Cassirer (113) und systematisierende Psychologen wie Werner (114)[79] viel zum Problem des autistischen Denkens beigetragen haben, ist noch vieles an ihm unerforscht. Seine Beziehung zu unbewußten und primären Prozessen, wie sie Freud beschreibt[80], ist noch nicht geklärt. Die formalen Kennzeichen des autistischen Denkens hat Werner (114) gut zusammengefaßt. Die innere Logik dieses Denkens ist unseres Wissens noch nicht systematisiert worden; diese »Logik der Affekte« muß erst geschrieben werden[81]. Einige der Gesetze, die diese Logik beherrschen sollen, sind: »die Allmacht des Gedankens«, »das Gesetz der Vergeltung«, »die Wunscherfüllung«, »Aufhebung der Gesetze der Logik wie ›Identität‹ und ›das ausgeschlossene Dritte‹«. In den Annalen der Psychologie hat man mit dem Schreiben des Kapitels über das »autistische« — oder, wie es häufig genannt wird, das »primitive« — Denken gerade erst begonnen.

Es ist schwierig, die genaue Beziehung des autistischen Denkens zum Korsakow-Syndrom, das wir nun beschreiben wollen, zu definieren. Wir wollen versuchen, einige Aspekte dieser Beziehung zu klären. Wir dürfen hier jedoch sagen, daß das »autistische Denken« als Charakteristikum des Denkens und der Gedächtnisfunktion von Psychosen insofern, als das Korsakow-Syndrom die einzige Psychose ist, deren Erscheinungsweisen wir besprechen wollen, einen angemessenen Hintergrund darstellt.

B. Das Korsakow-Syndrom und seine verschiedenen Darstellungen

Das Lehrbuch der Psychiatrie von Henderson und Gillespie (16) beschreibt das Korsakow-Syndrom wie folgt:

»Diese zuerst von Korsakow beschriebene Psychose besteht in einer mangelhaften Merkfähigkeit für neue Ereignisse mit einer Tendenz zur Konfabulation und zur Desorientierung in bezug auf Zeit, Ort und Person . . . Das Gedächtnis für längstvergangene Ereignisse ist gewöhnlich gut« (S. 273 f.).

---

[79] Siehe auch die Besprechung seines Buches von Rapaport (115).
[80] Siehe S. 197 ff.
[81] In diesem Zusammenhang siehe Alexanders Versuch, die Logik der Gefühle zu erörtern (116).

Diese Beschreibung zeigt, daß die Gedächtnisstörung ein Zentralphänomen des Korsakow-Syndroms ist. Das wenige, was in diesem Zitat über die Korsakow-Gedächtnisstörung gesagt wird, läßt sie als eine anterograde Amnesie erscheinen, wobei die Tendenz besteht, das, was nicht erinnert werden kann, durch Erdachtes (Konfabulation) zu ersetzen. Obwohl das zitierte Lehrbuch ein modernes ist, ist diese Ansicht vom Korsakow-Syndrom immer noch Korsakows Ansicht, und fünfzig Jahre klinischer und experimenteller Entwicklung werden einfach übersehen[82]. Wir wollen hier zunächst die historische Entwicklung der Kenntnis dieser Gedächtnisstörung umreißen, teilweise, weil sie unseres Wissens in der englischsprachigen Literatur kaum systematisch zusammengefaßt worden ist, und zum Teil, weil ein solcher historischer Abriß die Beziehung der allgemein-psychologischen Theorie zur Bildung klinischer Theorien aufzuzeigen verspricht.

Die Franzosen behaupten, Charcot habe über den ersten Fall dieser Art berichtet, die Deutschen sagen, Lilienfeld sei der erste Berichterstatter gewesen. Auf jeden Fall wird Korsakow das Verdienst der ersten ausführlichen Beschreibung (118, 119) zuerkannt. In diesen drei Beschreibungen wurde die Störung mit durch Alkoholmißbrauch bedingter Polyneuritis in Zusammenhang gebracht; nach Meinung der Franzosen war Jolly, nach Meinung der Deutschen war Tilling der erste, der gezeigt hat, daß dieser Zustand weder notwendigerweise mit Alkoholmißbrauch zu tun hat noch notwendigerweise mit Polyneuritis verknüpft ist, sondern allgemein toxischer Natur ist. Seitdem hat man Gedächtnisstörungen des Korsakow-Typus auch bei Hirnverletzungen und bei progressiver Paralyse beobachtet. Offenbar können toxische, entzündliche und sogar traumatische Erkrankungen des Gehirns zu der als Korsakow-Syndrom bezeichneten Gedächtnisstörung führen[83].

Korsakow, Kraepelin und Bonhoeffer hielten einhellig diese Gedächtnisstörung für eine Störung der Merkfähigkeit. Diese Ansicht war in mehr als einer Hinsicht bedenklich. Erstens ist es schwierig, zwischen den Funktionen der Wahrnehmung und der Merkfähigkeit eine Unterscheidung zu treffen. Die Annahme einer Störung der Merkfähigkeit setzt eine Störung der Wahrnehmung voraus, und für diese war beim Amnesie-Syndrom im allgemeinen kein Anhaltspunkt zu finden. Zweitens verzeichneten sowohl Korsakow als auch Bonhoeffer (120), obwohl sie diese Ansicht beibehielten, Fälle, in denen Korsakow-Patienten sich an scheinbar vergessene Ereignisse später wieder erinnerten. Bonhoeffer z. B. schrieb:

---

[82] Diese Formulierung unterscheidet sich nicht von der bei J. M. Moll (117).
[83] Siehe hierzu auch Henderson und Gillespie (116, S. 273 f.).

».. . der Einfluß neuer Erlebnisse geht — obwohl sie vergessen werden — vom Standpunkt der Persönlichkeit aus nicht verloren. Der Gesamtcharakter der intellektuellen Reife bleibt trotz der Amnesie erhalten« (S. 78).

Gregor und Römer (121) und Gregor (122) berichteten über Versuche, die ursprünglich dazu bestimmt waren, zu prüfen, *wie lange* Korsakow-Patienten Erinnerungen behalten, und ob sich ihr Gedächtnis durch Übung verbessern läßt. Die Ergebnisse zeigten erstaunlich gute Funktionen des unmittelbaren Gedächtnisses. In Übereinstimmung mit diesen Autoren betonte Kohnstamm (123) später, das, was beim Korsakow-Patienten beeinträchtigt ist, sei nicht seine Merkfähigkeit und sein Erinnerungsvermögen beim Lernen, sondern seine spontane Merkfähigkeit und sein spontanes Erinnerungsvermögen[84].

Pick (124) und Grünthal (125) folgten diesem Beispiel und faßten die Störung in die Begriffe der Würzburger Schule. Sie behaupteten, das Korsakow-Syndrom sei eine Denkstörung, bei der insbesondere die Einstellung zu der Vorstellung, die notwendig ist, um die Gedankenkette fortzusetzen, gestört ist. Diese Einstellungsstörung ermöglicht es nicht, die richtige Erinnerung zum richtigen Zeitpunkt zu finden, und infolgedessen entsteht der Eindruck einer bloßen Gedächtnisstörung.

Van der Horst (126) war mit dieser Erklärung nicht zufrieden und führte die Einstellungsstörung auf einen Verlust der »zeitlichen Merkmale« der Erinnerungen zurück. Er behauptete, Erinnerungen hätten gewöhnlich ein zeitliches Merkmal, das bei ihrer richtigen und leichten Reaktivierung eine wichtige Rolle spiele. Die häufigen Wiederholungs-Paramnesien[85] und die

---

[84] Kohnstamm schrieb: »Vom spontanen Merken gibt es zum lernenden Merken eine Reihe von Übergangsgliedern. Das erste ist das *affektbetonte Merken*, das zweite das *interessierte und beobachtende Merken*. In dieser Art lesen wir wissenschaftliche Literatur, die in dem Maße behalten wird, als wir sie mit Interesse aufnehmen. Ich habe die von mir durch früh begonnenes Zeitungslesen miterlebte Geschichte besser behalten, als die mühsam im Gymnasium eingepaukten Daten der Weltgeschichte« (S. 378).

[85] Wiederholungs-Paramnesie wie z. B. das »déjà vu« ist das Phänomen, bei dem ein gegenwärtiges Ereignis mit der Überzeugung erlebt wird, »Ich habe dies alles schon einmal erlebt«. Freud (128) und Poetzl (129) machten in ihren Untersuchungen klar, daß bei diesen Erlebnissen nicht zwei Ereignisse miteinander identisch sind, sondern daß die affektive Einstellung des Betroffenen gegenüber dem neuen Ereignis die gleiche ist wie die, die er erlebt hat, als ihm in der Vergangenheit ein anderes Ereignis begegnet ist. Nicht eine objektive Wiederholung von Ereignissen, sondern die subjektive Identität des Affekts ist die Grundlage dieses Gedächtnisphänomens. Heymanns (130, 131) zeigte, daß »déjà vu« bei

allgemeine Ungenauigkeit der zeitlichen Lokalisierung von Ereignissen beim Korsakow-Patienten dienten als objektive Beweise für den Verlust zeitlicher Merkmale. Der interessante Fall von Bouman und Grünbaum (127), in dem ein Patient 27 Jahre seines Lebens als drei Jahre erlebte, und die Theorie des Zeiterlebens, die diese Autoren darauf aufbauten, schienen van der Horsts Theorie zu bestätigen. Diese Autoren behaupteten, das Zeiterleben allein könne beeinträchtigt sein und könne andere psychische Störungen bedingen[86].

Burger versuchte (132), die Gedächtnisstörung des Korsakow-Syndroms, die mittlerweile ihres scheinbaren Charakters der Merkfähigkeitsstörung und der anterograden Amnesie entkleidet worden war, in Begriffen der Gestaltpsychologie, wie sie von K. Goldstein auf die Psychopathologie angewandt worden war, auszudrücken. Burger behauptete, die Patienten seien nur in der Lage, einfache Beziehungen und psychische Gesamtsituationen einfacher Struktur zu erfassen und zu behalten. Der übrige seelische Inhalt bleibe ein verschwommener »Hintergrund«, der keine »Gestalt« werden kann. Dies war natürlich nur eine Neuformulierung dessen, was Pick und Grünbaum mit anderen Worten ausgedrückt hatten.

Zu dieser Zeit hatten Betlheim und Hartmann (90), Schilder (95) und Hartmann (91, 133) Versuche zur Untersuchung der Gedächtnisfunktionen des Korsakow-Patienten durchgeführt; paralytische Korsakow-Fälle wurden besonders berücksichtigt. Diese Untersuchungen zeigten, daß der Gedächtnisverlust nur ein scheinbarer ist, und daß das, was vorhanden ist, eine besondere Gedächtnisorganisation ist, die der bei Träumen beobachteten ähnlich ist; sie ist gekennzeichnet durch Symbolbildung, Entstellung, Verdichtung, Eliminierung unangenehmer Teile und Hinzufügung anderer Teile, die das Erinnerungsmaterial gemäß der »Wunscherfüllung« umformen[87].

---

emotionell labilen Personen häufiger vorkommt und behauptete, diese Feststellung spreche für einen emotionalen Ursprung des Phänomens.

[86] Bouman und Grünbaum unterscheiden zwischen Chronognosie, Chronologie und Chronometrie: 1. Chronognosie ist das Erfahren der immanenten Zeit (Straus), die Zeit der inneren Lebensgeschichte (Binswanger), die Einebnung von Zeiterlebnissen, da sie die ursprüngliche Zeitperspektive schaffen. 2. Chronologie ist die nach dem Muster der äußeren Weltgeschichte logisch gemachte innere Lebensgeschichte. 3. Chronometrie ist die wissenschaftliche Objektivierung der Chronologie. Die Autoren zeigen, daß ihr Patient Chronologie und Chronometrie behalten hat, nur die Chronognosie ist abnorm.

[87] Siehe S. 200 ff.

Krauss (134) ging an das Problem mit den Methoden der Lewin-Schüler heran[88]. Er fand, daß die Spannungssysteme, die den Absichten Beharrlichkeit verleihen, zum Wiederaufnehmen unterbrochener Handlungen führen und zur Folge haben, daß diese besser behalten werden als erledigte Handlungen, sich beim Korsakow-Patienten rasch auflösen[89]. Er beschrieb deutlich die emotionale Störung, die dem Syndrom zugrundeliegt:

»... die fehlende Ausgeprägtheit der Gefühls-, Vorstellungs- und Gedankenbildung, vorhanden ist aber der dumpf sich dahinwälzende undifferenzierte Gefühlsstrom. Im Grunde besagt also ›Leersein‹ den Mangel an figuralen Erscheinungen auf diesem Hintergrund« (S. 656).

Das Denken des Korsakow-Patienten ist gekennzeichnet durch seinen Mangel an »Antizipationen«; dies macht sein Gespräch zum Monolog und hindert ihn an diskursiver Interaktion mit den Gedanken anderer. Das Handeln zerfällt insofern, als Handlungen nicht wieder aufgenommen werden und als die Sättigung äußerst rasch eintritt. Selbstkorrektur fehlt, da der vorhandene Gedankeninhalt das Feld allein beherrscht und entgegengesetzte Inhalte nicht mobilisiert werden können.

Ein synthetisches Bild der Störung haben Bürger-Prinz und Kaila (136) als erste gegeben; sie untersuchten eine Reihe von Fällen sehr gründlich. Sie hatten Kenntnis von den früheren Anschauungen und erörterten sie in ihrem Bericht. Sie kamen zu folgendem Schluß:

»... es ist unmöglich, [das Korsakow-Syndrom] durch eine reine ›Gedächtnistheorie‹ zu erklären oder selbst zu behaupten, daß die Gedächtnisstörungen seine wesentlichen psychopathologischen Symptome sind. Im Gegenteil: die ganze Emotionalität und Triebstruktur ist verändert. Nichts geht verloren, aber die Tiefe und Breite des Handelns der Persönlichkeit (Schilder) fehlt. Situation folgt auf Situation; sie existieren momentan und verschwinden ohne jede Nachwirkung ... Diese Störungen beginnen auf der Ebene, auf der Gedächtnisfunktionen gebildet werden. Die ganze Dynamik der Persönlichkeit verändert sich. Die Strebungen, Triebe, Gefühle sind nicht länger Antriebskräfte ... den Patienten fehlt die Spontaneität; sie erwarten äußere Anstöße und können nichts mehr von sich aus tun« (S. 554 f.).

Ihre Analyse der Fälle, die zeigt, wie die Störung des Gedächtnisses und des Handelns ihren Ausgang von einer zentralen affektiven Störung nimmt, verdient, aufmerksam gelesen zu werden; wir können sie hier nicht wiedergeben. Es ist jedoch angebracht, die Probleme der »Einstellung« und des

---

[88] Siehe S. 130 ff.
[89] Eine ähnliche Untersuchung haben Golant-Rattner und Menteschaschwili (135) an Paralyse-Patienten durchgeführt; diese Studie hat möglicherweise prognostische und diagnostische Bedeutung für die Behandlung der progressiven Paralyse.

»Zeit-Merkmals« in ihrer Beziehung zu der zentralen affektiven oder Persönlichkeitsstörung zu besprechen, denn diese führen zurück zur Frage des autistischen Denkens.

C. »Zeiterleben« und »Einstellung« in ihrer Beziehung zum »autistischen Denken«

Das »Zeiterleben« (Temporalisation), dessen Gestörtheit van der Horst für die Grundlage der Korsakow-Gedächtnisstörung hält, scheint selbst ein vom affektiven Leben abhängiges Phänomen zu sein. Wir brauchen uns nur daran zu erinnern, daß manche Menschen es nicht aufschieben können, einmal gefaßte Vorsätze mitzuteilen oder in die Tat umzusetzen, während man andere kaum dazu bewegen kann; diese »Temperaments«-Unterschiede sind in sich schon Störungen des Zeiterlebens. Hollos und Ferenczi (94) berichteten über eine lange Reihe von Fällen, bei denen zeitliche Beziehungen in Übereinstimmung mit affektiven Bedürfnissen verändert werden[90]. Hollos (137), Harnik (138) und Bonaparte (139) haben das Zeiterleben unter psychoanalytischem Gesichtspunkt erörtert und seine Abhängigkeit vom affektiven Leben gezeigt. Spielreins (140) Abhandlung, in der gezeigt wird, daß der Traum keine Zeit »kennt«, führt zu den Untersuchungen über die Entwicklung des Zeitbegriffs. H. Werner (114) hat gezeigt, daß auf anderen Entwicklungsstufen als der Erwachsener in der abendländischen Kultur der Zeitbegriff, wie wir ihn kennen, nicht existiert; es fehlt ihm die Kontinuität, und Zeit wird in räumliche Begriffe gefaßt oder nach wiederkehrenden wichtigen Ereignissen gemessen. So war also das, was van der Horst beobachtete, nur eins der Merkmale des autistischen Denkens, wie es sich bei Korsakow-Patienten zeigt. Das Problem des Zeiterlebens bedarf dringend einer systematischen Erforschung[91].

»Einstellung« oder »Antizipation«, deren Störung Pick und Grünthal für die Grundlage der Korsakow-Gedächtnisstörung hielten, ist eine wichtige, aber wenig bekannte Funktion. Denken setzt voraus, daß die richtige Vorstellung zur Fortsetzung der Gedankenkette automatisch aufsteigt. Dieses Auftauchen ist eine Gedächtnisfunktion, denn was auch auftauchen mag, ist in der einen oder anderen Form erinnert worden. Die auftauchende Erinnerung ist keine beliebige; sie ist eine von vielen und ist bestimmt durch Auswahl, wie es sogar der einfache Versuch des freien Assoziierens zeigt.

---

[90] Sie berichteten, daß Paralytiker sich häufig einbilden, sie seien so alt, wie sie es unmittelbar vor ihrer Syphilis-Infektion waren usw.

[91] In diesem Zusammenhang siehe Israeli (141).

Es ist, als trieben viele Strebungen die ihnen entsprechenden Vorstellungen voran; die Vorstellung, die schließlich im Bewußtsein auftaucht, ist jene, die der Realität angepaßt ist, denn in ihr kommen mehrere Strebungen in Form eines Kompromisses zum Ausdruck. Diese Kompromisse von Strebungen, die miteinander und mit der Realität vereinbar sind, sind gewöhnlich ziemlich stabil, und die Tatsache, daß sie die Vorstellung ins Bewußtsein drängen, die sie ausdrückt, schließt die unverträglichen Strebungen und die ihnen entsprechenden Vorstellungen aus dem Bewußtsein aus. »Einstellung« bedeutet, daß eine gegebene Situation eine bestimmte Gruppe von Strebungen anspricht, die in Reaktion darauf die passenden Erinnerungen ins Bewußtsein schickt. »Antizipation« ist der Ausdruck jener, die diesen Vorgang teleologisch betrachten und behaupten, ein Denkprozeß projiziere seine Weiterführung als »Antizipation« in die Zukunft, und die zu dieser Antizipation passende Erinnerung werde gesucht. Beim autistischen Denken, im Traum und im »Unbewußten« allgemein gilt dies alles nicht. Die unvereinbaren Strebungen und Vorstellungen bestehen nebeneinander, verschmelzen, vertauschen sich. Das Fehlen von »Einstellung« und »Antizipation« beim Korsakow-Patienten ist eine Denkart, die dem »autistischen Denken« im eigentlichen Sinn ähnlich ist. Unvereinbare Vorstellungen und Strebungen schließen einander nicht aus; es ist, als seien sie einander nicht entgegengesetzt, sondern wirkten nebeneinander. Der Patient ist ein hilfloses Objekt der Energien dieser Strebungen, die weder Kompromisse bilden noch einander am Eindringen ins Bewußtsein hindern. Die gleiche Situation besteht bei den Gedächtnisfunktionen des Korsakow-Syndroms. Einmal setzt sich die eine Strebung durch und eine »fausse reconnaissance« ist die Folge; ein andermal wechseln sie sich ab, und die Kontinuität des Erlebens ist völlig unterbrochen. Die Strebungen sind nicht mehr auf die Umwelt oder aufeinander abgestimmt, und ein Reiz weckt nicht notwendigerweise angenehme Strebungen und Erinnerungen.

Dies scheint das Krankheitsbild des Korsakow-Syndroms zu sein, so vollständig, wie es sich aus der Literatur ableiten läßt. Es steht heute außer Zweifel, daß das Korsakow-Syndrom, das ursprünglich für einen Verlust der Merkfähigkeit und des Gedächtnisses auf Grund organischer Läsionen gehalten wurde, erwiesenermaßen bedeutende emotionale Komponenten in sich schließt, die den Anschein derartiger Verluste bewirken. Weitere sorgfältige Untersuchungen werden vielleicht vieles von der Anatomie der Denk- und Erinnerungsvorgänge aufdecken, die nirgends der Untersuchung so zugänglich zu sein scheinen wie beim Korsakow-Syndrom.

VIII. DIREKTE EXPERIMENTELLE BEWEISE

In den vorangehenden Kapiteln haben wir eine Vielfalt von Versuchen und Theorien besprochen, von denen behauptet wurde, sie hätten Aufschluß über den Einfluß von Gefühlen auf die Gedächtnisfunktion gegeben, oder die man so interpretieren konnte. In diesem Kapitel wollen wir Versuche besprechen, die zu versprechen scheinen, einen Weg zur »direkten Erforschung« dieses Einflusses zu eröffnen. Hier wollen wir nur die Vorteile dieser Versuche und ihrer Methoden beschreiben und beurteilen, ohne zu versuchen, neue Versuchsanordnungen vorzuschlagen, die auf ihnen beruhen.

Der Ausdruck »direkte Erforschung« bedarf der ausführlicheren Darstellung. Konzentrieren wir uns noch einmal auf das Problem der Untersuchung der Gedächtnisfunktion in ihren drei Phasen: Einprägung, Behalten, Erinnern. Es muß klar sein, daß die Tatsachen der Registrierung und des Behaltens nur durch das Erinnerungsvermögen der Untersuchung zugänglich sind. Selbst die Untersuchung der Wahrnehmung erfordert irgendeine Art des Berichtens, welches wiederum unmittelbares Sich-Erinnern voraussetzt. Die Wahrnehmung wird oft als ein isolierter Vorgang angesehen, wahrscheinlich, weil man sich beim unreflektierten Alltagserleben nicht klarmacht, daß der Vorgang, der eine Wahrnehmung zur Gesamtheit des psychischen Geschehens in Beziehung setzt, nicht die »Wahrnehmung« selbst benützt, sondern eine Art »Spur« von ihr. Beim Behalten ist sogar noch deutlicher als bei der Einprägung, daß unser Wissen insofern vom Sich-Erinnern abhängt, als »Wiedererkennen« und »Ersparnis beim Wiederlernen« nur spezielle — und vielleicht unvollständige — Formen des Sich-Erinnerns sind. Die »direkte Erforschung« des Einflusses der Gefühle auf das Gedächtnis muß also Untersuchungen dieses Einflusses auf die Wahrnehmung ebenso umfassen wie auf *jede* Art der Reproduktion. Demgemäß werden unmittelbare Angaben über optisch wahrgenommenes Material oder die Reproduktion von verbalem Material bei visuellen Phantasiebildern und Traumbildern als Sich-Erinnern behandelt.

Unser Überblick ist in vier Abschnitte eingeteilt. Im ersten werden Versuche über die affektive Organisation von optisch wahrgenommenem Material oder von reproduziertem Material behandelt, im zweiten Versuche über die effektive Organisation von sinnvollem Wortmaterial, im dritten

Versuche, die die affektive Organisation des Verhaltens demonstrieren, und im vierten Versuche über die Wechselbeziehung zwischen physiologischen Veränderungen und Erinnerungsveränderungen, die durch Gefühlseinflüsse zustandegekommen sind. Diese Anordnung des Materials hat keinerlei theoretische Nebenbedeutung und bedeutet auch keine scharfe Abgrenzung zwischen diesen Gruppen. Es ist eine Anordnung, die eine einfache Organisation unseres Materials zu ermöglichen schien, und sie mag in gewissem Maß willkürlich erscheinen. Es heißt z. B., in der zweiten Gruppe werde verbales Material behandelt; aber auch in der ersten, der dritten und der vierten Gruppe spielt Verbalisierung eine Rolle. Die Rechtfertigung für die deskriptive Bezeichnung der Gruppen lag in den Hauptmerkmalen jeder einzelnen. So ist also in der ersten und vierten Gruppe die Verbalisierung nebensächlich; sie übermittelt lediglich die optische Wahrnehmung oder die Phantasie; in der dritten Gruppe ist sie lediglich ein Teil des untersuchten Verhaltens; in der zweiten Gruppe hingegen ist sie der wesentliche Zug; bei allen Versuchen dieser Gruppe wurde verbale Produktion oder Reproduktion von Geschichten benützt.

In dem bereits besprochenen Material wurde auf das Vorhandensein eines »emotionalen Einflusses« geschlossen, entweder theoretisch auf Grund klinischer Erfahrung oder statistisch auf der Grundlage experimentell gewonnener Daten. Diese Beweise waren nur Indizienbeweise. Immer dann, wenn nur Indizienbeweise erbracht werden, wendet sich die Wissenschaft extremen Fällen zu, wo Erscheinungen, die gewöhnlich subtil und verborgen sind, in auffallender, übertriebener Form zutage treten. Dies ist in den Versuchen geschehen, über die wir jetzt berichten wollen. Bei den Versuchen über die affektive Organisation von optisch wahrgenommenem Material wurde entweder eine extrem kurze tachistoskopische Darbietung gewählt oder psychotische Versuchspersonen; bei den Versuchen über die affektive Organisation von sinnvollem Wortmaterial wurden psychotische oder neurotische Probanden gewählt oder aus der Kindheit stammendes Erinnerungsmaterial verwendet; bei den Versuchen über die affektive Organisation des Verhaltens bediente man sich posthypnotischer Suggestionen. Bei den Versuchen über die wechselseitige Beziehung zwischen physiologischen Veränderungen und solchen der Erinnerung, die durch Gefühle hervorgerufen wurden, bringt Luria (1)[1] diesen

---

[1] »Der Beobachter, der die verwickelten Komplexe des Verhaltens untersucht, muß zur Feststellung der Gesetzmäßigkeiten des normalen Verhaltens von denjenigen Fällen ausgehen, in welchen die *Mechanismen in dem gestörten Verhalten nicht verdeckt sind* ... Den größten Wert haben für uns daher die Zustände

Grundsatz des »Extremfalls« deutlich zum Ausdruck. Die Verwickeltheit und vielfache Schichtung sowohl der Gedächtnisfunktionen als auch der physiologischen Funktionen des menschlichen Organismus machten es notwendig, jenen Aspekt dieser Funktionen, an dem wir interessiert sind, durch die »Methode des Extremfalls« herauszuheben. Der Einfluß von Gefühlen auf das Gedächtnis ist ebenso mächtig wie schwer wahrzunehmen, und er wird nur durch die genannte Methode greifbar.

Zum besseren Verständnis der ersten drei Gruppen von Versuchen erscheint es notwendig, das Konzept der »Projektion« zu erörtern. Im landläufigen Gebrauch hat dieser Ausdruck zwei — auf den ersten Blick weit auseinanderklaffende — Bedeutungen. Erstens bezeichnet er jene Denkweise, bei der man seine eigenen Gefühle und Gedanken anderen unterstellt und sie als äußere Realität ansieht; diese Denkweise kommt zwar häufig bei normalen Menschen vor[2], ist aber auch die Grundlage der Paranoia und verwandter Psychosen. Zweitens bedeutet der Begriff den Ausdruck der Persönlichkeit im Verhalten[3], insbesondere, wenn der Mensch sich einer neuen unorganisierten Situation gegenüber sieht; z. B. ein Künstler in seinem Schaffen oder ein Proband, der sich einem »projektiven Persönlichkeitstest« unterzieht. Bei gründlicherer Prüfung erweist sich, daß die beiden scheinbar divergenten Bedeutungen des Begriffs unmerklich ineinander übergehen. Sobald man erkannt hat, daß Erinnerungsveränderungen, die von »emotionalen Faktoren« herrühren, ebensosehr die Emotionen offenbaren wie die Handlungen eines Menschen seine Persönlichkeit, wird der Begriff »Projektion« für unser Problem wichtig.

Die allgemeine und sozialpsychologische Bedeutung dieses Begriffs hat L. Frank (3) deutlich herausgearbeitet. Er schrieb in seiner Erörterung der projektiven Methoden zur Untersuchung der Persönlichkeit:

»... wir können uns der Persönlichkeit nähern und das Individuum veranlassen, seine Art, die Erfahrungen zu organisieren, kundzutun, indem wir ihm ein Feld (Gegenstände, Material, Erlebnisse) mit relativ wenig Struktur und wenigen kulturbedingten Festlegungen geben, so daß die Persönlichkeit auf dieses plastische

---

dauernder Störungen der Organismen, sowohl die Neurosen und Psychoneurosen, wie auch die vorübergehenden Störungen des Gleichgewichtes — die Affekte« (S. 130 f.).

[2] Wunschdenken ist ein Beispiel für diese Denkweise; der Mensch nimmt seine Hoffnungen als Realität und deutet Ereignisse entsprechend.

[3] Dieser Sprachgebrauch hat sich besonders in bezug auf die »projektiven Persönlichkeitstests« entwickelt. Eine ausführliche Erörterung der Funktion der Projektion und des mitverstandenen Verhaltenskonzepts findet sich bei Rapaport (2).

Feld seine Lebensanschauung, das für ihn Bedeutsame, Sinnvolle, seine Verhaltensweisen und besonders seine Gefühle projizieren kann. Wir lösen also eine Projektion der *privaten Welt* der einzelnen Persönlichkeit aus, denn sie muß das Feld organisieren, das Material deuten und affektiv auf es reagieren. Im einzelnen umfaßt eine projektive Methode zur Untersuchung der Persönlichkeit die Darbietung einer Reizsituation, die entworfen oder gewählt worden ist, weil sie für den Probanden nicht das bedeuten wird, was der Versuchsleiter willkürlich beschlossen hat (wie bei den meisten psychologischen Versuchen, bei denen man standardisierte Reize benützt, um ›objektiv‹ zu sein), sondern vielmehr alles das, was es für die Persönlichkeit bedeuten muß, die ihr ihre private, idiosynkratische Bedeutung und Organisation gibt oder aufzwingt. Der Proband wird also auf das, was die dargebotene Reizsituation für *ihn* bedeutet, mit irgendeiner Form des Handelns und Fühlens reagieren, die seine Persönlichkeit ausdrückt« (S. 402 f.).

Hier bringt L. Frank Tendenzen zum Ausdruck, die in der modernen Völkerpsychologie (Mead), Feldpsychologie (Lewin), Kinderpsychologie (L. Murphy), Sozialpsychologie (G. Murphy) einflußreich waren, außerdem Tendenzen und Folgerungen aus modernen projektiven Testmethoden, die in der klinischen Psychologie angewandt werden, und aus Spieltechniken, die in der Psychotherapie und in der psychiatrischen Forschung verwendet werden.

Über den Ursprung des Mechanismus der Projektion lesen wir bei Freud (4):

»Das Ich bedarf der Außenwelt nicht, insofern es autoerotisch ist, es bekommt aber Objekte aus ihr infolge der Erlebnisse der Icherhaltungstriebe und kann doch nicht umhin, innere Triebreize als unlustvoll für eine Zeit zu verspüren. Unter der Herrschaft des Lustprinzips vollzieht sich nun in ihm eine weitere Entwicklung. Es nimmt die dargebotenen Objekte, insofern sie Lustquellen sind, in sein Inneres auf, introjiziert sich dieselben (nach dem Ausdruck Ferenczis) und stößt anderseits von sich aus, was ihm im eigenen Innern Unlustanlaß wird. (Siehe später den Mechanismus der Projektion.)« (G. W. Bd. X, S. 228).

Bei der Erörterung psychoanalytischer Ansichten[4] haben wir gesehen, daß »Unlust« mit »Spannung« gleichgesetzt wird; wir könnten also erwarten, daß jede Spannung zur Projektion führen kann. Diese Erwartung wird durch Freuds (5) weitere Erörterung gerechtfertigt:

»Wir haben in einem früheren Zusammenhang ... für den noch hilflosen Organismus die Fähigkeit in Anspruch genommen, mittels seiner Wahrnehmungen eine erste Orientierung in der Welt zu schaffen, indem er ›außen‹ und ›innen‹ nach der Beziehung zu einer Muskelaktion unterscheidet. Eine Wahrnehmung, die durch eine Aktion zum Verschwinden gebracht wird, ist als eine äußere, als Realität erkannt; wo solche Aktion nichts ändert, kommt die Wahrnehmung aus dem eige-

---

[4] Siehe S. 52 ff.

nen Körperinnern, sie ist nicht real. Es ist dem Individuum wertvoll, daß es ein solches Kennzeichen der Realität besitzt, welches gleichzeitig eine Abhilfe gegen sie bedeutet, und es wollte gern mit ähnlicher Macht gegen seine oft unerbittlichen Triebansprüche ausgestattet sein. Darum wendet es solche Mühe daran, was ihm von innen her beschwerlich wird, nach außen zu versetzen, zu *projizieren*« (G. W. Bd. X, S. 423 f.).

Es wird gezeigt, daß die Funktion der Projektion nicht nur bei der Wahrnehmung wirksam ist, sondern auch in Träumen und in pathologischen Denkprozessen wie Phobien.

»Ein Traum zeigt uns an, daß etwas vorging, was den Schlaf stören wollte, und gestattet uns Einsicht in die Art, wie diese Störung abgewehrt werden konnte. Am Ende hat der Schlafende geträumt und kann seinen Schlaf fortsetzen; an Stelle des inneren Anspruches, der ihn beschäftigen wollte, ist ein äußeres Erlebnis getreten, dessen Anspruch erledigt worden ist. Ein Traum ist also auch eine *Projektion*, eine Veräußerlichung eines inneren Vorgangs. Wir erinnern uns, daß wir die Projektion bereits an anderer Stelle unter den Mitteln der Abwehr begegnet haben. Auch der Mechanismus der hysterischen Phobie gipfelte darin, daß das Individuum sich durch Fluchtversuche vor einer äußeren Gefahr schützen durfte, welche an die Stelle eines inneren Triebanspruches getreten war« (G. W. Bd. X, S. 414).

Schließlich zeigt Freud, daß Projektion bei schizophrenen Wahnvorstellungen eine wichtige Rolle spielt (S. 420).

Man kann mutmaßen, daß die — affektiven — Triebansprüche, die bei Träumen, Phobien und im Wahn projiziert werden, mit jenen identisch sind, deren Projektion man, wenn sie in der Organisation von Erinnerungen zutage tritt, als »Einfluß der Gefühle auf das Gedächtnis« bezeichnet. Es gibt Unterschiede zwischen der Projektion des Paranoiden, der Projektion im Traum und den projektiven Funktionen, die bei Tests und bei Gedächtnisphänomenen zum Vorschein kommen. Die Projektion des Paranoiden berücksichtigt die Realität überhaupt nicht; die Traumprojektion berücksichtigt sie teilweise; aber bei Tests und bei Gedächtnisphänomenen ist die »Realitätsprüfung« unbeeinträchtigt, und nur in Extremfällen — z. B. bei der Deutung von ungeordneten Tintenklecksen und von Fotografien polyvalenter Szenen — ist der Projektionsvorgang nachweisbar. Die verschiedenartigen Projektionsphänomene bilden anscheinend eine fortlaufende Kette: Halluzinationen, Wahnvorstellungen, Phobien, Träume, Tagträume, Phantasie, selektive Wahrnehmung, Erinnerungstäuschungen und -umwandlungen und Organisation ungeordneten Materials.

Projektion wurde also von Freud als Extremfall aufgefaßt, in dem ein Individuum seine Wahrnehmungen, Erinnerungen und sein Verhalten nach dem »Lustprinzip« einrichtet und der Außenwelt all das zuschiebt, was unlustvoll ist und Spannung erzeugt. Die Verwendung des Wortes »projektiv« in dem Ausdruck »projektive Techniken« beruhte auf der Erkenntnis, daß dieser Vorgang in gewissem Maß an allen Wahrnehmungen, Gedanken und Verhaltensweisen beteiligt ist. Unser Wahrnehmen ist niemals Fotografie, unser Erinnern niemals kinematographische Projektion, unser Denken ist niemals reine Logik, und unser Verhalten ist niemals völlig an die »objektiven Forderungen« — die es gar nicht gibt — der Realität angepaßt. Die Projektion ist, insoweit als sie jenen Aspekt unserer Denkprozesse benützt, die man Erinnerung nennt, im Grunde ein Mechanismus des Einflusses von Gefühlen auf das Gedächtnis. Die projektiven Persönlichkeitstests sollten also einen zusätzlichen Beitrag zu unserem Thema liefern.

Bei den Versuchen, die wir besprechen wollen, wird der Einfluß emotionaler Faktoren auf das Gedächtnis nicht an der Menge behaltenen und vergessenen Materials gemessen, die nur eine Förderung oder Hemmung des Erinnerungsvermögens anzeigt, ohne die zugrundeliegenden Mechanismen aufzudecken. Solche Versuche zeigen den Einfluß von Gefühlen auf das Gedächtnis auf eine Weise, die man wohl mit einer abgewandelten Version der Aussage Lipmans[5] bezeichnen kann: *sie untersuchen die Symptome des affektiven Einflusses, der auf die Gedächtnisfunktion ausgeübt wird.*

1. Die affektive Organisation optisch wahrgenommenen oder reproduzierten Materials

In bezug auf die optische Wahrnehmung von Alltagssituationen herrscht unter Versuchspersonen gewöhnlich ein hoher Grad an Übereinstimmung. Es wird uns also nicht überraschen, wenn wir feststellen, daß die individuellen Unterschiede bei Berichten über optisch wahrgenommenes oder reproduziertes Material — mit anderen Worten, die affektive Organisation der einschlägigen Erinnerungen — nur unter extremen Bedingungen erkennbar werden. Die extremen Bedingungen, mit denen wir es zu tun haben werden, sind Müdigkeit oder affektive Zustände, die zu einer Art von Vorstellungsbildern führen, die man hypnagogische Halluzinationen nennt; extrem kurze tachistoskopische Darbietung, die zu selektivem Erinnern führt, und die Darbietung von zufällig geformten Tintenklecksen, die eine Gliederung in bezug auf Erinnerung erfordern. Wir wollen unser

---

[5] Siehe S. 80 ff.

Material in Übereinstimmung mit diesen drei Methoden anordnen und uns a. mit dem Problem der Symbolbildung befassen, das wir schon im 5. Kapitel berührt haben; b. mit der Organisation von tachistoskopisch dargebotenem Material; c. mit den Organisationsprozessen, die bei der optischen Darbietung der zufälligen Tintenkleckse des Rorschach-Tests stattfinden.

A. Symbolbildung

Ein Symbol ist etwas, das für etwas anderes steht und es vertritt. In unserer Kultur ist es allgemein üblich, abstrakte Ideen durch visuelle Analogien symbolisch darzustellen. Im Volksglauben und in der Mythologie werden Götter und Geister durch Symbole dargestellt; der affektive Grund für die Ersetzung ist nur zu offenkundig[6]. Im allgemeinen scheint die visuelle Darstellung von Vorstellungen das Wesen der Symbolbildung zu sein. Dies ist dem ähnlich, was im Traum geschieht[7], wo der Traumgedanke meistens in visuellen Bildern dargestellt wird, und bei Halluzinationen, wo die Wahnvorstellung des Patienten in optischen — und manchmal in akustischen — Bildern auftaucht[8]. Nach Freud geschieht in solchen Fällen Folgendes: Der Wunsch oder das Streben, die gewöhnlich durch äußere Stimulierung vermittels der Wahrnehmungen reguliert und gesteuert werden, sind unannehmbar geworden; sie finden ihren Weg versperrt und nehmen einen umgekehrten Verlauf. Dieser ist durch den Umstand gekennzeichnet, daß der Wunsch, anstatt danach zu streben, sein Ziel in der Realität zu erreichen, es dadurch erreicht, daß er Erinnerungen wiedererweckt, indem er den Erinnerungsspuren äußerste Lebhaftigkeit verleiht, die das Ziel symbolisch darstellen. Die Symbolbildung ist eine Darstellung oder, mit anderen Worten, eine Reproduktion einer Vorstellung in visuellen Bildern; zu diesem Zweck werden die verfügbaren Erinnerungsspuren benützt.

Man kann Symbole also als die Reproduktion von Vorstellungen und von früher einmal wahrgenommenen Beziehungen auffassen; aber ihre Beziehung zum Erinnerungsaspekt der Organisation unserer Denkprozesse ist kompliziert. Silberer (8, 9, 10) hat eine Methode entdeckt, um die Symbolbildung zu untersuchen; eine Erörterung dieser Methode wird vielleicht das Verstehen unseres Problems erleichtern. Er beobachtete, daß

---

[6] Siehe Cassirer (6).

[7] S. Freud (7, S. 283 f.).

[8] Siehe S. 196.

sich sein Problem, wenn er sich in erschöpftem Zustand zu konzentrieren versuchte, ihm in visuellen Symbolen vor Augen führte[9]. Dieses Phänomen, das Silberer »autosymbolisches Phänomen« oder »hypnagogische Halluzination« nennt, kann man als unmittelbares Sich-Erinnern deuten. Diese Erinnerung wird symbolisch umgeformt und ist keine unmittelbare Re-Aktualisierung der betreffenden Erinnerungsspuren, sondern vielmehr ein Symptom[10]. In dieser Formulierung erscheint die Symbolbildung als ein Gedächtnisphänomen. Die Bedingungen für das Auftreten dieser spezifischen Gedächtnisfunktion werden von Silberer (9) beschrieben:

»Die apperzeptive Insuffizienz kann ... entweder *intellektuell* oder *affektiv* bedingt sein; d. h. sie kann *erstens* in der mangelhaften Entwicklung (das Kind, individuell und völkerpsychologisch) oder in einer vorübergehenden Schwächung (Schlaf usw.) der apperzeptiven Fähigkeit durch allgemeine Herabsetzung der Denkenergie verursacht werden und sie kann zweitens durch ein Eingreifen von Affekten entstehen, welche entweder durch einen Lust- und Unlustmechanismus das Vordringen der Idee erschweren oder aber die Aufmerksamkeitsfunktion eines Teiles ihrer Energie berauben, indem sie sie für die autonomen Komplexe in Anspruch nehmen[11] ...

---

[9] Zum Beispiel beim Nachdenken über das Wesen trans-subjektiv gültiger Urteile hat der Autor eine bildliche Vorstellung von einer Kugel, die die Köpfe von Menschen umfaßt, während die Körper außerhalb der Kugel sind.
Weitere Beispiele von Silberer zitiert Freud (7):
»Beispiel Nr. 1. Ich denke daran, daß ich vorhabe, in einem Aufsatze eine holprige Stelle auszubessern.
Symbol: Ich sehe mich ein Stück Holz glatthobeln.
Beispiel Nr. 5: Ich suche mir den Zweck gewisser metaphysischer Studien, die ich eben zu betreiben vorhabe, zu vergegenwärtigen. Dieser Zweck besteht darin, so denke ich mir, daß man sich auf der Suche nach den Daseinsgründen zu immer höheren Bewußtseinsformen oder Daseinsschichten durcharbeitet.
Symbol: Ich fahre mit einem langen Messer unter eine Torte, wie um ein Stück davon zu nehmen ...
Beispiel Nr. 9. Ich verliere in einem Gedankengang den Faden. Ich gebe mir Mühe, ihn wieder zu finden, muß aber erkennen, daß mir der Anknüpfungspunkt vollends entfallen ist.
Symbol: Ein Stück Schriftsatz, dessen letzte Zeilen herausgefallen sind« (G. W. Bd. II/III, S. 350).
[10] Die symbolische Umwandlung ist ein Beispiel dafür, wie Affekte, Einstellungen und dynamische Gedankenentwürfe verschiedene visuelle oder verbale Erscheinungsformen wählen. Die Identität von Gedanke und Symbol liegt offenbar nur in der Identität der Affekte, Einstellungen und dynamischen Entwürfe.
[11] »Autonome Komplexe« ist Silberers Ausdruck für Komplexe im Sinne Jungs (Siehe S. 68 ff.).

Wenn affektive Elemente das Vordringen der Idee stören, leisten sie übrigens nicht nur negative, sondern auch zumeist positive Arbeit, indem sie ... sich selbst ins Bewußtsein durchsetzen wollen ...« (S. 608).

Wir haben Grund genug zu der Annahme, daß die Symbolbildung, die Silberer auf das Dazwischentreten von Affekten zurückführt, und die Symbolbildung, die er der »Unzulänglichkeit« zuschreibt, auf einen gemeinsamen Nenner gebracht werden können. Wenn Affekte allzu stark werden, oder wenn vorübergehende oder entwicklungsbedingte »Unzulänglichkeiten« ihr Wirksamwerden fördern, manifestieren sie sich, indem sie eine symbolische Reproduktion von Gedanken herbeiführen. So kann also nach Silberers Theorie im Zustand der Müdigkeit oder der primitiven Entwicklung und unter dem Druck von Affekten, die in ihrer freien Äußerung gehemmt sind, die Re-Aktualisierung von Erinnerungsspuren in symbolischer Form stattfinden[12]. Jones (11) erhebt zwar Einwände gegen viele Vorstellungen Silberers, war sich aber in wesentlichen Punkten mit ihm einig:

»Jede Symbolbildung ist ein Zeichen für eine relative Unfähigkeit entweder aufzufassen oder darzustellen, vor allem das erstere; diese kann entweder affektiven oder intellektuellen Ursprungs sein, wobei der erste dieser beiden Faktoren weit wichtiger ist« (S. 179 f.).

T. W. Moore (12) verwendete ebenfalls Silberers Versuchsmethode und bestätigte seine Ergebnisse. Schrötter (13) demonstrierte das Phänomen der Symbolbildung durch eine andere Versuchsmethode: Er wies Personen in tiefer Hypnose an, von sexuellen Vorgängen zu träumen, und stellte fest, daß das suggerierte sexuelle Material in den Träumen in der Form wohlbekannter Symbole auftauchte. Ähnliche Ergebnisse erzielte Roffenstein (14)[13].

Die hier zusammengefaßten Versuche zeigen, daß einer der Einflüsse von Gefühlen auf das Gedächtnis bei der Reproduktion zur Umwandlung von Erinnerungen in Symbole führt.

B. Tachistoskopische Versuche

Beobachtungen nach tachistoskopischen Darbietungen an normalen Versuchspersonen (Schumann, 15), an Patienten mit einer totalen Läsion des

---

[12] Eine ähnliche Theorie in bezug auf Träume hat Stekel geäußert: »Der Traum ist eigentlich ein Spiel von Darstellungen im Dienste der Affekte« (Silberer 9, S. 612).

[13] Siehe Freud (18, S. 23) und Freud (7, S. 389).

zentralen Gesichtsfeldes (Poppelreuter, 16), an latent halbsichtigen Patienten, an Patienten mit Alkohol-Halluzinose und Patienten mit Agnosie (Pötzl, 17) erbrachten ein verzögertes, fraktioniertes Auftauchen der visuellen Eindrücke. Zum Beispiel zeigte man einem Mann, bei dem das zentrale Gesichtsfeld zerstört war, einen Mann mit einer grünen Krawatte und einer goldenen Krawattennadel. Zunächst sagte er, er habe gar nichts gesehen; nach einigen Minuten sagte er, er habe eine gelbe Blume auf grünem Hintergrund gesehen. Man nahm an, diese Eindrücke hätten ihren Ursprung im peripheren Sehen, und beim normalen Sehen würden sie durch einen Abstraktionsprozeß im Gehirn unterdrückt. Wenn dieser Prozeß inaktiv ist — wie bei Agnosie und Halluzinose — oder wenn Zeitumstände — wie bei der extrem kurzen Darbietung — seine Wirksamkeit hemmen, folgt auf das Auftauchen des beim zentralen Sehen empfangenen Eindrucks ein verzögertes Auftauchen der bruchstückhaften Eindrücke, die das periphere Sehen erbracht hat. Pötzl (17) nahm an, der »zentrale Abstraktionsprozeß«, der die Teileindrücke unterdrückt, die man durch das periphere Sehen empfängt, sei auch in der Traumarbeit inaktiv. Diese Annahme führte ihn zur Untersuchung der Wirkung von tachistoskopisch dargebotenen Bildern auf Träume. Er bot normalen Versuchspersonen Bilder von Landschaften und Straßenszenen während zehn Sigmas[14] dar; ihre Eindrücke wurden sofort aufgezeichnet, und die Versuchspersonen wurden angewiesen, in den folgenden vierundzwanzig Stunden ihre Träume und Tagträume zu beobachten und aufzuschreiben. Der Autor ließ die Versuchspersonen Zeichnungen von ihren ursprünglichen Eindrücken anfertigen, ebenso von ihren späteren Träumen und Tagträumen; Assoziationen dazu wurden aufgeschrieben. Bei neun von zwölf Versuchspersonen ergaben sich auffallende Ergebnisse des Versuchs:

1. Die unmittelbar nach der Darbietung berichteten Eindrücke kamen weder in den Träumen noch in den Tagträumen vor; diese drei Arten von Eindrücken schlossen einander wechselseitig aus, ergänzten einander aber (S. 348).

2. Die Skizzen zeigten eine gute Übereinstimmung insofern, als ihre Geometrie deckungsgleich war; die späteren füllten die Lücken der ursprünglichen Skizze; sie behielten zwar ihre geometrische Anordnung bei, ihre Inhalte wurden aber symbolisch umgeformt (S. 315).

3. Bei dem Teil des Bildes, der bei der tachistoskopischen Darbietung »unbeachtet« geblieben war, stellte sich heraus, daß er mit einem affektiven Konflikt der Versuchsperson verbunden war. Die ausgelassenen Teile

---

[14] 1 Sigma = $1/1000$ Sekunde.

erschienen symbolisch verwandelt entweder in den Träumen, den Tagträumen oder in den Assoziationen (S. 314).

Dieser Versuch scheint auf den Einfluß eines selegierenden affektiven Faktors hinzuweisen, der einen Teil der tachistoskopisch wahrgenommenen Eindrücke der unmittelbaren Reproduktion unzugänglich macht. Es ist, als sei der Eindruck in Vordergrund und Hintergrund eingeteilt. Die unterdrückten Teile gehen nicht verloren, sondern tauchen in symbolischer Form in Träumen und Assoziationen auf, wo der Druck der unterdrückenden Kraft geschwächt ist.

Allers und Teller (19) wiederholten den Versuch, um Pötzls psychoanalytische Deutung zu widerlegen, und stellten fest, daß Teileindrücke in bildhaften Prozessen verzögert auftauchten, die zwischen das Reizwort und das Reaktionswort des Assoziationsversuchs eingeschoben waren.

Malamud und Linder (20) und Malamud (21) wiederholten Pötzls Versuch mit Psychiatrie-Patienten. Sie boten die Bilder 30 Sekunden lang dar, offenbar in der Annahme, daß in diesen Fällen sowieso eine Apperzeptionsschwierigkeit besteht und nicht durch tachistoskopische Darbietung eingeführt zu werden braucht. Man benützte Wiedergaben von Kunstwerken, die so ausgewählt wurden, daß sie dem zentralen emotionalen Problem der Versuchspersonen entsprachen. Die Ergebnisse waren eine Bestätigung der Feststellungen Pötzls. Malamud und Linder formulierten ihr Problem folgendermaßen:

»Bei unseren Versuchen haben wir es daher mit folgenden Problemen zu tun: 1. Trifft es zu, daß Inhalte unseres rezenten Erlebens, die vergessen sind, in Wirklichkeit nur verdrängt sind, und daß sie nachweislich in unseren Träumen wiederkehren? 2. Haben diese Inhalte eine eindeutige Beziehung zu früheren Ereignissen, die wegen ihrer konfliktträchtigen Tendenzen verdrängt worden sind? 3. Haben diese Erlebnisse, wie sie in der Traumanalyse aufgedeckt werden, eindeutige Beziehungen zu den Lebensproblemen der Person und, im Krankheitsfall, zu dem Konflikt, der wesentlich für den Krankheitsprozeß verantwortlich ist?« (S. 1084).

Sie kamen zu folgenden Schlüssen:

»... 1) die Faktoren, von denen die psychoanalytische Theorie annimmt, sie kämen übereinstimmend in Träumen vor, wurden in den Träumen einer Anzahl unserer Patienten nachgewiesen und ließen sich 2) experimentell herbeiführen.
In bezug auf die Fragen, die wir in unserer Einführung als Grundlage des vorliegenden Versuchs genannt haben, lassen diese Ergebnisse folgende Antworten zu: 1. Einige Inhalte des rezenten Erlebens unserer Versuchspersonen, die sie bei ihren Beschreibungen ausgelassen hatten, erschienen nachweislich später in ihren Träumen. 2. Diese Inhalte schienen eine eindeutige Beziehung zu Erfahrungen in der Vergangenheit der betreffenden Person zu haben. 3. Es stellte sich heraus, daß beide Erlebnisse eindeutig mit jenen Problemen im Leben der Betroffenen in Zu-

sammenhang standen, die, soweit es sich beurteilen ließ, das zentrale Merkmal des Krankheitsprozesses bildeten« (S. 1098).

Schilder (22) berichtete über eine Reihe tachistoskopischer Versuche, die Pötzls Feststellungen bestätigten[15], und schloß:

»Tachistoskopische Erlebnisse haben daher eine Tendenz zu illusionären Veränderungen gemäß den emotionalen Bedürfnissen des Individuums« (S. 599).

Die tachistoskopischen Versuche scheinen also zu zeigen, daß affektive Faktoren, wenn ihr Einfluß durch eine kurzzeitige Darbietung oder durch ihre übertriebene Stärke wie bei Psychiatrie-Fällen gefördert wird, einen visuellen Eindruck in einen annehmbaren Vordergrund und einen unannehmbaren und daher unterdrückten Hintergrund unterteilen. Diese Unterteilung verhindert die unmittelbare Erinnerung des so ausgewählten Teileindrucks und läßt nur seine symbolische Reproduktion in Träumen und Tagträumen zu.

C. Der Rorschach-Test

Dieser Test besteht aus zehn Tafeln mit Tintenklecksen, zum Teil in verschiedenen Grauschattierungen, zum Teil farbig, die dem Probanden mit der Frage vorgelegt werden: »Was könnte dies sein?« Im Hinblick auf Gedächtnisprüfung ist dies ein Test gelenkter Assoziationen; er hat einige Ähnlichkeit mit den »Erinnerungsassoziationen«[16]; bei beiden wird der Proband aufgefordert, eine spezifische Art von Assoziationen zu nennen, und nicht einfach die erste Vorstellung, die ihm einfällt. Aber bei der »Erinnerungsassoziation« ist die Reaktion, die genannt werden soll, ein Erlebnis; beim Rorschach-Test muß die Reaktion zu dem Tintenklecks passen. Rorschach (23) behauptete, die dem Test zugrundeliegenden Vorgänge seien Assoziationsprozesse, und erklärte, das Testprotokoll jedes Individuums spiegele seinen einzigartigen Assoziationsmechanismus wider. Binswanger

---

[15] Er schrieb: »Bei tachistoskopischen Versuchen, die zusammen mit Dr. Ross durchgeführt wurden, zeigten wir den Versuchspersonen unter anderem Bilder von einem Jungen, dem ein Arm und ein Bein fehlten. Ein großer Teil der Probanden sah die vollständige Gestalt. Sie wollten die Tatsache der Verstümmelung nicht akzeptieren. In manchen Fällen gab der Proband an, der Junge laufe —; das stellt einen Kompromiß zwischen dem Gesehenen und dem dar, was sie sehen wollten. Der tachistoskopische Versuch ist also für die Wünsche des Probanden plastischer. Das kam besonders deutlich zum Vorschein bei Kindern, denen man eine nackte Gestalt zeigte. Je nach ihrer Sittsamkeit sahen sie die Gestalt bekleidet oder nicht (die Darbietungszeit variierte zwischen $1/50$ und $1/100$ Sekunde« (S. 599).

[16] Siehe S. 76.

(24) erhob Einwände dagegen, die dem Rorschach-Test zugrundeliegenden Prozesse als Assoziationsprozesse zu betrachten; er hielt sie für ebenso vielschichtig wie Denkprozesse. Binswanger nimmt bei seiner Beweisführung nicht davon Kenntnis, daß der in einen Assoziationsversuch eingebrachte Assoziationsprozeß ein Artefakt ist, eine willkürliche Vereinfachung des Vorgangs, der im Alltagsleben abläuft; daß aber beim Rorschach-Test der Assoziationsprozeß vollständiger in die »Organisation der Denkprozesse« eingebettet ist und deshalb dem Phänomen ähnlich ist, das im Alltagsleben zu beobachten ist. Der Rorschach-Test, der also ein gelenkter Assoziationstest ist, spiegelt die Gedächtnisfunktion in ihren individuellen Unterschieden und zeigt zwangsläufig den Einfluß affektiver Faktoren auf die Organisation von Erinnerungen. Der Vorgang läuft folgendermaßen ab: Der Tintenklecks mobilisiert Erinnerungen, die Merkmale aufweisen, welche den Merkmalen des Tintenkleckses ähnlich sind, und die Erinnerung, die am besten paßt, wird als Reaktion angegeben. Wenn Gefühle geweckt werden, wird die Auswahl der am besten passenden Reaktion beeinflußt, gestört oder ganz verhindert; sie wird selten gefördert.

Wir können auf weitere Einzelheiten des Rorschach-Verfahrens[17] nicht näher eingehen; wir wollten nur zeigen, daß es einen Bezug zum Gedächtnisproblem hat. Jetzt wollen wir kurz darstellen, welche Rolle der »affektive Faktor« bei den an diesem Testverfahren beteiligten Gedächtnisprozessen spielt.

1. Die *Reaktionszeit* ist die Zeit, die zwischen der Darbietung einer Rorschach-Tafel und der ersten Antwort (Reaktion) verstreicht. Diese Reaktionszeit scheint Gefühlsreaktionen sehr genau anzuzeigen. Rorschach stellte fest, daß eine ungewöhnlich lange Reaktionszeit nach Darbietung der ersten Tafel mit leuchtenden Farben eine charakteristische neurotische Manifestation ist. Im allgemeinen scheint eine lange Reaktionszeit bei jeder Tafel anzuzeigen, daß die Tafel eine Reaktion von besonderer emotionaler Bedeutsamkeit auslöst. Der affektive Faktor, der die Reaktionszeit verlängert, beeinträchtigt gewöhnlich die Qualität der Antworten — den Grad der »Übereinstimmung« mit den Tafeln — und stört ihre Abfolge[18]. Depressive, gehemmte und pedantische Probanden haben gewöhnlich lange Reaktionszeiten.

2. Die *Reaktion auf Farben und Schattierungen* von Grau und Schwarz

---

[17] Siehe Rorschach (23), Rorschach und Oberholzer (25), Rickers-Ovsiankina (26) und Beck (27).

[18] Siehe D. Rapaport: *Reaction Time and Succession in the Rorschach Ink Blot Test*; im März 1939 anläßlich der Zusammenkunft des New Yorker Zweigs des Rorschach Institute gehaltener Vortrag.

spiegeln, wie sich herausstellte, das Muster der emotionalen Reaktionen des Probanden wider. Erfahrungen mit dem Test haben gezeigt, daß impulsive Probanden auf leuchtende Farben entweder mit unzulänglichen Antworten oder nur Farb-Antworten (ohne Form) reagieren, und daß ängstliche Probanden bei dunklen Schattierungen in ihren Reaktionen ähnlich beeinträchtigt sind: Die ersten bezeichnen also einen roten Fleck als »Blut«, einen grünen als »Gras«; die letzteren sehen in den dunklen Flecken Wolken, Rauch oder drohendes Unheil. Der gehemmte, starre oder pedantische Proband reagiert auf Farbe und Schattierung gar nicht und berücksichtigt nur die Form der Flecken. Zwischen diesen Extremen finden wir Probanden, die mit mehr oder weniger Erfolg versuchen, Form mit Farbe und Schattierung zu vereinbaren. Der Einfluß von Affekten und Ängsten — der sich jeweils in Reaktionen auf Farbe und Schattierung niederschlägt — besteht hier darin, daß eine freie und reichhaltige Mobilisierung von Erinnerungen, die zu den Tintenklecksen passen, erschwert wird.

3. Die *Inhalte* der Antworten können die vorherrschenden affektiven Probleme und Einstellungen des Patienten widerspiegeln. Symbolische oder offenkundige Sexualantworten spiegeln ein übermäßiges Beanspruchtsein von sexuellen Fragen; eine Fülle von Anatomie-Antworten spiegelt unter bestimmten Bedingungen Sorgen um das körperliche Befinden wider; der Charakter von Antworten, in denen Bewegungen von Menschen beschrieben werden, bringt die allgemeine Lebenseinstellung des Patienten zum Ausdruck. Solche Einstellungen spiegeln sich z. B. in Antworten, die eine gebeugte oder aufrechte Gestalt beschreiben[19]. Die Inhalte sind insofern, als sie die Einstellungen und Sorgen des Probanden offenbaren, jener Aspekt des Tests, in dem der ihm zugrundeliegende projektive Mechanismus unmittelbar zutage tritt.

Die Relevanz des Rorschach-Tests für unser Problem könnte man folgendermaßen zusammenfassen: Der Test setzt einen komplizierten Gedächtnis-Mechanismus in Gang, der dem im Alltagsleben wirksamen ähnlich ist; die Reaktionszeit, die Wirkung von Farbe und Schattierung auf die Antworten und der Inhalt der Antworten offenbaren den Einfluß von Affekten auf diesen Gedächtnis-Mechanismus. Die Aufgabe des Probanden besteht darin, einen Tintenklecks gemäß seinen Erinnerungsbildern zu organisieren; dieser Organisationsvorgang offenbart die wichtigsten Organisationsfaktoren seiner Persönlichkeit — in erster Linie diejenigen affektiver Natur — und ihren Einfluß auf seine intellektuelle Struktur.

---

[19] Siehe Furrer (28).

2. Die affektive Organisation von verbalem Material

Im 4. und 5. Kapitel sind wir Phänomenen des Vergessens aufgrund von Verdrängung und Prozessen der Wiedererlangung vergessenen Materials begegnet. In den meisten dieser Fälle betraf die primäre Beobachtung den Umstand des Vergessens, und der Beobachter lernte das vergessene Material erst kennen, nachdem es mit seiner Hilfe wiedererlangt worden war. Wie der Vergleich zwischen dem ursprünglichen vergessenen Erlebnis und der wiedererlangten Erinnerung ausfällt, ist eine umstrittene Frage; ganz allgemein ist das Problem, wie sich *irgendein* Erlebnis und die Erinnerung daran zueinander verhalten, bisher unerforscht. Allgemeinpsychologische Versuche haben sich nur mit dem Erinnern von einzelnen Wörtern und ähnlichem Material befaßt, und in Assoziationsversuchen wurde die Frage gestellt, ohne daß man sie experimentell in Angriff genommen hätte. Kriminologische Versuche über die Psychologie der Zeugenaussage zeigen, daß die Einstellungen und Strebungen eines Menschen seine Erinnerung an Erlebnisse entstellen, aber der Mechanismus dieser Entstellungen ist noch nicht geklärt. Man weiß seit langem, *quod volumus facile credimus* (was wir wünschen, glauben wir leicht). Ähnlich sind auch die Prinzipien, die das Erfinden von Geschichten lenken, bis heute unerklärt, obwohl bekannt ist, daß der Autor sich in seinem Werk spiegelt. Es gibt wenige Berichte über Fälle — ausgenommen echte Amnesien —, in denen ein wichtiges, relevantes Erlebnis, das sich über einen längeren Zeitraum erstreckt hat, von einem Menschen berichtet und später vergessen wurde. Ein solches Vergessen unterscheidet sich dadurch von der echten retrograden Amnesie, daß nicht alle Erlebnisse der fraglichen Periode vergessen werden, sondern nur eine spezifische fortgesetzte Erlebniskette innerhalb dieser Periode[20]. Ein interessanter Fall, bei dem sowohl ursprüngliche Erlebnisse als auch die Erinnerung an sie untersucht wurden, wird von Erickson (29) berichtet. Zwei Mädchen, die von ihren Eltern als Objekte sexuellen Mißbrauchs verkauft worden waren und die schwere Verletzungen und Infektionen davongetragen hatten, beschrieben ihre Erlebnisse dem von der Polizei zugezogenen Psychiater in allen Einzelheiten. Der Psychiater befragte die Kinder ein halbes Jahr später noch einmal und schrieb:

»Selbst auf eindringliche Fragen hinsichtlich der erlittenen Verletzungen und der venerischen Infektion reagierten sie entweder mit ärgerlichem Leugnen oder nichtssagenden Erklärungen, und sie schienen das ganze Erlebnis nicht wirklich als

---

[20] Diese Art des Vergessens hat Erickson »spezifische Amnesie« genannt.

etwas anzuerkennen, das in ihrem eigenen Leben geschehen war. Es war zu keiner Zeit zu leugnen, daß sie aufrichtig und von ihren Aussagen völlig überzeugt waren« (S. 3).

Im folgenden Überblick wollen wir klinische Beobachtungen dieser Art auswerten und eine allgemeine wissenschaftliche Einigung über die Tatsache und das Wesen des affektiv motivierten Vergessens erleichtern, indem wir die Berichte über Versuche systematisch ordnen, in denen derartige Phänomene unter gelenkten Bedingungen hervorgerufen wurden.

Bei den in diesem Abschnitt berichteten Versuchen geht es um die Wiedergabe von Geschichten, die dem Probanden vorgelegt worden waren, und um das Erfinden von Geschichten über ein bestimmtes Thema durch den Probanden. Aus den Veränderungen, die sich in der reproduzierten Geschichte finden, und aus den Prinzipien, die das Hervorbringen von Originalgeschichten lenken, schließt man auf das Wesen des Einflusses affektiver Faktoren auf die Erinnerung. Wir wollen drei Arten von Versuchen betrachten: a. Versuche der unmittelbaren Erinnerung, bei denen der Proband eine Geschichte wiedergibt, die ihm in der Versuchssituation vorgelesen worden ist; b. Versuche mit der verzögerten Erinnerung, bei denen der Proband bekannte Märchen reproduziert, an die er sich aus seiner Kindheit erinnert; c. Produktionsversuche, bei denen der Proband zu einem verbal oder als Foto dargebotenen Thema eine Geschichte erfindet.

Diese drei Versuchsarten stellen ein Kontinuum dar, das von der Reproduktion gelernten Materials bis zu Schöpfungen der freien Phantasie reicht; der gemeinsame Nenner ist der organisierende affektive Faktor, der Gedächtnis und Gedankenproduktion beeinflußt. Daß Erinnerungsfälschungen von gelerntem Material auf emotionale Einflüsse zurückzuführen sind, hat Freud (30) in seiner »Psychopathologie des Alltagslebens« demonstriert. Er berichtet über mehrere Beispiele der falschen Wiedergabe von Gedichten und führt die Fehler auf emotionale Faktoren zurück, die das ursprüngliche Material unterdrückt und an seine Stelle anderes Material gesetzt hatten[21]. Das ist für jene eine vertraute Erfahrung, die es sich zur Gewohnheit gemacht haben, Gedichte auswendig zu lernen und wiederzugeben. Stalnaker und White und seine Mitarbeiter waren bei ihren Hypnoseversuchen beeindruckt davon, mit welcher Freiheit ihre Probanden Teile von Gedichten durch ihre eigenen Konstruktionen ersetzten. Hull nahm an, diese Konstruktionen seien Beweise für eine Un-

---

[21] Siehe »Psychopathologie des Alltagslebens« (30), S. 44 ff. und S. 70.

zuverlässigkeit des hypnotischen Gedächtnisses[22]. Wenn man jedoch diese hypnotischen Gedächtnisphänomene im Licht der von Freud gelieferten Erkenntnisse betrachtet, lassen sie eine andere Deutung zu. Im normalen Wachzustand führt Verdrängung zum Vergessen bestimmter Teile einer Auswahl; im Zustand der Hypnose ist die Verdrängung geschwächt, und es erfolgt ein Kompromiß, bei dem das verdrängte Material teilweise wiedergewonnen wird, und zwar entstellt, so daß der Eindruck einer freien Konstruktion entsteht. Affektive Einflüsse können, wie wir schon in dem Kapitel über Psychoanalyse gesehen haben, auch im Normalzustand sowohl zum Vergessen führen als auch zur »Umwandlung« oder Entstellung von Erinnerungsmaterial.

A. Unmittelbare Erinnerung an Geschichten

Die Eigenart der Erinnerungsentstellungen, die bei der Reproduktion von sinnvollem Material vorkommen, hat schon früh die Aufmerksamkeit einiger Forscher erregt, aber das Problem wurde nicht mit dem Nachdruck verfolgt, der ihm angemessen gewesen wäre. Koeppen und Kutzinsky (31) berichteten über eine Reihe von Versuchen über die Wiedergabe kleiner Geschichten durch verschiedene klinische Gruppen von Psychotikern. Dieses Material wurde in ähnlicher Weise analysiert wie die Ergebnisse der frühen Assoziationsversuche[23]. Es ging bei diesen Untersuchungen um formale, logische, grammatikalische Beziehungen; trotzdem finden wir auch hier gelegentlich Bemerkungen, die einen unmittelbaren Bezug zu unserem Thema haben:

»... es wurde gezeigt, wie stark die expansive Kraft pathologischer Gefühlskomplexe und die Einstellungen, die aus ihnen hervorgehen, das Erinnerungsvermögen beeinflussen. Die Einstellung zu der Aufgabe veränderte sich, eine andere Gefühlsreaktion gegenüber der Geschichte trat an die Stelle der normalen, und die Geschichte als Ganzes wurde verfälscht und entstellt. Dies alles konnte bei vollkommen intaktem Verstand, gutem Gedächtnis, guter Aufmerksamkeit und einer erhaltenen Fähigkeit zu differenzieren und zu kombinieren geschehen, lediglich infolge der Macht, die die pathologischen Komplexe und Einstellungen ausüben ... außerdem sahen wir, daß Verzerrungen der Einstellung gegenüber der Aufgabe, sich an die Geschichte zu erinnern, zu Veränderungen ihres Inhalts führten. Die Einstellung war manchmal als gestört, manchmal als normal anzusehen, je nachdem, ob der Affekt normal oder pathologisch war« (S. 218 f.).

---

[22] Siehe S. 216 ff.
[23] Siehe S. 64 f.

Diese Versuche führten zu mehreren weiteren; Levy-Suhl (32) veröffentlichte ähnliche. Betlheim und Hartmann (33) legten Korsakow-Patienten Geschichten grob-sexuellen Inhalts vor und stellten fest, daß der grob-sexuelle Inhalt bei der Reproduktion in symbolischer Umwandlung zum Vorschein kam[24]. Schilder (34) führte eine gründliche Untersuchung an Paralyse-Patienten durch, wobei er das Geschichtenmaterial von Koeppen und Kutzinsky benützte; in seinen Feststellungen beschrieb er ausführlich die Organisation der Erinnerungs- und Denkprozesse von Paralytikern[25]. Der Kern seiner Feststellungen besagt, daß die Erinnerungs- und Denkstörung des Paralytikers, wie sie sich bei der Wiedergabe von Geschichten offenbart, dadurch gekennzeichnet ist, daß die vorbewußten Wünsche und affektiven Einstellungen des Patienten leicht ins Bewußtsein durchdringen und die Wiedergabe der Geschichte auf eine Weise entstellen, die man sonst nur in Träumen findet. Schilder hat nicht nur die logisch-grammatikalische Form der Entstellungen gezeigt, sondern auch die ihr zugrundeliegenden affektiven Faktoren. Seine Folgerungen in bezug auf die formalen, logischen Merkmale der Entstellungen waren folgende:

»1. Ersetzen eines konkreten Begriffes durch einen allgemeinen. 2. Ersetzen eines Begriffes durch einen offenbar vertrauteren, beigeordneten. 3. Abschwächung und Verallgemeinerung einer affektiv bedeutsamen Szene in eine minderbedeutsame. 4. Wiederholung des gleichen Motivs. 5. Ungenügende Erfassung des Gesamtsinnes und ungenügende Erfassung der Einzelheiten« (S. 26).

Die affektive Bestimmtheit der Merkmale dieser Entstellungen wurde folgendermaßen zusammengefaßt:

»1. Die Ersetzung durch einen beigeordneten Begriff erfolgt im Sinne eines affektiven Bedürfnisses. 2. Der Patient versetzt sich selbst an die Stelle der Hauptperson. 3. Ein einmal angeschlagenes Motiv wird willkürlich fortgesponnen. 4. Unangenehmes wird ohne weiteres durch sachlich Entgegengesetztes aufgehoben. 5. Primitive Wünsche werden ohne Rücksicht auf den Zusammenhang als erfüllt dargestellt. 6. Hierbei tritt der infantile Charakter der Nacherzählung deutlich zutage« (S. 26).

»1. In der freien Reproduktion wird die ursprüngliche Fehl-Auffassung festgehalten; 2. Neben der Fehlauffassung schimmert die richtige Auffassung durch. 3. Details, die in der unmittelbaren Reproduktion nicht erscheinen, können einige Tage später in der freien Reproduktion auftauchen. 4. Wieder fällt die ungemeine Sorglosigkeit auf, in welcher Widersprechendes und Unsinnniges ohne Korrektur belassen wird« (S. 27).

---

[24] Siehe auch Schilder (35, S. 161 f.) und Freud (18, S. 23).
[25] Eine allgemeine Erörterung der Erinnerungs- und Denkorganisation findet sich bei Schilder (36).

Über ähnliche Versuche mit Patienten anderer psychotischer Gruppen berichten Curran und Schilder (37). Bei einer ähnlichen Untersuchung an katatonen schizophrenen Patienten hat Rapaport bei der Wiedergabe einer Geschichte eine ausgeprägte Neigung zur Auslassung aggressiver Inhalte festgestellt[26].

B. Das Wiedererzählen von Geschichten, die man als Kind gehört hat

Despert (38) hat eine Reihe von Versuchen durchgeführt, bei denen sie außer den Methoden von Koeppen und Kutzinsky noch andere verwendet hat. Sie forderte schwierige Kinder auf, bekannte Kindergeschichten wiederzuerzählen, und wies nach, daß die Kinder bei der Reproduktion die Geschichten so entstellten, daß sie ihren »emotionalen« Bedürfnissen entsprachen. Diese Methode der Wiedergabe von Geschichten wurde in therapeutischer Absicht, mit dem Ziel der Katharsis, angewandt. In verschiedenen Phasen des therapeutischen Prozesses kamen verschiedene Typen der Entstellung vor. In der Anfangsphase der Behandlung verwandelt das Kind die Geschichte vielleicht in eine Tragödie; in einer Phase der Befreiung gibt es ihr vielleicht ein gutes Ende. Die Gestalten und Probleme der Geschichte werden von dem Kind so bearbeitet, daß sie Mitglieder und Probleme seiner Familie darstellen. Despert wies den affektiven Charakter der Entstellungen bei der Wiedergabe nach, indem sie die ursprüngliche Geschichte, die Wiedergabe und die Fallgeschichte verglich.

Eine ähnliche Untersuchung hat M. Brenman[27] durchgeführt, die ihre Versuchspersonen aufforderte, sich an Märchen zu erinnern — wie z. B. »Rotkäppchen«, »Die drei Bären« usw. —, die sie in der Kindheit gehört und seither nicht wieder gelesen hatten. Die auf diese Weise erhaltenen Wiedergaben wurden mit den verfügbaren Versionen des Originals verglichen und wiesen eindrucksvolle Auslassungen und Entstellungen auf. Um Einblick in das Wesen dieser Entstellungen zu gewinnen, versetzte die Versuchsleiterin ihre Probanden in Hypnose und forderte sie noch einmal auf, die Geschichte wiederzugeben. Es wurden auch Kontrollversuche durchgeführt, bei denen die Wiedergabe in Hypnose vor der Re-

---

[26] Siehe D. Rapaport, *Selective Remembering, a Study of the Recall of Stories by Catatonic Patients*, unveröffentlicht.
[27] M. Brenman, *Studies of Normal and Hypnotic Recall of Fairy Tales Heard in Childhood*, unveröffentlichte Studie aus dem Psychologischen Laboratorium der Menninger Clinic.

produktion im normalen Wachzustand vorgenommen wurde. Brenman führte auch den Thematischen Apperzeptionstest[28] durch, um Aufschluß über die wichtigsten Strebungen und Probleme des Probanden zu erhalten. Der Vergleich der Wiedergabe in Hypnose und im Normalzustand untereinander und mit den Ergebnissen des TAT zeigte, daß die Auslassungen und Entstellungen bei der Wiedergabe im Normalzustand den »emotionalen Bedürfnissen« der Probanden entsprechen.

C. Die affektive Organisation beim spontanen Erfinden von Geschichten

Eine weitere von Despert angewandte Methode, nämlich die Aufforderung, zu einem gegebenen Thema Geschichten zu erfinden — »Erzähle mir eine Geschichte über einen kleinen Jungen und den Vater und die Mutter« —, führt uns zur dritten Art von Versuchen, die in dieser Gruppe die gleiche Rolle spielt wie der Rorschach-Test bei der im vorigen Abschnitt besprochenen Gruppe; beide sind »projektive Techniken«. Morgan und Murray (39) haben einen Bericht über »Eine Methode zur Untersuchung von Phantasien« (Thematischer Apperzeptionstest) veröffentlicht. Sie legten eine Reihe von Fotografien unbestimmter Szenen vor und gaben folgende Anweisung:

»Dies ist eine Prüfung Ihrer schöpferischen Phantasie. Ich werde Ihnen ein Bild zeigen, und ich möchte, daß Sie eine Handlung oder eine Geschichte erfinden, für die man es als Illustration verwenden könnte. In welcher Beziehung stehen die abgebildeten Personen zueinander? Was ist mit ihnen geschehen? Was denken und fühlen sie im Augenblick? Wie wird es ausgehen? Tun Sie Ihr Bestes. Da ich Sie auffordere, sich Ihrer literarischen Phantasie hinzugeben, können Sie Ihre Geschichte so lang und so ausführlich machen, wie sie wollen« (40, S. 532).

Murray hat dies später (41) weiter ausgearbeitet, ebenso andere Methoden zur Untersuchung der Phantasie, die zwar für unser Thema relevant sind, hier aber nicht besprochen werden können. Eine weitere Erörterung dieser Methode bringt Murray in seinem Werk *Explorations in Personality* (Erforschung der Persönlichkeit [40]). Er stellt fest, daß die Hauptstrebungen der Gestalten in den Geschichten die Hauptstrebungen des Probanden sind; Murray bezeichnet sie als »Bedürfnisse«. Es stellte sich heraus, daß die Haupthindernisse und -schwierigkeiten, die in den Geschichten vorkamen, das darstellen, was der Proband als den Hauptdruck empfindet, den seine Umwelt auf ihn ausübt; Murray sprach von

---

[28] Dieser Test wird im nächsten Abschnitt dieses Kapitels besprochen.

»Drucksituationen« *(presses)*. Diese Phantasieproduktionen sind im Grunde Gedächtnisproduktionen zu einem gegebenen Thema und sind den sehsüchtigen Gedächtnis- und Phantasieproduktionen des Alltagslebens ähnlich. Murray erkannte, daß sie im Grunde Projektionen von Gedächtnisprodukten auf die in den Testbildern vorgelegten Gestalten sind, und ihre organisierenden Faktoren — die »Bedürfnisse« und »Drucksituationen« — wurden als affektive Einstellungen angesehen. Die Feststellungen Murrays wurden von J. B. Rotter (42), R. Harrison (43) und Slutz (49) bestätigt und von Massermann und Balken (44, 45, 46) weiterentwickelt. Ähnliche Versuche mit anderem Bildmaterial wurden von Symonds (50) mit Jugendlichen, von Schwartz (47) mit Schulkindern und von Amen (48) mit Vorschulkindern durchgeführt.

Unsere Zusammenfassung der Versuche mit verbalem Material hat das unmittelbare Erinnern von Geschichten, das Wiedererzählen von Geschichten, die man als Kind gehört hat, und das Erfinden von Geschichten zu einer visuell dargebotenen Szene umfaßt; sie hat gezeigt, daß im reproduktiven und produktiven Gedächtnis affektive Kräfte wirksam sind. Die spezifischen Mechanismen dieses affektiven Einflusses auf das Gedächtnis sind in diesen Versuchen und Verfahren inbegriffen; eine ausdrückliche Formulierung ist erst nach weiterer Erforschung möglich.

3. Die affektive Organisation des Verhaltens

Mit der Erörterung der »affektiven Organisation des Verhaltens« bleiben wir im Bereich des Gedächtnisses, denn alles Verhalten ist in gewissem Maß symptomatisch für die Gedächtnisorganisation. Das Thema dieses Abschnitts sind die Verhaltenssymptome des affektiven Einflusses auf die Gedächtnisorganisation. Das Phänomen der Fehlleistungen im allgemeinen gehört zur Gruppe dieser Phänomene, da man Fehlleistungen als symptomatisch für Gedächtnisstörungen affektiven Ursprungs ansehen kann[29]. Die Fehlleistungen, die wir hier besprechen wollen, sind experimentell durch Hypnose ausgelöst worden; im posthypnotischen Zustand, in dem die Fehlleistungen stattfanden, erinnerte sich die Versuchsperson nicht an die Anweisungen des Hypnotiseurs, die die Fehlleistungen hervorriefen, genau wie die Einflüsse, die Fehlleistungen im Alltagsleben zugrundeliegen, dem Individuum nicht bekannt sind.

---

[29] Siehe 5. Kapitel, S. 177 ff., 183 ff.

Erickson (51) veröffentlichte einen Bericht über die »Experimentelle Demonstration der Psychopathologie des Alltagslebens«. Bei dem hier berichteten Versuch und bei anderen Versuchen[30] suggerierte Erickson Versuchspersonen, die sich in tiefer Trance befanden, im normalen Wachzustand sollten sie sich an ein vom Hypnotiseur suggeriertes Erlebnis als an ihr eigenes Erlebnis erinnern. Das »Erlebnis« war eins, dessen sich die Versuchsperson schämen sollte; es wurde ihr auch suggeriert, sie solle versuchen, es zu verheimlichen. Als man die Versuchspersonen aus der Trance weckte, waren sie sich der Erinnerung an das suggerierte Erlebnis peinlich bewußt, merkten aber nicht, daß es nur eine Suggestion war; sie verhielten sich so, als sei es ein wirkliches Erlebnis aus ihrer Vergangenheit. Obwohl sie es mit ungewöhnlichem Geschick verheimlichten, versprachen sie sich manchmal und führten irrtümlicherweise Handlungen aus, die auf das Vorhandensein der »Erinnerung« hinwiesen. Ein andermal beschreibt Erickson, wie einem Probanden die posthypnotische Suggestion gegeben wurde, er solle sich von dem laufenden Gespräch gelangweilt fühlen, solle aber versuchen, seine Langeweile zu verbergen. Der Proband brachte Unterbrechungen des Gesprächs zustande und versprach sich dann auf folgende Weise:

»Schließlich unterbrach er Dr. D. und sagte: ›Entschuldigen Sie, ich spüre einen schrecklichen Luftzug‹ und stand auf, um die Tür zu schließen. Während er dies tat, wurde er gefragt, was er da tue. Er antwortete, ›Hier geht ein schrecklicher Wind [›Wind machen!‹]; ich dachte, ich wollte die Zugluft abstellen.‹ Als der Hypnotiseur so tat, als verstehe er ihn nicht, und ihn noch einmal fragte, was er da tue, antwortete der Proband: ›Ach, ich hab' nur den Langweiler [*the bore*] abgestellt‹ [anstatt: *the door*]. Seine Bemerkung wurde vom Hypnotiseur wiederholt, damit auch die Zuhörer sie verstehen konnten, die sie nicht gehört hatten. Als der Proband hörte, wie seine Bemerkung als ›den Langweiler abstellen‹ wiedergegeben wurde, fuhr er sichtlich zusammen, wirkte schrecklich verlegen, wandte sich mit großer Dringlichkeit an Dr. D. und sagte: ›Hab' ich das gesagt? Ich hab' das nicht gemeint. Ich hab' nur sagen wollen, ich habe die Tür zugemacht.‹ In seiner ganzen Art und Haltung war er eine einzige Bitte um Entschuldigung« (S. 341).

Ähnliche Fehlleistungen hat auch Brenman[31] demonstriert.

»In einem Fall wurde eine somnambule Versuchsperson in der Hypnose angewiesen, bei der Rückkehr in ihren Normalzustand werde sie sich fälschlicherweise erinnern, sie habe in der letzten Nacht einen Traum gehabt, in dem ein bestimmter grüner Bleistift eine solche Rolle gespielt habe, daß sie zutiefst erschrocken sei. Im posthypnotischen Zustand hatte sie Gelegenheit, ihren Namen und ihre Adresse aufzuschreiben, zu welchem Zweck ihr der Versuchsleiter den grünen Bleistift an-

---

[30] Siehe TPR, das interne Bulletin der Menninger Clinic, Dez. 1940.
[31] M. Brenman, unveröffentlichte Abhandlung.

bot. Sie lehnte ab und sagte, sie habe einen Bleistift. Als sich herausstellte, daß dies nicht zutraf, streckte ihr der Versuchsleiter den grünen Bleistift abermals hin. Die Versuchsperson streckte die Hand aus und ergriff den Bleistift so ungeschickt, daß er sofort auf den Boden fiel. Der Versuchsleiter hob ihn auf und gab ihn der Probandin noch einmal. Sie nahm ihn und begann ihren Namen zu schreiben; drückte dabei aber so fest auf, daß die Spitze abbrach und der Bleistift nicht mehr zu gebrauchen war. Die Probandin verließ das Zimmer und lieh sich einen neuen Bleistift, obwohl sie den alten leicht hätte anspitzen können.«

Bei diesen Versuchen wurde den Probanden experimentell vermittels Hypnose ein Affekt eingepflanzt, und seine Wirkungen auf die Gedächtnisorganisation wurden beobachtet. Er rief Fehlleistungen und Versprechen hervor, und zwar auf die gleiche Art und Weise, wie unannehmbare Affekte und Strebungen sie im Alltagsleben hervorrufen. Die Tatsache, daß man Fehlleistungen experimentell erzeugen kann, sollte sich bei zukünftigen Versuchen zur Klärung spezifischer Mechanismen des Gefühlseinflusses auf das Gedächtnis als nützlich erweisen.

Seit neuerer Zeit übliche projektive Spieltechniken wie auch die Techniken des Modellierens mit Ton, des Malens mit Fingerfarben und des Zeichnens gehören in den Bereich der »affektiven Organisation des Verhaltens«. Vermittels dieser Techniken spielen Kinder und Psychotiker ihre Probleme und sogar ihre Früherinnerungen durch. Wenn auch diese Techniken zum Verstehen unseres Problems beitragen könnten, würde doch ihre Erörterung zu vielen Problemen führen, die von unserem Zentralthema weit entfernt sind[32].

4. Die Wechselwirkung zwischen physiologischen Veränderungen und Erinnerungsveränderungen, die mit Emotionen zusammenfallen

Im 3. Kapitel[33] haben wir einige Assoziations- und Erinnerungsversuche besprochen, bei denen physiologische Daten wie psychogalvanische Hautreaktion und Puls benützt wurden, um das Vorhandensein und die Quantität von Emotionen zu bestimmen. Die diesen Versuchen innewohnende Schwierigkeit bestand in der Annahme, 1. das, was die verwendeten physiologischen Methoden maßen, sei Emotion, und 2. der Einfluß der Emotion auf das Gedächtnis sei diesen physiologischen Daten

---

[32] Siehe den Überblick von L. Bender (52) über dieses Material.
[33] Siehe S. 71, 76 f., 112 f.

direkt proportional. Der Versuchstypus, der hier besprochen werden soll, beruhte auf etwas anderen Annahmen, und es wurde nicht nach quantitativen, sondern nach qualitativen Wechselbeziehungen zwischen physiologischen und geistig-seelischen Phänomenen gesucht. Die am meisten verwendete Methode war der Assoziationsversuch. Die Relevanz dieser Methode lag in dem Umstand, daß jedem Gedächtnisphänomen ein Assoziationsprozeß zugrundeliegt; diesen Prozeß sondiert der Assoziationsversuch. Dieser Assoziationsprozeß beruht nicht auf Kontiguität und Ähnlichkeit, sondern vielmehr auf Strebungen, die durch relevante Erinnerungsketten zum Ausdruck kommen.

Unter diesen Versuchen hebt sich der von Luria (53) konstruierte heraus. Lurias Theorie (1) läßt sich wie folgt umreißen: Das menschliche Verhalten kann man entweder durch unmittelbare Beobachtung untersuchen — wobei jedoch die dem Verhalten zugrundeliegende Dynamik unerfaßbar bleibt — oder indem man eine Darstellung dieser Dynamik an einem relativ unabhängigen motorischen System experimentell untersucht. Bei einem Assoziationsversuch wies Luria die Versuchsperson an, mit einem Reaktionswort auf ein Reizwort zu reagieren und gleichzeitig mit der bevorzugten Hand einen Hebel niederzudrücken. Zur gleichen Zeit wurden die unwillkürlichen Bewegungen der anderen Hand, von der Luria glaubte, sie gehöre zu einem unabhängigen motorischen System, durch einen Automaten aufgezeichnet. Die auf diese Weise erhaltene Druck-Kurve wurde unter systematisch abgewandelten Bedingungen untersucht. Dieses Verfahren unterscheidet sich dem Anschein nach vielleicht nicht von den soeben kritisierten, aber wenn wir Lurias Theorie berücksichtigen, erscheint sein Versuch in neuem Licht. Er behauptete, zwar drücke die *willkürliche* Motorik die dynamischen Prozesse, die dem Verhalten zugrundeliegen, nicht aus, sondern verberge sie vielmehr; die *unwillkürliche* Motorik hingegen offenbare sie. Demgemäß untersuchte Luria mit seiner »Methode der abbildenden Motorik« verschiedene Störungen der Druck-Kurve. Die Untersuchungen wurden in vier verschiedenartigen affektiven Situationen durchgeführt:

»Wir benutzten folgende Fälle, wo eine uns bekannte Situation tiefere Spuren in der Vp. hinterlassen hat:
a. *Natürliche Affekte. Massenaffekt*, der bei vielen Menschen auf eine bestimmte Situation konzentriert ist; Prüfung in allen ihren Formen; Voroperationszustand, Massenshock.
b. *Natürliche Affekte* nach einem *Shock* bei *Verbrechern*, nach begangener Tat.
c. *Künstliche Affekte. Suggestion von affektiven Komplexen im Hypnosezustand.*
d. *Künstliche Konflikte*, die im Laboratorium mit der Methode der Kollision einzelner Tendenzen hervorgerufen werden« (S. 139).

Was Luria hier gemessen hat, kann man mit Recht als Symptome affekt-
betonter Erinnerungen bezeichnen, gemessen durch die Störungen der
Assoziationen und der Druck-Kurven. Die Beziehung zwischen der
Druck-Kurve und den Affekten wurde nicht a priori angenommen; die
Affekte wurden durch eine systematische Auswahl von affektiven Lebenssituationen oder durch experimentelle Auslösung in den Versuch eingeführt. Luria war sich klar darüber, daß auch andere Faktoren die
Druck-Kurve stören konnten, so z. B. die Schwierigkeit einer Aufgabe
wie der, auf Reizwörter mit untergeordneten Reaktionswörtern zu antworten, wenn die Reizwörter dies kaum zulassen. Er behauptete jedoch,
daß ihre Wirkung auf die Druck-Kurve sich merklich von der der affektiven Faktoren unterscheide. Er berichtete auch, er habe eine Möglichkeit
gefunden, bewußte und unbewußte Faktoren, die die Druck-Kurve stören,
voneinander zu unterscheiden. Er behauptete, seine Hypnose-Versuche
bewiesen das Vorhandensein einer engen Beziehung zwischen den Symptomen der Erinnerungsstörungen, die sich in den assoziativen Reaktionen zeigen, und den Störungen der Druck-Kurve[34]. Diese Hypnose-
Versuche wurden von Huston, Shakow und Erickson (56)[35] wiederholt;
diese untersuchten Wirkungen eines hypnotisch herbeigeführten Komplexes und setzten die assoziativen Reaktionen zu den Druck-Kurven in
Beziehung; sie bestätigten Lurias Feststellungen und berichteten darüber
hinaus:

»Unsere Ergebnisse zeigen, daß, je weniger Abfuhr auf nonverbaler Ebene stattfindet, desto mehr auf verbaler Ebene abgeführt wird, und umgekehrt« (S. 93).

Sie folgerten:

»Wir stellen die Hypothese auf, daß es ›Abfuhrebenen‹ gibt, so daß, falls die
durch den Konflikt hervorgerufene Erregung nicht verbal abgeführt wird, eine
Ausbreitung auf die Ebenen der willkürlichen und der unwillkürlichen Motorik
stattfindet. Aus dieser Hypothese folgt, daß die motorischen Aspekte der Luria-
Technik manchmal das Vorhandensein des Konflikts vielleicht nicht offenbaren«
(S. 95).

---

[34] »... die affektive Situation taucht eindeutig im Bewußtsein des Probanden auf,
worauf ein Bewegungssturm folgt, der eine Zeitlang jeden normalen Reaktions-
prozeß unterbricht« (53, S. 156).
»Der von uns konstruierte affektive Komplex schafft, obwohl er noch nicht bewußt
ist, einen affektiven Zustand und bestimmt den Fluß der Reihe von freien Assoziationen« (53, S. 157).
[35] Siehe auch Luria (54) über Tatbestandsdiagnostik und Lebedinsky und Luria
(55) über klinische Diagnose.

Die Theorie von den »Abfuhrebenen«, die hier aufgestellt wird, stimmt mit den Gefühlstheorien überein, die im 2.[36] und 5.[37] Kapitel besprochen worden sind. Gemäß diesen Theorien können die zentralen Prozesse, die den Gefühlen zugrundeliegen, durch sehr verschiedene physiologische und psychische Erscheinungen Abfuhr finden. Reymart und Speer (57) fanden, daß die Luria-Technik nicht Gefühle anzeigt, sondern Spannungen, und daß »jede Störung im Gesamtorganismus sich in Muskelspannung äußern könnte« (S. 200). Nichtsdestoweniger liefern Lurias Versuche wie auch der Versuch von Huston, Shakow und Erickson Anhaltspunkte dafür, daß die Affekte und die »Komplexindikatoren« beim Assoziationsversuch mit eindeutigen Veränderungen der Druck-Kurve verbunden sind. Außerdem behauptet Luria, daß von Affekten herrührende Störungen der Druck-Kurve von Wirkungen »jeder Störung im Gesamtorganismus« auf die Kurve zu unterscheiden sind.

Diese Versuche haben drei Vorteile: bei ihnen wird ein gut gesicherter Affekt untersucht; sein Einfluß sowohl auf die Gedächtnisfunktion als auch auf die physiologische Funktion — Motorik — wird untersucht, und es wird eine Theorie der »Abfuhrebenen« aufgestellt, nach der die emotionale Spannung auf verschiedenen Funktionsebenen des Organismus Abfuhr finden kann. Diese Theorie scheint mit dem Freudschen Affektbegriff in Einklang zu stehen, nach dem der »Affektbetrag« entweder eine periphere Abfuhr gewinnt oder psychisch gemeistert wird und seine Wirkung auf die psychischen Funktionen ausübt.

Obwohl wir hier Versuche, die sich der Konditionierung bedienen, nicht berücksichtigt haben, wollen wir doch ein solches Experiment von Diven (58) wegen seiner ungewöhnlich sorgfältigen Konstruktion und seiner ebensolchen Folgerungen erörtern. Zunächst ist es angebracht, unsere Gründe für die Vermeidung der Besprechung von Konditionierungsversuchen klarzustellen. An Tieren durchgeführte Versuche dieser Art — von Autoren, die sich mit dem Gedächtnis und besonders mit dem Einfluß von Gefühlen auf das Gedächtnis beschäftigen, so häufig zitiert — haben wir nicht berücksichtigt, weil es unser Ziel war, zu klären, welche Rolle jene heikle Wirkkraft, die man den »emotionalen Faktor« nennt, in der Gedächtnisfunktion spielt. Es ist wiederholt betont worden, daß wir für diesen Faktor nur introspektive Beweise haben, und daß die Lücke zwischen dem Gefühlserleben und seinen beobachtbaren physiologischen Manifestationen und Niederschlägen im Verhalten noch nicht geschlossen ist. Bei Tierversuchen sind nur Verhalten und Physiologie zu beobachten; daher haben

---

[36] Siehe S. 62 f.
[37] Siehe S. 203 ff.

wir im Bereich der Tierversuche keine Beiträge zu unserem Thema gesucht. Einen weiteren Grund für die Vermeidung der Konditionierungsmethode haben wir bereits genannt[38]: Konditionierung schränkt die Reaktionsfähigkeit ein; sie ist daher nicht mit Lebenssituationen vergleichbar, in denen die Wirkung von Gefühlsfaktoren auf das Gedächtnis spürbar ist. Auf einen weiteren Punkt haben Finch und Culler hingewiesen (59): Beim Lernprozeß unterstützt Wiederholung das Behalten; beim Vorgang der Konditionierung führt jedoch die Wiederholung der konditionierten Reaktion ohne den unkonditionierten Reiz zur Löschung. Unseres Wissens ist die genaue Beziehung zwischen Lernen und Konditionierung noch nicht erforscht; es sind also keine zuverlässigen Schlüsse von dem einen auf das andere möglich[39].

Der Versuch von Diven soll trotz dieser Vorbehalte besprochen werden, weil der Autor an Menschen in einer Konditionierungssituation Erscheinungen beobachtet hat, die den Freudschen Mechanismen der Verschiebung, Verdrängung usw. ähnlich sind. Diven untersuchte die Konditionierungswirkung von »elektrischen Schlägen« auf motorische und autonome Prozesse und Gedächtnisprozesse. Der Wert der gleichzeitigen Untersuchung dieser drei Funktionsebenen des Organismus lag in dem Umstand, daß angenommen wurde, die emotionale Wirkung des »elektrischen Schlages« manifestiere sich nicht nur in Gedächtnisphänomenen, sondern auch auf den beiden anderen Ebenen. So zeigt Divens Versuch, wie der Versuch Lurias, daß Gefühlsausdruck, emotionales Verhalten und der Gefühlseinfluß auf Denk- und Erinnerungsprozesse Abfuhrphänomene eines gemeinsamen Faktors sind, und daß dieser Faktor — »der Gefühlsfaktor« — seine Abfuhr durch autonome Kanäle in physiologischen Erscheinungen finden kann, aber auch durch unwillkürliche Innervationen in der Motilität oder durch Denk- und Erinnerungsprozesse mit Hilfe neuraler Mechanismen, die man noch nicht kennt.

Bei einem Assoziationsversuch benützte Diven eine Reihe von Reizwörtern, von denen ein Paar häufig wiederkehrte. In einer Phase des Versuchs — »Konditionierungssitzung« genannt — wurde zugleich mit dem zweiten Wort des wiederkehrenden Wortpaares, dem »kritischen Wort«, den Probanden ein elektrischer Schlag versetzt; die Reaktionszeit wurde gemessen. Der Proband wurde dann aufgefordert, sich die Reizwörter ins Gedächtnis zurückzurufen. Darauf folgte eine »Dekonditionie-

---

[38] Siehe S. 111.

[39] Einen ausgezeichneten Überblick über die Versuche und Theorien, die die Beziehung zwischen Lernen und Konditionierung betreffen, bringen Hilgard und Marquis (60).

rungs-Sitzung«, in der keine elektrischen Schläge verteilt wurden, und die Probanden wurden wiederum aufgefordert, sich an die Reizwörter zu erinnern. Zugleich mit den assoziativen Reaktionen, die die psychische Ebene darstellten, wurde eine abgewandelte Luria-Technik verwendet, um die Reaktion auf der »cerebro-spinalen« Ebene zu messen, und die Reaktion auf der autonomen Ebene wurde mit Hilfe der psychogalvanischen Reaktion gemessen. Zur Kontrolle wurden verschiedene Pausen zwischen Konditionierung, Dekonditionierung und Erinnern eingeführt, außerdem Parallelversuche ohne elektrische Schläge. Bei der Analyse seiner Ergebnisse unterschied Diven zwischen Probanden, die die Bedeutung der kritischen und prä-kritischen Reize[40] bemerkten, und Probanden, die sie nicht bemerkten. Wir wollen hier nur den Abschnitt zitieren, der sich mit der Erinnerungsprüfung beschäftigt; die anderen interessanten Feststellungen, die auch eine auffallende Parallele zu Freudschen Mechanismen zeigen, wollen wir nicht erörtern.

»1. Die Durchschnittszahl der Wörter, an die sich die Vpn nach der Dekonditionierung erinnern, ist viel größer als bei der Erinnerungsprüfung vor der Dekonditionierung, und der Unterschied ist völlig verläßlich. 2. Diese Zunahme oder ›Erleichterung‹ ist kein durch die Wiederholung der Wortliste erzielter Übungseffekt, denn sie kommt nicht vor, wenn die Wortliste in gleicher Weise wiederholt wird, aber kein ›Trauma‹ gesetzt wird. 3. Dies kann man als einen dynamischen Prozeß auf Grund der ›primären und sekundären Verschiebung‹[41] interpretieren, der durch alle in diesem Abschnitt folgenden Beweise bestätigt wird. 4. Traumatische Ausdrücke stellen eine signifikante Mehrheit der Wörter dar, die tatsächlich

---

[40] Der prä-kritische Reiz war das erste Wort des wiederkehrenden Wortpaares, das immer einem elektrischen Schlag unmittelbar vorausging.

[41] Diven definiert »primäre und sekundäre Verschiebung« wie folgt:
»*Verschiebung.* a) Direkte oder ›*primäre Verschiebung* des Affekts‹ von natürlichen emotionalen Objekten, Vorstellungen oder Situationen auf neutrale kann unbewußt stattfinden, wenn die Erfahrung sie in funktionale Beziehung zueinander bringt, wodurch ein früher neutraler Ausdruck mit der Macht ausgestattet wird, affektive symbolische ›Komplexe‹ zu bilden und psychische wie körperliche, chronische und akute neurotische Symptome hervorzubringen. b) ›*Sekundäre Verschiebungen* des Affekts‹ können unbewußt von primären auf andere früher neutrale Ausdrücke stattfinden, die auf irgendeine Weise *in einer sinnvollen Beziehung zum primären Ausdruck stehen*, selbst wenn der sekundäre Ausdruck niemals mit dem ›Trauma‹ (dem natürlichen Reiz) verbunden gewesen ist, mit dem die Verschiebungssequenz oder Komplexbildung begonnen hat. Die sekundären Verschiebungen können ihrerseits mit Komplexen Verbindungen eingehen, woraus ebenfalls neurotische Symptome entstehen. c) Eine primäre Verschiebung kann ihre dynamische Kraft verlieren, ohne daß die Stärke der Komplexe berührt wird, die die sekundäre Verschiebung aus der primären aufgebaut hat« (S. 291).

vor der Dekonditionierung erinnert werden. 5. Dieses Überwiegen des Traumatischen oder die ›Lebhaftigkeit‹ des bewußten Inhalts beim ersten Erinnern kommt in den Kontrollversuchen, wo kein Trauma gesetzt wurde, nicht vor; hier werden neutrale Ausdrücke bevorzugt. 6. *Bei einer Inkubation von 24—28 Stunden herrschen beim ersten Erinnern die neutralen Wörter vor (Zufallsverteilung), beim 48-Stunden-Versuch steigt die durchschnittliche Anzahl der Wörter beim ersten Erinnern gegenüber den anderen Versuchen signifikant an*[42], und dies spiegelt sich im vermehrt neutralen Charakter der Assoziationen. Dies kann man vielleicht vorläufig als eine Demonstration dynamischer Verdrängung annehmen, die durch die nachfolgenden Folgerungen 7 und 8 bestätigt wird. 7. Die Daten der galvanischen Hautreaktion, ermittelt unmittelbar nach diesem ›Erinnern des Neutralen‹, zeigen eine ausgeprägte autonome Verschiebung auf die traumatischen Kategorien. 8. Die Erinnerung *nach* der Dekonditionierung zeigt eine *Umkehrung* der Werte von einer Mehrheit der neutralen Wörter zu einer der traumatischen; man könnte sie vorläufig als eine Demonstration dessen anführen, was dem Kliniker als ›Reaktivierung eines verdrängten Komplexes‹ bekannt ist. 9. Das dynamische System, dessen Wirken wir andeuten, stimmt mit der Hypothese bezüglich der funktionellen Ähnlichkeit bei Bewußten und Unbewußten[43] überein, da die *Art* des Verhaltens überall die gleiche ist. 10. Die Versuchsdaten stimmen weiterhin mit der Hypothese überein, was die relativ größere Stärke unbewußt integrierter Komplexe anbelangt; man sieht dies daran, daß a) die Zunahme der durchschnittlichen Anzahl von erinnerten Wörtern nach der Inkubation bei unwissenden Probanden größer ist als bei wissenden Probanden; b) der Anteil traumatischer Ausdrücke an dieser Zunahme beim unbewußt integrierten System größer ist und c) das unbewußt entwickelte System in seiner Reaktionsweise festgelegter ist, da 1) beim zweiten Erinnern die wissenden Probanden weniger und die unwissenden Probanden mehr Wörter bieten, 2) das unbewußte System mehr traumatische Wörter enthält, 3) bei der Auslösung von Wörtern *nach* der Dekonditionierung (beim 2. Erinnern Zunahme gegenüber dem 1.) die wissenden Probanden mehr neutrale Ausdrücke bieten, während die unwissenden mehr traumatische bieten, 4) die Verdrängungswirkungen bei unwissenden Probanden ausgeprägter sind, d. h. die Zunahme der neutralen Ausdrücke beim ersten Erinnern nach der Inkubation betrug bei den unwissenden Probanden 32,9 %, bei den wissenden 22,8 %; zugleich verloren die wissenden Probanden 1 % der traumatischen Wörter, während sich bei den unwissenden Probanden eine Zunahme von 8,0 % bei den traumatischen Wörtern zeigte, zusätzlich zu der bei ihnen größeren Zunahme der neutralen Wörter, 5) was als Erscheinung analog der ›Reaktivierung eines verdrängten Komplexes‹ beim zweiten Erinnern nach der Inkubation bezeichnet worden war, ist bei unwissenden Probanden ausgeprägter als bei wissenden« (S. 307 f.).

[42] Hervorhebung vom Referenten.
[43] Die Begriffe »bewußt« und »unbewußt« werden hier von Diven sehr frei gebraucht, um jene Probanden zu bezeichnen, die die Bedeutung der kritischen und prä-kritischen Reize erkannt oder nicht erkannt hatten.

Die große Anzahl der Versuchspersonen — 52 —, die sachliche Behandlung der Daten, die sorgfältige Definition der Termini, ihr Bezug zur Freudschen Theorie und die Bescheidenheit der Folgerungen machen wahrscheinlich, daß Divens Feststellungen bestätigt werden. Ihre Bedeutung liegt in dem Umstand, daß sie in auffallendem Gegensatz zu allen auf der allgemeinpsychologischen Gedächtnistheorie, besonders auf den Gesetzen der Häufigkeit und der Abnahme mit der Zeit beruhenden Erwartungen stehen; sie sind des weiteren insofern signifikant, als die Wirkung elektrischer Schläge auf das Gedächtnis nicht nur quantitativ, sondern auch qualitativ behandelt wird.

5. Zusammenfassung

1. Die in diesem Kapitel besprochenen Versuche liefern direkte Beweise in bezug auf den Einfluß von Gefühlen auf das Gedächtnis.
2. Das Material bestand aus Versuchen über
   a. die affektive Organisation von optisch wahrgenommenem oder reproduziertem Material,
   b. die affektive Organisation von verbalem Material,
   c. die affektive Organisation des Verhaltens,
   d. die Wechselbeziehung der Wirkung von Gefühlen auf physiologische Erscheinungen und Gedächtnisphänomene.
3. Man hat erkannt, daß die in diesen Versuchen untersuchten Phänomene »Projektionsprodukte« sind. Das Problem der Projektion ist besprochen worden; Erfahrungen mit modernen projektiven Techniken sind als unterstützendes Material herangezogen worden.
4. Es wurde betont, daß diese Versuche sich mit einem unerforschten Bereich befaßt haben. Man darf erwarten, daß eine weitere Erforschung dieses Bereichs einen großen Teil der unbekannten Mechanismen des Gefühlseinflusses auf das Gedächtnis klären wird.

IX. SCHLÜSSE UND FOLGERUNGEN

Vom Grafen Eoetvoes, dem großen Physiker, wird erzählt, er habe bei einer Prüfung einen Studenten aufgefordert, eine analytische Definition der kinetischen Energie zu geben. Die Antwort des Studenten war unbefriedigend. Eoetvoes bat ihn darauf, die analytische Definition der potentiellen Energie zu geben. Der Student versagte wieder. Als er fortgeschickt wurde, bat der Student den Professor flehentlich, er solle ihm noch eine letzte Chance geben. Eoetvoes gab nach und stellte ihm eine letzte Frage: »Was ist der Unterschied zwischen den analytischen Definitionen der kinetischen und der potentiellen Energie?«

Als wir uns daran machten, die Literatur über die Beziehung der Gefühle zum Gedächtnis durchzusehen, fühlten wir uns ganz ähnlich wie der Eoetvoes-Schüler: wir wollten die Beziehung zwischen zwei Größen bestimmen, die beim heutigen Stand unseres Wissens noch unklar sind. Sind wir gescheitert? Und wenn ja, haben wir zumindest herausgefunden, was geklärt werden muß, bevor die Lösung unseres Problems gefunden werden kann? In diesem Kapitel wollen wir diejenigen Aspekte unseres Überblicks zusammenfassen und besprechen, die dem Leser helfen werden, seine eigene Antwort zu finden.

1. Das Wesen eines kritischen Überblicks im allgemeinen und das Wesen unseres Überblicks im besonderen

Wir haben eine Reihe von Beiträgen aus der psychologischen, psychiatrischen und psychoanalytischen Literatur besprochen, die uns für das Problem der Rolle von Gefühlen in den Funktionen des Gedächtnisses relevant erschienen. Unser Überblick konnte nicht »objektiv« und unabhängig von unseren Ansichten sein, denn er erforderte sowohl eine Auswahl als auch eine Strukturierung des Materials. Zur Auswahl des einschlägigen Materials gehörte ein Auswahlprinzip, und der Begriff des »Einflusses von Gefühlen auf das Gedächtnis« ist keineswegs so fest umrissen und kristallisiert, daß er ein von den Anschauungen des Referenten unabhängiges Auswahlprinzip liefert. Das auf diese Weise ausgewählte Material erforderte eine Interpretation; teils, weil wir die Einschlägigkeit von Material nachweisen mußten, das in Bereichen zusammengetragen wurde, die weitab von dem liegen, was gewöhnlich als Bereich der Gedächtnisuntersuchung gilt, und teils, weil wir die Einschlägigkeit des Materials von Autoren erörtern mußten, die behaupteten, sich mit dem »Einfluß von Gefühlen auf das Gedächtnis« zu beschäftigen. Wir haben uns also beim Anordnen, Koordinieren und Unterordnen von Beobachtungen, Ergebnissen und Theorien durch unsere Ansicht von der Bedeutung des Materials leiten lassen.

Der Begriff »kritischer Überblick« bedarf einer kurzen Erläuterung. Er läßt sich auf verschiedene Arten interpretieren: als genaue Prüfung eines bestimmten Wissensgebietes im Licht eines gefestigten größeren Gebietes, von dem es nur ein Teil ist, oder als genaue Prüfung eines Gebietes im Licht seiner eigenen Ziele und Ergebnisse oder als genaue Prüfung eines Gebietes im Hinblick auf seine innere Konsistenz. Der Sinn, in dem man die vorliegende Arbeit als »kritischen Überblick« bezeichnen kann, steht zwar der letzten Interpretation am nächsten, unterscheidet sich jedoch von allen drei Möglichkeiten. Wir haben zu beurteilen versucht, was auf jedem Gebiet jeweils als Wirkung der »Gefühle« auf die Gedächtnisfunktionen betrachtet wurde, und welcher Art auf jedem Gebiet jeweils das »Gefühl« oder »Affekt« oder »Emotion« oder dergleichen genannte Phänomen war. Immer, wenn sie uns offenkundig erschien, haben wir auf die Beziehung zwischen den Folgerungen verschiedener Gebiete hingewiesen. Wir haben uns jedoch dessen enthalten, irgendeine allgemeine Theorie vorzuschlagen, um die Feststellungen der verschiedenen Gebiete zu verknüpfen. Wir hielten diese Methode für angemessen angesichts des gegenwärtigen Wissensstandes auf unserem Gebiet. Unser Überblick hat gezeigt, daß zwar eine Fülle von Fakten gesammelt worden ist, die für unser Problem relevant sind, daß die Wechselbeziehungen zwischen diesen Fakten jedoch kritischer Prüfung durch Versuche unterzogen werden müssen, bevor der Versuch einer einheitlichen Theorie unternommen werden kann.

2. Die Probleme, die den Anlaß zu diesem Überblick gaben

Wir glauben, daß unser Überblick nicht vollständig ist ohne eine Beschreibung der Hauptprobleme in unserem Bereich — und zwar so, wie wir sie vor Beginn dieser Studie gesehen haben, und so, wie wir sie heute sehen.

Ursprünglich bestand unser Problem in der Tatsache, daß klinische Psychologen, Psychiater und andere Ärzte häufig feststellen, daß der Patient »vergißt«, das mitzuteilen, was offensichtlich die sachdienlichste Auskunft ist, oder unwissentlich falsch auf entscheidende Fragen antwortet.

Diese eigenartigen Phänomene des »Vergessens« wie auch die generalisierten Amnesien, mit denen es, wie man meinte, eng verwandt war, sollten »emotionalen Ursprungs« sein und wurden auch so bezeichnet. Es war unsere Aufgabe, zu untersuchen, ob und in welchem Sinn dies allgemein behauptet wird, und auf welcher Grundlage diese Behauptung beruht. Wir wandten uns der Literatur zu, um zu sehen, was man aus Versuchen und Beobachtungen über den Vorgang dieses »Einflusses von Gefühlen auf das Gedächtnis« weiß. Bei der Verfolgung unseres Ziels stießen wir auf mehrere Probleme. Wir fanden eine Fülle von Versuchsberichten vor; die vorsichtigeren Autoren nahmen für sich in Anspruch, »Unterschiede beim Behalten angenehmer, unangenehmer und indifferenter Wörter« zu untersuchen; bei anderen hieß es, sie untersuchten »den Einfluß von Gefühlen auf das Gedächtnis«; die kühnsten schrieben, es handle sich um »experimentelle Untersuchungen der Verdrängung«. Die Aufgabe bestand darin, die Tragweite dieser Versuche für unser Problem zu untersuchen. Anfänglich maßen wir diesen Versuchen nur geringe Bedeutung bei und erwarteten wenig Gewinn von ihrem Studium.

Ihre gründliche Prüfung führte uns jedoch zu Problemen, von denen sich herausstellte, daß sie für unsere Arbeit von hervorragender Bedeutung waren. Das Problem stellte sich folgendermaßen dar: Wie können wir den Einfluß von Gefühlen auf das Gedächtnis klarlegen, wenn wir Gefühle — wie es allgemein üblich ist — in solche physiologischen Begriffe fassen wie »periphere Veränderungen« und »hypothalamische Lokalisierung«, während wir Gedächtnisprozesse — wie es allgemein üblich ist — in psychologische Begriffe fassen wie »Wiedererkennen« und »Reproduktion«? Am Anfang waren wir der Ansicht, daß unser Überblick, da die Wechselbeziehung zwischen psychischen und physiologischen Erscheinungen ein Rätsel ist, und da die psychologische und die physiologische Terminologie weit davon entfernt sind, zu einer unzweideutigen Terminologie integriert zu sein, nur dann brauchbar sein würde, wenn wir in der Lage sein würden, sowohl Gedächtnis als auch Gefühl in der einen oder der anderen Terminologie zu erörtern. Das Problem lag darin, herauszubekommen, welche Terminologie für den gegenwärtigen Stand der Forschung in den Bereichen »Gedächtnis«, »Gefühle« und »Einfluß von Gefühlen auf das Gedächtnis« geeigneter wäre.

Diese Untersuchung führte uns zu dem Problem, wie denn »Gefühle« zu definieren seien; denn in der Literatur stellten wir fest, daß Ausdrücke wie »Gefühl«, »Emotion«, »emotional«, »Affekt«, »affektiv« in so vielfältigen Zusammenhängen gebraucht wurden, daß nur schwer zu ersehen war, welche Bedeutung diesen Begriffen gemeinsam war — falls es eine gemeinsame Bedeutung überhaupt gab. Anfänglich glaubten wir, diese

Ausdrücke würden unüberlegt gebraucht und dies mache den Begriff »Gefühl« (Emotion) zu einem wissenschaftlich unbrauchbaren Terminus.

Ein weiteres Problem war das des Umgangs mit dem relevanten psychoanalytischen Material. Ein großer Teil der experimentellen Arbeiten über den Einfluß von Gefühlen auf das Gedächtnis wurde in der Absicht unternommen, die psychoanalytische Theorie des Vergessens zu untersuchen. Die psychoanalytische Literatur enthält eine Fülle von Beobachtungen und theoretischen Erwägungen zur Rolle »emotionaler Faktoren« beim Erinnern; außerdem führt die Suche nach einer positiven und rein psychologischen Theorie der Gefühle und ihrer Rolle im Seelenleben unweigerlich zur psychoanalytischen Theorie. Wir beschlossen also, ihr ausführliche Erörterungen zu widmen.

Diese Theorie bietet für nicht psychoanalytisch ausgebildete Psychologen und andere Experimentalwissenschaftler etliche Schwierigkeiten. Die Theorie gründet sich auf klinische Verfahren, deren Methodologie noch unerforscht ist; infolgedessen ist es schwierig, zwischen psychoanalytischer Beobachtung und psychoanalytischer Theorie zu unterscheiden — d. h. zwischen Tatsache und Deutung. Außerdem wurde bei der Schnelligkeit, mit der sich diese Theorie entwickelt hat, oftmals ein Ausdruck, der zunächst benützt worden war, um eine bestimmte Erscheinung oder Funktion zu bezeichnen, später in einer zweiten Bedeutung gebraucht, obwohl die erste Bedeutung weiterbestand und gleichzeitig mit der zweiten verwendet wurde; infolgedessen zitieren Außenstehende oft voneinander abweichende Definitionen gleicher Ausdrücke.

Trotz dieser Schwierigkeiten verlangte diese Theorie unsere besondere Aufmerksamkeit: Keine andere rein psychologische Theorie der Gefühle war vorhanden, und die dynamische Gedächtnistheorie, die die Tätigkeit des Gedächtnisses im Alltagsleben erklärt — zu der die psychoanalytische Theorie viel beigetragen hat —, ist noch jung. Es war schwierig, diese Theorie in unser Material zu integrieren, denn wir mußten gewisse Fehler vermeiden, die häufig von Psychologen begangen werden, die auf die psychoanalytische Theorie aufmerksam geworden sind. Erstens hat man gewöhnlich — aufgrund identischer oder ähnlicher Wortwahl — vorausgesetzt, daß Begriffe der psychoanalytischen Theorie mit denen der allgemeinen Psychologie identisch sind. Diese Annahme ist nicht gerechtfertigt; in der psychoanalytischen Auffassung haben Wörter, die in der Psychologie häufig gebraucht werden — wie »Unlust«, »Lust«, »Hemmung«, »unbewußt« —, eine spezifische technische Bedeutung. Zweitens haben Experimentalpsychologen sich selten der schwierigen Aufgabe unterzogen, die psychoanalytische Literatur zu dem Zweck zu analysieren, den vollständigen Gehalt jedes einzelnen ihrer Begriffe, jeder einzelnen

Aussage oder Theorie zu ermitteln. Es läßt sich nicht leugnen, daß diese Literatur mit ihrer neuen Terminologie und ihrer Verschmelzung von Fallmaterial und theoretischen Folgerungen vom Leser viel verlangt. Drittens kommt man an psychoanalytische Beobachtungen, da sie Lebensbeobachtungen sind, mit experimentellen Methoden schwer heran; eine ähnliche Lage besteht in der Biologie, einer viel älteren Wissenschaft, wo immer noch ein großer Unterschied zwischen Versuchen an Präparaten und an der lebenden Substanz zu beobachten ist.

Wir waren der Ansicht, daß die Schwierigkeiten eher eine intensive als eine oberflächliche Behandlung der psychoanalytischen Theorie durch Vertreter der Experimentalpsychologie und der Allgemeinen Psychologie rechtfertigen, und wir beschlossen, das, was in bezug auf unser Problem von dieser Theorie *behauptet* wird, einem Versuch der Systematisierung zu unterziehen, um genau zu erklären, welch verschlungene Wechselbeziehungen der Experimentalpsychologe berücksichtigen muß, wenn er versucht, ihre Lehrsätze nachzuprüfen.

Dies waren die allgemeinsten Probleme, denen wir begegnet sind, und von dieser Art waren am Anfang unsere Ansichten, als wir begannen, diesen Überblick zu organisieren.

3. Die Anschauungen, zu denen wir durch diese Übersicht gelangt sind

Wir wollen nun skizzieren, in welchem Maß sich unsere anfängliche Ansicht gewandelt hat, und zu welchen Anschauungen wir durch das in dieser Übersicht zusammengetragene Material gelangt sind.

Hat unsere Arbeit das Problem der bei der ärztlichen Anamnese vorkommenden Fälle von Vergessen und das Problem der umfassenden Amnesien geklärt? Die richtige Antwort lautet weder ja noch nein. In unserer Übersicht sind vielmehr diese Erscheinungen in einen großen Zusammenhang anderer Phänomene eingebettet worden, der zeigt, daß das, was beim »Vergessen« und bei der »Amnesie« geschieht, ein spezifischer Aspekt dessen ist, was beim »Sich-Erinnern« allgemein geschieht. Wenn behauptet wird, daß »Vergessen« und »Amnesie« »emotionalen Ursprungs« sind, so hat unser Überblick gezeigt, daß dies bei einer Fülle anderer Gedächtnisphänomene auch der Fall ist, ebenso bei anderen psychischen Erscheinungen — z. B. bei der Wahrnehmung —, die in die des Gedächtnisses übergehen. Die Gedächtnistheorie hat bereits eine Revolution erlebt, die von der Gestalttheorie bewirkt wurde. Hierbei wurden die Gesetze von der »Häufigkeit der Wiederholung« und vom »Nachlassen mit der Zeit« dadurch ersetzt, daß man Erinnerungsvermögen und Verlust des Erinnerungsvermögens durch »Bedeutsamkeit« und »Organisation« erklärte, und indem man die Abhängigkeit des Sich-Erinnerns von der logischen Relevanz und den strukturellen Eigenschaften des auswendig gelernten Materials klarmachte. Wenn wir die Tragweite des besprochenen Materials richtig interpretieren, können wir mit Fug behaupten, eine neue Revolution der Gedächtnistheorie sei im Kommen.

Es ist gesagt worden, die Gestaltpsychologie habe gezeigt, daß die Gedächtnisgesetze wie die von Ebbinghaus sich nur auf besondere Fälle der Erinnerung mit *minimaler* Organisation beziehen, und die allgemeinere Gedächtnistheorie sei die von der Gestaltpsychologie auf »Bedeutsamkeit« und »Organisation« aufgebaute. Wenn diese Formulierung richtig ist, kann man die These der neuen Gedächtnistheorie so formulieren: Die Gedächtnisgesetze, die sich auf logische »Bedeutung« und »Organisation« des Erinnerungsmaterials gründen, beziehen sich nur auf besondere Fälle der Gedächtnisorganisation; die allgemeinere Gedächtnistheorie ist diejenige, die auf der »emotionalen Organisation« von Erinnerungen beruht — mit anderen Worten, auf der Organisation von Erinnerungen durch Strebungen. Bartletts Formulierung dieser Theorie lautete: »Reproduktion ist die Rechtfertigung einer Haltung.« Müller-Freienfels formulierte, »die Gefühle und Stellungnahmen sind es, die beim Wortdenken die Worte mehr sein lassen als *flatus vocis*« [S. 199]. Die Gedächtnisuntersuchungen, wie sie Ebbinghaus durchführte, arbeiteten mit sinnleerem oder logisch irrelevantem Material; die Gedächtnisuntersuchungen der Gestaltpsychologen arbeiteten mit logisch »bedeutsamem« Material, aber der Gegenstand der neuen Gedächtnisuntersuchungen ist das emotionell relevante Erlebnismaterial des Alltagslebens. Diese neue Theorie läßt den Umstand nicht außer acht, daß auch das Sinnleere und das lediglich logisch Sinnvolle häufig zum Gegenstand der Gedächtnisfunktionen wird, aber sie behauptet, dies seien Extremfälle und häufig Artefakte in einem großen Kontinuum, dessen fundamentale Organisationsfaktoren »emotionaler Art« seien. Man sollte das Bild dieser »neuen Revolution der Gedächtnistheorie« nicht mit allzu leichter Hand entwerfen. Es ist mehr eine Verheißung als eine Realität. Auf verschiedenen für die Gedächtnisfunktionen relevanten Gebieten haben wir in Fakten, Beobachtungen, theoretischen Bemerkungen von Autoren und selbst in einigen Versuchen theoretischer Formulierung Anzeichen für eine solche Theorie gefunden. Aber diese neue Theorie ist noch nicht geboren; die Feststellungen, Beobachtungen und theoretischen Versuche sind abgebrochene und nicht weitergeführte Anfänge geblieben. Begriffsverwirrung, unvollendete Versuche mit Anzeichen eines Trends, unbedeutende Versuche mit anmaßendenAnsprüchen, viele wichtige Beiträge, die nicht als zum Problem gehörig betrachtet wurden, viele einschlägige Versuche mit bedeutsamen Ergebnissen, die wenig Beachtung gefunden haben, weil sie anspruchslos dargestellt worden sind — so sieht die Lage in unserem Bereich wirklich aus.

Man darf aber doch, obwohl sich die Theorie von der »emotionalen Organisation des Gedächtnisses« noch nicht herauskristallisiert hat, mit Fug behaupten, daß diese »Organisation« sich in vielen verschiedenen Formen manifestieren kann.

Welch vielfältige Wirkungen der Gefühlseinfluß auf die Gedächtnisorganisation haben kann, wird uns klar, wenn wir die Ansicht beschreiben, die wir von der Bedeutsamkeit der Versuche gewonnen haben, die Vertreter der Allgemeinen Psychologie über den »Einfluß von Gefühlen auf das Gedächtnis« durchführten. Wir haben bereits gesagt, daß behauptet wurde, viele dieser Versuche hätten die psychoanalytische Theorie des Vergessens bewiesen oder widerlegt. Die Ursache dieser Behauptungen war vielleicht, daß mit Ausnahme des fragwürdigen »Erfolgsgesetzes« keine andere Theorie als Hintergrund für diese Versuche hätte dienen können; denn in keiner anderen ist ein »Einfluß von Gefühlen auf das Gedächtnis« direkt erörtert worden. Als wir mit unserer Übersicht über diese Versuche begannen, zweifelten wir an ihrer Bedeutsamkeit für unser Problem. Aufgrund des gesammelten Materials haben wir diese Meinung jedoch ändern müssen.

Einerseits wurde klar, daß diese Versuche mit wenigen Ausnahmen *keinen* Bezug zur psychoanalytischen Theorie des Vergessens und der Verdrängung haben. Wir haben in unserer Übersicht gezeigt, daß sie auf der falschen Annahme beruhten, diese Theorie lehre, das Unlustvolle werde vergessen. Diese These wurde im allgemeinpsychologischen Sinn verstanden, und die Möglichkeit, daß sie in ihrem ursprünglichen Kontext eine andere Bedeutung haben könnte, wurde selten untersucht. Die echte Theorie — »die Erweckung von Unlust durch Erinnern zu vermeiden«, eine Formulierung, daß vielfältige Mechanismen diese »Vermeidung« bewirken — wurde also gewöhnlich verfehlt.

Andererseits ließ sich die Konsistenz der neueren und methodologisch angemesseneren Versuche nicht von der Hand weisen. Je größer die persönliche Relevanz des Materials war und je individueller seine Affektbetonung in dem Versuch bestimmt wurde, desto konsistenter wurden die Ergebnisse. Diese Versuche zeigten meistens, daß das Material um so besser behalten wurde, je mehr es geschätzt oder abgelehnt wurde — oder, wie die Versuchsleiter sagten, je größer seine affektive Intensität war. Es schien auch eine Tendenz zum besseren Behalten des Angenehmen gegenüber dem Unangenehmen zu geben; diese schien jedoch weniger wichtig zu sein und nahm mit der Bedeutsamkeit des Materials zu. Unsere anfängliche Ansicht von den unbedeutenden und *notwendigerweise* widersprüchlichen Ergebnissen dieser Versuche mußte der Konsistenz der Ergebnisse weichen. Das gewonnene Material offenbarte eine »Gesetzmäßigkeit«, die man folgendermaßen ausdrücken kann: a) »emotionale Faktoren«, deren Vorhandensein entweder bei der Beurteilung des betreffenden Erinnerungsmaterials oder beim rückblickenden Bericht über den Verlauf des Gedächtnisversuchs vom Probanden angegeben wurde, hatten einigen Einfluß auf das Gedächtnis; b) dieser Einfluß hängt sowohl von der Intensität als auch von der Qualität des »emotionalen Faktors« ab; c) je intellektualisierter und konventionalisierter der »emotionale Faktor« und je reiner quantitativ die verwendete Versuchsmethode war, desto mehr war die *Intensität* des »emotionalen Faktors« mit dem auf das Gedächtnis ausgeübten Einfluß verknüpft; je stärker die Methoden qualitativ und je echter die verwendeten Gefühlserlebnisse waren, desto offensichtlicher war der Einfluß der *Qualität* des »emotionalen Faktors«; d) bei den Versuchen, in denen echtere Gefühlsfaktoren verwendet wurden, wurde von qualitativen Einflüssen der Gefühle auf den Erinnerungsprozeß berichtet, so z.B. von ihrem Einfluß auf die Reihenfolge des Auftauchens von Erinnerungen, dem aus ihnen resultierenden »punktuellen« Vergessen und sowohl von Versprechen als auch von Entstellungen des Materials.

So entfaltete sich in diesen Versuchen vor uns eine Hierarchie der emotionalen Faktoren und ihres Einflusses auf das Gedächtnis. Selbst innerhalb des engen Spielraums der verwendeten emotionalen Faktoren — die mit wenigen Ausnahmen mehr oder weniger konventionalisiert waren — fanden wir viele verschiedene Abstufungen der Konventionalisierung und eine entsprechende Vielfalt von Einflüssen des Gefühls auf das Gedächtnis. Als wir diese Hierarchie über den Bereich dieser Versuche hinaus verfolgten, stellten wir fest, daß »emotionale Faktoren« nicht nur das Erinnerungsvermögen quantitativ fördern oder hemmen oder zum Vergessen führen. Es stellte sich heraus, daß sie die auftauchenden Erinnerungen organisieren, sie verdichten, entstellen und Symbole an ihre Stelle treten lassen. Wir fanden, daß sie bestimmten Vorstellungen Beharrlichkeit verleihen und sie ständig ins Bewußtsein drängen, so daß sie zum Zwang werden. Auf ihnen schien der Ausfall von Erinnerungen an bestimmte Lebensabschnitte zu beruhen, die um spezifische Strebungen kreisen, wenn diese Strebungen später von anderen überlagert wurden oder für den Betroffenen unannehmbar geworden waren. Sie wurden als Organisationsgrundlage jener auf eindrucksvolle Weise abgesonderten Erinnerungssysteme erkannt, die alternierende multiple Persönlichkeiten kennzeichnen.

Es wurde nachgewiesen, daß sie die Grundlage der hypnotischen Hypermnesien sind, bei denen die Beseitigung von Hemmungen Strebungen befreite und eine reichhaltigere, wenn auch weniger genaue Reproduktion ermöglichte. Meistens war nicht klar, was für ein Unterschied zwischen den »emotionalen Faktoren« bestand, der diese große Vielfalt von Gedächtnisphänomenen ermöglichte. Wir hatten jedoch den Eindruck, daß auch hier eine Hierarchie der emotionalen Faktoren und ihres Einflusses auf das Gedächtnis besteht. Die Struktur dieser Hierarchie bedarf der Erforschung. Unsere Aufgabe schien beendet, als wir das Material so angeordnet hatten, daß es diese hierarchischen Variationen des Einflusses von Gefühlen auf das Gedächtnis und das Ineinander-Übergehen dieser Variationen innerhalb eines Kontinuums zeigte.

Um die Mechanismen des »Einflusses von Gefühlen auf das Gedächtnis« zu verstehen, versuchten wir, ihre wechselseitigen Beziehungen zu begreifen. Die Durchsicht der Literatur schien unsere ursprünglichen Ansichten zu bestätigen. Die Betrachtung von Emotionen unter physiologischen Gesichtspunkten hinderte viele Forscher daran, die mögliche Wechselbeziehung zwischen Gefühlen und Gedächtnis zu sehen; sie verhinderte eine psychologische Analyse dieser Beziehung. Dieser Ansatz führte zu vagen Mutmaßungen oder zu einer an Tatsachen gebundenen Versuchsanordnung, die, da sie nicht von theoretischen Überlegungen bestimmt war, keine theoretischen Ergebnisse erbrachte; so blieb der Bereich trotz der Zunahme der experimentellen Untersuchungen unentwickelt und unsystematisiert. Die Hauptschwierigkeit dieses Ansatzes bestand darin, daß Cannons Theorie von den physiologischen Begleitumständen der Gefühle kein Gegenstück in einer physiologischen Gedächtnistheorie hatte; denn trotz der Versuche von Lashley, Jacobson und anderen weiß man nichts über die physiologischen Begleitumstände der psychischen Prozesse des Lernens und Erinnerns. Die Klärung der Wechselbeziehung zwischen Gefühlen und Gedächtnis in psychologischer Sicht schien jedoch möglich. Nachdem wir diese Wechselbeziehung untersucht hatten, kamen wir zu dem Schluß, es sei nicht nötig anzunehmen, daß Gefühle einen Einfluß auf das Gedächtnis haben; es ist möglich, daß die grundlegenden psychischen Faktoren (oder die psychische Dynamik), die die Basis des Gefühlserlebens sind, mit jenen identisch sind, die in der Form der Gedächtnisorganisation zum Ausdruck kommen, welche dem emotionalen Einfluß zugeschrieben wird. Die Gedächtnisorganisation und das Gefühlserleben wären also zwei von vielen möglichen Ausdrucksweisen dieser Grundfaktoren, die man als psychische Kräfte, Strebungen oder Triebe bezeichnen kann. Die besprochene Hierarchie der emotionalen Faktoren wäre also eine Hierarchie dieser Grundfaktoren der Persönlichkeitsorganisation; die Hierarchie der »Einflüsse des Gefühls auf das Gedächtnis« wäre eine Hierarchie der Manifestationen dieser fundamentalen organisierenden Faktoren im Funktionieren des Gedächtnisses.

Dies führt zu der Ansicht von den Emotionen, die wir aus dieser Übersicht gewonnen haben. Das besprochene Material schien zu zeigen, daß es möglich und vielleicht nützlich ist, eine psychologische Theorie der Gefühle aufzustellen, die sich später mit einer entsprechenden physiologischen Theorie und physiologischen Erkenntnissen vereinigen kann. Eine solche Theorie wäre auf folgende Erkenntnisse gegründet: a) daß die Gefühle Ausdruck oder Abfuhrprozesse von Energien sind, aber nicht Energien an sich; b) daß die zugrundeliegende Feld-Dynamik, deren Abfuhrprozesse die Gefühle sind, unbewußt ist; c) daß den Bedingungen, die für die Entstehung von Gefühlen charakteristisch sind, widersprüchliche Triebstrebungen innewohnen; d) daß der Entladungsprozeß einer von vielen Prozessen sein kann. Diese Entladungs- oder Abfuhrprozesse können folgender Art sein: 1. periphere physiologische Veränderungen, entweder vorübergehender Natur, wie beim Gefühlsausdruck und den mit ihm verbundenen physiologischen Veränderungen, oder chronischer Natur, wie bei psychosomatischen Störungen; 2. Veränderungen im gewöhnlichen, habituellen Routineverhalten, entweder vorübergehender Art, wie bei der Wut, oder chronischer Art, wie im Fall von Verhaltensstörungen bei Kindern; 3. Organisierung der Denk- und Erinnerungsprozesse der Person, entweder vorübergehend, wie beim Versprechen, oder chronisch, wie beim normalen und pathologischen Denken.

Diese Formulierung des Begriffes »Gefühl« als Abfuhrprozeß der zentralen organisierenden Dynamik der Persönlichkeit kann vielleicht den weitverbreiteten und scheinbar ungenauen Gebrauch dieses Wortes erklären. Dieser ungenaue Gebrauch scheint also nicht nur terminologische Nachlässigkeit zu sein, sondern vielmehr Zeichen einer vagen Erkenntnis, daß alle als »emotional« bezeichneten Phänomene vergleichbare Manifestationen oder Abfuhrprozesse der Grunddynamik des Seelenlebens sind.

Unser Überblick hat gezeigt, daß es entsprechend den verschiedenen Abfuhrprozessen — und selbst innerhalb eines jeden — anscheinend eine ganze Hierarchie von emotionalen Faktoren gibt, angefangen von den echten und tief verwurzelten bis hin zu den intellektualisierten und konventionalisierten. Wir haben auf die Notwendigkeit hingewiesen, die Probleme einer solchen Hierarchie zu untersuchen und zu klären, und das Bedürfnis, ihre Terminologie zu erhellen, erschien uns dringlich. Ein ähnliches terminologisches Problem bestand in bezug auf die physiologischen Manifestationen und das psychische Erleben von Gefühlen. Es erschien vernünftig, sie terminologisch zu unterscheiden, und MacCurdys Vorschlag, das Erleben als *Affekt* und die physiologischen Manifestationen als *Emotion* zu bezeichnen, erschien uns vorläufig einleuchtend.

Schließlich glauben wir, das eingehende Studium der psychoanalytischen Theorie habe sich als nützlich erwiesen. Es ist uns anscheinend gelungen, aus der psychoanalytischen Literatur einen fruchtbaren Beitrag zu unserem Problem zu gewinnen. Aber es wurde auch deutlich, daß viele Gebiete — besonders dasjenige, mit dem wir uns in dem Kapitel über die Pathologie des Gedächtnisses befaßt haben —, obwohl sie der Domäne der psychoanalytischen Untersuchungen im eigentlichen Sinn direkt benachbart sind, von dieser Theorie nicht genügend durchdrungen sind. Es war auch offensichtlich, daß die Ergebnisse der Psychoanalyse erst dann »Allgemeingut« werden können, wenn Psychoanalytiker und Psychologen sich bemüht haben, die Lehren der psychoanalytischen Theorie in eine gemeinsame Sprache zu übersetzen. Sonst können die Verwirrung in bezug auf psychoanalytische Theorien und die Mißverständnisse und Mißdeutungen der Psychoanalyse nur noch schlimmer werden — falls das möglich ist. Insofern, als die Untersuchungen über den »emotionalen Einfluß« zu unbewußten determinierenden Faktoren und zur Dynamik der Persönlichkeitsorganisation geführt haben — zu Problemen, die von keiner anderen Gruppe oder Schule von Psychologen intensiver untersucht worden sind —, scheint die Notwendigkeit, die psychoanalytischen Lehren zu klären und sie so der gründlichen Nachprüfung zugänglich zu machen, eins der unmittelbaren Erfordernisse zu sein, die dieser Überblick zutage gefördert hat.

BIBLIOGRAPHIE

Einführung zur fünften Auflage

(1) Cramer, P., Mediated clustering and importation with implicit verbal chains. *Psychonom. Sc. 2,* 1965, S. 165 f.

(2) Cramer, P., The recovery of a discrete memory. *J. Personal and Soc. Psychol. 1,* 1965, S. 326—332.

(3) Cramer, P., Semantic generalization. *J. Exp. Psychol. 84,* 1970, S. 164 bis 172.

(4) Cramer, P., A study of homographs. In: L. J. Postman u. G. Keppel, Hrsg., Norms of word association, New York 1970.

(5) Cramer, P., Associative strength as a determiant of mediated priming. *J. Verb. Learning and Verb. Behav. 9,* 1970, S. 658—664.

(6) Gardner, R. W., P. F. Holzman, G. S. Klein, H. Linton u. D. F. Spence, Cognitive control. New York 1959.

(7) Holzman, P. F. u. R. W. Gardner, Leveling and repression. *J. Abnorm. Soc. Psychol. 59,* 1956, S. 151—155.

(8) Holzman, P. F. u. R. W. Gardner, Leveling-sharpening and memory organization. *J. Abnorm. Soc. Psychol. 61,* 1960, S. 176—180.

(9) Klein, G., Perception, motives, and personality. New York 1970.

(10) Luborsky, L., Momentary forgetting during psychotherapy and psychoanalysis. In: R. R. Holt, Hrsg., Motives and thought, psychoanalytic essays in honor of D. Rapaport. New York 1967, S. 177—217.

(11) Luborsky, L., New directions in research on neurotic and psychosomatic symptoms. *Amer. Sc. 58,* 1970, S. 661—668.

(12) Luborsky, L., Forgetting and remembering during psychotherapy. In: M. Mayman, Hrsg., Psychoanalytic research. New York 1971.

(13) Luborsky, L. u. J. Mintz, Onset conditions for momentary forgetting in a psychoanalysis. In: Psychoanalysis and contemporary science. New York 1971.

(14) Paul, I., Studies in remembering. New York 1959.

(15) Paul, I., The concept of schema in memory theory. In: R. R. Holt, Hrsg., Motives and thought, psychoanalytic essays in honor of D. Rapaport. New York 1967, S. 219—259.

(16) Pribram, K., Freud's project: an open biologically based model for psychoanalysis. In: N. S. Greenfield u. W. C. Lewis, Hrsg., Psychoanalysis and current biological thought. Madison, Wisc., 1965, S. 81—92.

(17) Rapaport, D., On the psychoanalytic theory of Motivation. In: M. M. Gill, Hrsg., The collected papers of D. Rapaport. New York 1967, S. 853—915.

(18) Schwartz, F. u. R. Rouse, The Activation and recovery of associations. New York 1961.

(19) Schwartz, F. u. P. Schiller, The psychoanalytic model of attention and learing. New York 1970.

(20) Shevrin, H., Brain wave correlates of subliminal stimulation, unconscious attention, and repressiveness. New York 1972.

Einführung

(1) Rapaport, D., »Die Geschichte des Assoziationsbegriffs« (auf ungarisch veröffentlicht). Budapest 1937.

(2) Rapaport, D., »Der zeitgenössische Assoziationsbegriff« (auf ungarisch mit englischer Zusammenfassung veröffentlicht). *Lelektani Tanulmanyok II,* Budapest 1938, S. 159—180, Zusammenfassung S. 194 f.

(3) Prescott, D. A., Emotion and the educative process. Washington 1938.

(4) Dunbar, H. F., Emotions and bodily changes. New York 1935.

(5) Meltzer, H., The present status of experimental studies of the relationship of feeling to memory. *Psychol. Rev. 37,* 1930, S. 124—139.

(6) Beebe-Center, J. G., The psychology of pleasantness and unpleasantness. New York 1932.

(7) Cason, H., The learning and retention of pleasant and unpleasant activities. *Arch. Psychol. 134,* 1932, S. 96.

(8) Gilbert, G. M., The new status of experimental studies on the relationship of feeling and memory. *Psychol. Bull. 35,* 1938, S. 26—35.

(9) Ray, W. S., The relationship of retroactive inhibition, retrograde amnesia, and the loss of recent memory. *Psychol. Rev. 44,* 1937, S. 339—345.

(10) Lundholm, H., The riddle of the functional amnesia. *J. Abnorm. Soc. Psychol. 26,* 1932, 355—366.

(11) Sears, R. R., Functional abnormalities of memory with special reference to amnesia. *Psychol. Bull. 33,* 1936, S. 229—274.

(12) Gillespie, R. D., Amnesia. *Arch. Neurol. Psychiat. 37,* 1937, S. 748—764.

I. Kapitel

(1) Rapaport, D., »Die Geschichte des Assoziationsbegriffs« (auf ungarisch veröffentlicht). Budapest 1937.

(2) Bacon, F., Novum organon. Berlin 1870.

(3) Descartes, R., Über die Leidenschaften der Seele. Berlin 1870.

(4) Hobbes, Th., Leviathan. Amsterdam 1670.

(5) Spinoza, B., Die Ethik. Leipzig (1909).

(6) Spinoza, B., Kurzer Traktat von Gott, dem Menschen und dessen Glückseligkeit. Leipzig 1907.

(7) Locke, J., Untersuchungen über den menschlichen Verstand, I/II, Leipzig 1902.

(8) Leibniz, G. W., Kleinere philosophische Schriften. Leipzig 1907.

(9) Leibniz, G. W., Nouveaux essais sur l'entendement humain. Leipzig 1874.
(10) Leibniz, G. W., Theodizee, I/II. Leipzig 1921.
(11) Hume, D., On passions. London 1748.
(12) Kant, I., Kritik der reinen Vernunft. Riga 1781.
(13) Kant, I., Über Philosophie überhaupt. In: Kleine logisch-metaphysische Schriften. Leipzig 1794.

II. Kapitel

(1) Gill, M., Psychosomatic medicine and the hypothalamus. Ms., 1941.
(2) Gardiner, H. M., R. C. Metcalf u. J. G. Beebe-Center, Feeling and emotion. New York 1937.
(3) Beebe-Center, J. G., The psychology of pleasantness and unpleasantness. New York 1932.
(4) Lund, F. H., Emotions. New York 1939.
(5) Ruckmick, C. A., The psychology of feeling and emotion. New York 1936.
(6) Harlow, H. F. u. R. Stagner, Psychology of feelings and emotions. *Psychol. Rev. 39*, 1932, S. 570—589, *40*, 1933, S. 184—195.
(7) Reymert, M. L., Hrsg., Feelings and emotions; The Wittenberg Symposium. Worcester, Mass., 1928.
(8) Washburn, M. F., Feeling and emotion. *Psychol. Bull. 24*, 1927, S. 573—595.
(9) Young, P. T., By what criteria can emotion be defined? Referat vor dem Meeting of the Midwestern Psychological Association 1941. Zusammenfassung in: *Psychol. Bull. 38*, 1941, S. 713.
(10) Sherrington, C. S., The integrative action of the nervous system. New York 1906.
(11) James, W., The principles of psychology, I/II. New York 1890.
(12) Cannon, W. B., Bodily changes in pain, hunger, fear, and rage. New York ²1929.
(13) Weber, A. O. u. D. Rapaport, Teleology and the emotions. *Phil. Sc. 8*, 1941, S. 69—82.
(14) Angell, J. R., A reconsideration of James' theory of emotion in the light of recent criticisms. *Psychol. Rev. 23*, 1916, S. 251—261.
(15) Cantril, H. u. W. A. Hunt, Emotional effects produced by the injection of adrenalin. *Amer. J. Psychol. 44*, 1932, S. 300—307.
(16) Massermann, J. H., Is the hypothalamus a center of emotion? *Psychosom. Med. 3*, 1941, S. 3—25.
(17) Bard, P., The neuro-humoral basis of emotional reactions. In: Handbook of general experimental psychology. Worcester, Mass., 1934, S. 264—311.
(18) Head, H., Studies in neurology, I/II. London 1934.
(19) Head, H. u. G. Holmes, Sensory disturbances from cerebral lesions. *Brain 5/34*, 1894, S. 102—254; Dies., A case of lesion of the optic thalamus with autopsy. Ebd., S. 255—271.
(20) Wilson, C. A. K., Pathological laughing and crying. *J. Neurol. Psychopath. 4*, 1924, S. 299—333.

(21) Dana, C. L., The anatomic seat of the emotions: a discussion of the James-Lange theory. *Arch. Neurol. Psychiat. 6*, 1921, S. 634—639.

(22) Papez, J. W., A proposed mechanism of emotion. *Arch. Neurol. Psychiat. 38*, 1937, S. 725—743.

(23) Papez, J. W., Cerebral mechanisms. *J. Nerv. Ment. Dis. 89*, 1939, S. 145 bis 159.

(24) Hunt, W. A., Recent developments in the field of emotion. *Psychol. Bull. 38*, 1941, S. 249—276.

(25) Newman, E. B., F. T. Perkins u. R. H. Wheeler, Cannon's theory of emotions: a critique. *Psychol. Rev. 37*, 1930, S. 305—326.

(26) Ratliff, M. M., The varying function of affectively toned olfactory, visual, and auditory cues in recall. *Amer. J. Psychol.* 51, 1938, S. 695—701.

(27) Grinker, R. R., Hypothalamic functions in psychosomatic interrelations. *Psychom. Med. 1*, 1939, S. 19—47.

(28) Alpers, B. J., Personality and emotional disorders associated with hypothalamic lesions. In: J. F. Fulton, S. W. Ranson u. A. M. Frantz, Hrsg., The hypothalamus. Baltimore 1920, S. 725—752.

(29) Alpers, B. J., Personality and emotional disorders associated with hypothalamic lesions — a review. *Psychom. Med. 2*, 1940, S. 286—303.

(30) Calkins, M. W., A first book in psychology. New York ⁴1914.

(31) Gray, S. J., An objective theory of emotion. *Psychol. Rev. 42*, 1935, S. 108 bis 116.

(32) Hoagland, H., D. E. Cameron, M. A. Rubin u. J. J. Tegelberg, Emotion in man as tested by the delta index of the encephalogram. *J. Genet. Psychol. 19*, 1938, S. 227—245; Dies., Simultaneous records from cortex and from a region near the hypothalamus. Ebd. S. 247—261.

(33) Meyer, M., The nervous correlate of pleasantness and unpleasantness. *Psychol. Rev. 15*, 1908, S. 201—216.

(34) Troland, L. T., The principles of psychophysiology, I/II. New York 1929.

(35) Allport, F., A physiological-genetic theory of feeling and emotion. *Psychol. Rev. 29*, 1922, S. 132—139.

(36) Nafe, J. P., The psychology of felt experience. *Amer. J. Psychol. 39*, 1927, S. 367—389.

(37) Young, P. T., Studies in affective psychology. *Amer. J. Psychol. 38*, 1927, S. 157—193.

(38) Hunt, A. W., The relation of bright and dull pressure to affectivity. *Amer. J. Psychol. 43*, 1931, S. 87—92.

(39) Köhler, W., Zur Theorie des Sukzessivvergleichs und der Zeitfehler. *Psychol. Forsch. 4*, 1923, S. 115—175.

(40) Koffka, K., Principles of Gestalt-psychology. New York 1935.

(41) Dunlap, K., Emotion as a dynamic background. In: M. L. Reymert, Hrsg., Feelings and emotions: The Wittenberg Symposium. Worcester, Mass., 1928, S. 150—160 (Neuaufl. 1950).

(42) Darwin, Ch., Expression of the emotions. London 1904 (Dt.: Der Ausdruck der Gemütsbewegungen bei den Menschen und den Tieren, 1872).

(43) James, W. u. F. Lange, The emotions. Baltimore 1922.

(44) James, W., The physical basis of emotions. *Psychol. Rev. 1*, 1911, S. 516 bis 609.

(45) Nahm, M. C., The philosophical implications of some theories of emotion. *Phil. Sc. 6*, 1939, S. 458—486.

(46) McDougall, W., An introduction to social psychology, Boston 1921 (Dt.: Einführung in die Sozialpsychologie, 1928).

(47) Prince, M., Can emotion be regarded as energy? In: M. L. Reymert, Hrsg., Feelings and emotions: The Wittenberg Symposium. Worcester, Mass., 1928, S. 161—169 (Neuaufl. 1950).

(48) Carroll, R. P., The emotions, their nature and influence upon human conduct. Washington 1937.

(49) Lund, F. H., Emotions of men. New York 1930.

(50) Dewey, J., The theory of emotion. *Psychol. Rev. 1* u. 2, 1894, S. 553—569, 13—32.

(51) Angier, R. P., The conflict theory of emotion. *Amer. J. Psychol. 39*, 1927, S. 390—401.

(52) Kantor, J. R., The psychology of feeling. *Amer. J. Psychol. 34*, 1923, S. 433 bis 463.

(53) Drever, J., Instinct in man. Cambridge 1917.

(54) Bernard, L. L., Instinct. A study in social psychology. New York 1924.

(55) Boring, E. G., H. S. Langfeld u. H. P. Weld, Introduction to psychology. New York 1939.

(56) Murphy, G., General psychology. New York 1933.

(57) Darrow, C. W., Emotion as relative functional decortication: the role of conflict. *Psychol. Rev. 42*, 1935, S. 566—578.

(58) Whitehorn, J. C., Physiological changes in emotional states. In: The interrelationship of mind and body. Baltimore 1939, S. 256—270.

(59) McKinney, J. M., What shall we choose to call emotion? *J. Nerv. Ment. Dis. 72*, 1930, S. 46—64.

(60) Woodworth, R. S., Experimental psychology. New York 1938.

(61) Freud, S. u. J. Breuer, Studien über Hysterie. In: S. Freud, Gesammelte Werke, Bd. I.

(62) Freud, S., Die Abwehr-Neuropsychosen (1894). In: Gesammelte Werke, Bd. I.

(63) Landauer, K., Die Gemütsbewegungen oder Affekte. In: P. Federn u. H.-O. Meng, Das Psychoanalytische Volksbuch I, Bern 1939, S. 134—159.

(64) Freud, S., The problem of anxiety. New York 1936.

(65) Freud, S., Die Traumdeutung (1900). Gesammelte Werke, Bde. II u. III.

(66) Freud, S., Das Unbewußte (1916). Gesammelte Werke, Bd. XI.

(67) Freud, S., Die Verdrängung (1915). Gesammelte Werke, Bd. X.

(68) Kulovesi, Y., Psychoanalytische Bemerkungen zur James-Langeschen Affekttheorie. *Imago 17*, 1931, S. 392—398.

(69) Brierley, M., Affects in theory and practice. *Int. J. Psd. 18*, 1937, S. 256 bis 268.

327

(70) Freud, S., Jenseits des Lustprinzips (1920). Gesammelte Werke, Bd. XIII.

(71) Jelgersma, G., Psychoanalytischer Beitrag zu einer Theorie des Gefühls.

(72) Freud, S., Formulierungen über zwei Prinzipien des psychischen Geschehens (1911). Gesammelte Werke, Bd. VIII.

(73) Federn, P., Die Ichbesetzung bei den Fehlleistungen. *Imago 19*, 1933, S. 312 bis 338, 433—453.

(74) Federn, P., Zur Unterscheidung des gesunden und krankhaften Narzißmus. *Imago 22*, 1936, S. 5—39.

(75) Landauer, K., Affects, passions, and temperament. *Int. J. Psa. 19*, 1938, S. 388—415.

(76) Freud, S., Neue Folge der Vorlesungen zur Einführung in die Psychoanalyse (1933). Gesammelte Werke Bd. XV.

(77) MacCurdy, J. T., The psychology of emotion. New York 1925.

(78) Dembo, T., Der Ärger als dynamisches Problem. *Psychol. Forsch. 15*, 1931, S. 1—144.

(79) Lewin, K., R. Barker u. T. Dembo, Frustration and aggression, Des Moines 1941.

(80) Dunbar, F. H., Emotions and bodily changes. New York ²1938.

(81) Prescott, D. A., Emotion and the educative process. Washington 1938.

(82) Zachry, C. B. u. M. Lighty, Emotion and conduct in adolescence. New York 1940.

III. Kapitel

(1) Ebbinghaus, H., Über das Gedächtnis. Leipzig 1885.

(2) Galton, F., Psychometric experiments. *Brain 2*, 1892, S. 149—162.

(3) Galton, F., Inquieries into human faculty and its development. London 1883.

(4) Wundt, W., Grundzüge der physiologischen Psychologie, I/III. Leipzig 1911.

(5) Freud, S., Zur Psychopathologie des Alltagslebens (1901). Gesammelte Werke, Bd. IV.

(6) Spencer, H., The principles of psychology. New York ²1873.

(7) Bain, A., The senses and the intellect. London ³1868.

(8) Thorndike, E. L., Educational psychology, vol. I: The original nature of man. New York 1923.

(9) Thorndike, E. L., The law of effect. *Amer. J. Psychol. 39*, 1927, S. 212—222.

(10) Cason, H., The pleasure-pain theory of learning. *Psychol. Rev. 39*, 1932, S. 440—466.

(11) Colgrove, F. W., Individual memories. *Amer. J. Psychol. 10*, 1899, S. 228 bis 255.

(12) Colgrove, F. W., Memory. New York 1900.

(13) Kowalewski, A., Studien zur Psychologie des Pessimismus. *Grenzfragen des Nerven- und Seelenlebens 4*, 1904, S. 100—122.

(14) Susukita, T., Über das Gedächtnis für lust- und unlustbetonte Erlebnisse im Alltagsleben. *Tohoku Psychol. Fol. 2*, 1934, S. 43—55.

(15) Susukita, T., Über das Gedächtnis ... Teil 2. *Tohoku Psychol. Fol. 3*, 1935, S. 187—204.

(16) Külpe, O., Bemerkungen zu vorstehender Abhandlung. *Arch. ges. Psychol.*, *4*, 1905, S. 459—464.

(17) Baxter, M. F., K. Yamada u. M. F. Washburn, Directed recall of pleasant and unpleasant experiences. *Amer. J. Psychol. 28*, 1917, S. 155—157.

(18) Kraepelin, F., Der psychologische Versuch in der Psychiatrie. *Psychol. Arbeiten 1*, 1896, S. 1—91.

(19) Aschaffenburg, G., Experimentelle Studien über Assoziationen, I/III, *Psychol. Arbeiten 1, 2, 4*, 1896, 1899, 1904, S. 209—299, 1—83, 235—373.

(20) Cordes, G., Experimentelle Untersuchungen über Assoziationen. *Phil. Stud.* (W. Wundt, Hrsg.) *17*, 1901, S. 30—77.

(21) Ziehen, Th., Leitfaden der physiologischen Psychologie. Jena 1906.

(22) Wreschner, A., Die Reproduktion und Assoziation von Vorstellungen. *Z. Psychol., Erg. Bd. 3*, 1907—09.

(23) Menzerath, P., Die Bedeutung der sprachlichen Geläufigkeit oder der formalen sprachlichen Beziehung für die Reproduktion. *Z. Psychol. 48*, 1908, S. 1—95.

(24) Mayer, A. u. J. Orth, Zur qualitativen Untersuchung der Assoziation. *Z. Psychol. 26*, 1901, S. 1—13.

(25) Jung, C. G., Studien zur Wortassoziation (1904). Gesammelte Werke, Bd. II.

(26) Schilder, P., Über Gedankenentwicklung. *Z. Neurol. Psychiat. 59*, 1920, S. 250—263.

(27) Schilder, P., Studien zur Psychologie und Symptomatologie der progressiven Paralyse. *Abhandl. Neurol. Psychiat. Psychol. Grenzgeb. 58*, 1930, S. 1—176.

(28) Vigotsky, L. S., Thought and speech. *Psychiatry 2*, 1939, S. 29—54.

(29) Massermann, J. H. u. E. R. Balken, The language of phantasy, III: The language of the phantasies of patients with conversion hysteria, anxiety state, and obsessive-compulsive neuroses. *J. Psychol. 10*, 1940, S. 75—86.

(30) Schnitzler, J. G., Experimentelle Beiträge zur Tatbestandsdiagnostik. *Z. Angew. Psychol. 2*, 1909, 51—91.

(31) Jung, C. G.: Über die psychophysischen Begleiterscheinungen im Assoziationsexperiment (1907). Gesammelte Werke, Bd. II.

(32) Kohs, S. C., The association method in its relation to complex and complex indicators. Amer. J. Psychol. 25, 1914, S. 544—595.

(33) Hull, C. L. u. L. S. Lugoff, Complex signs in diagnostic free association. *J. exp. Psychol. 4*, 1921, S. 11—136.

(34) Birnbaum, K., Über den Einfluß von Gefühlsfaktoren auf die Assoziationen. *Monatsschr. Psychiat. Neurol. 32*, 1912, S. 95—123, 194—220.

(35) Tolman, E. C. u. I. Johnson, A note on association-time and feeling. *Amer. J. Psychol. 29*, 1918, S. 187—195.

329

(36) Carter, H. D., Emotional factors in verbal learning. *J. Educ. Psychol. 28*, 1937, S. 101—108.

(37) Smith, W. W., Experiments on memory and affective tone. *Brit. J. Psychol. 11*, 1921, S. 236—250.

(38) Smith, W. W., The measurement of emotion. London 1922.

(39) Carter, H. D., H. E. Jones u. N. W. Shock, An experimental study of affective factors in learning. *J. Educ. Psychol. 25*, 1934, S. 203—215.

(40) Burtt, H. W. u. W. W. Tuttle, The patellar tendon reflex and affective tone. *Amer. J. Psychol. 36*, 1925, S. 553—561.

(41) Cason, H., Association in relation to feeling and gross bodily movement. *Amer. J. Psychol. 26*, 1934, S. 207—228.

(42) Peters, W., Erinnerungsassoziationen. In: Bericht über den 3. Kongreß für experimentelle Psychologie, Leipzig 1909, S. 245—247.

(43) Peters, W., Gefühl und Erinnerung. Leipzig 1911.

(44) Peters, W. u. O. Nemecek, Massenversuche über Erinnerungsassoziationen. *Fortschr. Psychol. Anwend. 2*, 1914, S. 226—245.

(45) Lanier, L. H., An experimental study of »affective conflict«. *J. Psychol. 11*, 1941, S. 199—217.

(46) Morgan, E., H. K. Mull u. M. F. Washburn, An attempt to test moods or temperaments of cheerfulness and depression by directed recall of emotionally toned experiences. *Amer. J. Psychol. 30*, 1919, S. 302—304.

(47) Washburn, M. F., F. Giang, M. Ives u. M. Pollock, Memory revival of emotions as a test of emotional and phlegmatic temperaments. *Amer. J. Psychol. 36*, 1925, S. 456—459.

(48) Washburn, M. F., L. Harding, H. Simmons u. D. Tomlinson, Further experiments on directed recall as a test of cheerful and depressed temperaments. *Amer. J. Psychol. 36*, 1925, S. 454—456.

(49) Griffits, C. H., Results of some experiments on affection, distribution of associations, and recall. *J. exp. Psychol. 3*, 1920, S. 447—464.

(50) Lipmann, O., Die Spuren interessebetonter Erlebnisse und ihre Symptome. *Beihefte Z. Angew. Psychol. 1*, 1911.

(51) Wertheimer, M., Experimentelle Untersuchungen zur Tatbestandsdiagnostik. *Arch. ges. Psychol. 6*, 1906, S. 59—131.

(52) Wertheimer, M. u. J. Klein, Psychologische Tatbestandsdiagnostik. *Arch. Kriminol. 15*, 1904, S. 72—113.

(53) Lipmann, O. u. M. Wertheimer, Tatbestandsdiagnostische Kombinationsversuche. *Z. Angew. Psychol. 8*, 1907, S. 119—128.

(54) Davis, R. A. u. C. C. Moore, Methods of measuring retention. *J. gen. Psychol. 12*, 1935, S. 144—155.

(55) Beebe-Center, J. G., The psychology of pleasantness and unpleasantness. New York 1932.

(56) Warren, H. C., Elements of human psychology. New York 1922.

(57) Troland, L. T., A system for explaining affective phenomena. *J. abnorm. Psychol. 14*, 1920, S. 376—387.

(58) Troland, L. T., The fundamentals of human motivation. New York 1928.

(59) Nafe, J. P., An experimental study of the affective qualities. *Amer. J. Psychol. 35*, 1924, S. 507—544.

(60) Hunt, W. A., The relation of bright and dull pressure to affectivity. Amer. J. Psychol. 43, 1931, S. 87—92.

(61) McDougall, W., An introduction to social psychology. London 1908, [30]1950.

(62) Krüger, F., Das Wesen der Gefühle. *Arch. ges. Psychol. 65*, 1928, S. 91 bis 128.

(63) Krüger, F., The essence of feeling. In: M. L. Reymert, Hrsg., Feelings and emotions: The Wittenberg Symposium, Worcester, Mass., 1928, S. 58—88 (Neuaufl. 1950).

(64) Carr, H. A., Psychology: a study of mental activity. New York 1925.

(65) Peters, H. N., The judgmental theory of pleasantness and unpleasantness. *Psychol. Rev. 42*, 1935, S. 354—386.

(66) Peters, H. N., A note on verifications of the judgmental theory of pleasantness and unpleasantness. *Psychol. Rev. 44*, 1937, S. 533—535.

(67) Freud, S., Formulierungen über zwei Prinzipien des psychischen Geschehens (1911). Gesammelte Werke, Bd. VIII.

(68) Gordon, K., Über das Gedächtnis für affektiv bestimmte Eindrücke. *Arch. ges. Psychol. 4*, 1905, S. 437—458.

(69) Tait, W. D., The effect of psycho-physical attitudes on memory. *J. abnorm. Psychol. 8*, 1913, S. 10—37.

(70) Crosland, H. R., A qualitative analysis of the process of forgetting. *Psychol. Monogr. 29*, 1921.

(71) Heywood, A. u. H. A. Vortriede, Some experiments on the associative power of smells: *Amer. J. Psychol. 16*, 1905, S. 537—541.

(72) Harris, J. W., On the associative power of odors. *Amer. J. Psychol. 19*, 1908, S. 557—561.

(73) Gordon, K., The recollection of pleasant and of unpleasant odors. *J. exp. Psychol. 8*, 1925, S. 225—239.

(74) Ratliff, M. M., The varying function of affectively toned olfactory, visual, and auditory cues in recall. *Amer. J. Psychol. 51*, 1938, S. 695—701.

(75) Bolger, E. M. u. E. B. Titchener, Some experiments on the associative power of smells. *Amer. J. Psychol. 18*, 1907, S. 326 f.

(76) Kenneth, J. H., An experimental study of affects and associations due to certain odors. *Psychol. Monogr. 37*, 1927.

(77) Würdemann, W., Über die Bedeutung der Gefühle für das Behalten und Erinnern. *Neue Psychol. Stud. 1*, 1926, S. 507—573.

(78) Cannon, W. B., Bodily changes in pain, hunger, fear, and rage. New York [2]1929.

(79) Bard, P., The neuro-humoral basis of emotional reactions. In: C. Murchison, Hrsg., Handbook of general experimental psychology. Worcester, Mass., 1939, S. 264—311.

(80) Head, H., Studies in neurology, I/II. London 1920.

(81) Wilson, S. A. K., Pathological laughing and crying. *J. Neurol. Psychopath. 4*, 1924, S. 299—333.

331

(82) Wilson, S. A. K., Modern problems in neurology. New York 1929.

(83) Hunter, W. S., General psychology. Chicago 1923.

(84) Stagner, R., The reintegration of pleasant and unpleasant experiences. *Amer. J. Psychol. 48,* 1931, S. 463—468.

(85) Britt, S. H., Theories of retroactive inhibition. *Psychol. Rev. 43,* 1936, S. 207—216.

(86) Sears, R. R., Functional abnormalities of memory with special reference to amnesia. *Psychol. Bull. 33,* 1936, S. 229—274.

(87) Stone, A. R., The reaction of memory to affective states. *Amer. J. Psychol. 36,* 1925, S. 112—123.

(88) Harden, L. M., The effect of emotional reactions upon retention. *J. Genet. Psychol. 3,* 1930, S. 197—221.

(89) White, M. M., Influence of an interpolated electric shock upon recall. *J. exp. Psychol. 15,* 1932, S. 752—757.

(90) Dashiel, J. F., Fundamentals of objective psychology. New York 1928.

(91) Frank, J. D. u. E. J. Ludwigh, The retroactive effect of pleasant and unpleasant odors on learning. *Amer. J. Psychol. 43,* 1931, S. 102—108.

(92) Frank, J. D., Affective value vs. nature of odors in relation to reproduction. *Amer. J. Psychol. 43,* 1931, S. 479—483.

(93) Diven, K., Certain determinants in the conditioning of anxiety reactions. *J. Psychol. 3,* 1937, S. 291—308.

(94) McGranahan, D. V., A critical and experimental study on repression. *J. Abnorm. Soc. Psychol. 35,* 1940, S. 212—225.

(95) Meltzer, H., The present status of experimental studies on the relationship of feeling to memory. *Psychol. Rev. 37,* 1930, S. 124—139.

(96) Whitehorn, J. C., Physiological changes in emotional states. In: The interrelation of mind and body. Baltimore 1939, S. 256—270.

(97) Kowalewski, A., Arthur Schopenhauer und seine Weltanschauung. Berlin 1908.

(98) Henderson, E. N., Do we forget the disagreeable? *J. Phil., Psychol. Sc. Methods 8,* 1911, S. 432—437.

(99) Fluegel, J. C., A quantitative study of feeling and emotion in everyday life. *Brit. Psychol. Soc. 24,* 1917, S. 408.

(100) Fluegel, J. C., A quantitative study of feeling and emotion in everyday life. *Brit. J. Psychol. Gen. Sec. 15,* 1925, S. 318—355.

(101) Cason, H., The learning and retention of pleasant and unpleasant activities. *Arch. Psychol. 21,* Nr. 134.

(102) Wohlgemuth, A., The influence of feeling on memory. *Brit. J. Psychol. Gen. Sec. 13,* 1923, S. 405—416.

(103) Gordon, K., A study of early memories. *J. Delinqu. 12,* 1928, S. 129—132.

(104) Meltzer, H., Individual differences in forgetting pleasant and unpleasant experiences. *J. educ. Psychol. 21,* 1930, S. 399—409.

(105) Meltzer, H., The forgetting of pleasant and unpleasant experiences in relation to intelligence and achievement. *J. Soc. Psychol. 2,* 1931, S. 216 bis 229.

(106) Meltzer, H., Sex differences in forgetting pleasant and unpleasant experiences. *J. Abnorm. Soc. Psychol. 25*, 1931, S. 450—464.

(107) Koch, H. L., The influence of some affective factors upon recall. *J. gen. Psychol. 4*, 1930, S. 171—190.

(108) Jersild, A., Memory for the pleasant as compared with the unpleasant. *J. exp. Psychol. 14*, 1931, S. 284—288.

(109) Thomson, R. H., An experimental study of memory as influenced by feeling tone. *J. exp. Psychol. 13*, 1930, S. 462—467.

(110) Menzies, R. N., Memory for pleasant, unpleasant, and indifferent events of the recent past. *Psychol. Bull. 30*, 1933, S. 574.

(111) Menzies, R. N., The comparative memory values of pleasant, unpleasant, and indifferent experiences. *J. exp. Psychol. 18*, 1935, S. 267—279.

(112) Waters, R. H. u. R. Leeper, The relation of affective tone to the retention of experiences of daily life. *J. exp. Psychol. 19*, 1936, S. 203—215.

(113) O'Kelley, L. T. u. L. C. Steckle, The forgetting of pleasant and unpleasant experiences. *Amer. J. Psychol. 53*, 1940, S. 432—434.

(114) Köhler, W., Psychologische Probleme. Berlin 1933.

(115) Barret, D. M., Memory in relation to hedonic tone. *Arch. Psychol. 131*, Nr. 223, 1938.

(116) Straus, E., Vom Sinn der Sinne. Berlin 1935.

(117) Tolman, E. C., Retroactive inhibition as affected by conditions of learning. *Psychol. Monogr. 25*, Nr. 107, 1917.

(118) Jones, H. E., Emotional factors in learning. *J. gen. Psychol. 2*, 1929, S. 263 bis 272.

(119) Lynch, C. A., The memory values of certain alleged emotionally toned words. *J. exp. Psychol. 15*, 1932, S. 298—315.

(120) Balken, E. R., Affective, volitional, and galvanic factors in learning. *J. exp. Psychol. 16*, 1933, S. 115—128.

(121) Stagner, R., Factors influencing the memory value of words in a series. *J. exp. Psychol. 16*, 1933, S. 129—137.

(122) Bunch, M. E. u. K. Wientge, The relative susceptibility of pleasant, unpleasant, and indifferent material to retroactive inhibition. *J. gen. Psychol. 9*, 1933, S. 157—178.

(123) Chaney, R. M. u. A. R. Lauer, The influence of affective tone on learning and retention. *J. Educ. Psychol. 20*, 1929, S. 287—290.

(124) White, M. M. u. M. M. Ratliff, The relation of affective tone to the learning and recall of words. *Amer. J. Psychol. 46*, 1934, S. 92—98.

(125) Carter, H. D., Effects of emotional factors upon recall. *J. Psychol. 1*, 1935, S. 49—59.

(126) White, M. M., Some factors influencing recall of pleasant and unpleasant words. *Amer. J. Psychol. 48*, 1936, S. 134—139.

(127) Carter, H. D., Emotional correlates of errors in learning. *J. Educ. Psychol. 27*, 1936, S. 55—67.

(128) White, M. M. u. M. Powell, Differential reaction time for pleasant and unpleasant words. *Amer. J. Psychol. 48*, 1936, S. 126—133.

(129) Carter, H. D. u. H. E. Jones, A further study of affective factors in learning. *J. Genet. Psychol. 50*, 1937, S. 157—163.

(130) Silverman, A. u. H. Cason, Incidental memory for pleasant, unpleasant, and indifferent words. *Amer. J. Psychol. 46*, 1934.

(131) Cason, H. u. Lungren F. C., Memory for pleasant, unpleasant, and indifferent pairs of words. *J. exp. Psychol. 15*, 1932, S. 728—732.

(132) Müller, F. B., Gefühlstheoretisches auf psychoanalytischer Grundlage. *Imago 12*, 1926, S. 263—267.

(133) Lanier, L. H., Memory for words differing in affective value. Vortrag, gehalten vor dem Meeting of the Amer. Psychol. Assoc., State Coll., Penn., 1940.

(134) Lanier, L. H., Incidental memory for words differing in affective value. *J. Psychol. 11*, 1941, S. 219—228.

(135) Adams, D. K., A restatement of the problem of learning. *Brit. J. Psychol. 22*, 1931, S. 150—178.

(136) Gilbert, G. M., The age difference in the hedonistic tendency in memory. *J. exp. Psychol. 21*, 1937, S. 433—441.

(137) Cason, H., Methods of studying the learning and retention of pleasant and unpleasant activities. *J. exp. Psychol. 16*, 1933, S. 454—459.

(138) Moore, E. H., A note on the recall of the pleasant vs. the unpleasant. *Psychol. Rev. 42*, 1935, S. 214 f.

(139) Gilbert, G. M., The new status of experimental studies on the relationship of feeling and memory. *Psychol. Bull. 35*, 1938, S. S. 26—35.

(140) Young, P. T., A study upon the recall of pleasant and unpleasant words. *Amer. J. Psychol. 49*, 1937, S. 581—596.

(141) Myers, G. C., Affective factors in recall. *J. Phil., Psychol. Sc. Methods 12*, 1915, S. 85—92.

(142) Laird, D. A., The influence of likes and dislikes on memory as related to personality. *J. exp. Psychol. 6*, 1923, S. 294—303.

(143) Peters, A., Gefühl und Wiedererkennen. *Fortschr. Psychol. u. ihrer Anwend. 4*, 1917, S. 120—133.

(144) Berliner, A., Zusammenhang zwischen ästhetischem Wert und Wiedererkennen. *Arch. ges. Psychol. 41*, 1921, S. 401—410.

(145) Rapaport, D., The Szondi test. *Bull. Menninger clinic 5*, 1941, S. 33—39.

(146) Fox, C., The influence of subjective preference on memory. *Brit. J. Psychol. Gen. Sec. 13*, 1923, S. 398—404.

(147) Selz, O. u. A. Baumann, Über die Abhängigkeitsbeziehungen zwischen Lernlust und Lernerfolg. *Z. Psychol. 109*, 1929, S. 191—209.

(148) Waldberg, L., Zur Wirkung der Affekte auf die Erinnerungsfähigkeit bei gesunden Erwachsenen, bei Kindern und bei Geisteskranken. *Allg. Z. Psychiat. 77*, 1921, S. 29—57.

(149) Sharp, A. A., An experimental test of Freud's doctrine of the relation of hedonic tone to memory revival. *J. exp. Psychol. 22*, 1938, S. 395—418.

(150) Sears, R. R., Recall of free associations to anxiety-inducing phrases. Vor-

trag, gehalten vor dem Meeting of the Amer. Psychol. Assoc., Penn. State Coll. 1940.

(151) Gundlach, R., D. A. Rothschild u. P. T. Young, A test and analysis of »set«. *J. exp. Psychol. 10*, 1927, S. 247—280.

(152) McGeoch, J. A. Learning. Retention. In: E. G. Boring, H. S. Langfeld u. H. P. Weld, Hrsg., Introduction to psychology, New York 1939, S. 290 bis 350.

(153) Ach, N., Über die Begriffsbildung. Bamberg 1921.

(154) Humphrey, G., Thought. In: E. G. Boring, H. S. Langfeld u. H. P. Weld, Hrsg., Introduction to psychology, New York 1939, S. 381—410.

(155) Pan, S., The influence of context upon learning and recall. *J. exp. Psychol. 9*, 1926, S. 468—491.

(156) Flanagan, D., The influence of emotional inhibition on learning and recall, 1930, Ms., Univ. Libr. Chicago.

(157) Sharp, A. A., The influence of certain emotional inhibitions on learning and recall, 1930. Ms., Univ. Libr. Chicago.

(158) Smith, S. u. E. R. Guthrie, General psychology in terms of behavior. New York 1921.

(159) Wong, H. u. W. Brown, Effects of surroundings upon mental work as measured by Yerke's multiple choice method. *J. comp. Psychol. 3*, 1923, S. 319—331.

(160) Langfeld, H. S., Suppression with negative instructions. *Psychol. Bull. 7*, 1910, S. 200—208.

(161) Langfeld, H. S., Suppression with negative instructions. *Psychol. Rev. 18*, 1911, S. 411—424.

(162) Key, K. B., Recall as a function of perceived relations. *Arch. Psychol. 13*, 1926.

(163) Sullivan, E. B., Attitude in relation to learning. *Psychol. Monogr. 36*, 1927, S. 1—149.

(164) McKinney, F., Certain emotional factors in learning and efficiency. *J. gen. Psychol. 9*, 1933, S. 101—116.

(165) Lewin, K., A dynamic theory of personality. New York 1935.

(166) Lewin, K., Die psychische Tätigkeit bei der Hemmung von Willensvorgängen und das Grundgesetz der Assoziation. *Z. Psychol. 77*, 1916, S. 212—247.

(167) Lewin, K., Das Problem der Willensmessung und das Grundgesetz der Assoziation. *Psychol. Forsch. 1 u. 2*, 1922, S. 192—302, 65—140.

(168) Lewin, K., Vorsatz, Wille und Bedürfnis. *Psychol. Forsch. 7*, 1926 u. auch seperat Berlin 1926.

(169) Ovsiankina, M., Die Wiederaufnahme unterbrochener Handlungen. *Psychol. Forsch. 11*, 1928, S. 302—379.

(170) Zeigarnik, B., Das Behalten erledigter und unerledigter Handlungen. *Psychol. Forsch. 9*, 1927, S. 1—85 (vgl. Titelnr. 165, S. 243—247).

(171) McKinney, F., Studies in the retention of interrupted learning activities. *J. comp. Psychol. 19*, 1935, S. 265—296.

(172) Pachauri, A. R., A study of Gestalt problems in completed and interrupted tasks. *Brit. J. Psychol. 19*, 1935, S. 365—381, 447—457.

(173) Lewin, K., Principles of topological psychology. New York 1936.

(174) Birenbaum, G., Das Vergessen einer Vornahme. *Psychol. Forsch. 13*, 1930, S. 218—284.

(175) Rosenzweig, S., The dependence of preferences upon success and failure. Diss. Cambridge, Mass., 1932.

(176) Rosenzweig, S., Preferences in repetition of successful and unsuccessful activities as a function of age and personality. *J. Genet. Psychol. 42*, 1933, S. 423—441.

(177) Rosenzweig, S., The recall of finished and unfinished tasks as affected by the purpose with which they were performed. *Psychol. Bull. 30*, 1933, S. 698.

(178) Rosenzweig, S. u. G. Mason, An experimental study of memory in relation to the theory of repression. *Brit. J. Psychol. 24*, 1934, S. 247—265.

(179) Rosenzweig, S., The preferential repetition of successful and unsuccessful activities. *Psychol. Bull. 33*, 1936, S. 797.

(180) Rosenzweig, S., The experimental study of repression. In: H. A. Murray, Hrsg., Explorations in personality. New York 1938, S. 472—490.

(181) Freud, S., Die endliche und die unendliche Analyse (1937). Gesammelte Werke, Bd. XVI.

(182) Brown, J. F., Über die dynamischen Eigenschaften der Realitäts- und Irrealitätsschichten. *Psychol. Forsch. 18*, 1933, S. 2—26.

(183) Dembo, T., Der Ärger als dynamisches Problem. *Psychol. Forsch. 15*, 1931, S. 1—144.

(184) Reymert, M. L., Hrsg., Feelings and emotions: The Wittenberg Symposium. Worcester, Mass., 1928 (Neuaufl. 1950).

(185) Cattell, R. B., Sentiment or attitude? *Character and personality, 9*, 1940, S. 6—17.

(186) Rivers, W. H. R., A. G. Transley, A. F. Shand, T. H. Pear, B. Hart u. C. S. Myers, The relations of complex and sentiment: a Symposium. *Brit. J. Psychol. 13*, 1922, S. 107—148.

(187) Woodworth, R. S., Dynamic psychology. New York 1922.

IV. Kapitel

(1) Rapaport, D., »Die Geschichte des Assoziationsbegriffs« (auf ungarisch veröffentlicht). Budapest 1937.

(2) Uexküll, J. v., Theoretische Biologie. Berlin ²1928.

(3) Werner, H., Einführung in die Entwicklungspsychologie. München ³1953.

(4) Piaget, J., Der Aufbau der Wirklichkeit beim Kinde, Gesammelte Werke 2. Stuttgart 1975.

(5) Dewey, J., Psychology. New York ³1891.

(6) Müller-Freienfels, R., Der Einfluß der Gefühle und motorischen Faktoren auf Assoziation und Denken. *Arch. ges. Psychol. 27*, 1913, S. 381—430.

(7) Müller-Freienfels, R., Studien zur Lehre vom Gedächtnis. *Arch. ges. Psychol. 34*, 1915, S. 65—105.

(8) Münsterberg, H., General and applied psychology. New York 1915.

(9) Washburn, M. F., Movement and mental imagery. Boston 1916.

(10) Crosland, H. R., A qualitative analysis of the process of forgetting. *Psychol. Monogr. 29*, 1921.

(11) Pear, T. H., Remembering and forgetting. New York 1922.

(12) McDougall, W., An introduction to social psychology. London 1908, [30]1950.

(13) Rivers, W. H. R., A. G. Transley, A. F. Shand, T. H. Pear, B. Hart u. C. S. Myers, The relations of complex and sentiment: a symposium. *Brit. J. Psychol. 13*, 1922, S. 107—148.

(14) Cattell, R. B., Sentiment or attitude? *Character and personality, 9,* 1940, S. 6—17.

(15) Stern, W., Personalistik der Erinnerung. *Z. Psychol. 118*, 1930, S. 350—381.

(16) Stern, W., Allgemeine Psychologie auf personalistischer Grundlage. Den Haag 1935.

(17) McDougall, W., Outline of psychology. New York 1923.

(18) Szymanski, J. S., Psychologie vom Standpunkt der Abhängigkeit des Erkennens von den Lebensbedürfnissen. Leipzig 1930.

(19) Gordon, K., Memory viewed as imagination. *J. gen. Psychol. 17*, 1937, S. 113 bis 124.

(20) Lewin, K., Das Problem der Willensmessung und das Grundgesetz der Assoziation. *Psychol. Forsch. 1* u. *2*, 1922, S. 192—302, 65—140.

(21) Cason, H., Criticisms of the laws of exercise and effect. *Psychol. Rev. 31*, 1924, S. 397—417.

(22) Tolman, E. C., Retroactive inhibition as affected by conditions of learning. *Psychol. Monogr. 25*, Nr. 107, 1917.

(23) Lewin, K., Vorsatz, Wille u. Bedürfnis. *Psychol. Forsch. 7*, 1926 u. auch seperat Berlin 1926.

(24) Bartlett, F. C., Remembering. Cambridge 1932.

(25) Allport, G. W., Attitudes. In: C. Murchison, Hrsg., Handbook of social psychology. Worcester, Mass., 1935, S. 798—844.

(26) Köhler, W., Zur Theorie des Sukzessivvergleichs u. der Zeitfehler. *Psychol. Forsch. 4*, 1923, S. 115—175.

(27) Koffka, K., Principles of Gestalt psychology. New York 1935.

(28) Katona, G., Organizing and memorizing. New York 1940.

(29) Wheeler, R. H. u. F. T. Perkins, Principles of mental development. New York 1932.

(30) Humphrey, G., Thought. In: E. G. Boring, H. S. Langfeld u. H. P. Weld, Hrsg., Introduction to psychology, New York 1939, S. 381—410.

(31) McGeoch, J. A., Learning. Retention. In: E. G. Boring, H. S. Langfeld u. H. P. Weld, Hrsg., Introduction to psychology, New York 1939, S. 290 bis 350.

(32) Freeman, E., Principles of general psychology. New York 1939.

(33) Guilford, J. P., General psychology. New York 1939.

(34) Langfeld, H. S., Suppression with negative instructions. *Psychol. Bull. 7,* 1910, S. 200—208.

(35) Langfeld, H. S., Suppressions with negative instructions. *Psychol. Rev. 18,* 1911, S. 211—224.

(36) Wong, H. u. W. Brown, Effects of surroundings upon mental work as measured by York's multiple choice method. *J. Comp. Psychol. 3,* 1923, S. 319—331.

(37) Pan, S., The influence of context upon learning and recall. *J. exp. Psychol. 9,* 1926, S. 468—491.

(38) Gundlach, R., D. A. Rothschild u. P. T. Young, A test and analysis of ›set‹. *J. exp. Psychol. 10,* 1927, S. 247—280.

(39) Edgell, B., Theories of memory. London 1924.

(40) Butler, S., Life and habit. London 1910.

(41) Bühler, K., The mental development of the child. New York 1930.

(42) Allport, G. W., Personality. New York 1937 (Dt. Persönlichkeit. Meisenheim ²1959).

(43) Bartlett, F. C., An experimental study of some problems of perceiving and imaging. *Brit. J. Psychol. 8,* 1916, S. 222—266.

(44) Wulf, F., Beiträge zur Psychologie der Gestalt. *Psychol. Forsch. 1,* 1922, S. 333—373.

(45) Gibson, J. J., The reproduction of visually perceived forms. *J. exp. Psychol. 12,* 1929, S. 1—39.

(46) Hanawalt, N. G., Memory trace for figures in recall and recognition. *Arch. Psychol. 31,* 1937, S. 1—89.

(47) Klüver, H., Eidetic imagery. In: C. Murchison, Hrsg., A handbook of child psychology. Worcester, Mass., ²1933, S. 699—722.

(48) Purdy, D. M., The theory of forgetting. *Amer. J. Psychol. 46,* 1934, S. 339 f.

(49) Birenbaum, G., Das Vergessen einer Vornahme. *Psychol. Forsch. 13,* 1930, S. 218—284.

(50) Zeigarnik, B., Das Behalten erledigter und unerledigter Handlungen. *Psychol. Forsch. 9,* 1927, S. 1—85.

(51) Head, H., Studies in neurology I/II. London 1920.

(52) Allport, G. W., Change and decay in the visual memory image. *Brit. J. Psychol. 21,* 1930, S. 133—148.

(53) Perkins, F. T., Symmetry in visual recall. *Amer. J. Psychol. 44,* 1932, S. 473 bis 490.

(54) Brown, W., Growth of ›memory images‹. *Amer. J. Psychol. 47,* 1935, S. 90 bis 102.

(55) Zangwill, O. L., An investigation of the relationship between the processes of reproducing and recognizing simple figures, with special reference to Koffka's trace theory. *Brit. J. Psychol. 27,* 1937, S. 250—276.

(56) Dahl, A., Über den Einfluß des Schlafens auf das Wiedererkennen. *Psychol. Forsch. 11,* 1928, S. 290—301.

(57) Jenkings, J. G. u. K. Dallenbach, Obliviscence during sleep and waking. *Amer. J. Psychol. 35,* 1924, S. 605—612.

(58) Irwin, F. W. u. M. A. Seidenfeld, The application of the method of comparison to the problem of memory changes. *J. exp. Psychol. 21,* 1937, S. 363 bis 381.

(59) Restorff, H. v., Über die Wirkung der Bereichsbildung im Spurenfeld. *Psychol. Forsch. 18,* 1933, S. 299—342.

(60) Harrower, M. R., Organization in high and mental processes. *Psychol. Forsch. 17,* 1932, S. 56—120.

(61) Stern, W., Psychologie der frühen Kindheit. Leipzig 1914, [7]1952.

(62) Dembo, T., Der Ärger als dynamisches Problem. *Psychol. Forsch. 15,* 1931, S. 1—144.

(63) Zangwill, O. L., A study of the significance of attitude in recognition. *Brit. J. Psychol. 28,* 1937, S. 12—17.

(64) Wheeler, R. H., The laws of human nature: a general view of Gestalt psychology. New York 1932.

(65) Lewis, F. H., Note on the doctrine of memory traces. *Psychol. Rev. 40,* 1933, S. 90—97.

V. Kapitel

(1) Hunt, W. A., Recent developments in the field of emotion. *Psychol. Bull. 38,* 1941, S. 249—276.

(2) Freud, S., Das Unbehagen in der Kultur (1930). Gesammelte Werke, Bd. XIV.

(3) Freud, S., Zur Psychopathologie des Alltagslebens (1901). Gesammelte Werke, Bd. IV.

(4) Jones, E., Papers on psycho-analysis. New York [3]1923.

(5) Freud, S., Die Traumdeutung (1900). Gesammelte Werke, Bde. II u. III.

(6) Freud, S., Notiz über den ›Wunderblock‹ (1925). Gesammelte Werke, Bd. XIV.

(7) Jones, E., Papers on psycho-analysis. Ausgabe Baltimore 1938.

(8) Freud, S., Zum psychischen Mechanismus der Vergeßlichkeit (1898). Gesammelte Werke, Bd. I.

(9) Freud, S., Über Deckerinnerungen (1899). Gesammelte Werke, Bd. I.

(10) Weber, A. O. u. D. Rapaport, Teleology and the emotions. *Phil. Sc. 8,* 1941, S. 69—82.

(11) Silberer, H., Bericht über eine Methode, gewisse symbolische Halluzinationserscheinungen hervorzurufen und zu beobachten. *Jb. psa. ps.-path. Forsch. 1,* 1909, S. 513—525.

(12) Hönigswald, R., Die Grundlagen der Denkpsychologie: Studien und Analysen. Leipzig [2]1925.

(13) Selz, O. I., Über die Gesetze des geordneten Denkverlaufs. Bonn 1913. Ders., Zur Psychologie des produktiven Denkens. Bonn 1922.

(14) Duncker, K., A qualitative study of productive thinking. *Ped. Sem. 33,* 1926, S. 642—708.

(15) Eidelberg, L., A contribution to the study of the slips of the tongue. *Int. J. Psa. 17*, 1936, S. 462—470 (Dt. *Imago 22*, 1936, S. 196—202).

(16) Flanagan, D., The influence of emotional inhibitions on learning and recall (1930). Ms., Univ. Libr. Chicago.

(17) Sharp, A. A., An experimental test of Freud's doctrine of the relation of hedonic tone to memory revival. *J. exp. Psychol. 22*, 1938, S. 395—418.

(18) Diven, K., Certain determinants in the conditioning of anxiety reaktions. *J. Psychol. 3*, 1937, S. 291—308.

(19) Erickson, M. H., Experimental demonstration of the psychopathology of everyday life. *Psa. Quart. 8*, 1939, S. 338—353.

(20) Stekel, W., Polyphonie des Denkens. *Fortschr. Sexualwiss. u. Psa. 1*, 1924, S. 1—16.

(21) Freud, S., ›Psychoanalyse‹ und ›Libidotheorie‹ (1923). Gesammelte Werke, Bd. XIII.

(22) Freud, S., Ratschläge für den Arzt bei der psychoanalytischen Behandlung (1912). Gesammelte Werke, Bd. VIII.

(23) Freud, S., Drei Abhandlungen zur Sexualtheorie (1905). Gesammelte Werke, Bd. V.

(24) Werner, H., Einführung in die Entwicklungspsychologie. München [3]1953.

(25) Varendonck, J., The psychology of day-dreams. New York 1921.

(26) Jelgersma, G., Psychoanalytischer Beitrag zu einer Theorie des Gefühls. *Int. Z. Psa. 7*, 1921, S. 1—8.

(27) Freud, S., Jenseits des Lustprinzips (1920). Gesammelte Werke, Bd. XIII.

(28) Freud, S., Metapsychologische Ergänzung zur Traumlehre (1916). Gesammelte Werke, Bd. X.

(29) Freud, S., Trieb und Triebschicksale (1915). Gesammelte Werke, Bd. X.

(30) Freud, S., Das Unbewußte (1913). Gesammelte Werke, Bd. XI.

(31) Freud, S., Die Verdrängung (1915). Gesammelte Werke, Bd. X.

(32) Bibring, E., Zur Entwicklung und Problematik der Triebtheorie. *Imago 22*, 1936, S. 147—176.

(33) Jones, E., The classification of the instincts. *Brit. J. Psychol. 14*, 1924, S. 256.

(34) Freud, S., Formulierungen über zwei Prinzipien des psychischen Geschehens (1911). Gesammelte Werke, Bd. VIII.

(35) Freud, S., Das Ich und das Es (1923). Gesammelte Werke, Bd. XIII.

VI. Kapitel

(1) Young, P. C., A general review of the literature on hypnotism. *Psychol. Bull. 24*, 1927, S. 540—560.

(2) Young, P. C., A general review of the literature on hypnotism and suggestion. *Psychol. Bull. 28*, 1931, S. 367—391.

(3) Young, P. C., Experimental hypnotism: a review. *Psychol. Bull. 38*, 1941, S. 92—104.

(4) Hull, C. L., Hypnosis and suggestibility. New York 1933.

(5) Bernheim, H., Die Suggestion und ihre Heilwirkung. Leipzig u. Wien [2]1896.

(6) Forel, A., Der Hypnotismus. Stuttgart [11]1921.

(7) Bleuer, E., Affektivität, Suggestibilität, Paranoia. Berlin [2]1925.

(8) Jones, E., Papers on psycho-analysis. New York [3]1923.

(9) Freud, S., Drei Abhandlungen zur Sexualtheorie (1905). Gesammelte Werke, Bd. V.

(10) Ferenczi, S., Introjektion und Übertragung (1909). In: Bausteine zur Psychoanalyse, Bd. 1. Bern 1969, S. 35—93.

(11) Young, P. C., Is rapport an essential characteristic of hypnosis? *J. Abnorm. Soc. Psychol. 22*, 1927, S. 130—139.

(12) Young, P. C., The nature of hypnosis as indicated by the presence or absence of post-hypnotic amnesia and rapport. *J. Abnorm. Soc. Psychol. 22*, 1928, S. 372—382.

(13) Schilder, P., Über das Wesen der Hypnose. Berlin 1922.

(14) White, R. W., An analysis of motivation in hypnosis. *J. gen. Psychol. 24*, 1941, S. 145—162.

(15) Schilder, P. u. C. Kauders, Hypnosis, New York 1927.

(16) Erickson, M. H., Clinical forms and varieties of hypnotic amnesia (1941). Unveröffentlichtes Ms.

(17) Strickler, C. B., A quantitative study of post-hypnotic amnesia. *J. Abnorm. Soc. Psychol. 24*, 1929, S. 108—119.

(18) Erickson, M. H. u. E. M., Concerning the nature and character of post-hypnotic behavior. *J. gen. Psychol. 24*, 1941, S. 95—133.

(19) Freud, S., Zur Geschichte der psychoanalytischen Bewegung (1914). Gesammelte Werke, Bd. X.

(20) Freud, S. u. J. Breuer, Studien über Hysterie (1893). In: S. Freud, Gesammelte Werke, Bd. I.

(21) Young, P. C., An experimental study of mental and physical functions in the normal and hypnotic states. *Amer. J. Psychol. 36*, 1925, S. 214—232.

(22) Hadfield, J. A., The reliability of infantile memories. *Brit. J. Med. Psychol. 8*, 1928, S. 87—111.

(23) Freud, S., Aus der Geschichte einer infantilen Neurose (1918). Gesammelte Werke, Bd. XII.

(24) Erickson, M. H., Development of apparent unconsciousness during hypnotic reliving of a traumatic experience. *Arch. Neurol. Psychiat. 38*, 1937, S. 1282 bis 1288.

(25) Moll, A., Der Hypnotismus. Berlin [4]1907.

(26) Bramwell, J. M., Hypnotism. Philadelphia [3]1930.

(27) Wingfield, H. E., An introduction to the study of hypnotism. London 1920.

(28) McDougall, W., Outline of abnormal psychology. New York 1926.

(29) Huse, B., Does the hypnotic trance favor the recall of faint memories? *J. exp. Psychol. 13*, 1930, S. 519—529.

(30) Mitchell, M. B., Retroactive inhibition and hypnosis. *J. gen. Psychol. 7*, 1932, S. 343—359.

(31) Stalnaker, J. M. u. E. E. Riddle, The effect of hypnosis on long delayed recall. *J. gen. Psychol. 6*, 1932, S. 429—440.

(32) White, R. W., G. F. Fox u. W. W. Harris, Hypnotic hypermnesia for recently learned material. *J. abnorm. Soc. Psychol. 35*, 1940, S. 88—103.

(33) Erickson, M. H., Experimental demonstration of the psychopathology of everyday life. *Psa. Quart. 8*, 1939, S. 338—353.

(34) Lindemann, E., Psychological changes in normal and abnormal individuals under the influence of sodium amytal. *Amer. J. Psychiat. 11*, 1932, S. 1083 bis 1091.

(35) Merloo, A. M., On the action of barbituric acid compounds. *J. Ment. Sc. 79*, 1933, S. 336—367.

(36) Berrington, W. P., A psycho-pharmacological study of schizophrenia. *J. Ment. Sc. 85*, 1939, S. 406—488.

VII. Kapitel

(1) Janet, P., L'état mental des hysteriques. Paris 1928.

(2) Barnes, F. B., Some aspects of memory in the insane. *Amer. J. Psychol. 19*, 1908, S. 43—57.

(3) Liljencrants, J., Memory defects in the organic psychoses. *Psychol. Monogr. 32*, 1923, S. 1—76.

(4) Hunt, J. McV., Psychological experiments with disordered Persons. *Psychol. Bull. 33*, 1936, S. 1—58.

(5) Jones, E., Remarks on a case of complete autopsychic amnesia. *J. Abnorm. Psychol. 4*, 1909, S. 218—235.

(6) Ribot, Th., Les maladies de la mémoire. Paris 1881 (Dt. Hamburg 1882).

(7) Schneider, K., Die Störungen des Gedächtnisses. In: O. Bumke, Hrsg., Handbuch der Geisteskrankheiten, Bd. I. Berlin 1928, S. 508—526.

(8) Gillespie, R. D., Amnesia. *Arch. Neurol. Psychiat. 37*, 1937, S. 748—764.

(9) Bartlett, F. C., Remembering. Cambridge 1932.

(10) Pick, A., Zur Psychologie des Vergessens bei Geistes- und Nervenkranken. *Arch. Krim. Anthrop. Kriminal. 18*, 1905, S. 251—261.

(11) Stratton, G. M., Retroactive hypermnesia and other emotional effects on memory. *Psychol. Rev. 26*, 1919, S. 474—486.

(12) Leavitt, F. H., The etiology of temporary amnesia. *Amer. J. Psychiat. 91*, 1935, S. 1079—1088.

(13) Munn, Ch., Historical survey of the literature of stupor with the report of a case of twelve year's duration with complete amnesia for ten years. *Amer. J. Psychiat. 13*, 1934, S. 1271—1283.

(14) Freud, S. u. J. Breuer, Studien über Hysterie (1893). In: S. Freud, Gesammelte Werke, Bd. I.

(15) Fenichel, O., Outline of clinical psychoanalysis. New York 1934.

(16) Henderson, D. K. u. R. D. Gillespie, A textbook of psychiatry. London 1927.

(17) Wechsler, I. S., The neuroses. Philadelphia 1929.

(18) Rivers, W. H. R., Instinct and the unconscious. London 1922.

(19) Thom, D. A. u. N. Fenton, Amnesias in war cases. *Amer. J. Insan. 76*, 1920, S. 437—448.

(20) Kardiner, A., The traumatic neuroses of war. New York 1941.

(21) Freud, S., S. Ferenczi, K. Abraham, E. Simmel u. E. Jones, Psychoanalysis and the war neuroses. London 1921.

(22) Russel, W. R., Amnesia following head injuries. *Lancet 229*, 1935, S. 762 f.

(23) Störring, G. E., Über den ersten reinen Fall eines Menschen mit völligem, isoliertem Verlust der Merkfähigkeit. *Arch. Psychol. 81*, 1931, S. 257—284.

(24) Syz, H., Recovery from loss of mnemic retention after head trauma. *J. gen. Psychol. 17*, 1937, S. 355—387.

(25) Bonhöffer, K., Die akuten Geisteskrankheiten der Gewohnheitstrinker. Jena 1901.

(26) Gill, M. u. D. Rapaport, A case of loss of personal identity and its bearing on the theory of memory. New York 1942.

(27) Sears, R. R., Functional abnormalities of memory with special reference to amnesia. *Psychol. Bull. 33*, 1936, S. 229—274.

(28) Ray, W. S., The relationship of retroactive inhibition, retrograde amnesia, and the loss of recent memory. *Psychol. Rev. 44*, 1937, S. 339—345.

(29) McGeoch, J. A., Studies in retroactive inhibition. 1: The temporal course of the inhibitory effects of interpolated learning. *J. gen. Psychol. 9*, 1933, S. 24 bis 43.

(30) Britt, S. H., Theories of retroactive inhibition. *Psychol. Rev. 43*, 1936, S. 207—216.

(31) Abeles, M. u. P. Schilder, Psychogenetic loss of personal identity: amnesia. Arch. Neurol. Psychiat. 34, 1935, S. 587—604.

(32) Grierson, H. A., Memory and its disorders in relation to crime. *J. Ment. Sc. 82*, 1936, S. 360—370.

(33) Bennett, E. A., Fugue states. *Brit. J. Med. Psychol. 8*, 1928, S. 143—149.

(34) Bryan, D., Note on cases of fugue. *Brit. J. Med. Psychol. 8*, 1928, S. 207 bis 211.

(35) Naef, M., Ein Fall von temporärer, teilweise retrograder, Amnesie, durch Suggestion geheilt. *Z. Hypn. 6*, 1897, S. 321—354.

(36) Gordon, G. J. u. B. G. Lawrence, Loss of personal identity (amnesia) and its rôle in organic syndroms. *Delaware State Med. J.*, 1941 (Juni), S. 106 bis 112.

(37) Janet, P., L'état mental des hysteriques. Paris 1892.

(38) Menninger, K. A., Cyclothymiques fugues. *J. Abnorm. Psychol. 14*, 1919, S. 54—63.

(39) Freud, S., Die Traumdeutung (1900). Gesammelte Werke, Bde. II u. III.

(40) Dorcus, R. M. u. G. W. Schaffer, Textbook of abnormal psychology. London 1934.

(41) Menninger, K. A., Man against himself. New York 1938.

(42) Erickson, M. H., The investigation of a specific amnesia. *Brit. J. Med. Psychol. 13*, 1933, S. 143—150.

(43) Schilder, P., The concept of hysteria. *J. Psychiat. 95*, 1939, S. 1389—1413.

(44) Prince, W. F., The Doris case of quintuple personality. *J. Abnorm. Psychol.* *11*, 1916, S. 73—122 (vgl. Prince, M. u. W. F., Die Spaltung der Persönlichkeit. Stuttgart 1932).

(45) Mitchell, T. W., Medical psychology and psychical research. London 1922.

(46) McNish, R., The philosophy of sleep. Glasgow 1838.

(47) Skae, D., Case of intermittent mental disorder of the tertian type, with double consciousness. *Northern Med. J.* (Edinburgh) *3*, 1845, S. 10—13.

(48) Proust, N., Automatisme ambulatoire chez un hystérique. *Rev. hypnot. 4*, 1890, S. 267—269.

(49) Mesnet, E., De l'automatisme de la mémoire et du souvenir dans le somnambulisme pathologique: considerations médicolégales. *Union médicale, 18*, 1874, S. 105—117.

(50) Prince, M., Hysteria from the point of view of dissociated personality. *J. Abnorm. Psychol. 1*, 1906, S. 170—187.

(51) Mitchell, S. W., Mary Reynolds: a case of double consciousness. *Tr. Coll. Physicians* (Philadelphia) *10*, 1888, S. 366—384.

(52) Sidis, B. u. S. P. Goodhart. Multiple Personality. New York 1919.

(53) Mitchill, S. L., A double consciousness. *Med. Repository, N.S. 3*, 1816, S. 185 f.

(54) McDougall, W., Outline of abnormal psychology. New York 1926.

(55) Azam, C. M. E., Hypnotisme, double conscience et altérations de la personalité. Paris 1887.

(56) B. C. A., My life as a dissociated personality. *J. Abnorm. Psychol. 3*, 1908, S. 240—260, 311—334.

(57) Prince, M., The dissociation of a personality. New York 1920.

(58) Prince, M., Miss Beauchamp: the theory of the psychogenesis of multiple personality. *J. Abnorm. Psychol. 15*, 1920, S. 67—135.

(59) Cory, C. E., A divided self. *J. Abnorm. Psychol. 14*, 1919, S. 281—291.

(60) Erickson, M. H. u. L. S. Kubie, The permanent relief of an obsessional phobia by means of communications with an unsuspected dual personality. *Psa. Quart. 8*, 1939, S. 471—509.

(61) Erickson, M. H. u. L. S. Kubie, The translation of the cryptic automatic writing of one hypnotic subject by another in a trance-like dissociated state. *Psa. Quart. 9*, 1940, S. 51—63.

(62) Erickson, M. H. u. D. Rapaport, Findings on the nature of the personality structures in two different dual personalities by means of projective and psychometric tests. Dem 97. Jahrestreffen der Amer. Psychiat. Association, Richmond, Va., vorgelegt, 1941.

(63) Goddard, H. H., A case of dual personality. *J. Abnorm. Soc. Psychol. 21*, 1926, S. 170—191.

(64) Gaver, E. E., A case of alternation personality characterized chiefly by ambulatory automatism and amnesia with results of hypnotic experiments. *J. A. M. A. 51*, 1908, S. 9—13.

(65) Allen, I. M., Somnambulism and dissociation of personality. *Brit. J. Med. Psychol. 11*, 1931, S. 319—331.

(66) Oberndorf, C. P., Co-conscious mentation. *Psa. Quart. 10*, 1941, S. 44—65.

(67) Donley, J. E., On neurasthenia as a disintegration of personality. *J. Abnorm. Psychol. 1*, 1906, S. 55—58.

(68) Hart, B., A case of double personality. *J. Med. Sc. 58*, 1912, S. 236—243.

(69) Pech, M. W., A case of multiple personality, hysteria, or dementia praecox. *J. Abnorm. Psychol. 17*, 1922/23, S. 274—291.

(70) Gordon, A., Dual personality apropos a case of amnesia with analysis. *Med. J. Rec. 124*, 1926, S. 12—14.

(71) Gordon, A., Dual personality apropos a case of amnesia with analysis. *Arch. Neurol. Psychiat. 16*, 1926, S. 379—382.

(72) Wholey, C. C., A case of multiple personality. *Psa. Rev. 13*, 1926, S. 344 bis 346.

(73) Wholey, C. C., A case of multiple personality. *Amer. J. Psychiat. 12*, 1933, S. 653—688.

(74) Hart, B., The conception of dissociation. *Brit. J. Med. Psychol. 6*, 1926, S. 241—263.

(75) Schilder, P., Psychic disturbances after head injuries. *Amer. J. Psychiat. 91*, 1934, S. 155—187.

(76) Maeder, A., Sexualität und Epilepsie. *Jb. Psa. Psychopath. Forsch. 1*, 1909, S. 119—154.

(77) Sidis, B., Psychopathological researches. Studies in mental dissociation. New York 1902.

(78) Wittels, F., Phantom formation in a case of epilepsy. *Psa. Quart. 9*, 1940, S. 98—107.

(79) Coriat, I. H., The experimental synthesis of the dissociated memories in alcoholic amnesia. *J. Abnorm. Psychol. 1*, 1906, S. 109—122.

(80) Bleuler, E., Lehrbuch der Psychiatrie. Berlin, Heidelberg, New York [10]1966.

(81) Naef, M., Ein Fall von temporärer, totaler, teilweise retrograder Amnesie, durch Suggestion geheilt. *Z. Hypn. 6*, 1897, S. 321—354.

(82) Muralt, L., Zur Frage der epileptischen Amnesie. *Z. Hypn. 10*, 1902, S. 75 bis 90.

(83) Schilder, P., Zur Psychologie epileptischer Ausnahmezustände. *Allg. Z. Psychiat. 80*, 1924, S. 33—79.

(84) Schilder, P., Zur Lehre von den Amnesien Epileptischer, von der Schlafmittelhypnose und vom Gedächtnis. *Arch. Psychiat. Nervenkrankh. 72*, 1924, S. 326—340.

(85) Wagner, J., Über einige Erscheinungen im Bereiche des Zentralnervensystems, welche nach Wiederbelebung Erhängter beobachtet werden. *Jb. Psychiat. Neurol. 8*, 1889, S. 313—332.

(86) Schultz, J. H., Zur Psychopathologie und Psychotherapie amnestischer Zustände. *Z. Neurol. Psychiat. 29*, 1924, S. 107—129.

(87) Stern, R., Über die Aufhellung von Amnesien bei pathologischen Rauschzuständen. *Z. Neurol. Psychiat. 108*, 1927, S. 601—624.

(88) Schilder, P., Aufhellung der retrograden Amnesie eines wiederbelebten Erhängten durch Hypnose. *Med. Klin. 19*, 1923, S. 604—606.

(89) Oberholzer, E., Beteiligung des Unlustmotives an epileptischer Amnesie und deren Aufhellung. *Psychiat. Neurol. Wochenschr. 16,* 1914, S. 128—131.

(90) Betlheim, S. u. H. Hartmann, Über Fehlreaktionen bei der Korsakowschen Psychose. *Arch. Psychiat. Nervenkrankh. 72,* 1924, S. 275—286.

(91) Hartmann, H., Gedächtnis und Lustprinzip. *Z. Neurol. Psychiat. 126,* 1930, S. 496—519.

(92) Jones, F. N. u. E. E. Ghiselli, Organic amnesia and relearning. *Amer. J. Psychol. 51,* 1938, S. 169 f.

(93) Naecke, P., Erblichkeit und Prädisposition, respektive Degeneration bei der progressiven Paralyse der Irren. *Arch. Psychiat. 41,* 1906, 278—299.

(94) Hollos, S. u. S. Ferenczi, Psychoanalysis and the psychic disorder of general paresis. New York 1925.

(95) Schilder, P., Studien zur Psychologie und Symptomatologie der progressiven Paralyse. *Abhandl. Neurol. Psychiat. Psychol. Grenzgeb. 58,* 1930, S. 1 bis 176.

(96) Katan, M., Abstract from Dutch Psychoanalytical Society. *Int. J. Psa. 17,* 1931, S. 301.

(97) Kenyon, V. B., D. Rapaport u. M. Lozoff, Note on metrazol in general paresis: a psychosomatic study. *Psychiatry 4,* 1941, S. 145—176.

(98) Kenyon, V. B. u. D. Rapaport, The etiology of the psychosis of dementia paralytica with a preliminary report of the treatment of a case of this psychosis with metrazol. *J. Nerv. Ment. Dis. 94,* 1941, S. 147—159.

(99) Kenyon, V. B., M. Lozoff u. D. Rapaport, Metrazol convulsions in the treatment of the psychosis of dementia paralytica. *Arch. Neurol. Psychiat. 46,* 1941, S. 884—896.

(100) Dunn, R., Case of suspension of the mental faculties, of the power of speech and special senses. *Lancet 2,* 1845, S. 536—538, 588—590.

(101) Syz, H., Posttraumatic loss of reproductive memory and its restoration through hypnosis and analysis. *Med. Rec.* (New York) *144,* 1936, S. 313 bis 317.

(102) Cason, H., A case of anterograde amnesia. *J. Abnorm. Psychol. 30,* 1935, S. 107—110.

(103) Koempfen, M., Observation sur un cas de perte de mémoire. *Mém. Acad. Méd. 4,* 1835, S. 489—494.

(104) Dana, C. L., The study of a case of amnesia or ›double consciousness‹. *Psychol. Rev. 1,* 1894, S. 570—580.

(105) Feiling, A., Loss of personality from shell shock. *Lancet 189,* 1915, S. 63 bis 66.

(106) Franz, S. I., Persons one and three. New York 1933.

(107) Ikin, A. G., Vera: a study in dissociation of personality. *Brit. J. Med. Psychol. 4,* 1924/25, S. 179—223, 273—318.

(108) Bleuler, E., Das autistische Denken. *Jb. Psa. Psychopath. Forsch. 4,* 1912, S. 139.

(109) Bleuler, E., Das autistisch-undisziplinierte Denken. Berlin 1922.

(110) Jung, C. G., Über die Psychologie des Unbewußten. In: Gesammelte Werke, Bd. VII.

(111) Varendonck, J., The psychology of daydreams. New York 1921.

(112) Lévy-Bruhl, L., Die Seele der Primitiven. Wien u. Leipzig 1930.

(113) Cassirer, E., Philosophie der symbolischen Formen. Berlin 1925.

(114) Werner, H., Einführung in die Entwicklungspsychologie. Leipzig 1926, München ³1953.

(115) Rapaport, D., Heinz Werner's Comparative psychology of mental development. *J. Genet. Psychol. 59*, 1941, S. 429—434.

(116) Alexander, F., The logic of emotions and its dynamic background. *Int. J. Psa. 16*, 1935, S. 1—15.

(117) Moll, J. M., The ›amnestic‹ or ›Korsakow's‹ syndrome with alcoholic aetiology: an analysis of 30 cases. *J. Ment. Sc. 61*, 1915, S. 424—443.

(118) Korsakoff, S. S., Über eine besondere Form psychischer Störung. *Arch. Psychiat. 21*, 1890, S. 669—704.

(119) Korsakoff, S. S., Erinnerungstäuschungen bei polyneuritischer Psychose. *Allg. Z. Psychiat. Neurol. 47*, 1891, S. 390—410.

(120) Bonhöffer, K., Der Korsakowsche Symptomenkomplex in seinen Beziehungen zu den verschiedenen Krankheitsformen. *Allg. Z. Psychiat. Psych.-Gerichtl. Med. 61*, 1904, S. 744—752.

(121) Gregor, A. u. H. Römer, Beiträge zur Kenntnis der Gedächtnisstörung bei der Korsakowschen Psychose. *Monatsschr. Psychiat. Neurol. 21*, 1907, S. 19 bis 148.

(122) Gregor, A., Beiträge zur Psychopathologie des Gedächtnisses. *Monatsschr. Psychiat. Neurol. 25*, 1909, S. 218—339.

(123) Kohnstamm, O., Über das Krankheitsbild der retro-anterograden Amnesie und die Unterscheidung des spontanen und des lernenden Merkens. *Monatsschr. Psychiat. Neurol. 41*, 1917, S. 373—382.

(124) Pick, A., Beiträge zur Pathologie des Denkverlaufs beim Korsakow. *Z. ges. Neurol. Psychiat. 28*, 1915, S. 344—383.

(125) Grünthal, E., Zur Kenntnis der Psychopathologie des Korsakowschen Symptomenkomplexes. *Monatsschr. Psychiat. Neurol. 53*, 1923, S. 89—132.

(126) Horst, N. van der, Über die Psychologie des Korsakowsyndroms. *Monatsschr. Psychiat. Neurol. 83*, 1932, S. 65—84.

(127) Bouman, L. u. A. A. Grünbaum, Eine Störung der Chronognosie und ihre Bedeutung im betreffenden Symptomenbild. *Monatsschr. Psychiat. Neurol. 73*, 1929, S. 1—40.

(128) Freud, S., Über Fausse Reconnaissance während der psychoanalytischen Arbeit (1914). Gesammelte Werke, Bd. X.

(129) Pötzl, O., Zur Metapsychologie des déjà vue. *Imago 12*, 1926, S. 393—402.

(130) Heymanns, G., Eine Enquete über Depersonalisation und ›Fausse reconnaissance‹. *Z. Psychol. 36*, 1904, S. 321—343.

(131) Heymanns, G., Weitere Daten über Depersonalisation und ›Fausse reconnaissance‹. *Z. Psychol. 43*, 1906, S. 1—17.

(132) Burger, H., Zur Psychologie des amnestischen Symptomenkomplexes. *Arch. Psychiat. Nervenkr. 81*, 1927, S. 348—352.

(133) Hartmann, H., Zur Frage organischer Amnesie und Hypnose. *Wiener Klin. Wochenschr. 40*, 1927, S. 1507 f.

(134) Krauss, S., Untersuchungen über Aufbau und Störung der menschlichen Handlung. *Arch. Psychol. 77*, 1930, S. 649—692.

(135) Golant-Rattner, R. J. u. T. Menteschaschwili, Zur Frage der Störungen des Behaltens bei progressiver Paralyse. *Monatsschr. Psychiat. Neurol. 85*, 1933, S. 222—242.

(136) Bürger-Prinz, H. u. M. Kaila, Über die Struktur des amnestischen Symptomenkomplexes. *Z. Neurol. Psychiat. 124*, 1930, S. 553—595.

(137) Hollos, S., Über das Zeitgefühl. *Int. Z. Psa. 8*, 1922, S. 421—439.

(138) Harnik, F., Die triebhaft-affektiven Momente im Zeitgefühl. *Int. Z. Psa. 11*, 1925, S. 32—58.

(139) Bonaparte, M., Time and the unconscious. *Int. J. Psa. 21*, 1940, S. 427—468.

(140) Spielrein, S., Die Zeit im unterschwelligen Seelenleben. *Imago 9*, 1923, S. 300—317.

(141) Israeli, N., Abnormal personality and time. New York 1936.

VIII. Kapitel

(1) Luria, A. R., Die Methode der abbildenden Motorik bei Kommunikation der Systeme und ihre Anwendung auf die Affektpsychologie. *Psychol. Forsch. 12*, 1929, S. 127—179.

(2) Rapaport, D., Principles underlying projective techniques. *Character and Personality* 1942.

(3) Frank, L. K., Projective methods for the study of personality. *J. Psychol. 8*, 1939, S. 389—413.

(4) Freud, S., Trieb und Triebschicksale (1915). Gesammelte Werke, Bd. X.

(5) Freud, S., Metapsychologische Ergänzung zur Traumlehre (1916). Gesammelte Werke, Bd. X.

(6) Cassirer, E., Philosophie der symbolischen Formen. Berlin 1925.

(7) Freud, S., Die Traumdeutung (1900). Gesammelte Werke, Bd. II u. III.

(8) Silberer, H., Bericht über eine Methode, gewisse symbolische Halluzinationserscheinungen hervorzurufen und zu beobachten. *Jb. Psa. Psychopath. Forsch. 1*, 1909, S. 513—525.

(9) Silberer, H., Zur Symbolbildung. *Jb. Psa. Psychopath. Forsch. 4*, 1912, S. 607 bis 683.

(10) Silberer, H., Über die Symbolbildung. *Jb. Psa. Psychopath. Forsch. 3*, 1912, S. 607—683.

(11) Jones, E., Papers on psycho-analysis. Baltimore 1938.

(12) Moore, Th. W., Hypnotic analogies. *Psychol. Monogr. 27*, 1919, S. 387—400.

(13) Schrotter, K., Experimentelle Träume. *Zentralbl. Psa. 2*, 1912, S. 638—646.

(14) Roffenstein, S., Experimentelle Symbolträume. *Z. ges. Psychiat. 876*, 1924, S. 362—372.

(15) Schuman, F., Psychologie des Lesens. In: Bericht über den 2. Kongreß für experimentelle Psychologie, Würzburg. Leipzig 1907.

(16) Poppelreuter, W., Die psychischen Schädigungen durch Kopfschuß im Kriege. Leipzig 1917.

(17) Pötzl, O., Experimentell erregte Traumbilder in ihren Beziehungen zum indirekten Sehen. Z. ges. Neurol. Psychiat. 37, 1917, S. 278—349.

(18) Freud, S., Neue Folge der Vorlesungen zur Einführung in die Psychoanalyse (1930). Gesammelte Werke, Bd. XV.

(19) Allers, R. u. I. Teller, Über die Verwertung unbemerkter Eindrücke bei Assoziationen. Z. ges. Neurol. Psychiat. 89, 1924, S. 492—513.

(20) Malamud, W. u. F. E. Linder, Dreams and their relationship to recent impressions. Arch. Neurol. Psychiat. 25, 1931, S. 1081—1099.

(21) Malamud, W., Dream analysis. Arch. Neurol. Psychiat. 31, 1934, S. 356—372.

(22) Schilder, P., Experiments on after images, imagination, and hallucinations. Amer. J. Psychiat. 13, 1933/34, S. 597—611.

(23) Rorschach, H., Psychodiagnostik. Bern 1921, [8]1962.

(24) Binswanger, L., Bemerkungen zu Hermann Rorschachs Psychodiagnostik. Int. Z. Psa. 9, 1923, S. 512—523.

(25) Rorschach, H. u. E. Oberholzer, The application of the interpretation of form to psychoanalysis. J. Nerv. Ment. Dis. 60, 1924, S. 225—248, 359—379.

(26) Rickers-Ovsiankina, M., The Rorschach test as applied to normal and schizophrenic subjects. Brit. J. Med. Psychol. 17, 1938, S. 227—257.

(27) Beck, S. J., Introduction to the Rorschach method. New York 1937.

(28) Furrer, A., Über die Bedeutung der ›B‹ im Rorschachschen Versuch. Imago 11, 1925, S. 58—85.

(29) Erickson, M. H., Negation or reversal of legal testimony. Arch. Neurol. Psychiat. 40, 1938, S. 548—553.

(30) Freud, S., Zur Psychopathologie des Alltagslebens (1901). Gesammelte Werke, Bd. IV.

(31) Köppen, M. u. A. Kutzinski, Systematische Beobachtungen über die Wiedergabe kleiner Erzählungen durch Geisteskranke. Berlin 1910.

(32) Levy-Suhl, M., Über experimentelle Beeinflussung des Vorstellungsverlaufs bei Geisteskranken. Z. Psychol. 42, 1906, S. 128—161, 45, 1907, S. 221—340, 59, 1911, S. 1—90.

(33) Betlheim, S. u. H. Hartmann, Über Fehlreaktionen bei der Korsakowschen Psychose. Arch. Psychiat. Nervenkrankh. 72, 1924, S. 275—286.

(34) Schilder, P., Studien zur Psychologie und Symptomatologie der progressiven Paralyse. Abhandl. Neurol. Psychiat. Psychol. Grenzgeb. 58, 1930, S. 1—176.

(35) Schilder, P., Introduction to psychoanalytic psychiatry. New York 1928.

(36) Schilder, P., Über Gedankenentwicklung. Z. ges. Neurol. Psychiat. 59, 1920, S. 250—263.

(37) Curran, F. J. u. P. Schilder, Experiments in repetition and recall. J. Genet. Psychol. 51, 1937, S. 163—187.

(38) Despert, J. L., Emotional problems in children. Utica, N. Y., 1938.

(39) Morgan, C. D. u. H. A. Murray, A method for investigating fantasies: the thematic apperception test. *Arch. Neurol. Psychiat. 34,* 1935, S. 289—306.

(40) Murray, H. A., Explorations in personality. New York 1938.

(41) Murray, H. A., Techniques for a systematic investigation of fantasy. *J. Psychol. 3,* 1937, S. 115—143.

(42) Rotter, J. B., Studies in the use and validity of the Thematic Apperception Test. *Character and Personality 9,* 1940, S. 18—34.

(43) Harrison, R., Studies in the use and validity of the Thematic Apperception Test. *Character and Personality 9,* 1940, S. 122—138.

(44) Massermann, J. H. u. E. R. Balken, The clinical application of phantasy studies. *J. Psychol. 6,* 1938, S. 81—88.

(45) Massermann, J. H. u. E. R. Balken, The psychoanalytic and psychiatric significance of phantasy. *Psa. Rev. 26,* 1939, S. 343—379, 535—549.

(46) Balken, E. R. u. H. H. Massermann, The language of phantasy, III: The language of the phantasies of patients with conversion hysteria, anxiety state, and obsessive-compulsive neuroses. *J. Psychol. 10,* 1940, 75—86.

(47) Schwartz, L. A., Social situation pictures in the psychiatric interviews. *Amer. J. Orthopsychiat. 2,* 1932, S. 124—133.

(48) Amen, E. W., Individual differences in appreceptive reaction. *Genet. Psychol. Monogr. 23,* 1941, S. 319—385.

(49) Slutz, M., The contributions of the thematic apperception tests to a developmental study. Referat beim Midwestern Psychol. Meeting, Athens, Ohio, 1941.

(50) Symonds, P., Criteria for the selection of pictures for the investigation of adolescent fantasies. *J. Abnorm. Soc. Psychol. 34,* 1939, S. 271—274.

(51) Erickson, M. H., Experimental demonstrations of the psychopathology of everyday life. *Psa. Quart. 8,* 1939, 338—353.

(52) Bender, L., A visual motor Gestalt test and its clinical use. New York 1938.

(53) Luria, A. R., The nature of human conflicts or emotion, conflict, and will. New York 1932.

(54) Luria, A. R., Die Methode der abbildenden Motorik in der Tatbestandsdiagnostik. *Z. angew. Psychol. 35,* 1930, S. 139—183.

(55) Lebedinsky, M. S. u. A. R. Luria, Die Methode der abbildenden Motorik in der Untersuchung der Nervenkrankheiten. *Arch. Psychiat. 87,* 1929, S. 472 bis 497.

(56) Huston, P. E., D. Shakow u. M. H. Erickson, A study of hypnotically induced complexes by means of the Luria technique. *J. gen. Psychol. 11,* 1934, S. 65 bis 97.

(57) Reymart, M. L. u. G. S. Speer, Does the Luria technique measure emotion or merely bodily tension? *Character and personality 7,* 1939, S. 190—200.

(58) Diven, K., Certain determinants in the conditioning of anxiety reactions, *J. Psychol. 3,* 1937, S. 219—308.

(59) Finch, G. u. E. Culler, Relation of forgetting to experimental extinction. *Amer. J. Psychol. 47,* 1935, S. 656—662.

(60) Hilgard, E. u. D. G. Marquis, Conditioning and learning. New York 1940.

Geist und Psyche

Begründet von Nina Kindler 1964

Psychoanalyse

Hellmuth Benesch
Verlust der Tiefe
Eine psychische Dimension
im Umbruch. Band 10469

Kurt R. Eissler
**Todestrieb, Ambivalenz,
Narzißmus**
Band 10568

Ernst Federn/
Gerhard Wittenberger (Hg.)
**Aus dem Kreis
um Sigmund Freud**
Zu den Protokollen der Wiener
Psychoanalytischen Vereinigung
Band 10809

Anna Freud
**Das Ich und die
Abwehrmechanismen**
Band 42001

Robert Langs
**Die psychotherapeutische
Verschwörung**
Band 11719

Stavros Mentzos
**Neurotische
Konfliktverarbeitung**
Band 42239
Hysterie
Band 42212

Stavros Mentzos
Angstneurose
Band 42266

Humberto Nagera (Hg.)
**Psychoanalytische
Grundbegriffe**
Band 42288

Harald Pühl/
Wolfgang Schmidbauer (Hg.)
Supervision und Psychoanalyse
Selbstreflexion der helfenden
Berufe. Band 10599

David Rapaport
Gefühl und Erinnerung
Band 11817

Johannes Reichmayr
**Spurensuche in der
Geschichte der Psychoanalyse**
Band 11727

Ernst Simmel
**Psychoanalyse und
ihre Anwendungen**
Ausgewählte Schriften
Band 11348

Hans Strotzka
Macht
Ein psychoanalytischer Essay
Band 42303

Fischer Taschenbuch Verlag